VERLAG

W0191751

Erich Kuby

Als Polen deutsch war
1939–1945

VERLAG MAX HUEBER

CIP-Kurztitelaufnahme der Deutschen Bibliothek

Kuby, Erich:
Als Polen deutsch war: 1939–1945/
Erich Kuby. – Ismaning bei München: Hueber, 1986.
ISBN 3-19-005503-3

Copyright © 1986 by Max Hueber Verlag
Ismaning bei München
Umschlaggestaltung Zembsch' Werkstatt
Karten auf den Vorsatzseiten
Jutta Winter, München
Gesetzt aus der Trump Mediäval bei der
Utesch Satztechnik GmbH, Hamburg
Druck und buchbinderische Verarbeitung Pustet,
Regensburg
Printed in Germany

Inhalt

Vorwort 7

Deutsche Polenpolitik –
einst und dann 11

Von der »Friedenspolitik«
zum Krieg 30

»Unordentliche« Ausmerzung –
September 1939 56

»Restpolen« wird
»Generalgouvernement« 71

Die »Fremdvölkischen« 87

Versuch, eine Gespensterwelt
anschaulich zu machen 108

Röntgenbild einer Landnahme:
Zamość 139

Dawid Rubinowicz, 1940
zwölf Jahre alt 158

Die SS – Mord, Raub
und Sklavenhandel 174

Deutsche Ordnung 215

Polen und Juden im Widerstand 247

Finale in Polen 284

Polens Kriegsverluste in Zahlen 293

»Verwaltete Gebiete« 297

Anhang
    Anmerkungen 321
    Register 331

Vorwort

Die deutsche Besatzungspolitik in Polen war vom ersten Kriegstag an Ausrottungs- und Vernichtungspolitik; sie hat die polnische Nation ein Fünftel ihres Bestandes an Menschen gekostet. Diese Tatsache und wie es dazu gekommen ist, hat anders als die »Endlösung«, die Vernichtung der europäischen Juden, keinen Eingang in das öffentliche Bewußtsein der Bevölkerung der Bundesrepublik Deutschland gefunden; statt dessen gibt es eine offene deutsch-polnische Rechnung. In ihr erscheinen die Deutschen nicht als Schuldner der Polen, sondern die Polen als Schuldner der Deutschen, weil durch Verfügung der Siegermächte ehemalige Ostprovinzen des Reiches dem polnischen Staatsgebiet zugeschlagen worden sind. Nicht die Millionen ermordeter Polen, sondern die Millionen geflohener und vertriebener Deutscher sowie die Gebietsverluste haben sich im deutschen Gedächtnis festgekrallt.

Während es nur im allgemeinsten Sinn eine politisch definierbare, noch fortwirkende Belastung des deutschen Volkes durch die zwischen 1933 und 1945 durchgeführten Maßnahmen gegen die Juden gibt, eine Belastung, deren moralische Einfärbung in hundert Jahren nicht verschwunden sein wird, liegt die Sache mit den Polen ganz anders. Die »Endlösung« kann nicht ungeschehen gemacht, die ermordeten Polen nicht wieder zum Leben erweckt werden; aber außer ihnen gibt es eben die ehemaligen deutschen Ostgebiete. Man kann sie bereisen und als einen integrierten Bestandteil Polens erleben; doch stellen sie damit noch kein Faktum dar, das nicht einmal in der Theorie unveränderlich wäre. Jeder Deutsche und jeder Pole weiß, daß es westdeutsche Bestrebungen gibt, die Realität nach dubiosen Rechtsansprüchen

7

umzumodeln. Gewisse politische Lager und einzelne Propagandisten in der Vertriebenenszene wollen sich mit dem in der Potsdamer Konferenz 1945 kodifizierten Zustand nicht abfinden und den Anspruch auf Rückgabe dieser Gebiete nicht fallenlassen. Das ist nichts Neues.

Indes, daß dieses Buch 1985 geschrieben wurde und Anfang 1986 vorgelegt wird, findet seine Begründung darin, daß der Anspruch auf Revision der Oder-Neiße-Linie seit etwa zwei Jahren mit zunehmender Lautstärke vorgebracht wird. Es ist nicht übertrieben, wenn die Polen von der Aktualisierung des deutsch-polnischen Konflikts sprechen, dessen Geschichte sie unter wandelnden Bedingungen durch Jahrhunderte zurückverfolgen können.

Dem Verfasser ist nicht entgangen, daß der derzeitige Bundespräsident, der derzeitige Bundeskanzler, der derzeitige Außenminister sich bemüht haben, die Polen zu beruhigen und zu beteuern, niemand denke daran, ihnen die »verwalteten Gebiete« streitig zu machen. Mit solchen Erklärungen wird versucht, den nationalen Normalisierungsprozeß, in dem sich die Bundesrepublik befindet, zu verharmlosen. Historische Erfahrungen werden in den Wind geschlagen, und man sieht darüber hinweg, daß zum politisch-psychischen »Normalzustand« der Deutschen ganz allgemein die Unzufriedenheit mit dem jeweiligen Status quo und der Drang, Streit mit dem Nachbarn anzufangen, gehören. Es ist die Haltung derer, die sich immer als die Zukurzgekommenen bedauern. Vorübergehend hat zwar nicht der selbstverschuldete Verlust der Reichseinheit, hingegen der fabelhafte ökonomische Aufstieg die Bewohner Westdeutschlands sich selbst entfremdet und sie in der Harmlosigkeit erscheinen lassen, die sich von materieller Zufriedenheit herleitet. Damit ist es nun zu Ende.

Für eine erneute Emotionalisierung aus Unzufriedenheit gibt es weit und breit keinen dienlicheren

Anlaß als die Oder-Neiße-Linie. Sympathie und Hilfs-sendungen für die Arbeiterbewegung »Solidarität« sind nur eine spezielle Ausdrucksform des antikom-munistischen Affekts; wohlweislich ist nie ventiliert worden, ob auch diese mit ihrem System unzufriede-nen Arbeiter von dem gleichen Mißtrauen gegen revi-sionistische Tendenzen in der Bundesrepublik erfüllt sind wie die ganze übrige Bevölkerung Polens.

Der Verfasser gibt sich nicht der Illusion hin, ihm könne es gelingen, mit der kühlen Auflistung der von Deutschen in Polen begangenen Verbrechen die Wort-führer und Einpeitscher dieser revisionistischen Ten-denzen zum Nachdenken zu bringen, obschon er der Überzeugung ist, es müsse eigentlich jedem Deut-schen, gleich welcher Generation, der weiß, was den Polen angetan worden ist, einfach unmöglich sein, ihnen gegenüber Forderungen welcher Art auch immer zu erheben, selbst jene, die sich hinter dem Tarnwort »Ausgleich« verbergen, das Vertriebenen-funktionäre so gern im Mund führen.

De facto kann natürlich nichts passieren, dessen dürfen die Polen sicher sein. Es gibt nirgends auf der Welt, weder im Westen noch im Osten, eine Regie-rung, die Bestrebungen unterstützte, deutsche Grenz-probleme auch nur zur Diskussion zu stellen. Gleich-wohl vergiften solche Bestrebungen die außenpoliti-sche Atmosphäre, und was noch schlimmer ist, sie heizen das innenpolitische Klima an, gerade weil ihnen der geringste Erfolg versagt bleiben muß. Nichts, nebenbei gesagt, wäre weniger berechtigt, als in diesem Buch den Versuch zu sehen, eine so nahe wie fürchterliche Vergangenheit in ihrer Realität sichtbar zu machen, um das eigene Volk herabzuset-zen. Die Absicht ist, heraufdämmerndem neuem nationalistischem Unheil entgegenzuwirken.

Ein Wort zur Entstehung dieser Arbeit: Vor Jahr-zehnten hat der Verfasser in zahlreichen einschlägi-gen Archiven, vorab monatelang in Polen, Material für ein umfassendes Buch über Auschwitz gesammelt. Zuletzt war ihm der Mut entsunken, das Buch erschien nicht; doch Teile des Materials sind erhalten geblieben. Darauf hat er für die vorliegende Arbeit zurückgreifen können, weil seinerzeit die Auswahl der Dokumente nicht in enger Beschränkung auf den Komplex »Endlösung« vorgenommen, dem Schicksal der Polen vielmehr gleiche Aufmerksamkeit geschenkt worden war. In diesem Zusammenhang hat der Verfasser triftigen Anlaß, seiner damaligen Mitarbeiterin, Frau Dr. Manuela du Bois-Reymond, heute Professorin an der Universität Leiden/Niederlande, zu danken, die in den sechziger Jahren an der Sammlung und Ordnung des Basismaterials wesentlichen Anteil hatte.

Venedig, im Herbst 1985   E. K.

Deutsche Polenpolitik –
einst und dann

Die Beziehungen der Deutschen zu ihren Nachbarvöl-
kern und dieser zu ihnen waren seit jeher schwierig
und konfliktreich. Seit der Reichsgründung vor (nur!)
115 Jahren verschärfte sich die Konfliktsituation trotz
Bismarcks Fähigkeit, mit fünf Bällen gleichzeitig zu
jonglieren, verhängnisvoll und explodierte schließlich im Ersten Weltkrieg. Er wurde zum ersten Anlaß,
nach Schuld zu fragen, nicht nur politischer, auch
moralischer. Nationale Zeitgeschichtler bauten einen
Damm gegen die das Reich einseitig belastende
»Kriegsschuldlüge«, aber er brach nach Jahrzehnten:
Das Zusammenwirken der Kriegstreiber in Berlin und
Wien wurde aufgedeckt.

In diesen Beziehungen figurierte Frankreich als der
»Erbfeind«, Italien seit 1915 als der »Verräter«, und
daraus ließe sich schließen, rechnet man noch England, den sicheren Alliierten Frankreichs, als das »per-
fide Albion« hinzu, daß sich vorwiegend am West- wie
am Südrand des Reiches jene nationalstaatlichen Rei-
bungen entwickelten, die dazu führten, daß 1914 in
Europa »die Lichter ausgingen«.

Würde man auf einer Europakarte die Konfliktherde
einzeichnen, wie sie sich zu Anfang unseres Jahrhunderts gebildet haben, und rechnete man, wie es unab-
dingbar wäre, die Balkanpolitik der k. u. k. Monarchie
hinzu, so lägen sie tatsächlich im Westen und Süden
des Reiches. Diese politische Karte wäre nicht falsch,
aber unvollständig, denn auf ihr wäre nicht zu erkennen, daß unter Beziehungen der Deutschen zu ihren
Nachbarn jene zu Polen die weitaus schwierigsten
waren, tief zurückreichend in die Geschichte: Zu
Anfang des 13. Jahrhunderts hatten die Ritter des
Deutschen Ordens, getrieben von Machtgier und Mis-

sionseifer, erste Burgen an der Weichsel errichtet, vor-
geschobene militärische Stützpunkte, von denen aus
die Unterwerfung der Prußen begann, jenes Volks-
stammes, von dem Preußen den Namen übernommen
hat, Ausdruck seiner Verankerung im Osten.

Von da an bis heute die Geschichte Polens zu verfol-
gen, würde den thematischen Rahmen dieses Buches
sprengen; dennoch sei daran erinnert, daß Polen nach
der Niederringung der Herrschaft des Deutschen Rit-
terordens im 15. Jahrhundert zur Großmacht empor-
gestiegen war und eine kulturelle Blütezeit ohnegleichen erlebt hatte. Dann aber, im letzten Drittel des
18. Jahrhunderts, verlor es seine staatliche Selb-
ständigkeit: Rußland, Österreich und Preußen teilten
das Land in drei Aktionen unter sich auf; eine weitere
Teilung erfolgte 1815 auf dem Wiener Kongreß. Erst
mit der Niederlage der Mittelmächte 1918 und mit
der Oktoberrevolution in Rußland gewann Polen
seine Eigenstaatlichkeit zurück.

Das Reich verlor nicht nur die »Reichslande« Elsaß-
Lothringen, die es 1871 Frankreich abgenommen
hatte, auch im Osten mußte es Amputationen hinnehmen: Danzig wurde als Freie Stadt vom Reich
abgetrennt, mit dem »Korridor« bekam Polen direk-
ten Zugang zur Ostsee.

1939 erlitt Polen seine Fünfte Teilung, zunächst auf
dem Papier im Hitler-Stalin-Pakt vom 23. August,
dann real durch den »polnischen Feldzug« der großdeutschen Wehrmacht, der mit dem 1. September
begann. Die Sowjetunion verlegte am 17. September
ihre Westgrenze an die zwischen den Außenministern
Ribbentrop und Molotow ausgehandelte Demarkationslinie, an der die deutschen Armeen bis Sommer
1941 stehenblieben, um dann in die Sowjetunion ein-
zufallen. Heute liegen die beiden deutschen Nachfol-
gestaaten des Reiches, von denen einer behauptet,
dessen alleiniger Erbe und damit Fortsetzer zu sein,
westlich der Oder bzw. westlich der Elbe – so sieht das

Ergebnis aggressiver deutscher Ostpolitik von sieben Jahrhunderten aus. In der Ausdehnung deutscher Herrschaft über ganz Polen fand sie ihre fürchterlichste Verwirklichung; aus der militärischen Besetzung entwickelte sich eine Kolonialpolitik, die zur Ausrottungspolitik ausartete. Sie ist der Gegenstand dieses Buches.

In dieser Ausrottungspolitik laufen, sich gegenseitig ergänzend und steigernd, die zentralen Zielsetzungen der Ostpolitik des Dritten Reiches zusammen: einerseits Sicherung und Ausbreitung deutschen Volkstums außerhalb der Reichsgrenzen, andererseits Vernichtung des Judentums, die sich zwar über ganz Europa erstreckte, aber in Polen mit einem hohen jüdischen Bevölkerungsanteil (1,7 Millionen von insgesamt 22 Millionen) besondere Verhältnisse vorfand. Hinzu kam, daß nicht nur der Antisemitismus der Tat, sondern auch die deutsche Herrenrassenideologie, die aus Slawen »Untermenschen« machte, dazu beitrug, daß der Massenmord, dem ein Fünftel der polnischen Bevölkerung zum Opfer fiel, die Praxis deutscher Herrschaftsausübung bestimmte. Deren geistig-politische Voraussetzungen, diese Summe aus Judenhaß und germanischem Überlegenheitswahn, waren keine Erfindungen Hitlers, vielmehr nur extreme Ausformungen tradierter deutscher Verhaltensmuster.

Kann auch in diesem Buch die »Endlösung« nicht vollständig ausgespart bleiben, weil nach der Sachlage Antipolenpolitik notwendigerweise auch Antijudenpolitik sein mußte, so sei dem Leser doch versichert, daß ihm aus triftigen Gründen so viel als nur möglich vom Komplex »Auschwitz« erspart bleiben wird und er nicht zu befürchten braucht, vor den Toren der Gaskammern stehengelassen zu werden, auch wenn vielleicht einmal gesagt werden sollte, daß ein Raum, in dem 2000 Menschen auf einmal getötet wurden, eigentlich nicht mehr »Kammer« genannt werden kann, ohne ganz unzureichende Vorstellungen zu wecken.

Weil nun aber die polnischen Juden nahezu restlos ausgerottet wurden und die in Polen errichteten Vernichtungslager zudem zur Endstation der Juden aus allen deutsch besetzten Ländern geworden sind (obwohl es doch so viel einfacher gewesen wäre, sie an Ort und Stelle umzubringen, anstatt die Reichsbahn häufig vor nahezu unlösbare Transportprobleme zu stellen), soll doch wenigstens mit einem aus dem Jahr 1890 stammenden Zitat aus dem Buch eines der bekanntesten Vorreiter der »Endlösung« darauf hingewiesen werden, auf welch sicherem Boden Hitler stand: *Dasjenige Volk, welches sich zuerst und am gründlichsten seiner Juden entledigt, und dadurch die Bahn für seine naturgemäße Kulturentwicklung frei macht, ist zum Kulturträger und folgerichtig auch zum Beherrscher der Welt berufen. Demgemäß kann für uns die Frage gar nicht in Betracht kommen, ob es möglich ist, daß wir uns der Judenherrschaft und Judenkorruption entledigen. Es muß sein, und da kann die Frage der Schwierigkeit gar nicht erwogen werden.*[1]

Mit der Übersetzung dieses Programms durch die Nationalsozialisten in die Praxis wurde 1933 begonnen, die dann im Krieg ihre Perfektionierung erfuhr. Für die Kriegsjahre läßt sich nur von Fall zu Fall, nicht aber generell eine Trennungslinie zwischen den organisatorischen Maßnahmen ziehen, denen die Polen im Zuge der »Eindeutschung« ihres Staatsgebietes unterworfen wurden, und jenen, welche die Ausrottung der Juden zum Ziele hatten. Geht man aber den deutsch-polnischen Beziehungen vor 1933 nach, so zeigt sich, daß der Antisemitismus nicht zu den elementaren Motivationen der deutschen oder nun richtiger: der preußischen Polenpolitik gehörte. Ist auch sie nicht völlig frei von metapolitischen, ideologisch eingefärbten Ideen und Wahnvorstellungen über die

14

deutsche Mission in der Welt, so entbehrt sie doch nicht so vollständig wie die »Endlösung« der von durchschaubaren Machtinteressen geprägten Rationalität, die ja schon den Ritterorden in die Weite des Ostens hatte aufbrechen lassen und letztlich die Proklamationen seines christlichen Sendungsbewußtseins zu einer Tarnung purer Gewaltherrschaft machte.

Der Initiator einer chauvinistischen und imperialistischen Polenpolitik des Deutschen Reiches war der Reichsgründer selbst. Schon im Revolutionsjahr 1848, Bismarck war noch nichts weiter als ein konservativer Abgeordneter im preußischen Landtag, ließ er sich über die Gefahr, die Polen für Preußen darstelle, in einer Weise aus, die den Innenminister Rudolf von Auerswald veranlaßte, ihm das Wort zu entziehen. An ihn appellierte der damals 33jährige Junker, den Polen nicht einen Schritt weit entgegenzukommen. Anlaß dazu hatten die Aufstände in Polen gegeben, insbesondere in der preußischen Provinz Posen (Poznań), zu denen es nach dem Beispiel der »Revolutionen« in Frankreich, Österreich und Preußen gekommen war. Die Regierung Friedrich Wilhelms IV., aufgeschreckt und verwirrt durch revolutionäre Massenaktionen in der eigenen Hauptstadt, hatte sich in einer Kabinettsorder bereit erklärt, eine »nationale Reorganisation des Großherzogtums Posen« zuzulassen, aber sie dachte gar nicht daran, das Versprechen einzulösen, als sie wieder im Innern Herr der Lage war. Sie schickte ein Heer von 30 000 Mann in »ihr« Polen, um dort die preußische Ordnung wiederherzustellen. Es kam zu blutigen Schlachten, in denen schlecht bewaffnete polnische Kampfverbände zweimal siegten, schließlich aber geschlagen wurden und aufgelöst werden mußten.

Der polnische Aufstand loderte noch (Anfang April 1848), als Bismarck seine Hetzrede gegen die Polen halten wollte, und weil er dazu im Landtag nicht kam, veröffentlichte er, was er hatte sagen wollen, am 20. April in der *Magdeburger Zeitung*: Versöhnung mit den Polen sei unmöglich. Sie ganz auszurotten, inhuman und außerdem unmöglich, es sei denn, Generationen beschäftigten sich damit. So bliebe nichts, als jede antipreußische Regung der Polen im Keim zu ersticken.

Von diesem Jahr 1848 an wurde vor allem nach der Reichsgründung (1871) von Berlin aus eine Politik der Unterdrückung und Entrechtung gegen die Polen geführt, die erst mit dem Zusammenbruch der Mittelmächte 1918 ein vorläufiges Ende fand.

Polen bestand seit seiner Vierten Teilung auf dem Wiener Kongreß (1815) aus dem Königreich Polen (als »Kongreßpolen« in die Geschichte eingegangen) mit Warschau als Hauptstadt, das sich unter russischer Gewalt immer wieder verzweifelt und im wesentlichen erfolglos bemühte, Reste staatlichen Eigenlebens und polnischer Kultur zu erhalten. Der verlustreichste Versuch in dieser Richtung ist der »Januaraufstand« des Jahres 1863, der Bismarck veranlaßte, den Generaladjutanten König Wilhelms I. (Kaiser ist er noch nicht) zum Zaren zu schicken, um mit diesem eine russisch-preußische Strategie gegen die Polen abzusprechen. Zu den Folgen der Niederwerfung des Aufstandes in Kongreßpolen gehörte die Einführung des Russischen als Verwaltungssprache und die Verdrängung aller Polen aus der höheren Verwaltung. Daß die Zollschranken zwischen Rußland und Kongreßpolen aufgehoben wurden (1870), gereichte der polnischen Wirtschaft zum Vorteil, weil sich ihr damit der riesige russische Markt öffnete. Industriestädte wie Łódź (Textilien) und Warschau vervielfachten ihre Bevölkerung.

Über den an Österreich gefallenen Teil Polens (Königreich Galizien und Lodomerien) braucht hier nur gesagt zu werden, daß Wien, im Umgang mit fremden Völkern erfahren, eine vergleichsweise tolerante Herrschaft ausübte. Die Prinzipien deutscher Herrschaftsausübung in Polen und über Polen, wie sie dann im Zweiten Weltkrieg praktiziert worden sind, wurden im preußischen Großherzogtum Posen entwickelt.

Schon aus den Jahren zwischen 1850 und 1860 liegen Planungen vor, die später in der NS-Rassenpolitik unter dem Begriff »Eindeutschung« liefen. In der königlich-preußischen Politsprache hießen sie »Germanisierung«. Unter diesem Schlagwort entstand im evangelisch-lutherischen Preußen eine Volkstumsbewegung, die, weil sie gegen das katholische Polen gerichtet war, Züge eines keineswegs nur mit geistigen Waffen ausgetragenen Religionskrieges annahm. Vor diesem Hintergrund wurde der höchste Repräsentant der katholischen Kirche in Polen, soweit es preußisch war, der Erzbischof von Gnesen-Posen (wir verwenden um der leichteren Verständlichkeit willen deutsche Ortsbezeichnungen), zum Schirmherr polnischer Interessen; er wurde insbesondere auf dem Gebiet der schulischen und selbstverständlich der religiösen Erziehung zum antipreußischen Politiker qua Amt. Bei total veränderten Voraussetzungen stoßen wir hier auf eine zutiefst kritische Beziehung zwischen Kirche und Staat, die der heutigen erstaunlich ähnlich ist.

Das propolnische Engagement der Priester veranlaßte Bismarck, in Absprache mit dem Vatikan einen polnischen Adeligen in das Amt des Erzbischofs zu lancieren, der sich als Sympathisant der preußischen Herrschaft ausgewiesen hatte und seinen Pfarrern verbot, von den Kanzeln herab nationalpolnische Politik zu treiben. Diese Maßnahme erwies sich als äußerst wirksam; sie kostete die Polen bei den nächsten Landtagswahlen (1866) acht von den bis dahin zwanzig Sitzen.

Aus dieser Zeit gibt es von Bismarcks Hand einen Kabinettsbericht an den König, in dem der noch nicht

lange amtierende Ministerpräsident ausführte, die
»Germanisierung« der Ostgebiete könne nur durch
»Verdrängung« der Polen realisiert werden. Hier sind
wir schon Vorstellungen nahe, nach denen ein Hans
Frank, ein Heinrich Himmler und ein Alfred Rosenberg handeln werden. Die dreißiger Jahre des 19. Jahrhunderts, in denen der Freiheitskampf den ebenso
tapferen wie politisch leichtsinnigen Polen die Sympathie ganz Europas eingetragen hatte, kehrten nicht
wieder. Ist auch Bismarck so wenig wie Hitler nicht
der Erfinder antipolnischer Unterdrückungspolitik,
so hat doch dieser Praktiker der Macht das Instrumen-
tarium entwickelt und zur Anwendung gebracht, mit
dem zum Nachteil der Polen die politischen, wirtschaftlichen und kulturellen Interessen Preußens im
Osten verfolgt und durchgesetzt werden konnten.

Sogar der immerhin naheliegende Gedanke, ein
tolerant behandeltes Großherzogtum Posen könnte
recht nützlich werden, sollten die Russen daran denken, Preußen unter Druck zu setzen, bewog Bismarck
nicht, sich gegenüber den Polen Mäßigung aufzuer-
legen. Er sagte, selbst wenn eine solche Gefahr
bestünde, *so brauchen wir die Polen nicht als Schild
gegen die Russen, wir sind uns selbst Schild genug.*[2]

Nachdem er den ersten seiner »Einigungskriege«
(gegen Dänemark, 1864) gewonnen hatte, verschärfte
Bismarck die Tonart noch, in der er über die Polen
herzog. Daß er ihnen mißtraute, ist verständlich,
nicht aber, warum in einem politischen Problem Mißtrauen in Haß umschlug – und das bei einem Mann,
der später bei wichtigsten Anlässen, wie beispielsweise beim Friedensvertrag mit Österreich, bewiesen
hat, daß er fähig war, um der Zukunft willen Macht
nicht bis aufs letzte auszuspielen. In einer Parla-
mentsrede von 1867 befaßte er sich in längeren Ausführungen mit den Polen, erklärte, sofern sie überhaupt preußische Bürger seien, so nur mit *vierund-
zwanzigstündiger Kündigungsfrist, stets zum Auf-*

stand bereit, wann immer sich dazu Gelegenheit böte
und unwiderstehlich angezogen von allen antipreu-
ßischen Kombinationen.[3]

Nachdem er das Reich mit einer Kasinofeier im
Versailler Schloß etabliert hatte, wurden 1873/74 die
Gesetze erlassen, mit denen der polnischen Bevölkerung, soweit sie innerhalb der preußischen Grenzen,
die jetzt Reichsgrenzen geworden waren, lebte, ihre
nationale Identität genommen werden sollte. Der
Unterricht in den Volks- und Mittelschulen hatte
künftig auf deutsch zu erfolgen, die polnische Sprache
wurde zum behelfsmäßigen Mittel degradiert,
Deutsch zu lernen; nur der katholische Religionsunterricht durfte weiterhin auf polnisch abgehalten werden, vermutlich mit Rücksicht darauf, daß sich die
Geistlichen geweigert hätten, Deutsch zu lernen oder
gar Deutsch zu lehren. Ab 1876 wurde Deutsch dann
auch Behördensprache.

Selbstverständlich lernten die polnischen Kinder in
ein paar Jahren nicht, fließend Deutsch zu sprechen
oder schwierigere Texte in dieser Sprache zu lesen.
Zugleich blieb ihnen der Zugang zu ihrer eigenen Lite-
ratur, der Unterricht auf polnisch zur Voraussetzung
hätte haben müssen, verschlossen. Der Versuch, die
Nation kulturell in ein Niemandsland zu verwandeln,
ab 1939 von der SS durchgeführt, läßt sich also schon
in der Bismarckschen Polenpolitik nachweisen.

Derartige Maßnahmen wurden in Berlin als äußerst
zweckmäßig für die »Germanisierung« angesehen,
bewirkten aber in Wahrheit nichts anderes, als daß
sich die polnische Oberschicht mit der Geistlichkeit
gegen preußische Herrschaft solidarisierte. Diese
unerwünschte Konsequenz und die krasse Inhumani-
tät der konservativen Antipolenpolitik wurden im
Reichstag angeprangert, vor allem vom Zentrum und
den Sozialdemokraten, die noch am Anfang ihrer Entwicklung zu einer mächtigen parlamentarischen
Kraft standen. Die Proteste änderten nichts.

Die Polenpolitik in der Bismarckschen Ära ist jedoch nicht konsequent, weil sich der Reichskanzler in seinem Kampf gegen die Sozialdemokratie des Beistandes der Kirchen versichern wollte, auch des katholischen Klerus der Provinz Posen, während er im »Kulturkampf« (1874) gerade gegen den Katholizismus Front gemacht hatte. Der Erzbischof von Gnesen-Posen war verhaftet und zusammen mit dem von Köln für zwei Jahre eingesperrt worden, desgleichen kamen der Bischof von Kulm und hundert vorwiegend polnische Geistliche hinter Schloß und Riegel.

Schon unter Bismarck waren im Osten ökonomisch motivierte Bevölkerungsbewegungen entstanden. Ausgelöst von einer Agrarkrise, setzte eine »Ostflucht« ein; ein polnischer Auswandererstrom ergoß sich vor allem in die Vereinigten Staaten. Das preußische Teilgebiet verließen bis zum Ersten Weltkrieg 600 000 Polen, das österreichische ebenso viele, das russische »nur« 400 000. Trotz dieser Massenauswanderung nahm die polnische Bevölkerung in den preußisch-deutschen Ostgebieten dank ihres großen Geburtenüberschusses in derselben Zeit um 15 Prozent zu. Den Blick auf soviel polnische Vitalität gerichtet, trieb die Berliner Regierung 1885 32 000 Menschen, zwei Drittel Polen, ein Drittel Juden, die nicht im Besitz einer deutschen Legitimation waren, mit Gewalt sowohl in das russische wie in das österreichische Teilgebiet hinaus, was zu schweren Spannungen mit diesen beiden Staaten führte und selbst vom deutschen Botschafter in Petersburg als *eine unkluge und unnötig grausame Maßnahme*[4] bezeichnet wurde.

Sie ist typisch für eine eher charakterliche als politische Entwicklung des alternden Bismarck, der, je mehr er gezwungen war, zwischen allen Parteien zu jonglieren, immer starrsinniger und reaktionärer wurde.

Mit Hilfe eines Ansiedlungsgesetzes, in dessen

Durchführung hundert Millionen Mark investiert wurden, wollte Bismarck der Politik der Verdrängung neue Impulse verleihen. Das Land, das deutsche Bauern bekommen sollten, war ursprünglich polnischer Großgrundbesitz gewesen. Die Polen reagierten mit Gründung einer Land- und einer Genossenschaftsbank in Posen, deren Aufgabe es war, polnischen Bauern billige Kredite zu verschaffen, mit denen sie ihrerseits Siedlungsstellen aus aufgelassenem Grundbesitz erwarben.

Diese deutsche Aktion war ein Schlag ins Wasser, während sich der »Volkstumskampf« immer mehr verschärfte. 1894 riefen drei Deutsche den Ostmarkenverein ins Leben, deren Namen Hansemann, Kennemann und Tiedemann hier zu nennen sind, weil ihre Anfangsbuchstaben, polnisch Ha-Ka-Ta, zum Schlachtruf der radikalsten Germanisierer wurden. In polnischen Ohren klang er ähnlich wie Jahrzehnte später »ESS-ESS«. Die »Hakatisten« waren Vorkämpfer für Unterdrückung und Entrechtung. Zu ihnen gesellte sich der Alldeutsche Verband, in dessen pangermanischem Programm die Unterdrückung der Polen nur noch ein Punkt unter anderen war und nicht einmal der wichtigste. Die »Zielgruppe« der alldeutschen Propaganda war die Oberklasse, waren jene, die Jahr um Jahr nach Bayreuth pilgerten und die Festspiele über die Wagner-Vereine finanzierten, womit schon gesagt ist, daß ihre völkische Hetze einen guten Teil ihrer Wirkung rabiatem Antisemitismus verdankte. Zu den Gründern des Alldeutschen Verbandes gehörte Alfred Hugenberg, der als junger Mann in der Kolonisations-Kommission in Posen tätig gewesen war, in der Weimarer Republik die Deutschnationale Volkspartei anführte und Hitlers erstem Kabinett angehörte. Im Kampfblatt des Verbandes, den *Alldeutschen Blättern*, wurde im April 1894 eine antipolnische Hetzkampagne entfesselt, die zugleich eine Kampagne gegen den amtierenden

Reichskanzler Caprivi war, der der Lauheit gegenüber den Polen geziehen wurde.

Noch eine dritte Organisation entstand, die sich im Kampf gegen die polnische Minderheit hervortat: der Bund der Landwirte, der im September 1894 2000 Deutsche aus der Provinz Posen und aus Westpreußen auf die Beine brachte, die zum Altreichskanzler nach Schloß Varzin reisten, um ihm für seine Polenpolitik zu danken und ihn zu bitten, seinen ganzen Einfluß aufzubieten, daß sich die Regierung in Berlin wieder ermanne und zu den Unterdrückungsmethoden zurückkehre, die er, der Reichsgründer, in langen Regierungsjahren entwickelt hatte.

Sie hätten sich so sehr nicht sorgen müssen, denn inzwischen stand an der Spitze dieses Reiches ein Mann, der entschlossen war, alle quasidemokratischen Institutionen höchstpersönlich zu bekämpfen; ein Kaiser, der in Personalunion Antisemit, Imperialist, Militarist und dazu noch ein Vabanquespieler war: Wilhelm II.

Von ihm unterstützt, fand sich in Berlin, geschart um den Repräsentanten der Nationalliberalen Partei in der preußischen Regierung, Johannes Miquel, eine Schar von Kämpfern für das Deutschtum im Osten zusammen, die sich aufführten und sich auch so fühlten, als seien sie die Testamentsvollstrecker des Deutschen Ordens. In einer Kabinettssitzung 1897 erklärte Miquel: *Es ist wieder an der Zeit, sich der Mission des preußischen Staates voll bewußt zu werden: die Kräftigung des deutschen Nationalcharakters und die Expansion gen Osten.*[5]

In den zwei Jahrzehnten vor dem Ersten Weltkrieg entwickelte sich, von oben geschürt, in der öffentlichen Meinung als Sonderfall innerhalb der ganz allgemeinen Angst vor einer »Einkreisung« durch mächtige Feinde, die Sorge um die Sicherheit der grenznahen Ostgebiete. Der in rassistischen Kategorien befangene Kaiser (der das antisemitische Gift in endlosen Briefen aus Bayreuth geliefert bekam, die ihm H. St. Chamberlain, der Schwiegersohn Richard Wagners, schrieb[6] sah nicht nur eine »gelbe Gefahr« heraufsteigen; die Bedrohung durch die Slawen, diese unmittelbaren Nachbarn, erschien ihm nicht weniger groß. Durch ihn kam eine Qualität in die Polenpolitik, die sie selbst durch Bismarck noch nicht gewonnen hatte: Aus der Reichsgrenze im Osten wurde eine bedrohte Front, zu deren Verteidigung, die mit militärischem Einsatz (noch) nicht möglich war, politische und ökonomische Mittel einzusetzen waren. Der Kaiser trieb nicht speziell Polenpolitik, sondern Weltpolitik, jene fügte sich aber als Antipolenpolitik ohne Rest in diese ein.

Mit Reichskanzler Bernhard von Bülow, der von 1900 bis 1909 die Regierung führte, kam ein Mann ans Ruder, der sich in die Rolle des Universalerben Bismarcks hineinsteigerte, so wie sich der derzeitige Bundeskanzler (1985) als Universalerbe Adenauers vorkommt, wobei sich beide darin ähnlich sind wie ein Ei dem andern, daß ihre Selbsteinschätzung auf einer erstaunlichen Selbsttäuschung über das eigene Format beruht.

Daß sich diese verdammten Polen wie die Kaninchen vermehrten und die Ostprovinzen mit ihrer slawischen Flut zu überschwemmen drohten – das war nicht Stammtischgeschwätz, sondern ist wörtlich in Erklärungen enthalten, die der Reichskanzler vor der Presse abgab. Von Bülows Hand gibt es aus dem Jahr 1887 – er war noch nicht Regierungschef – ein Schriftstück, in dem er ausführt, im Falle eines Krieges gegen Rußland könnte es möglich werden, Polen unter einem Hohenzollern zum Königreich zu machen, oder aber es böte sich dadurch die Chance, *die Masse der Polen aus unseren polnischen Gebieten zu vertreiben.* Als Bismarck diese Sätze vor Augen kamen, schrieb er an den Rand: *Man sollte solche exzentrischen Gedanken nicht zu Papier bringen.*[7]

Als Reichskanzler hatte es Bülow nicht mehr mit jenen Polen zu tun, von denen Bismarck geglaubt hatte, er könne ihnen ihr Polentum schließlich doch austreiben. Seine Polenpolitik hatte die Betroffenen nicht geschwächt, sondern gestärkt. Daß die preußische Regierung im Jahr 1900 auch das letzte polnische Erziehungsreservat, nämlich die Erlaubnis, den Religionsunterricht auf polnisch abzuhalten, aufhob, war ein Fehler, der darauf schließen läßt, daß man in Berlin, Slawenangst hin, Slawenangst her, noch nicht erkannt hatte, daß sich in diesem verachteten Volk ein neues Selbstgefühl entwickelt hatte; daß ein Prozeß nationaler Selbstfindung in Gang gekommen war – gewiß nicht der erste in der leidvollen polnischen Geschichte! –, der im Lauf der zwei Jahrzehnte vor dem Ersten Weltkrieg die politischen Gewichte zugunsten der Unterdrückten verschoben hatte und als eine Art Einübung auf die Befreiung und Rückgewinnung eigener Staatlichkeit angesehen werden darf.

Dieser Prozeß wurde durch die russische Revolution von 1905 verstärkt und beschleunigt. Obwohl sie in der Niederlage endete, war sie ein Ereignis, das das politische Klima in ganz Europa dadurch veränderte, daß die Arbeiterklasse sich ihrer Macht bewußt wurde. Ihr Aufstand in Rußland, die in ihm zutage tretende Solidarität mit liberalen Intellektuellen wirkte nach Polen hinein, wenn auch zunächst nur auf Kongreßpolen, also auf den russischen Teil. Dort fanden sich die Männer zusammen, die dann 1892 die erste polnische Arbeiterpartei, Polska Partia Socjalistyczana (PPS), in Paris gründeten. Ein Jahr später hielt sie ihren ersten Kongreß in Wilna ab. Damit ist gesagt, daß die russische Revolution in Kongreßpolen bereits aktionsfähige polnische Kader vorfand: außer der PPS, die sich als polnische Partei verstand, noch eine davon abgespaltene, international orientierte kommunistische Gruppe, an deren Entstehung die

24

junge Rosa Luxemburg entscheidenden Anteil gehabt hatte.

Diese beiden linken Lager, sonst einander spinnefeind, standen 1905 zusammen und organisierten einen Schulstreik, womit sie die Bevölkerung hinter sich brachten, denn die Eltern hatten es satt, ihre Kinder in russischen Unterricht schicken zu müssen. Daraus entwickelte sich eine so mächtige Freiheitsbewegung, daß Petersburg ihr nur durch beträchtliche Zugeständnisse an polnisches Eigenleben Herr werden konnte. Dazu gehörte die Wiederzulassung der polnischen Sprache im Unterricht.

In der preußischen Provinz Posen, wo es kaum Industrie und keine Großstädte gab, hatte die PPS bis zur russischen Revolution nur minimale Erfolge aufzuweisen gehabt. Nicht die Arbeiter, das Bürgertum und die Bauern trugen den Widerstand gegen die preußische Vorherrschaft. Die PPS wäre nicht in der Lage gewesen, einen großen Schulstreik durchzusetzen. Was ihr versagt war, schafften dennoch das russische Beispiel und die deutsche Blindheit.

1904 wurde das sogenannte »Feuerstättengesetz« erlassen, nach dem polnische Bauern auf neugekauften Grundstücken nicht ohne Genehmigung der Behörden Häuser bauen durften. Diese Genehmigung aber sollte ihnen, das war der Zweck des Gesetzes, möglichst vorenthalten bleiben. Dies lieferte den ersten Anlaß, daß sich unter den Bauern ein geradezu revolutionär zu nennendes Potential ansammelte. Der Bauer Michał Drzymała, der nicht bauen durfte, bezog auf seinem Grundstück einen Zigeunerwagen. Er wurde zum Symbol im antipreußischen Kampf, der nun in der Provinz Posen im Schulstreik manifest wurde. 30 000 polnische Kinder wurden monatelang von ihren Eltern dem deutschsprachigen Unterricht ferngehalten. Schwere Repressalien gegenüber Eltern und Geschwistern brachten den Streik nach und nach zum Erliegen.

Daß mit den Polen auch ganz anders umgegangen werden könnte, führte Wien vor. In diesen Jahrzehnten vor dem Ersten Weltkrieg waren den Polen in Galizien bereits eine weitgehende staatsbürgerliche Gleichberechtigung und Regierungsteilnahme eingeräumt worden; konnte sich um die Universitäten in Krakau und Lemberg als Zentren polnische Kultur nahezu frei entfalten. Soweit dort ein »Volkstumskampf« überhaupt geführt wurde, spielte er sich weniger zwischen den Polen und Wien ab als zwischen den Polen und der in Galizien lebenden ukrainischen Volksgruppe.

Die Deutschen wichen auch nach Kriegsausbruch keinen Fingerbreit von ihrer nun fast ein Jahrhundert durchgehaltenen Polenpolitik ab. Für sie waren die Polen nach wie vor keine »staatsfähige« Bevölkerungsgruppe. Während Petersburg, um die Polen für sich zu gewinnen, ihnen das Blaue vom Himmel herunter versprach, nämlich volle Autonomie nach dem Krieg, und in dem in Warschau neugegründeten Polnischen Nationalkomitee einen nur allzu willigen Partner fand, der die Zerschlagung Deutschlands und die Vereinigung Polens unter dem Zaren forderte, errichteten die Deutschen, nachdem sie Warschau am 5. August 1915 erobert hatten, dort noch im selben Monat ein »Generalgouvernement Warschau«, womit das kaiserliche Deutschland Hitler das Modell lieferte, wie deutsche Herrschaft in Polen zu organisieren sei.

Der erste Generalgouverneur wurde ein General namens Hans Hartwig von Beseler, der Ruhe und Ordnung aufrechtzuerhalten und den Wohlstand wiederherzustellen versprach. Auf polnischer Seite wurde Józef Piłsudski, mit dem es Hitler dann noch zu tun haben wird, zu einer Schlüsselfigur. Er operierte vorsichtig und setzte sich lieber zunächst zwischen alle Stühle als auf den falschen. Welcher der richtige werden würde, war auch im November 1916 noch nicht abzusehen, als die beiden Kaiser der Mittelmächte einen polnischen Satellitenstaat als »Königreich Polen« mit erblicher Monarchie und eigener Armee proklamierten. Dieses »Königreich« blieb Papier, unerachtet ein Jahr später ein Regentschaftsrat ernannt wurde. Zu ihm gehörte der Erzbischof von Warschau, irgendein Professor durfte sich Ministerpräsident nennen. Genau zehn Tage nach dieser Farce proklamierten Lenin und Trotzki in Petersburg den Sowjetstaat.

Unter den 14 Punkten des amerikanischen Präsidenten Wilson, die sein Friedensprogramm umreißen, lautet der 13.: Wiederherstellung eines polnischen Staates mit freiem Zugang zum Meer. Während im Oktober 1918 in Warschau der neue polnische Staat sozusagen in einer Rohskizze entworfen wurde und erste Personalentscheidungen fielen, saß Piłsudski noch bis 8. November in einem deutschen Gefängnis in Magdeburg. Am Tag darauf wurde in Berlin die Deutsche Republik ausgerufen. Das Reich lag am Boden, die provisorische Regierung, der Rat der Volksbeauftragten, schickte Harry Graf Kessler als Gesandten nach Warschau, womit Deutschland als erste ausländische Macht den neuen polnischen Staat völkerrechtlich anerkannte. Kessler war kein Linker, aber seine Auftraggeber waren es. Sie hatten das Gefühl, den Polen gegenüber Schuldner zu sein. Die deutschen Rechten waren auch damals ganz anderer Ansicht.

Die polnischen Forderungen, am 25. Februar 1919 der alliierten Kommission für polnische Angelegenheiten überreicht – stets war Polen ein Fall, der eine Spezialbehandlung auf allen Ebenen verlangte und blieb es! –, lauteten: fast ganz Oberschlesien, Teile Mittelschlesiens, die Provinzen Posen und Westpreußen, Ostteile Pommerns, Danzig, Masuren. Ostpreußen sollte nicht mehr Teil des Deutschen Reiches sein. Insgesamt umfaßte dieser Wunschzettel 84 198

Quadratkilometer. Die ehemals deutschen Gebiete, die nach dem Zweiten Weltkrieg ein Teil des polnischen Staatsgebietes wurden, umfassen 103 028 Quadratkilometer. Was die Polen 1919 verlangten, war nur etwas weniger als das, was sie 1945 bekommen haben, ohne es in diesem Umfang ausdrücklich zu fordern. Darauf mußten sie 26 Jahre warten.

Der Versailler Friedensvertrag bestimmte, daß das Deutsche Reich an Polen fast ganz Posen und Westpreußen abzutreten habe. Danzig wurde Freie Stadt. Soweit der Friedensvertrag. Abstimmungen darüber, wer beim Reich bleiben, wer zu Polen wolle, verloren die Polen spektakulär. In Ostpreußen konnten sie 2,2 Prozent, in Westpreußen 7,6 Prozent der Stimmen für sich verbuchen. Gegen die Sowjetmacht mußten sie um Teile ihres künftigen Staatsgebietes kämpfen. Unter Piłsudski siegten sie im August 1920 bei Warschau (das »Wunder an der Weichsel«).

In Oberschlesien ging im März 1921 die Abstimmung für die Polen günstiger aus, sie gewannen 40,4 Prozent der Stimmen. Was ihnen danach als territorialer Gewinn zugebilligt werden sollte, erschien ihnen zuwenig. Dreimal versuchte eine von Piłsudski 1915 im Untergrund geschaffene Kampfgruppe, die POW (deutsch: Polnische Militärorganisation) die künftige Westgrenze Polens in Schlesien mit Gewalt noch um ein Stück westwärts zu verschieben. Im Mai kam es zur Schlacht am Annaberg, in der die rechtsradikalen deutschen Einheiten, Grenzschutz und Freikorps, siegten, die wenig später in der Geschichte der Weimarer Republik eine Rolle spielen sollten, in Sachsen gegen kommunistische Aufstände, beim Kapp-Putsch in Berlin und beim Hitler-Putsch in München.

Im Oktober 1921 entschied eine Kommission der Sieger, daß Polen ein Viertel von Oberschlesien bekommen solle mit der knappen Hälfte der Gesamtbevölkerung, dazu achtzig Prozent der Kohlenförderung.

Polen hatte freien Zugang zum Meer; das Reich und Ostpreußen trennte der »Korridor«. Danzig war Freie Stadt.

Damit ist das Gebäude errichtet, das das Großdeutsche Reich zum Einsturz bringen wird. Wer davon nichts wüßte, könnte leicht zu der Ansicht gelangen, schon die Bismarcksche wie die kaiserliche Polenpolitik seien eher ein Klotzen als ein Kleckern gewesen. Die Polen hätten bis September 1939 diese Überzeugung geteilt. Wie sie aber von da an deutsche Herrschaft erlebten, das muß ihnen die Jahrhunderte der Teilung in einem verklärten Licht haben erscheinen lassen. Gleichwohl standen der Generalgouverneur Hans Frank, standen Himmler, die Gauleiter Greiser und Koch, standen Abertausende nach Polen abkommandierte deutsche Beamte und Angestellte, standen »Einsatzgruppen« und Teile der Wehrmacht auf den Schultern von Bismarck, Wilhelm II. und so gut wie aller Politiker in Berlin – hatte doch schon Bismarck mit ersichtlichem Bedauern festgestellt, die Ausrottung der Polen würde sich sehr schwierig gestalten und vielleicht nur von Generationen zu leisten sein! (Vgl. S. 16). Wäre den führenden Politikern des konservativen Lagers vor dem Ersten Weltkrieg der »Generalplan Ost« vorgelegt worden, diese 1941/42 entstandene Magna Charta großdeutscher Polenpolitik, sie hätten sich darauf gestürzt als den Ausdruck ihrer geheimsten Gedanken und Pläne, die ihnen noch unerfüllbar erscheinen mußten.

Von der »Friedenspolitik«
zum Krieg

Für die Polen waren die Jahre zwischen den beiden Kriegen durchaus keine gute Zeit. Sie waren zwar aus einer 120 Jahre währenden Knechtschaft befreit worden, aber wenn man beispielsweise einen Bäcker in Posen oder einen Bauern in Lublin um 1926 gefragt hätte, ob es ihm denn nun wirtschaftlich besser gehe als vor dem Weltkrieg, und wenn er sich zu einer ehrlichen, gewissermaßen anationalen Antwort hätte durchringen können, so hätte sie gelautet: Absolut nicht, im Gegenteil!

Weder innenpolitisch, mit ihrer neuen Demokratie, noch mit ihrer Wirtschaft kamen die befreiten Polen auf solide Beine. Nachdem im November 1922 die ersten allgemeinen Wahlen zur gesetzgebenden Körperschaft (Sejm) stattgefunden hatten, trat Marschall Piłsudski, vom Parteihader angewidert, als Staatschef zurück, ein halbes Jahr später hatte er auch seine militärischen Ämter, darunter das des Generalstabschefs, niedergelegt. Schließlich machte er im Mai 1926 mit Unterstützung von Armeeteilen einen Staatsstreich. Von da an bis zu seinem Tod im Mai 1935 war in Polen gegen ihn nichts mehr zu wollen. Aus Kameradenkreisen rekrutierte er die »Obersten-Regierung«; wir würden sie heute Junta nennen. Ein Oberst Beck wurde 1932 polnischer Außenminister und blieb es bis zum Überfall durch die Deutschen. Der Marschall fand einen militärischen Nachfolger in Rydz-Śmigły, der als Oberbefehlshaber der polnischen Streitkräfte 1936 der zweite Marschall von Polen wurde und im September 1939 polnische Kavalleriebrigaden mit gezogenem Säbel deutsche Panzer angreifen ließ. Mit ihm und Beck stehen bereits zwei polnische Führer im Vordergrund, die sich ab

1938 gegen Hitler stellten und durch ihn untergingen. Zwischen 1918 und 1939 hatte Polen 29 Regierungen.

Wie stets und überall gedieh auch in Polen die antidemokratische Entwicklung hin zur Diktatur auf dem Boden miserabler ökonomischer Verhältnisse. Drei Viertel der Bevölkerung waren in der Landwirtschaft tätig, aber über zwei Millionen Bauernhöfe verfügten über weniger als fünf Hektar, und wiederum die Hälfte davon waren Zwergbetriebe, die nicht einmal die eigene Familie ernähren konnten. Das Land erlebte immer wieder Bauernunruhen, eine zunehmende Linksorientierung unter der Landbevölkerung war ab 1924 im Gange. Die Auslandsschulden wuchsen und wuchsen; die größte Anleihe, riesig für die Leistungskraft des Landes – 72 Millionen Dollar – mußten 1927 in den USA und Großbritannien aufgenommen werden. Ausländisches Kapital überschwemmte alle Industriezweige; die Hüttenindustrie befand sich zu achtzig Prozent in ausländischem Besitz; der Amerikaner Harriman gewann die Kontrolle über das Zinkaufkommen. Bis zum Zweiten Weltkrieg emigrierten zwei Millionen Polen, in der gleichen Zeit kehrte eine Million zurück unter dem Eindruck der Weltwirtschaftskrise in den Jahren 1929 bis 1932.

Mit diesem Volk und diesem Staat, die deutscher Hilfe dringend bedürftig gewesen wären, ging die Weimarer Republik wirtschaftlich wie ein schlechter Herr mit seinem Gesinde um, von der Minderwertigkeit »polnischer Wirtschaft« überzeugt. Ein 1922 geschlossenes Abkommen über die Abnahme garantierter Mengen oberschlesischer Kohle, dem einzigen ins Gewicht fallenden Exportartikel Polens, wurde rasch durchlöchert, woraus sich ab 1925 ein polnisch-deutscher Wirtschaftskrieg entwickelte, als das Abkommen von Berlin nicht verlängert wurde. Die Tatsache, daß Polen schon 1926 400 000 Arbeitslose hatte, ließ Berlin kalt; eine auf die Kohlenlieferung sich beziehende Unterredung, die Piłsudski in der Rolle des Bittstellers in Genf 1927 mit Stresemann führte, bewirkte so gut wie nichts. Das Reich hatte andere Sorgen.

Die Polenpolitik der Weimarer Republik war überschattet und emotional motiviert durch die Gebietsverluste im Osten. Die deutschen Minderheiten im polnischen Staat wurden für die Berliner Regierung schon ab 1919 die Vollzugsorgane einer geheimen Antipolenpolitik. Diese war nicht wie die von »Vertriebenen«-Funktionären unserer Tage vorgebrachten Forderungen auf eine erneute Korrektur der Grenze – heute der Oder-Neiße-Grenze – gerichtet (der Versailler Vertrag kannte keine »verwalteten Gebiete«, man sprach damals von »Abtretungsgebieten«), sondern auf die Mobilisierung des deutschen Elements in Polen, seiner Wirtschaft, seiner Presse und, soweit sie überhaupt auf Strukturveränderung abzielte, auf innere, für die deutschen Siedlungsgebiete günstigere Verwaltungsgrenzen und -zuständigkeiten.

Die Unterstützung, die der deutschen Minderheit vom Reich her zuteil wurde, verhinderte jedoch nicht, daß viele »Volksdeutsche« abwanderten. Zu einem Autonomiestatut, das dieser Abwanderung vermutlich ein Ende bereitet hätte, konnte sich die Regierung eines durch Jahrhunderte geschundenen und geknechteten Volkes nicht durchringen. Die ständigen Konflikte zwischen dem Staatsvolk und den Minderheiten in den zwanziger Jahren, zu denen beide Seiten beigetragen haben, gehören nicht weniger als die deutsche Herrschaft ab September 1939 zu den Erfahrungen, wonach den Polen die Beseitigung des deutschen Elements durch Austreibung als das einzige Mittel erschien, endlich Herr im eigenen Hause zu werden. (Daß sie es nicht werden konnten, vielmehr jetzt massiver Überwachung durch Moskau unterworfen sind, steht auf einem anderen Blatt; aber es gibt wohl keinen Polen, der sich heute wünschte, die sowjetische Bevormundung wieder durch eine deutsche ersetzt zu sehen.)

Die deutsche Republik brachte sich um, die Braunen übernahmen die Macht, aus Innenpolitik wurde Verfolgung. Gewehre, Revolver, Folterstätten, das erste Konzentrationslager (in Dachau) ersetzten nicht, aber ergänzten das zehnjährige Gebrüll. Das Feindbild Frankreich wurde neu aufpoliert, das Reich und Italien ernannten sich zu »jungen Völkern«, die mit den »morbiden« Demokratien ein leichtes zerstörerisches Spiel haben würden. Es hätte in dieser Linie gelegen, auch die inoffizielle Antipolenpolitik der Republik nunmehr mit dem Segen des Regimes ganz offen zu betreiben – und das um so mehr, als doch die Revision des Versailler Vertrages, dem Polen seine Existenz verdankte, neben der Ausmerzung des Judentums vordergründig das Hauptanliegen Hitlers war.

Entgegen aller Wahrscheinlichkeit ging Hitler behutsam mit Warschau um. Das uralte Feindbild Polen blieb in der Versenkung. Ein Jahr nach der Machtübernahme, fast genau auf den Tag, am 26. Januar 1934, beendete eine deutsch-polnische Vereinbarung den von der Republik ererbten Wirtschaftskrieg und legte beide Regierungen auf Gewaltverzicht fest, verkündete das Prinzip der Nichteinmischung in die inneren Angelegenheiten des jeweils anderen und versprach die Herstellung gutnachbarlicher Verhältnisse. Für zehn Jahre sollte das alles gelten. (Die Vereinbarung war noch in Kraft, als sie am 1. Juli 1938 durch einen Wirtschafts- und Abrechnungsvertrag scheinbar zusätzlich festgeschrieben wurde.)

Der Entschluß, den Polen so wenig Anlaß wie möglich zu geben, sich mit anderen Mächten gegen das Reich zu verbünden, hielt sogar einem Versuch Piłsudskis stand, eine derartige Koalition zu schaffen. Der Marschall hatte im Oktober 1933 Sondierungen in Paris vornehmen lassen, ob Frankreich bereit sei, gemeinsam mit Polen gegen das NS-Reich präventiv vorzugehen. Die Franzosen, die sich noch 1939 fragten, warum sie eigentlich für Danzig sterben sollten, und dann, als sie 1940 geschlagen waren, die Schuld daran den »feigen« Engländern in die Schuhe schieben wollten, würdigten Warschau keiner Antwort. Der Schritt blieb dem Auswärtigen Amt nicht verborgen, doch statt sich beleidigt zu zeigen – immerhin war Piłsudski der erste europäische Staatsmann, der begriffen hatte, daß mit Hitler nur durch Gewaltanwendung fertig zu werden sei! –, bemühte sich das Regime weiter um polnische Freundschaft. Drei Monate später lag das erwähnte Abkommen auf dem Tisch. Die Polen handelten dabei nach dem Prinzip: Schaden kann es auf keinen Fall; ob es etwas nützt, wird sich zeigen. Für die Deutschen war es ein Einbruch in die traditionelle polnische Bündnispolitik mit Frankreich.

Oberflächlich betrachtet, schien es, als sei deutscherseits der »Volkstumskampf« eingestellt worden; im Untergrund schwelte er weiter, wurde unterstützt von den NS-Stellen für Auslandspropaganda, die sich dabei des Einverständnisses des »Führers« sicher sein durften. Dafür zeugt ein Gespräch, das von Hermann Rauschning* aufgezeichnet wurde und nach seiner

---

* Der Verfasser läßt hier den ehemaligen NS-Senatspräsidenten von Danzig, Hermann Rauschning, der 1936 in die Schweiz emigrierte, aus dessen *Gespräche mit Hitler* zu Worte kommen, obwohl ihm nicht unbekannt geblieben ist, daß sich ein Schweizer Schullehrer die Mühe gemacht hat nachzuweisen, diese »Gespräche« hätten nicht stattgefunden; auch ist ihm nicht entgangen, daß hochangesehene deutsche Journalisten diese der Komik nicht entbehrende Fleißarbeit zum Anlaß genommen haben, nun ihrerseits langatmig zu bestätigen, daß, warum und wie Rauschning seine nach Millionen zählende Leserschaft der *Gespräche* dupiert habe. Diese kritischen Unternehmungen sind nicht weniger kurios, als es Versuche waren und sind nachzuweisen, das seelenanalytische Werk Sigmund Freuds sei nichts als ein gigantischer Irrtum. Dem

Aussage im Frühsommer 1934 im kleineren Kreis mit Vertretern deutscher Minderheiten im Ausland stattgefunden habe. Zu ihnen habe Hitler unter anderem gesagt: *Sie werden an vorderster Front unserer deutschen Kampfbewegung als die Vorposten Deutschlands es uns ermöglichen, unseren Aufmarsch zu vollziehen. [...] Sie haben unsere eigenen Vorbereitungen zum Angriff zu verschleiern. Betrachten Sie sich als im Kriege. [...][8]*

Daß Hitler schon 1934 das Wort »Angriff« benützte, von dem nicht klar ist, ob es direkt auf Polen gemünzt war oder allgemein seiner unumstößlichen Absicht, Krieg zu führen, Ausdruck gegeben hat, ist schwer zu entscheiden. Doch vieles spricht dafür, daß er weder zu diesem Zeitpunkt noch während der nächsten Jahre davon ausgegangen ist, gegen Polen Krieg führen zu müssen: *Ich kann Polen aufteilen, wann und wie es mir beliebt. Aber ich will das nicht. Es kostet mir zu viel. Wenn ich es vermeiden kann, werde ich es nicht tun.[9a]*

Daß er es lieber nicht getan hätte, ist daran abzulesen, daß die Polenberichterstattung und -kommentierung der deutschen Presse jahrelang im Sinne des Abkommens von 1934 gelenkt worden ist. Noch 1938

Schweizer Schullehrer sollte empfohlen werden, die Welt darüber aufzuklären, der Verfasser des *Tell*, ein gewisser Schiller, sei nie in der Schweiz gewesen. Kaum anzunehmen, daß das Stück dadurch verlöre.

Wenn ein solches Schwindelunternehmen wie das Rauschnings zu einem Zeitpunkt, als Hitler seinen Krieg noch nicht begonnen hatte, das erste vollkommen stimmige Innenbild des Nationalsozialismus und seines »Führers« vermitteln konnte; wenn Freud das Verhältnis des Menschen zu sich selbst zu verändern vermochte und damit das kulturelle Weltklima, dann sind in beiden Fällen Leistungen vollbracht worden, zu denen jene, die am Stamm von Eichen das Bein heben, so unfähig wären wie der Witzbold Otto, in Bayreuth den Parsifal zu singen. Dem Verfasser ist es gleichgültig, ob Rauschning die Gespräche führte oder nur seine Erkenntnisse in diese Form brachte, denn dieser Emigrant stellte als erster den »Führer« in seiner Wahrheit vor uns hin.

hielt Hitler selbst ausgesprochen polenfreundliche Reden. So am 20. Februar jenes Jahres in einer Massenversammlung: *Es erfüllt uns im fünften Jahr nach der ersten großen außenpolitischen Abmachung des Reiches* [mit Polen, Anm. d. Verf.] *mit aufrichtiger Befriedigung, feststellen zu können, daß gerade in unserem Verhältnis zu dem Staate, mit dem wir vielleicht die größten Gegensätze hätten, nicht nur eine Entspannung eingetreten ist, sondern* [...] *eine immer freundschaftlichere Annäherung. Ich weiß ganz genau, daß dies in erster Linie dem Umstand zu verdanken war, daß sich damals in Warschau kein westlicher Parlamentarismus, sondern ein polnischer Marschall befand, der als überragende Persönlichkeit die europäisch wichtige Bedeutung einer solchen deutschpolnischen Entspannung empfand.*[9b]

Man könnte fast sagen, Hitler habe in Piłsudski einen zweiten Mussolini gesehen – ein Eindruck, der sich noch verstärkt, wenn man die auf Polen sich beziehenden Passagen der Rede liest, die er nur drei Tage vor dem »Münchner Abkommen«, am 26. September 1938, gehalten hat: *Es bestand die Gefahr, daß die Vorstellung einer »Erzfeindschaft« von unserem wie auch vom polnischen Volke Besitz ergreifen würde. Dem wollte ich vorbeugen. Ich weiß genau, daß es mir nicht gelungen wäre, wenn Polen damals eine demokratische Verfassung gehabt hätte. Denn diese Demokratien, die von Friedensphrasen triefen, sind die blutgierigsten Kriegshetzer. In Polen herrschte nun keine Demokratie, sondern ein Mann.* [...] *Wir sehen ein, daß hier zwei Völker sind, die nebeneinander leben müssen und von denen keines das andere beseitigen kann.* [...] *Es mußte daher ein Weg der Verständigung gefunden werden. Er ist gefunden worden und wird immer weiter ausgebaut.*[10]

Einige Stellen aus diesen Reden verdienen hervorgehoben zu werden: »mit dem wir vielleicht die größten Gegensätze hätten«, »Erzfeindschaft« und »Völker... von denen keines das andere beseitigen kann«. Insbesondere die Verwendung des Wortes »beseitigen« läßt Hitlers wahre Gefühle gegenüber den Polen erkennen. Wann hätte ein Staatsmann in der modernen Zeit erwogen, ein ganzes Volk zu »beseitigen«? Den Begriff negativ zu verwenden hebt nicht auf, daß die Möglichkeit der Beseitigung bedacht worden ist.

Aber noch ist es nicht soweit. Wir sind gewohnt, im Polenfeldzug die gewissermaßen selbstverständliche Eröffnung des Krieges zu sehen, aber sie war nichts weniger als selbstverständlich. Eine prodeutsche, allenfalls neutralistische Entscheidung der Polen noch 1938 für möglich zu halten – da war nicht einfach der deutsche Wunsch der Vater des Gedankens. Die gesellschaftspolitischen Vorstellungen der Warschauer Junta paßten weit besser zum Nationalsozialismus als zu der demokratischen Ordnung in Frankreich oder England – und genau das war es gewesen, was die polnischen Kommunisten bestimmt hatte, im »Friedensabkommen« vom Januar 1934 sofort die Vorentscheidung für ein polnisch-deutsches Militärbündnis zu sehen: *Die faschistische Piłsudski-Regierung hat mit der faschistischen Hitler-Regierung einen Nichtangriffspakt geschlossen. In der ganzen Welt posaunt die faschistische Presse aus, daß dieser Vertrag für Europa die Herrschaft des Friedens bedeute. Aber dies ist eine infame Lüge [...] Der Vertrag bedeutet, daß der polnische und der deutsche Imperialismus einen bedeutenden Schritt vorwärts geschritten sind auf dem Wege der Verabredung eines gemeinsamen Vorgehens gegen die UdSSR.*[11]

In der Tat, gute Voraussetzungen für eine Verständigung mit Polen wären durchaus gegeben gewesen, bevor Deutschland zu den Waffen griff. Die Interpretation des deutsch-polnischen Vertrags von 1934, die der französische Botschafter in Warschau, Noël, in einem Bericht an seinen Außenminister am 2. Mai 1939 gegeben hat, erklärt sich zwar ohne weiteres aus der

Entwicklung der deutsch-polnischen Beziehungen im Frühjahr 1939, greift aber doch deshalb zu kurz, weil Noël die Ansicht vertrat, jener Vertrag sei von vornherein nur taktische Spiegelfechterei gewesen. Noël schrieb: *Herr Hitler erblickte darin nur ein bequemes Mittel, um in einer für ihn gefahrvollen Stunde die Feindschaft der Polen zu beschwichtigen.*[12]

Das kann schon allein deshalb nicht stimmen, weil die »gefahrvolle Stunde« nicht nur 1934 bestand, als das Reich noch nicht aufgerüstet war, sondern auch anhielt, solange Frankreich nicht militärisch besiegt war. Gewiß war ein Motiv für die »Friedenspolitik«, sich nicht unnötigerweise an der Ostgrenze einen Feind zu schaffen, aber es war nicht das einzige.

Der eigentliche Anlaß für deutsches Buhlen um die Polen zwischen 1934 und 1938 wird erkennbar, wenn man sich vor Augen hält, daß Hitler einen ganz anderen Krieg führen wollte als den mit Polen. Der Plan war, zunächst gegen Frankreich loszuschlagen, gegen England nur, falls es den Franzosen zu Hilfe käme, dann sich gegen den Osten zu wenden, worunter zu verstehen ist: gegen die Sowjetunion. Manche Darstellungen des Zweiten Weltkriegs erwecken den grundfalschen Eindruck, Hitler habe sich erst 1940 dazu durchgerungen, die Sowjetunion zu überfallen, weil er erkennen mußte, daß ihm die Flotte fehlte, mit der er über den Kanal nach England hätte kommen können. Wer sich dieser These anschließt, verfehlt nicht nur eine vernünftige Erklärung für den Ablauf des ganzen Krieges, er verfehlt Hitlers ganzes Denken und Trachten, Wähnen und Wollen überhaupt.

Nach verbreiteter Auffassung war der deutsche Vernichtungstrieb, die manische Anti-Welt-Gestimmtheit der Deutschen nach 1918, die in Hitler ihre vollkommenste Ausbildung erfahren hat, gleichsam kreisförmig um ein Zentrum angelegt gewesen: Ausrottung der Juden. In Wahrheit aber hatte das emotionale Programm zwei Mittelpunkte, also die Form einer Ellipse; der zweite war: Vernichtung der Sowjetunion als Staat und Militärmacht. Die Abfolge der Feldzüge, darin der gegen die Sowjetunion als letzter steht, hat ersichtlich bewirkt, nicht erkennen zu lassen, daß alle anderen kriegerischen Unternehmungen, die Hitler vom Zaun brach, nur Beiwerk gewesen waren und nur der Krieg gegen die UdSSR d e r Krieg gewesen ist, um dessentwillen er überhaupt Krieg geführt hat. Erst in der Sowjetunion machten es Ideologie, Umstände und Feindverhalten möglich, deutsche Soldaten außer zum Kämpfen gegen einen kämpfenden Feind auch zum Massenmord an Unbewaffneten, an Frauen und Kindern, zu verwenden und damit ihrem obersten Befehlshaber orgiastische Empfindungen zu verschaffen, Glücksgefühle, in die er sich sonst nur durch die Lektüre der Tagesmeldungen aus den Vernichtungslagern hineinzusteigern vermochte. Als diese Stimulantien durch Gewöhnung in seinem Seelenhaushalt nicht mehr so recht wirken wollten, lieferte ihm Freisler, der Vorsitzende des Volksgerichtshofes, nach dem 20. Juli auf Befehl eine Ersatzdroge in Gestalt des Films von der Erhängung der Verschwörer, der ihm das reinste Vergnügen bereitete in Kombination mit der Vorführung eines jener Operettenfilme, die er im Lauf der Jahre sich schon hundertmal hatte vorführen lassen.

Eine der frühesten Erwähnungen, der Krieg gegen die Sowjetunion sei unvermeidbar, findet sich im Protokoll der Sitzung des Ministerrates, die unter Görings Vorsitz am 4. September 1936 (!) stattgefunden hat. Anwesend waren: Reichskriegsminister von Blomberg, Reichsbankpräsident Schacht, Reichsfinanzminister Graf Schwerin von Krosigk und weitere sechs Personen aus deren unmittelbarer Umgebung. Sinn dieser Veranstaltung (wie zahlreicher ähnlicher in diesen Jahren) war, neue Mittel und Wege zu finden, um die Aufrüstung zu finanzieren. Göring führte unter anderem aus, daß die ihm vom Führer erteilte

Vollmacht sich auf die *Sicherstellung der Rüstung* beziehe, *die eher zu beschleunigen als abzubauen ist.*
Der Führer und Reichskanzler hat an den Herrn Generaloberst und den Herrn Reichskriegsminister eine Denkschrift gegeben, die die Generalanweisung für die Durchführung darstellt. Sie geht von dem Grundgedanken aus, daß die Auseinandersetzung mit Rußland unvermeidbar ist.[13]

Aus der Absicht, die Sowjetunion mit Krieg zu überziehen, ergab sich zwingend, sich vorher im Westen den Rücken frei machen zu müssen. Die Möglichkeit, über eine Teilung Polens mit Moskau ins politische Geschäft zu kommen und auf diese Weise den vom vorigen Krieg her gefürchteten Zweifrontenkrieg zu vermeiden, spukte noch nicht einmal als eine Art Wunschtraum in Hitlers Kopf herum, als seine Kriegsplanung Nummer 1 im Generalstab durchgerechnet wurde. Ihr A und O war, die Demokratien in einem Blitzkrieg zu schlagen, um das gesamte militärische Potential des Reiches dann gegen die Sowjetunion mit den Polen oder durch Polen hindurch einsetzen zu können. Die Unterwerfung der UdSSR, wäre sie gelungen, hätte tatsächlich den Weg zur Weltherrschaft frei gemacht, denn ein Reich, das über die Ressourcen des russischen Raumes verfügt hätte, wäre auch von den Amerikanern mit ersten Atomwaffen nicht so früh zu bedingungsloser Kapitulation zu zwingen gewesen.

Spielt man die Planung Nummer 1 einmal in Gedanken durch, stellt man sich vor, daß die deutsche Armee vom 1. September 1939 an, über Belgien und Luxemburg eindringend, Frankreich angegriffen und dieses kriegsmüde Frankreich nicht anders als 1940 ein paar Wochen später um Waffenstillstand gebeten hätte, dann wird man sich der Vermutung nicht verschließen können, der Feldzug gegen die Sowjetunion wäre in diesem Falle weit günstiger für die Deutschen verlaufen als jener, der tatsächlich stattgefunden hat. Günstiger einfach deshalb, weil er ein Jahr früher und innerhalb dieses Jahres (1940) wiederum um mehrere Wochen früher begonnen hätte, wodurch die Winterkatastrophe vor Moskau vermieden, die Stadt eingenommen worden wäre – und so weiter! Die Frage, warum denn die Planung Nummer 1 verworfen wurde, führt zu jenem Polen, das auch vor maßvollen deutschen Forderungen nicht zu Kreuze gekrochen ist.

Wir sind im Herbst 1938 angekommen. Kein ausländischer Staatsmann zweifelt noch daran, daß die Deutschen den Krieg wollen; und kein ausländischer Staatsmann, auch Mussolini nicht, will ihn. Der Duce arrangiert sehr zum Ärger Hitlers, was wir heute eine Gipfelkonferenz nennen würden. Aus ihr geht am 29. September 1938 das »Münchner Abkommen« hervor, in dem der Tschechoslowakei mit Zustimmung der Regierungschefs Englands, Frankreichs und Italiens das »Sudetenland« geraubt und Deutschland in den Schoß geworfen wird, ohne die Prager Regierung zu konsultieren.

Mitten im Frieden begingen vier Repräsentanten bedeutender Nationen, von denen zwei parlamentarische Demokratien waren, ein Völkerrechtsverbrechen – drei von ihnen taten es aus Furcht, Hitler werde marschieren, falls sie mit leeren Händen aus den Verhandlungen im »Führerbau« hervorgingen. Es wurde damals als die große den Frieden rettende Tat des englischen Premierministers Chamberlain gefeiert, nachträglich aber, als der Krieg dann doch entbrannt war, als der feige Kompromiß beurteilt, der Hitler überzeugt habe, er brauche die westlichen Demokratien als Kriegsgegner nicht zu fürchten.

Auch die Polen zeigten sich von »München« beeindruckt. Sie schlossen daraus, nun ihrerseits auf Landraub ausgehen zu dürfen, ohne Krieg führen zu müssen, und zwangen die bereits ins Herz getroffene Prager Regierung, ihnen das Olsa-Gebiet zu überlassen, tausend Quadratkilometer Land mit 200 000 Bewohnern.

Diese schäbige Handlungsweise der Warschauer Junta hatte eine Konsequenz, die von ihr nicht einkalkuliert worden war. Sie ließ Hitler überlegen, wie sich die offenbar mit expansiven Ideen umgehenden Offiziere, allen voran der undurchsichtige, aalglatte, Hitler tief unsympathische Außenminister Beck, verhalten würden, wenn sich für die Deutschen, nachdem sie den Krieg (im Westen!) begonnen hätten, unvermutete Schwierigkeiten in Frankreich ergäben. Bestand die Gefahr, polnische Divisionen würden Breslau besetzen, während deutsche in Paris einzogen?

Um sich über die polnische Haltung Gewißheit zu verschaffen, beschloß Hitler, die Warschauer Regierung zu zwingen, Farbe zu bekennen gegenüber deutschen Forderungen, von denen er unter keinen Umständen Abstand zu nehmen bereit war und die auch nicht von einem objektiven Beobachter des politischen Szenariums des Jahres 1938 als von vornherein unannehmbar für Polen anzusehen waren. Um zu verstehen, warum sie in Warschau dennoch für unannehmbar gehalten wurden, müssen wir uns zunächst vergegenwärtigen, daß die diplomatische Rücksicht der Reichsführung auf den verachteten Nachbarn doch nicht so weit gegangen war, daß sie auf die Unterstützung und Fernlenkung der deutschen Minderheiten verzichtet hätte.

Nach der Machtübernahme, die in ganz Europa die verstreuten deutschen Volksgruppen in ihrer Illoyalität gegenüber den Gastländern bestärkt hatte, hatte auch in Polen die 1931 gegründete Jungdeutsche Partei eine aggressive prodeutsche und antipolnische Propagandatätigkeit begonnen, und die polnische Regierung hatte sich daraufhin veranlaßt gesehen, im September 1934 den auf die Völkerbundsatzung gestützten Minderheitenvertrag aufzukündigen, so daß hinfort Organisationen deutscher (und ukrainischer) Minderheiten sich nicht mehr unter Umgehung der Regierung direkt an den Völkerbund wenden konnten. (Zum Schutz des Deutschtums im abgetretenen Oberschlesien hatte ein besonderes, bereits im Mai 1922 in Genf abgeschlossenes Abkommen bestanden, das ebenfalls polnischerseits im Juli 1937 gekündigt wurde, um einer inzwischen straff vom Reich aus gelenkten, mit Agenten durchsetzten »Fünften Kolonne« entgegenzuwirken, die innerhalb deutscher Minderheiten – vor allem in den ehemals preußischen Westgebieten Polens – ihre Untergrund- und Spionagetätigkeit ausbaute.)

Zwischen 1936 und 1938 entwickelten sich in Polen Verhältnisse, die insofern jenen ähnlich sind, die vor dem »Anschluß« in Österreich herrschten – und vor dem Einmarsch ins »Sudetenland« –, als eine illegale NSDAP mit Hitlerjugend und einem Bund deutscher Mädel organisiert wurde. Ihre ersten Kader rekrutierten sich aus dem Deutschen Volksbund im ehemaligen russischen Landesteil und in Oberschlesien sowie aus der Jungdeutschen Partei, die im ganzen Staatsgebiet über Stützpunkte verfügte. Für zuverlässige Mitglieder dieser Auslands-NSDAP wurden Schulungskurse im Reich eingerichtet, in denen man sie auch lehrte, wie man als bewaffnete Partisanen zu kämpfen habe.

1938 gab es, in verschiedene Organisationen aufgegliedert, rund 800 volksdeutsche Agenturen in Polen (am dichtesten war dieses Netz natürlich in Westpolen gewoben), von denen aus aktive Volkstumspolitik gegen den Staat getrieben wurde. Aber nicht nur das. Die schon nahezu kriegsbereite Wehrmacht benützte Volksdeutsche als Spione des militärischen Nachrichtendienstes. Über dessen Tätigkeit liegt als Geheime Reichssache eine Denkschrift der Kulturpolitischen Abteilung des Auswärtigen Amtes vom 27. Oktober 1938 vor. Darin werden Bedenken gegen diesen Mißbrauch der deutschen Minderheit vorgebracht. Ein Legationsrat Schwager, Verfasser der Denkschrift, hatte eine Reise durch Polen unternommen. Dabei, so schrieb er, *habe ich den Eindruck gewonnen, daß das Deutschtum in besonders schwerer Weise durch Beanspruchung für den militärischen Nachrichtendienst gefährdet wird.* [...] *Die Verwendung von Volksdeutschen in Westpolen oder gar von Organisationen oder von Persönlichkeiten, die aktiv in den Organisationen arbeiten* [...] *ist für den ganzen Bestand des Deutschtums äußerst gefährlich* [...] *Den Nachrichtenoffizieren und Agenten sollte in bindender Weise verboten werden, solche Personen anzuwerben oder bei Angebot anzunehmen.*[14]

Das Auswärtige Amt wurde bei der Abwehr vorstellig und dahin beschieden, es sei aus militärischen Gründen unmöglich, auf die Mitwirkung der Volksdeutschen bei der Beschaffung von Informationen aus Polen zu verzichten.

Der offenbar nicht parteifromme Legationsrat hätte seine Demarche beim Oberkommando vermutlich unterlassen, wäre er informiert gewesen, daß sein Chef, Reichsaußenminister Joachim von Ribbentrop, fast am selben Tag den polnischen Botschafter in Berlin, Lipski, auf Hitlers Weisung hin aufforderte, ihn auf seinem Landsitz Schloß Fuschl (bei Salzburg, nahe dem Obersalzberg) aufzusuchen.

Die erste Begegnung fand am 24. Oktober 1938 statt. Was der Pole vom deutschen Minister, der sich bei dieser Gelegenheit anstrengte, ein wenig Liebenswürdigkeit zu zeigen, an Forderungen zu hören bekam, war von einer geradezu rührenden Bescheidenheit – gemessen an dem, was daraus wurde.

Am Beispiel Südtirols, auf das Hitler im Zuge der beabsichtigten Generalbereinigung aller Grenzfragen verzichtet habe, führte Ribbentrop Lipski vor Augen, welche nationalen Opfer der Kanzler um des Friedens willen zu bringen bereit sei. So werde er sich auch Polen gegenüber so einfühlsam wie überhaupt nur denkbar zeigen, aber auf Danzig, diese urdeutsche

Stadt, könne er nicht verzichten, sie müsse ins Reich zurückkehren. Was den »Korridor« angehe, der Ostpreußen vom Reich trenne, so verlange der »Führer« beileibe nicht, daß er verschwinden solle, es gehe ihm nur um bessere Landverbindungen, eine Autobahn und eine mehrgleisige Bahntrasse, für die ein exterritorialer Streifen aus dem polnischen Gebiet herauszuschneiden sei. Nach Erfüllung dieser Minimalwünsche sei der »Führer« bereit, ein unbefristetes Abkommen zu schließen, das die Grenzen beider Staaten garantiere. Allerdings würde es für eine derartige Regelung äußerst vorteilhaft sein, wenn sich Polen dann auch entschließen könnte, dem Antikominternpakt* beizutreten. Wären die Polen auf den letzten Punkt eingegangen, so wäre die Möglichkeit – eine ohnehin höchst unwahrscheinliche Möglichkeit – ihres Zusammengehens mit der UdSSR im Kriegsfall nicht mehr gegeben gewesen, und eben deshalb wurde das Ansinnen gestellt.

Lipski informierte seine Regierung. Berlin, mit letzten Kriegsvorbereitungen beschäftigt, wartete ungeduldig auf die polnische Reaktion. Sie blieb aus, sie blieb sehr lange aus. Dieses Schweigen wurde zutreffenderweise als ein polnisches Nein gedeutet. Einen Monat später, am 24. November 1938, unterzeichnete der Chef des Oberkommandos der Wehrmacht, Wilhelm Keitel – weltweit gesehen, einer der ganz wenigen Generalfeldmarschälle, die aufgehängt worden sind (am 16. Oktober 1946 in Nürnberg) –, einen Nachtrag zur »Führer-Weisung« vom 21. Oktober 1938, in dem es hieß: [...] *sind auch Vorbereitungen zu treffen, daß der Freistaat Danzig überraschend von deutschen Truppen besetzt werden kann. [...] Voraussetzung ist eine handstreichartige Besetzung*

---

* Vertrag zwischen dem Deutschen Reich und Japan vom 25. November 1936 zur Abwehr der Kommunistischen Internationale. 1937 traten Italien und danach eine Reihe kleinerer Länder dem Vertrag bei.

von Danzig unter Ausnützung einer politisch günsti-
gen Lage, nicht ein Krieg gegen Polen [...] Die Beset-
zung durch das Heer hat von Ostpreußen aus zu er-
folgen.[15]

Das war noch nicht der endgültige Beschluß, Polen anzugreifen, also auch noch nicht der erste Schritt in eine grundsätzliche Veränderung der Kriegsplanung. Noch war kein zwingender Grund zu erkennen, gegen Polen vorzugehen.

Anfang Januar 1939 fand eine Besprechung Hitlers und Ribbentrops mit Oberst Beck, dem polnischen Außenminister, auf dem Obersalzberg statt. Drei Wochen später flog Ribbentrop nach Warschau und verhandelte mit Beck, Staatspräsident Mościcki und Marschall Rydz-Śmigły. Beide Treffen verliefen negativ. Ein entsprechendes Memorandum, von Lipski am 26. März 1939, 12.30 Uhr, dem Reichsaußenminister übergeben, war nur noch ein schriftlicher Nachtarock für die Akten – es wies in vorsichtiger Form, aber unmißverständlich das Verlangen nach der Rückkehr Danzigs ins Reich zurück.

Man weiß, was daraus geworden ist: der 1945 schon weit fortgeschrittene Versuch, die Polen als Staats- und Kulturnation »auszumerzen«. Er mußte auf halbem Weg abgebrochen werden, weil der großartige Verteidigungskampf, den die Rote Armee geführt hat, die Deutschen zu rasch auf die Reichsgrenzen zurückwarf, als daß sie in Polen noch hätten durchführen können, was sie in den westlichen Gebieten der Sowjetunion auf dem Rückzug durchgeführt haben: die Vernichtung der noch vorhandenen Reste aller Wohnstätten und Zivilisationseinrichtungen und die Tötung aller Bewohner, die sich nicht durch Flucht hatten retten können.

Gemessen an dem, was deutsche Herrschaft in Polen angerichtet hat, ist man im nachhinein geneigt zu urteilen, die Polen seien ein zu hohes Risiko eingegangen, als sie sich weigerten, den Deutschen auch nur den kleinen Finger zu reichen. In der Tat haben sie sich sagen lassen müssen, auf Grund einer in ihrer Geschichte nicht seltenen Fehleinschätzung der realen Kräfteverhältnisse hätten sie sich selbst leichtsinnig ins Verderben gestürzt.

Dem ist zweierlei entgegenzuhalten: Erstens konnten sie trotz schlimmer, jahrhundertelanger Erfahrungen mit dem Nachbarn im Westen doch nicht damit rechnen, ein deutscher Sieg, den auch sie nicht ausschließen konnten, werde sie uniformierten Mörderbanden ausliefern. Zweitens aber konnten sie gar nicht anders, als der Stimme des Wolfs, der Kreide gefressen hatte, zutiefst zu mißtrauen, und mußten sich sagen, daß dieses in sechs Jahren zur ersten Militärmacht Europas aufgestiegene Reich nicht haltmachen würde, wenn es Danzig geschluckt, den »Korridor« zerschnitten hätte. Hatte Hitler nicht in München verkündet, mit der Vereinnahmung des »Sudetenlandes« sei seine letzte Gebietsforderung erfüllt – und was war geschehen? Er hatte alsbald die ganze Tschechoslowakei einkassiert!

Weil deutsche Polenpolitik bis auf den heutigen Tag und zweifellos noch für lange Zeit darin besteht, einen historisch angelegten Konflikt einseitig am Kochen zu halten, und ferner die von Deutschen in Polen begangenen Verbrechen wie die »Endlösung« aus dem deutschen Schuldbuch nicht zu tilgen sind – mit anderen Worten, weil deutsche Polenpolitik weder politisch noch moralisch der Geschichte als abgeschlossenes Kapitel zugewiesen werden kann, ist auch die Überlegung, wie sich polnisches Schicksal möglicherweise gestaltet hätte, wären die Polen auf die deutschen Forderungen vom Herbst 1938 eingegangen, nicht einfach ein müßiges »Was-wäre-wenn«-Gedankenspiel.

Was also wäre den Polen erspart geblieben? Zunächst sei nur in Betracht gezogen, was als sicher zu gelten hat: Nicht Polen, Frankreich wäre das erste

Kriegsopfer geworden. Englische Hilfe wäre im Herbst 1939 noch geringer gewesen als im Mai 1940 und erst recht wirkungslos. Das Reich hätte genügend Zeit gehabt, einen Atlantikwall zu bauen, der eine zuverlässigere Absicherung gegen ein Landeunternehmen gewesen wäre als jene, die im Juni 1944 bestand. Amerika wäre noch weit davon entfernt gewesen, in den Krieg einzutreten. Ein volles Jahr früher, und dann nicht erst im Juni, sondern im Mai, wäre die Sowjetunion überfallen worden. Hitler hätte unter keinen Umständen Anfang 1940 mit der polnischen Regierung Verhandlungen über einen ungehinderten Durchmarsch seiner Heeresgruppen durch Polen führen können, ohne daß es die Russen erfahren hätten; das heißt, auch bei dieser Entwicklung wären die Deutschen ohne Vorwarnung in Polen eingefallen, nicht jedoch, um unter allen Umständen und sofort die polnische Armee zu zerschlagen und die polnische Nation zu versklaven, sondern um die UdSSR zu besiegen.

Von diesem Punkt der Kriegsentwicklung an hängen Erwägungen, wie es den Polen weiter ergangen wäre, davon ab, wie die polnische Reaktion eingeschätzt wird: Hätten sie in völlig aussichtsloser Situation zu den Waffen gegriffen wie im Herbst 1939, diesmal aber nicht in eigener Sache, sondern als ungebetene Hilfswillige der Sowjetunion? Sie hätten damit dermaßen gegen ihre eigenen Interessen gehandelt – die bürgerliche katholische Mehrheit auch gegen ihre antikommunistischen Überzeugungen –, daß nichts für eine solche Entscheidung spricht. Strikte militärische Neutralität, begleitet von lautstarken Protesten gegen das deutsche Vorgehen – das wäre die Haltung gewesen, die im polnischen Interesse gelegen hätte. Wenn das NS-Reich nur einen rein imperialistischen Krieg geführt hätte, um Geländegewinne, um Machtzuwachs, um eine Verbesserung seiner Versorgungslage zu erreichen, dann hätten die Polen nur dann den

Krieg am eigenen Leib mit seiner ganzen Zerstörungs-
gewalt erlebt, wenn die Rote Armee auch unter diesen
Voraussetzungen bis Berlin gekommen wäre – aber
wann wäre das gewesen? Indes, dieser Krieg war nur
unter anderem ein Eroberungskrieg, im Osten jedoch
in erster Linie ein ideologisch motivierter Rassen-
und Vernichtungskrieg. In dem Augenblick, in dem
die Deutschen irgendwo tief in der Sowjetunion jenen
Wall gebaut hätten, von dem ein Himmler immer
geträumt hat, und die Rote Armee vernichtet gewesen
wäre, hätte die SS sich über die polnischen »Untermenschen« genauso hergemacht, wie sie es tatsächlich getan hat – nur zwei oder drei Jahre später.

Was will damit gesagt sein? Mögen sich die Polen
unrealistische Hoffnungen auf eigene Kampfkraft und
die vertraglich zugesicherte englische Hilfe gemacht
haben, so war doch ihre Weigerung, sich zu den abge-
forderten Zugeständnissen bereit zu finden, die sie
wenig gekostet hätten, kein Fehler, durch dessen Ver-
meidung sie dem deutschen Terror auf weite Sicht
entgangen wären.

Daß der Krieg spätestens im Herbst 1939 von den
Deutschen begonnen würde, stand fest; daran konnte
die polnische Entscheidung nichts ändern, ganz
gleich, wie sie ausgefallen wäre. Als aber nach Ribbentrops Warschauer Besprechungen mit dem polnischen
Triumvirat nicht mehr daran gezweifelt werden
konnte, daß sie negativ ausfallen würde, setzte eine
Umorientierung in der Kriegsplanung ein, von der
wohl auch Hitler, der sie herbeiführte, nicht ahnte,
daß sie unabsehbare Folgen haben würde. Er wartete
die schriftliche Bestätigung des polnischen Nein, die,
wie schon gesagt, dem Reichsaußenminister am
26. März übergeben wurde, gar nicht erst ab, sondern
ging schon vorher mit sichtlichem Widerstreben
daran, die Aufmarschpläne derart abzuändern, daß
Polen als erster gefährlicher Feind niedergekämpft
werden sollte. Vom 25. März liegt ein Protokoll der

»Unterrichtung des Herrn Oberbefehlshabers des Heeres durch den Führer« vor. Es heißt darin unter anderem: *Führer will die Danziger Frage jedoch nicht gewaltsam lösen. Möchte Polen nicht dadurch in die Arme Englands treiben [...] Vorläufig beabsichtigt der Führer noch nicht, die poln. Frage zu lösen. Sie soll nun aber bearbeitet werden. Eine in naher Zukunft erfolgende Lösung müßte besonders günstige pol. Voraussetzungen haben. Polen soll dann so niedergeschlagen werden, daß es in den nächsten Jahrzehnten als pol. Faktor nicht mehr in Rechnung gestellt zu werden brauchte.*[16]

Um den Generalstab anzuweisen, einen Feldzug gegen Polen vorzubereiten (was Sinn und Zweck dieser »Unterrichtung« war), hätte folgender Text genügt: Vorläufig beabsichtigt der Führer noch nicht, die poln. Frage zu lösen, sie soll nun aber bearbeitet werden. Punktum. Was darüber hinaus in dem Protokoll festgehalten ist, stellt sich als ein Sammelsurium von Widersprüchen dar: Einerseits will der Führer die Danziger Frage nicht gewaltsam lösen, um zu vermeiden, daß die Polen in die Arme Englands getrieben werden. Ja, er beabsichtigt noch gar nicht, die polnische Frage überhaupt anzugehen. Dennoch soll sie bearbeitet werden. Nach dem zuvor Gesagten hätte es damit keine Eile, aber auch das ist nicht der Fall: Eine Lösung ist für die nahe Zukunft vorgesehen. Was unter den »besonders günstigen pol. Voraussetzungen« zu verstehen ist, wurde noch nicht gesagt, aber Hitler wußte natürlich, worauf er anspielte: auf jene künstlich geschaffenen »Grenzzwischenfälle«, die Polen die Schuld am Ausbruch des Krieges zuschieben sollten. Ganz besondere Aufmerksamkeit verdient der letzte Satz des zitierten Textes. Daß die Planung auf den Sieg über die Polen auszurichten sei, ist selbstverständlich; man braucht Generalstäblern nicht zu sagen, wofür Krieg geführt wird. Aber ein Sieg genügte Hitler eben nicht mehr, programmiert wird bereits, was dann ausgeführt werden wollte – auf Jahrzehnte Polen ex!

Selbst wenn man in Rechnung stellt, daß die mehrjährige Friedenspolitik der Reichsregierung gegenüber Polen vorwiegend taktischer Natur war, so ließ doch weder sie noch die beschriebene Aktivierung der deutschen Gruppen darauf schließen, daß ein weißglühender Polenhaß dahinterstand. So war es auch nicht gewesen. In dem Grade, in dem er hier in einem militärischen Befehl Ausdruck findet, ist er das Ergebnis der wenigen Monate, die vergangen sind, seitdem erkennbar wurde, daß die Polen sich deutschen Forderungen nicht beugen würden. Selbstverständlich hat dieser spezielle Haß seine allgemeine Grundlage in der Herrenrassenideologie, die in den Slawen eine untergeordnete Sorte von Menschen sehen will; aber dazu muß doch noch Wut und Empörung hinzugekommen sein über die Unverschämtheit einer relativ kleinen Macht, nicht nach der deutschen Musik tanzen zu wollen. Worauf wir hier stoßen, ist durchaus nicht nur ein psychischer Prozeß, der sich allein in Hitler abgespielt hat, das ganze Volk war von ihm erfaßt, machtbesoffen, wie es durch die vorangegangenen erstaunlichen Erfolge geworden war.

Mit dem Protokoll vom 25. März sind wir der Realität vom September desselben Jahres schon um ein gutes Stück näher. Die militärische »Bearbeitung« der polnischen Frage geht in die deutsche Kriegsplanung als »Fall Weiß« ein, eine Tarnbezeichnung für den Überfall auf Polen, die vom 3. April 1939 an in den Akten des Oberkommandos der Wehrmacht (OKW) verwendet wird. In dem an diesem Tage ausgegebenen Befehl wird bereits gesagt, die Durchführung von »Fall Weiß« müsse ab 1. September 1939 jederzeit möglich sein.

Mit Italien war am 22. Mai der sogenannte »Stahlpakt« geschlossen worden, in dem sich Italien verpflichtete, an der Seite Deutschlands Krieg zu führen

– die »jungen Völker« gegen die morbiden Demokratien –, aber es war verabredet worden, daß der Krieg frühestens 1943/44 beginnen solle, da Italien noch Jahre brauche, um entsprechend aufzurüsten. Es mehrten sich jedoch die Anzeichen, daß sich die deutsche Führung nicht an diesen Terminplan hielt. Am 11. August war der italienische Außenminister Graf Ciano, Mussolinis Schwiegersohn, beim Reichsaußenminister Ribbentrop auf dessen Landsitz Schloß Fuschl bei Salzburg, um herauszubringen, was die Deutschen eigentlich vorhatten. Er erfuhr, ein Feldzug gegen Polen werde in Kürze eröffnet. Am 12. und 13. August wurde Ciano von Hitler auf dem Obersalzberg empfangen; am ersten Tag gab sich der »Führer« freundlich und ruhig, am zweiten kehrte er den Wüterich heraus, denn ihm war klargeworden, daß die Italiener nicht mitziehen würden. Zwar gab Ciano eine derartige Erklärung nicht ab, dazu war er nicht ermächtigt, aber er sagte auch nicht: Jawohl, Führer, wir werden mit Ihnen marschieren, wenn es Ihnen beliebt.

Mussolini fühlte sich zu Recht vom großen Freund hintergangen, dennoch stellte sich für ihn das Problem, wie aus der »Stahlpakt«-Verpflichtung herauszukommen sei, ohne sich nachsagen lassen zu müssen, er sei wortbrüchig geworden. Sein gerissener Botschafter in Berlin, Attolico, fand die Lösung. Sie bestand darin, einerseits politisch Kriegsbereitschaft zu signalisieren, andererseits aber zu erklären, in Kürze mobil zu machen sei nicht möglich, außer das Reich – dem damit der Schwarze Peter zugeschoben wurde – erfülle gewisse Rüstungsforderungen. Darüber wurde in Rom mit Attolicos Hilfe eine Liste aufgestellt, von der Ciano sagte, sie hätte einen Stier umgeworfen, wenn er lesen könnte: Panzer, Flugzeuge, Kanonen, sechs Millionen Tonnen Kohle, fünf Millionen Tonnen Mineralöle, Edelmetalle und so weiter – und das alles sofort. Letztere Forderung wurde nach Stunden zurückgenommen. Hitler wußte jetzt, daß er ohne den einzigen Bundesgenossen, den er besaß, in den Krieg ziehen würde, ließ sich jedoch nicht davon abbringen, daß es jetzt geschehen müsse. Er hatte die Begründung dafür parat.

Am 22. August, 12 Uhr, versammelten sich die Heeresgruppen- und Armeeführer der drei Wehrmachtsteile auf dem Obersalzberg, um vom »Führer« zu hören: Es geht los! Generaloberst Halder hat darüber ein Gedächtnisprotokoll angefertigt. Darin heißt es unter 2 a: *Persönliche Bedingungen: Auf unserer Seite: Die Person des Führers. – Die Person Mussolinis als alleiniger Träger der imperialen Idee [...] Die Person Francos, der Träger einheitlicher fortschrittlicher Führung und der Deutschfreundlichkeit in Spanien ist. Auf der Feindseite: Persönlichkeiten des genügenden Formates [...] sind nicht vorhanden. Die Gegenseite hat viel zu verlieren, wir nur zu gewinnen. [...] Wir müssen mit rücksichtsloser Entschlossenheit das Wagnis auf uns nehmen. Der Politiker muß ebenso wie der Feldherr ein Wagnis auf sich nehmen. Wir stehen vor der harten Alternative zu schlagen, oder früher oder später mit Sicherheit vernichtet zu werden.*[17]

Am Nachmittag wurde die Besprechung fortgesetzt, Hitler hielt eine zweite Rede, in der er sagte: *Rücksichtslose Entschlossenheit; Gegenzüge Englands – Frankreichs werden kommen. Es muß durchgehalten werden. W-Aufmarsch* [= Aufmarsch im Westen, Anm. d. Verf.] *wird gefahren. Eiserne unerschütterliche Haltung aller Verantwortlichen. Ziel: Vernichtung Polens – Beseitigung seiner lebendigen Kraft. Es handelt sich nicht um Erreichen einer bestimmten Linie oder einer neuen Grenze, sondern um Vernichtung des Feindes, die auf immer neuen Wegen angestrebt werden muß.*[18]

Derartiges hörte sich die höchste Generalität des Reiches, hörten sich Männer, die ihre militärische

Laufbahn, wenn nicht schon im Ersten Weltkrieg, das heißt im kaiserlichen Heer, so spätestens in der Reichswehr begonnen hatten, wo sie unter dem Befehl der preußischen, monokelbewaffneten Schießbudenfigur des Generals von Seeckt in streng konservativem Geist erzogen worden waren – ja, diese hochdotierten Herren hörten dem »böhmischen Gefreiten« (Hindenburg) bei seinem Schwadronieren zu und keiner ging nachher zu ihm und sagte: Mein Führer, ich fühle mich dieser Aufgabe nicht gewachsen, erlauben Sie mir, um meine Entlassung einzukommen – was ihn den Posten gekostet hätte, aber nicht den Kopf.

Besser als irgend jemand sonst in der Führung wußten diese Generäle, daß auch die deutsche Wehrmacht auf einen langen Krieg noch nicht vorbereitet war. Ihre 1939 vorhandene Überlegenheit über das, was Frankreich und allenfalls auch England zu diesem Zeitpunkt aufzubieten hatten, war nur relativ und vorübergehend. Nichts war wahrscheinlicher als die Ausweitung des Polenfeldzugs zum Weltkrieg, und am 22. August war noch nicht einmal das Abkommen mit Moskau unterschrieben. Dennoch formierte sich kein Widerstand. Warum nicht? Weil alle Helfershelfer fanatische, auf die Herrenrassendoktrin eingeschworene Nationalsozialisten waren, denen der Realitätssinn abhanden gekommen war? Sie waren es nicht – weder die Repräsentanten der Großindustrie, weder die Bank- und Finanzleute, Leute wie Schacht oder Abs, und schon gar nicht die hohen Militärs. Von ihnen allen wurde in einem Urteil des Internationalen Militärgerichtshofs vom 1. Oktober 1946 geschrieben: *Hitler benötigte die Mitarbeit von Staatsmännern, militärischen Führern, Diplomaten und Geschäftsleuten. Daß ihnen ihre Aufgaben von einem Diktator zugewiesen wurden, spricht sie von der Verantwortlichkeit für ihre Handlungen nicht frei.*[19]

54

Den Krieg hat Hitler gewollt; daß er ihn führen konnte, wie er ihn geführt hat, haben die Eliten zu verantworten, die sich nicht aus Nationalsozialisten zusammensetzten.

Wir sind nun in unserer Darstellung an dem nach Osten sich öffnenden Tor angelangt, hinter dem Polen liegt, das wenige Wochen später als Staat nicht mehr existieren wird und dessen Bevölkerung als Nation nicht mehr existieren soll.

»Unordentliche« Ausmerzung –
September 1939

Bereits am 23. Mai 1939 hatte Hitler vor Militärs ausgeführt, *es handle sich nicht mehr um Recht und
Unrecht, sondern um Sein oder Nichtsein von 80
Millionen Menschen [...] Es wird zum Kampf
kommen.*[20]

Er versprach den Herren *propagandistischen Anlaß
zur Auslösung des Krieges* [zu] *geben, gleichgültig, ob
glaubhaft. Der Sieger wird später nicht danach
gefragt, ob er die Wahrheit gesagt hat oder nicht. Bei
Beginn und Führung des Krieges kommt es nicht auf
das Recht an, sondern auf den Sieg.*[21]

Als es nun soweit war, wurde der »propagandistische Anlaß« in die Wege geleitet, mit seiner Durchführung die SS beauftragt. Wir haben es dabei mit den
allerersten Einsätzen der SS zu tun, die in unmittelba-
rem Zusammenhang mit dem Zweiten Weltkrieg stehen, der, verzahnt mit der »Endlösung«, von der SS
aus einem Eroberungs- zu einem Vernichtungskrieg
gemacht wurde.

Die SS führte Ende August 1939 Aktionen durch,
die den Anschein erwecken sollten, die Polen hätten
den Krieg begonnen. Der Leiter einer dieser Aktionen
war der SS-Obersturmbannführer Alfred Naujocks,
ein Schlägertyp, bewährt in Straßenschlachten schon
vor 1933. Von Heydrich, bei dem er in hoher Gunst
stand, wurde er mehrfach mit »Sonderaufgaben«
betraut. Nachdem er 1931 in die SS eingetreten und
1934 vom Sicherheitsdienst (SD) übernommen worden war, hatte er es 1939 bereits zum Referatsleiter im
Amt VI des Reichssicherheitshauptamtes (RSHA)
gebracht, wo er falsche Pässe und falsche Banknoten
für Auslandsaufträge beschaffte. In Nürnberg schrieb
er am 20. November 1945 für den Internationalen

Militärgerichtshof, dort als Zeuge vernommen, überraschenderweise nicht als Angeklagter (seine Nachkriegsbiographie ist undurchsichtig; er soll 1960 in Hamburg als Geschäftsmann gestorben sein) eine »Eidesstattliche Erklärung« (die von orthographischen Fehlern strotzt), aus der hervorgeht, in welcher Weise er in die Kriegsvorbereitung verwickelt gewesen war.

Anfang August 1939 hatte Heydrich Naujocks kommen lassen und ihm eröffnet, er wolle gemäß der Absicht des »Führers« Zwischenfälle arrangieren, welche den Eindruck erwecken sollten, die Polen hätten den Krieg begonnen. Unter anderem sei ein fingierter »polnischer« Überfall auf den grenznahen Sender Gleiwitz geplant. Naujocks Auftrag lautete, er habe mit polnisch sprechenden SS-Männern in polnischen Uniformen unmittelbar vor dem Einmarsch der deutschen Truppen in Polen diesen »Überfall« zu inszenieren. Für die Beschaffung polnischer Ausrüstungen, Soldbücher und sonstiger Dokumente wurde das OKW eingeschaltet, die Abteilungen I und II der Abwehr. Für letztere war ein General Lahousen zuständig, der wie Naujocks sich in Nürnberg zu der Sache äußerte. Lahousen sagte, der Auftrag, der unter dem Stichwort »Himmler« lief, sei ihm und seinem ganzen Stab äußerst merkwürdig erschienen, zumal über Zweck und Verwendung des polnischen Materials von der SS keine Auskünfte zu bekommen waren. Nachdem im ersten Wehrmachtsbericht des Zweiten Weltkriegs Angriffe der Polen auf deutsches Gebiet erwähnt wurden, sei ihnen allerdings ein Licht aufgegangen. Über den Hergang dieses »Überfalls« wußte der General auch 1945 noch nichts Genaues, ihn erfuhren die vernehmenden Amerikaner von Naujocks: *Mir wurde befohlen, mit 5 oder 6 anderen SD-Männern nach Gleiwitz zu fahren. Mein Befehl lautete, mich der Radiostation zu bemächtigen und sie solange zu halten als nötig ist, um einem polnisch*

sprechenden Deutschen die Möglichkeit zu geben,
eine polnische Ansprache über das Radio zu halten.

Der Inhalt dieser Rede, im RSHA ausgedacht, lautete, die Zeit für die Auseinandersetzung mit den Deutschen sei nun für die Polen gekommen und sie würden jeden Deutschen, der sich ihnen in den Weg stelle, umlegen.

Die Aktion »Sender Gleiwitz« wurde synchronisiert mit einem »Grenzzwischenfall« bei Hohenlinden, an dem eine ganze Kompanie als polnische Soldaten kostümierter SS-Männer teilnahm, die an Ort und Stelle »polnische« Leichen zurücklassen mußten (Naujocks: »zwölf oder dreizehn«); es waren KZ-Häftlinge, denen Spritzen verpaßt worden waren, die erst nach Stunden der Betäubung den Tod herbeiführten. Zum Abschluß wurden die Toten um der Realistik willen noch »erschossen« und mit Blut beschmiert. In der Befehlssprache der SD-Kommandos hießen diese Häftlinge sinnigerweise »Konserven«. Eine »Konserve« mußte sich auch Naujocks beim Gestapo-Chef in Oppeln abholen und am Tatort deponieren. *Ich erhielt diesen Mann und ließ ihn am Eingang der Station hinlegen. Er war am Leben, aber nicht bei Bewußtsein. Ich versuchte seine Augen zu öffnen. Von seinen Augen konnte ich nicht feststellen, daß er am Leben war, nur von seinem Atmen. Ich sah keine Schußwunden, nur eine Menge Blut über sein ganzes Gesicht verschmiert.*[22]

In Autobussen wurden die Presse und der Rundfunk an die Tatorte Gleiwitz und Hohenlinden gebracht, um sie über die Verbrechen polnischer Untermenschen berichten zu lassen.

Daß die bewunderte, umjubelte Führung des Reiches, das sich seit sechs Jahren auf einen Eroberungskrieg vorbereitet und mit drei militärischen Überfällen Österreich und die Tschechoslowakei einkassiert hatte, glaubte, mit derartigen Mätzchen die Weltöffentlichkeit davon überzeugen zu können, Polen habe den Krieg begonnen, läßt es bedauerlich erscheinen, daß Naujocks »Eidesstattliche Erklärung« nicht in die Schulbücher aufgenommen worden ist. Sie wäre eine belehrende Lektüre politischer wie psychologischer Art, würde sie doch Kindern im denkfähigen Alter die Fragen konkret und nicht verlogen idealistisch mit Bach und Beethoven beantworten: Wo komme ich her, welche Vergangenheit hängt mir nach, wessen ist das Volk fähig, zu dem ich gehöre?

Zugleich aber wirft das Dokument Licht auf den Ehrenkodex der SS, der höchsten Repräsentanten wie Heydrich und hochverdienten Mitgliedern wie Naujocks nicht verbot, eine mörderische Gaunerkomödie sich auszudenken, zu befehlen, durchzuführen. Der Krieg hatte noch gar nicht richtig begonnen, da lieferte die SS schon handfeste Hinweise darauf, wie sie unter Kriegsbedingungen die Rolle einer elitären Kampftruppe auszufüllen gedenke und daß es kein Verbrechen gebe, das zu begehen sie nicht willens sei. SS-Ehre war Ganovenehre.

1950 wurde eine Aktensammlung des Reichssicherheitshauptamtes in Berlin entdeckt, die 223 numerierte Schnellhefter umfaßt. Jeder enthält die Beschreibung eines in Polen liegenden volksdeutschen Objektes, das in den letzten Augusttagen auf SS-Befehl hin von Angehörigen der am jeweiligen Ort wohnenden deutschen Minderheit durch Sprengung oder Brandlegung beschädigt bzw. ganz vernichtet werden sollte, um daraus eine Tat polnischer Rachsucht machen zu können. Den Anweisungen waren Planskizzen und teilweise auch Fotografien der zu zerstörenden Gebäude beigegeben: Scheunen auf Höfen deutscher Besitzer, Lagerhäuser einer deutschen Genossenschaft, Büros der Jungdeutschen Partei, der Sitz des Deutschen Kulturbundes in Kattowitz, ein Gefallenendenkmal aus dem Ersten Weltkrieg, ein Postamt in Danzig, das Wirtschaftsgebäude eines Pfarramtes mit deutschem Pfarrer und dergleichen mehr. Im RSHA hatte man offenbar die Absicht zu kontrollieren, mit welchem Eifer seinen Anweisungen nachgekommen war, sonst hätte es nicht einen vollständigen Satz Kopien aus der Zeit gegeben, der sich jetzt in polnischem Besitz befindet.[23]

Nach solchen Planungen begingen noch vor dem Beginn der eigentlichen Kampfhandlungen Männer der SS im deutschen Grenzgebiet Mordtaten, die den Polen angelastet wurden; begingen nur allzu willige Volksdeutsche als Komplizen der SS ebenfalls noch vor dem Einmarsch der deutschen Truppen, erst recht aber hinter der vorrückenden Front Sabotageakte an volksdeutschem Eigentum zum gleichen Zweck: Sie wurden von der deutschen Propaganda als polnische Gewalthandlungen ausgegeben.

So bestand kein Mangel an »Grenzzwischenfällen«, und Hitler konnte bereits am 25. August (!) – nun war der Vertrag mit Moskau unter Dach und Fach – an Mussolini schreiben: *heute nacht allein 21 polnische Grenzübergriffe.*[24]

In Kenntnis dessen, wie es sich wirklich verhielt, sagte er in seiner Kriegseröffnungsrede vor dem Reichstag am 1. September 1939: *Man hat versucht, das Vorgehen gegen die Volksdeutschen damit zu entschuldigen, daß man erklärte, sie hätten Provokationen begangen.*[25]

Ein Krieg brach aus, zu dem es keine Kriegserklärung gab: *Der Führer und Reichskanzler hat für die Masse der Wehrmacht die Mobilmachung ohne öffentliche Verkündung (X-Fall) befohlen.*[26]

In der Weisung »Fall Weiß« vom April 1939, also aus einem Monat stammend, als der Krieg gegen Polen noch nicht beschlossene Sache war, heißt es, sein Ziel, falls er geführt werden müsse, sei, *die polnische Wehrkraft zu zerschlagen und eine den Bedürfnissen der Landesverteidigung entsprechende Lage im Osten zu schaffen.*[27] Und als der Krieg bereits im Gang war, der rasche Sieg sich schon abzeichnete, befahl Hitler am 9. September: *Die Operationen gegen das polnische Heer und die polnische Luftwaffe sind mit so starken Kräften und so lange fortzuführen, bis die Gewähr gegeben ist, daß den Polen der Aufbau einer zusammenhängenden, deutsche Kräfte fesselnden Front nicht mehr gelingen kann.*[28]

Befehle solchen Inhalts, in diesem Generalstabston abgefaßt, hätten 1870 von Moltke, 1915 von Ludendorff stammen können. Sie lassen den Fehlschluß zu, in Polen sei ein »konventioneller« Eroberungskrieg geführt worden, womit dieses Wort hier nicht im heutigen Sinne verwendet wird, also zur Bezeichnung eines nichtatomaren Krieges, sondern im Sinne von »normal«, die Grundsätze der Haager Landkriegsordnung beachtend. In der Tat ließe sich der Feldzug wie im folgenden beschreiben, derart also, daß er zu einer militärischen Unternehmung zusammenschrumpfte, aber das wäre nicht einmal die halbe Wahrheit, weil dabei ausgeblendet bliebe, daß außer kämpfenden Soldaten uniformierte Mörderbanden über Polen hergefallen sind:

Die allgemeine Mobilmachung hatte Warschau erst am 31. August angeordnet. Polen konnte rund 800 000 Mann zum Kampf aufbieten. 39 nichtmotorisierte Infanteriedivisionen bildeten das Gros der Armee. Elf Kavalleriebrigaden sahen aus und wurden eingesetzt, als befände man sich noch im Jahr 1914. Am nächsten Tag, dem 1. September, ab 5.45 Uhr, rückten die Deutschen mit zwei Heeresgruppen über eine 1400 Kilometer lange Front vor, die von Ostpreußen bis zur Slowakei hinabreichte und praktisch bereits der äußerste Einschließungsring um ganz Polen war. Drei Tage wurde im Grenzgebiet gekämpft, dann zogen sich die polnischen Kräfte ins Landesinnere zurück. Eine improvisierte Verteidigungslinie durchbrachen die Deutschen rasch und befanden sich bereits am 8. September auf dem Vormarsch auf Warschau. Die ohne Vorwarnung bombardierte Stadt brannte an allen Ecken und Enden. Diese Flächenbombardierung war die erste, die eine Großstadt in weiten Bereichen in eine Wüste verwandelte.

Die Evakuierung der polnischen Ministerien begann schon am vierten Kriegstag. Das Armeeoberkommando folgte mit dem Staatspräsidenten am 6. September. Vom 9. bis 20. September dauerte die schwere Schlacht an der Bzura. Am 17. September wurde der Einschließungsring geschlossen. An diesem Tag rückte die sowjetische Armee bis zur Demarkationslinie vor.

Der weitaus größte Teil des polnischen Staates befand sich drei Wochen nach dem ersten Kriegstag unter deutscher Herrschaft. Nur Einzelkämpfe flakkerten noch bis zum 5. Oktober auf; die Siegesfeiern im Reich hatten längst begonnen.

Der Polenfeldzug kann auch insofern als »normal« bezeichnet werden, als sowohl die Planung wie die Durchführung in Händen des Wehrmachtführungsstabes und der Armeeführer blieb, Hitler sich so gut wie nicht einmischte, schon allein deshalb nicht, weil dieser »Blitzkrieg« Diskussionen auf höchster Ebene überflüssig machte.

Während die Truppen kämpfend vorrückten, vergrößerte sich Tag um Tag, was man das »Hinterland« nennen könnte: erobertes Gebiet, das noch nicht völlig befriedet ist. Mit der Zerschlagung des letzten Widerstandes war ganz Zentralpolen bis zur Demarkationslinie, hinter der die Rote Armee Gewehr bei Fuß stand, in diesem Sinne Hinterland geworden und wurde zum Operationsfeld der SS und der »Einsatzgruppen«. Noch bis in den Winter hinein, also noch in einer Zeit, als längst entschieden war, was mit Polen geschehen solle – Eingliederung der Westgebiete ins Reich, Aufbau einer eigenen Zivilverwaltung für Zentralpolen, das »Generalgouvernement« –, hatten die Massenmordaktionen gegen die Zivilbevölkerung den Charakter von wilden, »unordentlichen« Übergriffen, für die jene allein die Verantwortung zu tragen schienen, die sie ausführten.

Über diese frühesten Ausbrüche deutscher Bestialität auf fremdem Staatsgebiet gegen ein anderes Volk gibt es zahlreiche Augenzeugenberichte. Eine Jüdin aus Łódź hat aufgezeichnet:

8. September / Die Gesichter der siegreichen Soldaten strahlen vor Freude. Sie werden von einer rufenden deutschen Menge begrüßt. Diese sogenannte »unterdrückte Minderheit« ist jetzt plötzlich aufgetaucht und füllt die Straßen mit hallenden »Heil«-Rufen. Meine Füße tragen mich zur Leichenhalle. Es wurde erlaubt, die Toten abzuholen. [..] Überall sehe ich geschwollene und verweinte Augen – Lodz begräbt seine Toten.

9. September / »Jude!« Wir hören diesen wilden Schrei aus dem Mund der deutschen Einwohner, die bis gestern unsere Nachbarn waren. Der Wolf hat sein Lammfell abgestreift, seine Zähne hungern nach Beute. Die deutschen Jugendlichen liegen im Hinterhalt und warten auf vorbeigehende Juden. Sie greifen sie erbarmungslos an, ziehen sie an den Bärten und reißen sie an den Haaren, bis das Blut fließt, glühend vor sadistischer Freude über ihren wilden Sport. Das ist zu ihrer »nationalen Mission« geworden, und sie führen sie mit sprichwörtlich deutscher Gründlichkeit aus. Einer unserer Nachbarn war zur Zwangsarbeit ins Hauptverwaltungsgebäude geholt worden. Nachdem er den Boden gescheuert hatte, befahl man ihm, die Fliesen mit dem eigenen Mantel trocken zu wischen. [...] Erst als seine Kleider völlig mit dem schmutzigen Wasser getränkt waren, wurde ihm erlaubt aufzustehen. Dann rasierten sie einen Teil seines Kopfes kahl und stießen ihn auf die Straße. Hätte ich nicht von ihm selbst gehört, was ihm diese »kultivierten« Barbaren angetan haben, hätte ich niemals geglaubt, daß die menschliche Natur so viehisch sein kann.[29]

Die Parteigenossin Lily Jungblut, Frau eines Gutsbesitzers im Kreis Hohensalza, schrieb an Göring: [...] *sind Tausende und Abertausende unschuldige Menschen* [...] *erschossen worden: sämtliche Lehrer und Lehrerinnen, Ärzte und Ärztinnen, Rechtsanwälte, Notare, Richter und Staatsanwälte, Großkaufleute und Gutsbesitzer – soweit sie noch lebten – sind zu Tausenden aus den Schulen vor den Augen der Kinder, aus den Stellen, in die die Wehrmacht sie wieder eingesetzt hatte, aus der Praxis, aus den Kliniken, aus den Gütern, wo sie gingen und standen, von der Danziger Gestapo verhaftet und in Zuchthäuser und Gefängnisse gesperrt* [worden] [...] *Heute beginnt die gleiche Tragödie mit den Kleinbauern und Arbeitern* [...] *Welchen Ruhm erwerben sich Volksdeutsche und Treuhänder, wenn sie fast sämtliche Christus- und Marienkreuze an den Wegen absägen und zerschlagen lassen, in die Häuser der Arbeiter eindringen und heilige Bilder von den Wänden herunterreißen und mit den Füßen zertreten* [...][30]

Zu den zahlreichen improvisierten Massenmorden, die sich nicht auf Befehle von ganz oben zur Polenvernichtung zurückführen lassen, gehört der sogenannte »Bromberger Blutsonntag«, der als antipolnische Legende in ihrer NS-Propagandafassung bis heute nicht aus dem Gedächtnis mindestens der ersten Generation der Vertriebenen verschwunden ist.

Durch Bromberg zog am 3. September, als die deutschen Truppen wider Erwarten noch nicht das Umland der Stadt erreicht hatten, eine Abteilung polnischer Feldartillerie. Die Stadt wurde alle paar Stunden aus deutschen Flugzeugen bombardiert. Die polnische Abteilung passierte gegen 16 Uhr das »Deutsche Haus« und wurde aus dessen Fenstern heraus beschossen. Der polnische Offizier ließ halten und eröffnete mit seinen Geschützen das Feuer. Die Kampfhandlungen breiteten sich aus. Die Polen wurden vom Turm der Jesuitenkirche am Altmarkt beschossen, worauf sie sich mit Infanteriewaffen wehrten und jeden töteten, bei dem sie eine Waffe fanden. Teile der Bevölkerung, Deutsche und Polen, flüchteten vor den Bomben in die umliegenden Wälder. Ob dort die Schießerei weitergegangen ist, ist nicht verbürgt; hingegen, daß die deutschen Truppen, als sie endlich am 7. September in Bromberg (Bydgoszcz) einmarschierten, ein Blutbad unter der Bevölkerung anrichteten. Um den realen Hergang zu vertuschen, wurden polnische Leichen auf das fürchterlichste entstellt, mit herausgerissenen Augen und abgeschnittenen Zungen als deutsche Tote fotografiert und diese Bilder veröffentlicht. In Bromberg lebte eine Engländerin, die den »Blutsonntag« so, wie hier geschehen, beschrieben hat.[31]

Da jeder aus dem Reich nach Polen in Marsch gesetzte Angehörige der SS und der »Einsatzgruppen« sich berechtigt fühlen durfte, von der Waffe Gebrauch zu machen, wann immer es ihm einfiel, da die Jagd auf Polen und Juden freigegeben war, die Unterscheidung zwischen diesen und Volksdeutschen aber nicht unter allen Umständen gesichert war, und *damit zu rechnen sei, daß die Polen, deren Charakter Grausamkeit und Verschlagenheit auszeichnet, die deutschen Truppen täuschen werden durch Anwendung von Maßnahmen, die auch die Deutschstämmigen anwenden,* mußten die Volksdeutschen Erkennungszeichen tragen. Daß diese notwendig wurden, beweist, daß den Exekutionen nichts vorausging, was auch nur von fern an ein gerichtliches Verfahren erinnert hätte, nicht einmal Standgerichtsurteile.

Bezüglich der Kennzeichen, die man einen arischvolksdeutschen Judenstern nennen könnte, wurde verfügt:

a) *rotes Tuch mit großem gelbem Punkt in der Mitte, teilweise in Taschentuchgröße;*

b) *hellblaue Armbinde mit gelbem Punkt in der Mitte;*

c) *hellbraun-grauer Kombinationsanzug mit gelber Granate auf Kragenspiegel und auf linkem Ärmel.*[32]

Eine Hakenkreuzbinde würde es notfalls auch tun.

So unabweisbar die Dokumente erkennen lassen, daß die einzelnen Mordaktionen ohne höheren Befehl durchgeführt worden sind, fehlte ihnen doch nicht die Legitimation durch den »Führer und Reichskanzler«. In einem Bericht vom 2. Juli 1940 bestätigte Heydrich: [...] *bei allen bisherigen Einsätzen: Ostmark, Sudetenland, Böhmen und Mähren und Polen, waren gemäß Sonderbefehl des Führers besondere [...] Einsatzgruppen mit den vorrückenden, in Polen mit den kämpfenden Truppen vorgegangen und hatten auf Grund der vorbereiteten Arbeit systematisch durch Verhaftung, Beschlagnahme und Sicherstellung wichtigsten politischen Materials heftige Schläge gegen die reichsfeindlichen Elemente in der Welt aus dem Lager von Emigranten, Freimaurerei, Judentum und politisch-kirchlichem Gegnertum sowie der 2. und 3. Internationale geführt.*

Heydrich führt aus, nur im allgemeinen sei dabei die Zusammenarbeit mit der Truppe gut gewesen; höhere Befehlshaber hätten jedoch eine grundsätzlich andere Auffassung erkennen lassen; entstanden *zum großen Teil aus Unkenntnis der weltanschaulichen Gegnerlage.* In Polen sei es nicht gelungen, diese voneinander abweichenden Auffassungen zu meistern, *weil der Einsatz außerordentlich radikal war (z. B. Liquidierungsbefehl für zahlreiche polnische Führungskreise, der in die Tausende ging).* Dieser Befehl habe den führenden Heeresbefehlsstellen nicht mitgeteilt werden können, *so daß nach außen hin das Handeln der Polizei und SS als willkürliche, brutale Eigenmächtigkeit in Erscheinung trat.*[33]

Hinter Heydrichs Anspielung auf die »Unkenntnis der weltanschaulichen Gegnerlage« beim Offizierskorps der Wehrmacht verbirgt sich der Kampf der

Wehrmacht gegen die SS als den zweiten, in sich selbständigen Waffenträger der Nation. Ursprünglich war die SS nur eine Sonderorganisation innerhalb der SA gewesen. Sie hatte eine politische Funktion. Das änderte sich 1936, als ihr oberster Chef, Heinrich Himmler, in Personaleinheit auch Chef der Polizei wurde. Er nannte sich hinfort: Reichsführer SS und Chef der deutschen Polizei. Damit wurde die SS zu einem Machtträger, in dem sich Partei- und Staatsfunktionen überschnitten. Mit dem Aufbau von SS-Divisionen wurde sie zudem zu einem Konkurrenten der Wehrmacht. Diese wie jene hatten nur noch in der Person Hitlers eine gemeinsame oberste Befehlsinstanz (was nicht ausschloß, daß im Krieg SS-Einheiten zu bestimmten Aufgaben vorübergehend Kommandostellen der Wehrmacht untergeordnet wurden). Aufs Ganze gesehen verlor die Wehrmacht ihren Kampf um die Position des einzigen Waffenträgers, denn unter Kriegsbedingungen erfuhr die SS ein Riesenwachstum. Sie umfaßte Ende 1943 700 000 Mann und vergrößerte sich im folgenden Halbjahr um weitere 100 000. Der überwiegende Teil bildete Kampfeinheiten. Organisatorisch war die SS in zwölf »Hauptämter« gegliedert. Die wichtigsten waren das Reichssicherheitshauptamt (RSHA), unter anderem mit der Durchführung der »Endlösung« und dem Betrieb der Konzentrationslager beauftragt (nach Heydrichs Ermordung von Kaltenbrunner geführt), und das Wirtschafts- und Verwaltungshauptamt (WVHA), das unter Oswald Pohl ein Wirtschaftsimperium aufbaute. Das »Stabshauptamt des Reichskommissars für die Festigung des deutschen Volkstums«, eine Funktion, die Himmler ebenfalls an sich zog, wurde die Zentralstelle für die Ausrottungsmaßnahmen zunächst in Polen, dann in der UdSSR.

Die »Führergewalt« der SS beruhte demnach auf drei Säulen: auf jenem zahlenmäßig größten Teil, der in »Standarten« (= Divisionen) gegliedert war; auf dem Produktionssektor, der rund 150 Firmen umfaßte und der deshalb mit ungeheuren Gewinnen arbeiten konnte, weil die dritte Säule die Konzentrationslagerorganisation war, von der die SS teils zur eigenen Verwendung, teils zur Vermietung an Konzerne (z. B. an die I. G. Farbenindustrie) ihre Sklavenheere bezog.

Die funktional motivierte Vielgliedrigkeit der SS, in der eine Möbelfabrik genauso integriert war wie die »Leibstandarte Adolf Hitler«, ortsgebundene KZ-Einheiten neben mobilen Killerkommandos und so weiter, hat es ermöglicht, der These entgegenzutreten, die SS sei ein insgesamt verbrecherisch handelndes Kollektiv gewesen. Daran ist nur so viel wahr, daß es Abertausende von SS-Männern in den Standarten gegeben hat, die während des ganzen Krieges dem per se verbrecherischen Regime nicht anders gedient haben als die meisten Wehrmachtssoldaten. Das heißt, nach herkömmlichen Begriffen, nach denen Krieg nicht unter allen Umständen ein Verbrechen sei, war der Kriegseinsatz dieser SS-Männer subjektiv nicht verbrecherischer Natur, wenn auch, objektiv, politisch und historisch betrachtet, nichts anderes. Aber das heißt nicht, daß generell unterschieden werden dürfte zwischen der kämpfenden SS, die keine Verbrecherorganisation gewesen sei, und jenen Teilen, die mit »Endlösung« und »Ausrottung« sozusagen hauptberuflich kriminell beschäftigt waren.

Es ist hier nicht der Ort, diese Problematik, die aus der aktuellen Diskussion ja keineswegs verschwunden ist, in ihrer ganzen Breite und Kompliziertheit aufzurollen; es soll nur gesagt sein, daß die von der SS zu verantwortende »unordentliche« Ausmerzung von Zivilisten den Befehlshabern der Wehrmacht ein zusätzliches Argument lieferte, mit dem sie versuchten, die SS bei ihrem obersten Befehlshaber Adolf Hitler zu »denunzieren«. Ein wahrlich aussichtsloses Bemühen, nur daraus erklärbar, daß Frontgeneräle, die es doch aus »Führerbesprechungen« hätten besser wissen müssen, dem Irrtum verfallen waren, Hitler ahne nicht, was die SS trieb, der er mehr vertraute als der Wehrmacht.

Diese Herren gaben sich dabei den Anschein, als kenne ihre moralische Entrüstung keine Grenzen, aber wenn man beispielsweise einen »Beschwerdebrief« des Oberbefehlshabers in Polen, Generaloberst Blaskowitz, in dem er 31 Fälle von Übergriffen und Verbrechen der »Einsatzgruppen« aufzählt, richtig liest, so geht daraus hervor, daß ihm nichts ferner lag, als die armen Opfer zu bedauern und sich auf eine humane Position zurückzuziehen. Das Unbehagen, es mit Kameraden in Uniform zu tun zu haben, die auf Marktplätzen Juden folterten, Frauen und Kinder exekutierten, hielt in den eingesetzten Wehrmachtsstäben nur so lange an, als man dort angenommen hatte, die Mörder handelten auf eigene Faust. Als sie erkennen mußten, daß hinter den Bemühungen, die Polen als Staatsnation zu vernichten, die Autorität der Reichsführung und der Wille ihres obersten Befehlshabers standen, mit anderen Worten: als die zur Ordnung erzogenen Offiziere einsahen, daß Mordaktionen integraler Bestandteil reichsdeutscher Ordnung und der Staatsraison waren, schauten sie dem Treiben verständnisvoller zu, gaben aber doch einer gewissen Befriedigung Ausdruck, als sie bald von der Verwaltung des eroberten polnischen Gebiets befreit wurden und diese in die Hände Himmlers und eines ehemaligen Rechtsanwalts aus München namens Hans Frank überging, der von der Wawel-Burg in Krakau aus darangehen durfte, einen deutschen Nebenstaat auf polnischem Gebiet zu errichten.

Als Adenauer die Bundesrepublik remilitarisierte, mußte er auf Offiziere zurückgreifen, die sich unter Hitler fabelhaft bewährt hatten. Infolgedessen konnte gar keine Rede davon sein, daß die Bundeswehr ihre Traditionspflege unter Ausschaltung der großdeutschen Wehrmacht betreiben konnte oder wollte. Das führte dazu, die Auseinandersetzungen, die diese im Dritten Reich mit der SS geführt hatte, zur Zeit der Remilitarisierung unter neuen Bedingungen und mit politischen Mitteln wieder aufleben zu lassen, indem am Ehrenschild der nationalsozialistischen Wehrmacht zu Lasten der SS eifrig herumpoliert wurde. Von Generaloberst von Bock konnte zitiert werden, es habe ihm doch 1939 gar nicht gefallen, daß SS-Verbände Juden in einer Kirche zusammengetrieben und mit der Kirche verbrannt hätten. Der bereits erwähnte Blaskowitz schrieb, die in Polen tätigen polizeilichen Kräfte hätten einen so unbegreiflichen Mangel an menschlichem und sittlichem Empfinden gezeigt, daß man geradezu von Vertierung sprechen müsse. Und ein Oberstleutnant Stieff, wegen seiner Teilnahme am 20. Juli 1944 hingerichtet, schrieb 1939 aus Polen an seine Frau: »Ich schäme mich, ein Deutscher zu sein.« Das war nichts als eine billige Phrase, denn Deutscher war er auf jeden Fall. Er wäre seinem Problem nähergekommen, wenn er geschrieben hätte: Ich schäme mich, in dieser Armee Offizier zu sein – denn das war eine Qualität, die er hätte loswerden können, wenn er es wirklich gewollt hätte. Er war einer von unzähligen Wehrmachtsoffizieren, die in der ersten unmittelbaren Begegnung mit der SS als Mörderbande einen moralischen Schock erlitten hatten und dennoch darüber hinwegsehen konnten, daß sie selbst mit ihrem Einsatz die Voraussetzungen in Polen geschaffen hatten, daß diese Verbrechen begangen werden konnten.

»Restpolen« wird
»Generalgouvernement«

Mit der in Moskau am 23. August 1939 abgesprochenen Fünften Teilung Polens, mit dem definitiven Beschluß, den Krieg mit einem Feldzug gegen Polen am 1. September 1939 zu beginnen, mit der Durchführung dieses Beschlusses schließlich war, so der Anschein, über die Auslöschung des polnischen Staates bereits endgültig entschieden.

Daran zweifelten die Scharfmacher in der Führung um so weniger, als der Polenhaß, dem sie sich nach alter preußischer Tradition verschrieben hatten, nun offensichtlich auch von Hitler selbst geteilt wurde nach Jahren, in denen davon nichts zu bemerken gewesen war. Jetzt aber gab er die Anregung, mit der Ausmordung der polnischen Oberklasse sofort hinter der noch kämpfenden Truppe zu beginnen. Wir verwenden bewußt den Begriff »Anregung« statt »Anweisung« oder »Befehl« (die nicht vorliegen), durfte er doch in allem, was auf der Linie der Herrenrassenideologie lag, sicher sein, daß aus einem hingeworfenen halben Satz ein ganzes Verbrechen wurde.

Dennoch war über Polens Zukunft noch keine endgültige Entscheidung gefallen. Zu Ribbentrops Moskauer Auftrag hatte nicht gehört, mit Stalin und Molotow abzusprechen, ob es künftig noch einen polnischen Staat geben solle. Die Möglichkeit war unter anderem erwogen worden.

Nachdem der Krieg nun begonnen worden war und sich mit der Präzision eines Großmanövers entwickelte, hatte das Reich während des ganzen September und auch noch in den Oktober hinein einen »Führer«, der nicht im mindesten dem Klischeebild vom blindwütigen Vabanquespieler entsprach, das ohnehin eher eine Karikatur als eine psychologisch zutreffende

Charakterzeichnung ist. Nun, da das Kind im Brunnen lag, dachte er darüber nach, wie dieser mit einem Deckel zu sichern sei. Er ähnelte nun dem Tiger im Zookäfig, der an den Stäben entlangstreicht auf der Suche nach einem Loch, durch das er entkommen könnte: Jetzt, da die Kriegserklärungen Englands und Frankreichs auf dem Tisch lagen, machte er sich erstmals sorgenvolle Gedanken, wie der große Krieg vielleicht doch noch zu vermeiden sei. Daß er dazu überhaupt imstande war, läßt den Schluß zu, daß sein Polenhaß nicht die gleiche Qualität hatte wie sein Judenhaß. Noch nicht! Während dieser, eingebettet in die rassistische Ideologie, für ihn nicht manipulierbar war und er um keines noch so verlockenden politischen Zieles imstande gewesen wäre, ihn im ganzen zu mäßigen oder auch nur vorübergehend hintanzustellen, konnte er mit seinem Polenhaß mindestens während der Wochen vor und nach Kriegsbeginn umgehen wie mit einem Wasserhahn: *Hitler neigte noch Anfang September im Hinblick auf die Westmächte, die er noch immer zum Einlenken bewegen zu können glaubte, [...] zur Bildung eines selbständigen Restpolens.*[34] Ribbentrop erklärte am 12. September 1939 dem Chef des Amtes der Abwehr im Oberkommando der Wehrmacht, dies sei *die dem Führer sympathischste Lösung, weil er dann mit einer polnischen Regierung den Ostfrieden aushandeln kann.* Im engsten Beraterkreis wurden auch Lösungen diskutiert (wie z. B. die Bildung einer selbständigen Westukraine auf jenem Gebiet des bisherigen polnischen Staates, das östlich der Demarkationslinie lag), die nur durchzuführen gewesen wären, wenn die Teilung Polens zwischen dem Reich und der UdSSR, im Geheimvertrag vereinbart und für Stalin das Kernstück der Vereinbarung, rückgängig gemacht worden wäre.*

* Hier sei ein Blick auf die polnischen Ostgebiete geworfen, die in der Politik der UdSSR eine so entscheidende Rolle

72

Bis in den Oktober hinein – die Waffen schwiegen, Polen war als militärischer Faktor »ausradiert« – beschäftigten sich die engsten Vertrauten Hitlers mit verschiedenen politischen Lösungen des polnischen Problems; das war nur möglich, weil Hitler selbst noch schwankte, was aus Polen werden sollte.

Die äußeren Umstände, unter denen sich in diesen Wochen Entscheidungen anbahnten, die für die ganze Kriegsentwicklung mitbestimmend wurden, waren ungewöhnlich – selbst gemessen an der immer exzentrischen Weise, in der Hitler Hof hielt und regierte. Er hatte Berlin im Sonderzug am Abend des 3. September in Richtung Polen verlassen und war erst am 25. September in die Reichskanzlei zurückgekehrt. Außer im Zug, wo er auch wohnte und schlief, verbrachte er die Tage vom 19. bis 25. September im »Casino-Hotel Zoppot«, vor den Toren Danzigs. Ab Kriegsbeginn verdrängte der »Führer« immer entschiedener den »Reichskanzler«: Nachdem er sich schon stets ungern mit Reichsverwaltungsaufgaben beschäftigt

gespielt haben. Zu dem Vertrag zwischen Berlin und Moskau konnte es 1939 nur kommen, weil Stalin damit die Ostgrenze der Sowjetunion bis an den San und den Bug vorverlegen konnte, ohne (zunächst) einen Schuß abgeben zu müssen. Diesen Besitzstand zu sichern, bestimmte sein Verhalten in den Konferenzen von Teheran, Jalta und Potsdam, denn damit war auch die Westverschiebung des polnischen Staatsgebietes zu Lasten der Nation, die zur Vernichtung der Sowjetunion angetreten gewesen war, unumgänglich geworden.

Die Ostgebiete hatten einen erheblichen Teil des mittelalterlichen polnischen Staates gebildet; für sie sind die Polen 1920 in den Krieg gegen das noch im Bürgerkrieg geschwächte Rußland eingetreten und haben gesiegt. Der polnische Osten war außer von Polen von ukrainischen, weißrussischen und litauischen Bevölkerungsgruppen bewohnt, wurde aber 400 Jahre lang, von 1386 bis zum Ende des 18. Jahrhunderts, von den Polen als ein essentieller Teil ihres Staates angesehen. Seine polnische Minderheit (dreißig Prozent), von Stalin noch vor dem Einfall der Deutschen in die UdSSR »ausgelagert«, das heißt, weit nach Osten evakuiert, kam nach 1945 zurück und besiedelte unter anderem die sogenannten »verwalteten Gebiete« im Westen des heutigen Polen.

hatte, Kabinettssitzungen so gut wie nie einberufen worden waren, der Obersalzberg mit immer neuen Großbauten neben der Berliner Reichskanzlei rasch zu einem zweiten Regierungssitz geworden war, begann er nun sich vorwiegend in seinen verschiedenen »Hauptquartieren« herumzutreiben, bis die Bunkerstadt »Wolfsschanze« in einem ostpreußischen Birkenwald bei Rastenburg ihm wieder zu einer gewissen Seßhaftigkeit verhalf.

Der lokalen Unstetigkeit entsprach eine personale. Es gibt nicht eine Handvoll Männer, die sich noch 1945 hätte rühmen können, immer Zutritt zum »Führer« gehabt zu haben. Zu ihnen zählten Goebbels, Himmler und Bormann. Heß hätte vermutlich dazugehört, wäre er nicht nach England auf und davon. 1939 stand Göring noch in höchster Gunst. Er, Himmler, Rosenberg, dazu die Gauleiter Greiser und Forster, zu denen dann Dr. Hans Frank kam, bildeten alles andere als ein Kabinett von sachkundigen Ministern, eher eine Diskussionsrunde, die untereinander am »Lagetisch« im Sonderzug besprach, wie am besten mit Polen zu verfahren sei, während Hitler schweigend dabeisaß, oder die zuhörten, während er redete und redete. Mit Hitler zu diskutieren war nicht möglich. Wes Geistes Kind diese Altparteigenossen waren, mag eine Geschichte illustrieren, die eine Sekretärin Hitlers berichtet hat. Im März 1945 erschien Albert Forster, seit Oktober 1939 Reichsstatthalter des »Reichsgaues Danzig-Westpreußen«, um Hitler zu melden, 4000 sowjetische Panzer näherten sich dem wehrlosen Danzig. Ein völlig verwandelter, zuversichtlicher Forster kam von Hitler zurück und sagte: *Er hat mir erklärt, daß er Danzig retten wird.*[35]

In krisenhaften Situationen hat sich Hitler immer mit solchen Personen umgeben, von denen er wußte, daß sie nicht einmal gedanklich zur Kritik fähig seien, geschweige denn, daß er hätte gewärtigen müssen, ein kritisches Wort zu hören. Daß die Lage des Reiches gefährlich geworden war, darüber täuschte auch der gloriose Fortgang des Feldzugs Hitler nicht hinweg. Was er aus dem gegnerischen Lager hörte, war nicht geeignet, ihn in seiner Hoffnung zu bestärken, ein Weltkrieg Nummer zwei könne doch noch vermieden werden: *Der Krieg begann, als er ihn wollte, und er wird enden, wenn wir davon überzeugt sind, daß Hitler sein Teil erhalten hat!* So Churchill am 1. Oktober, und von Chamberlain hörte er zwei Tage später aus dem Unterhaus: *Frankreich und England [werden] durch keine Drohung dazu gebracht werden, auf das Ziel zu verzichten, für das sie in diesen Kampf eingetreten sind. Wir sind nicht bereit, von der gegenwärtigen deutschen Regierung auch nur die kleinste Zusicherung entgegenzunehmen.*[36]

Hitlers »Zusicherung« war alles andere als klein. Verpackt in eine Rede vor dem Reichstag, die er am 6. Oktober ab mittags 12 Uhr hielt und die im kleingedruckten Wortlaut 15 Seiten (!) umfaßt, buhlte er um Friedensbereitschaft bei den Demokratien und fragte sie, weshalb eigentlich dieser Krieg im Westen stattfinden solle? Für die Wiederherstellung Polens? Davon könne allerdings keine Rede sein. Aber es gebe absolut keine deutschen Ansprüche, die englische oder französische Interessen berührten. Als Chamberlain am 12. Oktober erklärte, Hitlers »Friedensangebot« enthalte keinerlei Substanz, und wenn er Frieden wünsche, müsse er dies durch Taten (= Rückzug aus Polen), nicht durch Worte zeigen, reagierte Hitler mit einem Wutausbruch, von dem die Bevölkerung am 13. Oktober durch eine amtliche Regierungserklärung erfuhr. Sie endete mit den Sätzen: *Mit dieser jeglichen Verantwortungsgefühls baren Rede, voll von Verlogenheit und Heuchelei, hat der englische Premierminister die Friedenshand zurückgestoßen, die der Führer mit seinen Ausführungen vom 6. Oktober geboten hatte.*[37]

Damit war nun klar, daß der Krieg im Westen

geführt werden müsse. Und tatsächlich hat sich die Führung bereits in den Septemberwochen, in denen die Kämpfe in Polen noch voll im Gange waren, mit Plänen getragen, gegen Frankreich ohne jede Verzögerung noch im Jahr 1939 vorzugehen. Aus der ersten Oktoberwoche liegt ein Befehl vor, wonach der 22. November 1939 der Tag X des Frankreichfeldzuges sein sollte, was den Oberbefehlshaber einer Heeresgruppe, Generaloberst von Leeb, zu der Bemerkung veranlaßte, die Friedensrede Hitlers vom 6. Oktober sei also nur *ein Belügen des deutschen Volkes* gewesen.[38]

Zur Erklärung der depressiven Stimmung im »Führer-Zug«, die in schroffem Gegensatz zu dem überschäumenden Siegesjubel stand, der das Reich von den Alpen bis zur See eine Woche nach Kriegsausbruch in ein Tollhaus verwandelte, muß gesagt werden, daß die Ausführung des Befehls, am 22. November gegen Frankreich anzutreten, scheiterte, weil den Herren im Oberkommando der Wehrmacht (OKW) und im Oberkommando des Heeres (OKH) plötzlich klargeworden war, daß die Rüstung und die Vorräte für einen Krieg gegen Frankreich und England nicht ausreichten. Sie legten Zahlen auf den Tisch, welche die Ursache für einen Winter des Mißvergnügens wurden, für ein immer neues Herumdoktern an Aufmarschplänen und wechselnden Terminierungen.

Die prekäre Lage hätte erfordert, erst einmal alle Maßnahmen zur »Sicherung und Ausbreitung deutschen Volkstums« in Polen mit halber Kraft zu betreiben oder sogar einzustellen, um sich ganz auf den rationalen Zweck des Feldzugs zu konzentrieren: Ausbeutung der Menschenkraft und der natürlichen Ressourcen des eroberten Landes.

Wir berühren hier den neuralgischen Punkt, um den die Errichtung »deutscher Ordnung« in Polen insgesamt kreist, nämlich den unaufhebbaren Konflikt zwischen Ausbeutung und Vernichtung, zwischen

Eroberungskrieg und Rassenkrieg, in dem es zwar nach Jahr und Tag zu einer Verschiebung der Gewichte auf die Seite der Ausbeutung gekommen ist, in dem aber von höchster Stelle niemals eine klare Entscheidung getroffen wurde. Als der Konflikt zwischen deutschen Führungsgremien zum erstenmal, noch während in Polen gekämpft wurde, Ausmaße annahm, die abwiegelnde Maßnahmen unumgänglich machten, entzündete er sich weniger daran, daß gegen die Massenmordaktionen ökonomisch motivierte Bedenken vorgebracht wurden, als vielmehr an dem programmierten Neben- und Gegeneinander von Militär- und Zivilverwaltung.

Die »Richtlinien für die Errichtung einer Militärverwaltung im besetzten Ostgebiet«, die dem Oberbefehlshaber des Heeres am 8. September ausgehändigt worden waren, sind als das zeitlich erste Organisationsstatut für eine »deutsche Ordnung« in Polen anzusehen. Sein Titel widerspricht seinem Inhalt, aus dem hervorgeht, daß es den militärischen Befehlsstäben nicht allein überlassen bleiben sollte, den eroberten Raum unter Kontrolle zu halten. Ihnen wurden zivile Administrationen zugeordnet, insgesamt drei, zu deren Chefs jene Altparteigenossen Greiser, Forster und Frank berufen wurden, ohne daß deren Zuständigkeiten präzise gegen jene der Militärs abgegrenzt worden wären. Hitler ging davon aus und irrte sich darin nicht, daß die Generäle zwar für Ruhe und Ordnung sorgen, nicht aber, besorgt um ihre Soldatenehre, mit erwarteter Schärfe und Rücksichtslosigkeit den »Volkstumskampf«, der hinter der Front zu führen war, die notwendige Unterstützung zuteil werden lassen würden.

Die Propaganda war seinerzeit in allen Berichten über und aus Polen bemüht gewesen, den Eindruck zu erwecken, die Armee habe einen fairen, ritterlichen Krieg geführt. Noch im Nürnberger Prozeß hat Görings Gehilfe, der Generalfeldmarschall Erhard

Milch, dem Gericht die edlen Prinzipien erläutert, die für alle in Polen kämpfenden Truppen Verbindlichkeit besessen hätten. Tatsächlich sind ganze Regimenter polnischer Gefangener nach Westen transportiert und in Lager gebracht worden, denen eine absolut korrekte Behandlung zuteil geworden ist. Es wäre so wenig gerecht, darin Ausnahmefälle zu sehen, wie Kriegsverbrechen, die an wehrlosen polnischen Gefangenen seitens ganz »normaler« Truppeneinheiten begangen worden sind, als Einzelfälle zu entschuldigen. Hier ein Beispiel: In der Nähe von Przemyśl gefangen, marschierten rund hundert polnische Soldaten Richtung Drohobycz. Sie wurden gegen Abend beim Dorf Urycz unter dem Vorwand, sie würden hier die Nacht verbringen, in eine Scheune getrieben, darin eingeschlossen und verbrannt. Einige flüchteten und wurden erschossen. Mit verbranntem Gesicht blieb der Soldat Jan Marek vom 4. Jägerregiment liegen, wurde für tot gehalten und überlebte deshalb.

Ein Fall von zehn? Ein Fall von Hunderten, in denen sich die beteiligten Einheiten nicht auf einen Befehl von höchster Stelle berufen konnten – im Gegenteil, ihre Kommandeure saßen, wie gesagt, auf dem hohen Roß einer angeblich noch intakten soldatischen Moral. Polnische Akten bewiesen, daß sie dazu wenig Grund hatten.[39]

Gleichwohl sind unterschiedliche Auffassungen, wie mit den Polen umzugehen sei, zwischen der militärischen Führung und den ihr beigeordneten zivilen Administrationen die Ursache dafür gewesen, daß die »Richtlinien« vom 8. September alsbald wieder außer Kraft gesetzt werden mußten. Hitler fuhr in seinem Sonderzug im besetzten Polen herum, besuchte mal da, mal dort einen Truppenteil, erlabte sich am Anblick der brennenden Hauptstadt mittels eines für ihn postierten Scherenfernrohrs und war unter diesen ungewöhnlichen, dem hermetischen Protokoll der Reichskanzlei und des Obersalzbergs abträglichen

Umständen für seine alten Danziger Kampfgenossen leicht zu erreichen. Eine Besprechung zwischen Hitler und dem Danziger Gauleiter Forster im Sonderzug am 5. Oktober, in der sich Forster *allem Anschein nach über das »mangelnde Verständnis« der Wehrmacht gegenüber den bevölkerungspolitischen Maßnahmen in Westpreußen* beklagte, wurde zum Anlaß, daß, noch bevor man vom Tisch aufstand, aus dem Chef der Zivilverwaltung der »Reichskommissar« Forster geworden war, für den ganz Westpreußen aus der Militärverwaltung herausgenommen und seiner alleinigen Verantwortung übergeben wurde.[40]

Die Liederlichkeit und die Zufälligkeit des Vorgehens, mit dem aus dem deutsch besetzten Teil Polens teils Reichsgebiet, teils das »Generalgouvernement« gemacht wurden, spotten jeder Beschreibung. So hatte das Gespräch zwischen Hitler und Forster im Sonderzug nicht nur eine ad hoc beschlossene Teilaufhebung der »Richtlinien« zur Folge, die noch keinen Monat alt waren, sondern auch die Vergrößerung des Reiches um 70 000 Quadratkilometer. In der fünften »Weisung« an das OKW vom 30. September hieß es unter 1 a): *Die neue politische Begrenzung des Reiches im Osten wird im allgemeinen den früheren deutschen Siedlungsraum und darüber hinaus diejenigen Gebiete umschließen, die militärisch, wehrwirtschaftlich oder verkehrstechnisch besonders wertvoll sind. Die Linienführung liegt im einzelnen noch nicht fest. Vorschläge dazu bitte ich, mir über OKW vorzulegen.*[41]

Eine Woche später ist es soweit, der Forster-Besuch und die teilweise Aufhebung der Militärverwaltung hatten den Stein ins Rollen gebracht. Zwei »Reichsgaue« wurden dem Reich zugeschlagen: »Danzig-Westpreußen« im Norden, »Wartheland« darunter im Süden. Man kann nicht einmal sagen, sie seien mit einem Federstrich entstanden, denn es gibt kein Dokument, das man als ihre Geburtsurkunde ansehen könnte. Es muß eine Karte gegeben haben, auf der mit flüchtigen Strichen eine neue Reichsgrenze im Osten angedeutet war, deren genaue Festlegung dem Innenministerium und dem Auswärtigen Amt überlassen blieb.

Das schließlich eingegliederte Gebiet reichte tief in das ehemalige Kongreßpolen hinein. Die Reichsgrenze wurde dort, wo sie den östlichsten Punkt erreichte, um 200 Kilometer nach Osten verschoben. Damit vergrößerte sich die Bevölkerung des Reiches um etwa zehn Millionen, von denen nur eine Million Deutsche waren, 7,8 Millionen Polen und 0,7 Millionen Juden.

Der »Reichsgau Wartheland« umfaßte 45 000 Quadratkilometer. Es war größer, als Ostpreußen bis 1939 gewesen war, und hatte eine Bevölkerung von 4,2 Millionen, von denen 85 Prozent Polen waren, die polnisch sprachen; diesen »Fremdvölkischen« standen 327 000 Deutsche und 366 000 Juden gegenüber. Der »Reichsgau Danzig-Westpreußen«, von 2,15 Millionen bevölkert, war mit 25 000 Quadratkilometern erheblich kleiner. Nur Danzig mit rund 400 000 Einwohnern war rein deutsch besiedelt. Eine ebenso große Zahl von Volksdeutschen war über das Gaugebiet verteilt. Die beiden Reichsgaue zusammen waren in 63 Landratsämter aufgeteilt.

Mit der Eingliederung Westpolens in das Reich war der dortigen Militärregierung im ganz buchstäblichen Sinn der Boden entzogen. Jetzt ging es nur noch darum, über die künftige Verwaltungsstruktur des sogenannten »Restpolens« zu entscheiden. Der Fahrplan für diese organisatorischen Maßnahmen wurde von London aus mitbestimmt: Chamberlains Erklärung vom 12. Oktober, man werde vor den Deutschen unter keinen Umständen zurückweichen, hatte ersichtlich darauf Einfluß, daß Hitler am selben Tage einem Entwurf über die künftige Verwaltung der besetzten polnischen Gebiete zustimmte. Das Faustpfand Polen hatte sich außenpolitisch als wertlos erwiesen. In Schüben entwickelte sich die Führeranweisung vom 21. Oktober, wonach die *Befugnisse des Oberbefehlshabers des Heeres zur Ausübung vollziehender Gewalt in dem gesamten Ostgebiet*[42] am 25. Oktober erlösche.

Die Armee sah darin alles andere als eine Art Bestrafung. Sie war froh, sich nicht mehr qua Auftrag die Hände schmutzig machen zu müssen, noch schmutziger, als sie ohnehin schon im Feldzug geworden waren. Generaloberst Blaskowitz, nach Gerd von Rundstedt Oberbefehlshaber Ost, erließ am 26. Oktober einen Tagesbefehl: *Mit dem heutigen Tag hat das Ostheer rein soldatische Aufträge zu erfüllen. Von Verwaltungsaufgaben oder solchen der Innenpolitik wird es befreit.*[43] Es fehlt nur das Wörtchen: glücklicherweise.

War damit nun bereits eine zivile Verwaltung etabliert? Das einschlägige Dokument vom 12. Oktober bestimmte:

Um die öffentliche Ordnung und das öffentliche Leben in den besetzten polnischen Gebieten wiederherzustellen und aufrecht zu erhalten, ordne ich an:

§ 1

Die von den deutschen Truppen besetzten Gebiete werden dem Generalgouverneur für die besetzten polnischen Gebiete unterstellt, soweit sie nicht in das Deutsche Reich eingegliedert sind.

§ 2 (1) Zum Generalgouverneur für die besetzten polnischen Gebiete bestelle ich den Reichsminister Dr. Frank.

[...]

§ 3 (1) Der Generalgouverneur untersteht mir unmittelbar.

(2) Dem Generalgouverneur werden sämtliche Verwaltungszweige zugewiesen.[44]

Der Erlaß hat neun Paragraphen und ist unterschrieben von Hitler, Göring, Frick, Heß, Keitel, Brauchitsch, Ribbentrop, Graf Schwerin von Krosigk und Dr. Lammers. Nach ihren Funktionen aufgegliedert, stehen die Namen nach Hitler für: Ministerrat für die Reichsverteidigung, Innenministerium, Stellvertreter des »Führers«, Chef OKW, Oberbefehlshaber des Heeres, Außenministerium, Finanzministerium, Chef der Reichskanzlei. Aus Hitlers Regierungszeit ist dem Verfasser keine zweite Ernennungsurkunde bekannt, die eine derartige Sammlung prominenter Unterschriften aufweist. Aber allein darin besteht nicht die Einzigartigkeit dieses Dokuments.

Bevor wir darauf und auf die Personen des Ernannten eingehen, ist hervorzuheben, daß mit der Einsetzung des Münchner Rechtsanwalts Dr. Hans Frank in die Spitzenposition einer deutschen Zivilverwaltung, der der verbleibende Rest Polens in der Größenordnung von mehr als 100 000 Quadratkilometern mit einer Bevölkerung von annähernd 15 Millionen überantwortet werden sollte, diese Verwaltung selbstverständlich noch nicht aufgebaut war. So entstand, als die Truppe – die bereits in beträchtlichen Teilen nach Westen abtransportiert wurde – mit dem 26. Oktober von ihren Verwaltungs-, sprich Ordnungsaufgaben, befreit worden war, ein chaotischer Zustand, der den Mörderbanden der SS und der politischen Polizei die Ausführung ihres blutigen Handwerks außerordentlich erleichterte. Verglichen mit dem Inferno, das sich jetzt entwickelte, war der Terror, der bereits während des Feldzugs die polnische Oberschicht dezimiert hatte, nur ein Vorspiel gewesen. Mit der Ernennung des Reichsführers SS und Chefs der Deutschen Polizei, Heinrich Himmler, zum »Reichskommissar für die Festigung deutschen Volkstums« wurde eine neue, aus der allgemeinen Reichsadministration herausgehobene Führergewalt geschaffen. Ihre vergleichsweise harmlos klingende Bezeichnung läßt nicht ohne weiteres erkennen, daß hinfort das gesamte Ausrottungs- und Unterdrük-

82

kungsprogramm gegen die »Fremdvölkischen« in einer Hand lag – in derselben, die dann auch für die »Endlösung« zu sorgen hatte. Mit der Bestallung Himmlers, dieses bürokratischen Pedanten, zum Reichskommissar zog nach und nach jene »deutsche Ordnung« in das Unterdrückungssystem ein, für die in den Augen der Nachwelt der Name des Buchhalters der »Endlösung«, Adolf Eichmann, weltweit symbolische Bedeutung gewinnen sollte. Der Exerzierplatz, auf dem der Münchner Heinrich Himmler vorführte, wie die Mordpraxis deutscher Kolonialpolitik aussah, war das »Generalgouvernement«. Der Exerzierplatz, auf dem der Münchner Hans Frank vorführen wollte, deutsche Kolonialpolitik könne auch noch etwas anderes sein als Ausmerzung, Vertreibung und Entrechtung, war dasselbe »Generalgouvernement«. Der Exerzierplatz war riesig, das »Menschenmaterial«, mit dem nach Belieben umgegangen werden konnte, zählte nach Millionen. Bald mußte der Generalgouverneur einsehen, daß seine Ernennungsurkunde ihn zwar dem Wortlaut nach zum absoluten Herrscher über »sein« Polen machte, ihre Ausübung aber auf beträchtliche Hindernisse stieß.

Gibt es, wie der Verfasser annimmt, keine zweite von Hitler unterzeichnete Ernennungsurkunde, die zusätzlich von so vielen prominenten Zeugen mit ihrer Unterschrift bestätigt worden ist, so ist auch ihr Inhalt völlig einzigartig. Er widerspricht der elementaren Strategie, mit der Hitler von Anfang an seine Herrschaft absicherte: nie an eine einzelne Person Macht zu delegieren, ohne zugleich eine zweite – oder auch mehrere – mit Vollmachten auszustatten, denen nicht ohne weiteres anzusehen war, daß sie dazu dienten, ein Konkurrenzverhältnis herbeizuführen.

Die beiden kurzen Sätze, aus denen der Paragraph 3 besteht, schließen in der Theorie jede Doppelgleisigkeit aus. Der erste Satz, auf einen deutschen Fürsten vor 1806 angewendet, hätte diesem Reichsunmittelbarkeit zugesprochen. Er besagt: Sie, Herr Dr. Frank, sind mir verantwortlich und sonst niemandem. Er regelt das hierarchische Verhältnis, in dem sich der Generalgouverneur zum »Führer« befindet. Der zweite Satz ist, was die Machtvollkommenheit dieses neuen polnischen Königs betrifft, fast noch wichtiger. Er besagt: Es gibt niemanden, der Ihnen, Herr Dr. Frank, bei der Ausübung Ihres Auftrages hineinreden darf, niemanden außer mir selbst. Wie Sie Ihre Verwaltung im »Generalgouvernement« im Rahmen meiner Richtlinienkompetenz aufbauen, ist in allen Zweigen einzig und allein Ihre Angelegenheit.

Frank hatte sich nach diesem Posten nicht gedrängt, obschon er ein von Ehrgeiz zerfressener Nationalsozialist der ersten Stunde gewesen war. Man könnte sagen, er sei ursprünglich ein schwarz-weiß-roter, kein Hakenkreuz-Nazi gewesen. Nationalistische Motive, nicht Rassenwahn hatten ihn in die NSDAP getrieben. Als Hitler in den zwanziger Jahren hatte erkennen lassen, er wolle die Südtiroler nicht heim ins Reich holen, hatte Frank mit einem wütenden Brief an Hitler die Parteimitgliedschaft hingeworfen. Es war nur eine Episode von kurzer Dauer. Seit 1933 Reichskommissar für die Gleichschaltung der Justiz und Präsident der Akademie für Deutsches Recht im Rang eines Reichsministers ohne Ressort, hatte er sich bei Kriegsausbruch als Leutnant der Reserve zum Dienst gemeldet. Er gehörte dem 9. Infanterieregiment in Potsdam an, von wo ihn Hitler am 15. September zu sich beschied und den Widerstrebenden anläßlich eines langen Gesprächs im Sonderzug am 20. September zu einem der Chefs der interimistischen Zivilverwaltung machte.

Zweifellos geschah das schon mit der Absicht, ihn in Polen auf einem hohen Posten zu verwenden. Warum gerade diesen Mann, der aus seiner beruflichen Laufbahn und von seinen Interessen her nichts mitbrachte, was ihn als geeignet erscheinen lassen konnte, ein amputiertes Polen deutschen Zwecken dienstbar zu machen – dafür läßt sich ein starkes persönliches, wenn auch überhaupt kein sachliches Motiv entdecken: Frank verfügte über keinerlei Hausmacht, weder in der Partei noch in der Armee und schon gar nicht in Himmlers Staat im Staate. Was er an Macht entwickelte, beruhte auf einem Stück Papier, das Hitler unterschrieben hatte, so daß keinerlei Gefahr bestand, Frank könnte seine Generalvollmacht irgendwie mißbrauchen. An seiner unwandelbaren Führertreue war ohnehin nicht zu zweifeln, der vorübergehende Parteiaustritt war verziehen und vergessen.

So wurde er mit ein paar Zeilen zur Schlüsselfigur deutscher Polenpolitik gemacht. Da im Prinzip vermieden werden mußte, polnische Traditionen fortzuführen und damit Warschau als Sitz einer deutschen Zentralverwaltung nicht in Frage kam, entschied sich Frank für das schöne Krakau und machte die Königsburg, den Wawel, zu seinem Dienstsitz. Dort residierte er bis zum 17. Januar 1945 – an diesem Tag waren die sowjetischen Panzer schon so nahe, daß er und sein Stab flüchten mußten. Er endete am Galgen.

Keine andere Eroberung des Großdeutschen Reiches befand sich so lange wie das »Generalgouvernement« unter deutscher Herrschaft, auf keinem anderen fremden Staatsgebiet vermochte sie ihre rassistischen Prinzipien mit vergleichbarer Perfektion zu verwirklichen. Frank aber machte die Erfahrung, daß seine Vollmacht keinen ausreichenden Schutz gegen den anderen reichsunmittelbaren Machtträger namens Heinrich Himmler bot und in der Endzeit nicht einmal gegen untergeordnete Parteifunktionäre. Er mußte seine Position und seine Kompetenzen pausenlos gegen diesen Hauptwidersacher Himmler verteidigen – selten mit Erfolg. Auch als seine Gegner nahe daran waren, ihn aus dem Sattel zu heben und seinem Hitler-Gnadentum ein Ende zu bereiten, gelang es ihm nicht, von Hitler eine neue Bestätigung der Generalvollmacht zu erhalten. Erst nach und nach wurde ihm klar, daß der Chef auch in seinem Fall das Gegeneinander institutionalisierter Herrschaftspositionen gewollt hatte, die des Generalgouverneurs gegen den von Himmler immer machtvoller ausgebauten Kontroll- und Vernichtungsapparat von SS und Polizei.

Die inneren Machtkämpfe hatten keinen Einfluß auf die Territorialgliederung Restpolens, dessen Grenzen durch das zweite deutsch-sowjetische Abkommen vom 28. September 1939 jene Gestalt annahmen, die selbst durch den Krieg gegen die Sowjetunion nicht mehr grundsätzlich verändert wurden. (Dem »Generalgouvernement« wurde 1941 noch Galizien, einst österreichischer Besitz, zugeschlagen.)

Artikel III dieses Abkommens bestimmte: *Die erforderliche staatliche Neuregelung übernimmt in den Gebieten westlich der in Art. I angegebenen Linie die Deutsche Reichsregierung, in den Gebieten östlich dieser Linie die Regierung der UdSSR.*[45]

Was diese »staatliche Neuregelung« betrifft, so standen beide Mächte vor der Notwendigkeit, Umsiedlungen großer Bevölkerungsteile vorzunehmen, die ohne Gewaltanwendung nicht durchgeführt werden konnten. Der Umsiedlung zum Zweck der künstlichen Herstellung deutscher Siedlungsgebiete hatte nach der nazistischen Ideologie eine Aufgliederung der Bevölkerung nach rassistischen Unterscheidungen vorauszugehen. Daraus ergab sich kein Klassen-, sondern ein Kastenaufbau, der an jenen der religiös-gesellschaftlichen Strukturen der Hindus in Indien erinnert. Die Rolle der »Unberührbaren« wurde den Juden zugeteilt. Aus den Polen wurden die »Fremdvölkischen« erster, zweiter und dritter Kategorie.

Die »Fremdvölkischen«

Die nationalsozialistische Rassentheorie war irrational, hing als ein wahnhaftes Gebilde in der Luft, war nicht ein Hilfsmittel der Erkenntnis, sondern ein Instrument zur Massenbeherrschung. Das deutsche Volk, dessen Herrschaftsanspruch von der Rassentheorie abgeleitet wurde und sich im Gefühl seines überlegenen Ariertums sonnte, war selbst nach eigenen Kategorien eine kunterbunte Rassenmischung.

Nur deshalb seien hier solche Binsenwahrheiten angesprochen, weil die Rassentheorie die Urmutter der Überzeugung ist, es gebe eine Ungleichheit der Völker. Die ganze deutsche Polenpolitik während des Krieges leitete von eben dieser Ungleichheit die Berechtigung, ja, die Verpflichtung ab, das polnische Volk zu versklaven. Die führenden Nationalsozialisten, vor allem die Theoretiker unter ihnen wie Rosenberg (und sogar Hitler selbst) waren durchaus nicht blind gegen die Brüchigkeit der Rassentheorie gewesen – so hat Hitler nie von einer »deutschen Rasse« gesprochen – und hatten den Begriff »Ungleichheit« bevorzugt, von dem aus es nur ein kleiner Schritt zum »Völkischen«, zur »Volkheit« war, womit die NS-Ideologen zwar nicht auf sicheren Boden, aber immerhin in den Bereich der Anschaulichkeit gelangt sind. Das deutsche Volk war zwar keine »Rasse«, aber wenigstens eine Realität. Es wurde als ungleich zu allen anderen »Volkheiten« angesehen, nämlich als ihnen überlegen. Es fand eine Abkehr von erfundenen biologischen, eine Hinwendung zu politischen Kriterien statt. Erst auf diesem Umweg gewann die Rassentheorie ihren repressiven Charakter, ihre fürchterliche Gefährlichkeit. Der Begriff »Volk«, ausgestattet mit Wertvorstellungen und dergestalt politisch verwendet, ließ sich ohne weiteres in ein Freund-Feind-Schema einbringen, in dem alles, was nicht »das Eigene« war, zum »Fremden« wurde. Der Feind, der Gegner, der Fremde, das Fremde und nun in der spitzfindigen Kombination die »Fremdvölkischen« wurden Synonyme.

Einzig die Juden wurden weiterhin als »minderwertige Rasse« eingestuft. Ein Hetzblatt wie Streichers in Nürnberg erscheinender *Stürmer* wurde nicht müde, in immer gleichen Zeichnungen und tendenziös aufgenommenen Fotografien von Juden den »Ariern« vor Augen zu führen, daß dem Begriff »Rasse« durchaus eine Realität entspreche, hatten doch diese *Stürmer*-Juden eine spezielle, nur ihnen eigene Physiognomie. Aber nicht einmal Hitler hatte in *Mein Kampf* versucht anzugeben, was die Juden zur »Rasse« mache. Je mehr der nationalsozialistische Antisemitismus zu einem System der Ausrottung des Judentums entwickelt wurde, desto mehr verschwand der Begriff »Rasse« auch aus dem Vokabular, mit dem die Niedrigkeit und Verkommenheit des Juden im öffentlichen Bewußtsein gehalten wurde. Der Jude wurde zur personalisierten Summe aller denkbaren schlechten Eigenschaften. Von »völkischer Ungleichheit« brauchte kein Wort mehr zu fallen, wenn es um die Juden ging, sie waren nicht ungleich, sie gehörten der Menschheit nicht mehr an.

Nicht ganz so einfach war es, die Ungleichheit anderer Völker in ein System zu bringen, das im »Volkstumskampf« politisch anwendbar war. Viel wurde schon damit erreicht, daß an die Stelle des Begriffes »Volk« der der »Volksgemeinschaft« gesetzt wurde, die real nur hätte entstehen können, wenn der Basis, wie wir heute sagen würden, das Recht zugebilligt worden wäre, die Gemeinschaft aus einem natürlichen Zusammengehörigkeitsgefühl von unten her aufzubauen. Der Führerstaat ging den umgekehrten Weg. Die »Volksgemeinschaft« wurde von oben her geschaffen, das Volk darin eingesperrt – einerseits mittels eines nie abreißenden Appells an Solidarität, andererseits mit Hilfe eines Kataloges von Pflichten, durch den schließlich das gesamte Leben des einzelnen bis in den privatesten Winkel hinein Gestalt gewann. Im Kriege erreichte dieser Katalog begreiflicherweise seine höchste Verbindlichkeit. Die Zwanghaftigkeit der »Volksgemeinschaft« wurde durch den charismatischen Führerkult weitgehend unspürbar gemacht.

Im nationalsozialistischen Verständnis war die »Volksgemeinschaft« ein Schutz- und Trutzbündnis aller in einer feindlichen Umwelt. Solange das Reich nicht fremde Völker unterjocht hatte, also bis zum Einfall in die Tschechoslowakei, waren die Juden, sofern sie im Reich lebten und deutsche Staatsbürger waren, das erste und bis dahin einzige Objekt, mittels dessen die Ungleichheit zum Fundament politischen Handelns werden konnte – hier teils mit den frühen Pogromen, teils organisatorisch und weit folgenreicher mit dem »Gesetz zum Schutz des deutschen Blutes und der deutschen Ehre« (15.9.1935), der Einschränkung der Bewegungsfreiheit, der Kennzeichnungspflicht usw. Die Juden waren das erste vorzeigbare Feindbild, dank dem sich aus der »Volksgemeinschaft« das Herrenrassenbewußtsein herleiten ließ. Über ein Gespräch mit Hitler berichtet Rauschning, dieser habe auf die Frage, ob die Juden vernichtet werden sollten, geantwortet: *Nein, dann müßten wir sie erfinden. Man braucht einen sichtbaren Feind, nicht bloß einen unsichtbaren.*[46]

Aus verschiedenen Gründen, auf die wir hier nicht eingehen können, erwiesen sich die Tschechen, die als nächste »Fremdvölkische« in deutsche Hand fielen, als nicht besonders geeignet, die Aggressivität des Volkes bis auf einen Punkt zu steigern, von dem aus es die Entfesselung eines Krieges als unabwendbar angesehen hätte. Dieser Punkt war ja auch am 1. September 1939 mit dem Einfall in Polen noch nicht erreicht.

Nicht einmal mit »Negern« und »Zigeunern« war der gewünschte Effekt erzielt worden. (Anläßlich der Olympischen Spiele, bei denen der Schwarze Jesse Owens zum Sportidol der ganzen Welt wurde, zeigte sich, daß viele Berliner Damen aus der feinen Gesellschaft zur »Rassenschande« gern bereit gewesen wären.)

Erst der Krieg schuf die Vorbedingung, aus der »Ungleichheit der Völker« radikale politische Konsequenzen zu ziehen und sich dabei des Beifalls des eigenen Volkes sicher zu sein. Es war ein wahres Glück, daß er im Osten begann und die Polen nach den Juden – deren man durch den Feldzug ebenfalls millionenfach habhaft geworden war – zum »sichtbaren Feind« stilisiert werden konnten. Hätte nach früherer Planung der Krieg im Westen begonnen, so wäre es unmöglich gewesen, gegen die Franzosen diese Art Rassenkrieg zu entfesseln wie in Polen. Waren doch die Franzosen ein »artverwandtes« Volk, den Norwegern, den Schweden, den Holländern und anderen nichtostischen Völkern gleich.

Die Polen aber waren »Fremdvölkische«, also minderwertig! Wieso? Waren sie auf grundsätzlich andere Art ein fremdes Volk als etwa die Franzosen? Standen sie auf einer niedrigeren Kulturstufe als diese? Besaßen sie optisch erkennbare »Rassenmerkmale«, die sie von anderen Völkern unterschieden? Nichts von alledem!

Wären die Deutschen den Polen gegenüber auf dem Boden der Tatsachen geblieben, ihnen hätten so gut wie alle Argumente gefehlt, mit denen sie die Ausübung ihrer Schreckensherrschaft vor sich selbst gerechtfertigt haben! Nichts hätten sie aus ihrer Sicht realiter vorbringen können, als daß es sich, wie geschichtlich erwiesen, um ein Volk handelte, das unter noch so harter Fremdherrschaft nicht zusammenbrach, so daß ihm gegenüber offenbar nichts anderes half, wollte man es als gefährlichen Feind endgültig loswerden, als seine restlose Vernichtung als politisches Subjekt, Staatsvolk und Kulturnation. Das probate Mittel, das hierfür in erster Linie anzuwenden war: die Ausrottung der führenden Schichten!

In einer Aufzeichnung Martin Bormanns über eine Besprechung, die Hitler am 2. Oktober 1940 in Berlin mit dem Generalgouverneur Dr. Hans Frank, mit dem Gauleiter Erich Koch und mit Baldur von Schirach abgehalten hat, sind grundsätzliche Ausführungen zur Politik gegenüber dem besiegten und besetzten Polen festgehalten. Unter anderem habe Hitler gesagt: *Die Polen müßten, um leben zu können, ihre eigene Arbeitskraft, d. h. sozusagen sich selbst, exportieren. Die Polen müßten ins Reich kommen und dort Arbeit in der Landwirtschaft, an den Straßen und sonstige niedrige Arbeiten leisten. Der Pole sei im Gegensatz zu unserem deutschen Arbeiter geradezu zu niedriger Arbeit geboren. Blutlich dürften wir uns natürlich nicht mit den Polen vermischen. Noch einmal müsse der Führer betonen, daß es für die Polen nur einen Herrn geben dürfe, und das sei der Deutsche. Daher seien alle Vertreter der polnischen Intelligenz umzubringen. Dies klinge hart, aber es sei nun einmal das Lebensgesetz.*[47]

Diese programmatischen Sätze beschränken sich auf einen Teilbereich der angestrebten Lösung des polnischen Problems: Die Polen müssen Zwangsarbeit leisten und sollen ihre Oberschicht durch Massenmord verlieren. Es ist davon auszugehen, daß Hitlers Vorstellungen, wie mit den Polen zu verfahren sei, über das, was er hier gesprächsweise improvisiert hat, nicht hinausgegangen sind. Das Bormann-Dokument ist gewiß nicht der einzige Beleg, wohl aber ein besonders typischer dafür, wie Hitler zentrale Zielsetzungen seinen nächsten Mitarbeitern vermittelte, ohne auf die Ausführung einzugehen. (Nur im rein militärischen Sektor der Kriegführung zeigte er, je schlechter die deutsche Sache stand, eine verhängnisvolle Detailbesessenheit, weil er sich für einen zweiten Napoleon hielt und elastische Taktik als Feigheit vor dem Feind ansah.) Selbstverständlich hielt er sich bis ins letzte auf dem laufenden, wie seine Anregungen in Praxis übersetzt wurden. Und in den allermeisten Fällen fand diese Praxis gerade deshalb seine volle Zustimmung, weil seine Mitarbeiter, die wie ihr Herr nichts mehr für unmöglich hielten, den Anregungen ihres Idols die jeweils extensivste Auslegung zuteil werden ließen. Hitler zu enttäuschen hätte als Defätismus, ja, als Verrat gegolten.

Er hat nicht an der Wannsee-Konferenz (20. Januar 1942) teilgenommen, in der über die Durchführung der Judenvernichtung beraten worden ist, und er hat keinen Satz in den Ausführungsbestimmungen zur großdeutschen Polenpolitik geschrieben. Das Dokument, in dem die deutschen Vorstellungen, wie mit diesen »Fremdvölkischen« zu verfahren sei, am umfassendsten und mit weitesten Perspektiven dargestellt wurden, ist der Mitte 1941 im Reichssicherheitshauptamt entstandene »Generalplan Ost«. Der Kriegsverlauf verhinderte zwar seine Ausführung, aber das mindert seinen Wert deshalb nicht, weil alles, was verwirklicht werden konnte, den Prinzipien entspricht, die darin ihren drastischen Ausdruck gefunden haben.

Wir brauchen hier nicht auf den originalen Text in seiner ganzen Umständlichkeit einzugehen (die Fassung vom Juni 1942 befindet sich im Institut für Zeitgeschichte in München), eindrucksvoller ist ein Kommentar, den Dr. Erhard Wetzel, Beamter im Rassenpolitischen Amt der NSDAP, für Himmler geschrieben hat. Was immer er von den Polen gehalten haben mag, ihm war zumindest bewußt, daß sie nicht einer »Endlösung« zugeführt werden konnten wie die Juden. Er schrieb: *Daß man die Polenfrage nicht in dem Sinn lösen kann, daß man die Polen wie die Juden liqui-*

diert, dürfte auf der Hand liegen. Eine derartige
Lösung der Polenfrage würde das deutsche Volk bis in
die ferne Zukunft belasten und uns überall Sympa-
thien nehmen, zumal auch die anderen Nachbarvöl-
ker damit rechnen müßten, bei gegebener Zeit ähn-
lich behandelt zu werden.[48]

Heute gelesen, werden diese Sätze vor allem deshalb Verwunderung auslösen, weil der Verfasser
annimmt, die Liquidierung der Juden werde das deutsche Volk nicht »bis in die ferne Zukunft belasten«. Er
gibt damit der damals herrschenden Auffassung Ausdruck, nach der die Juden nicht zu den Menschen zu
rechnen seien, so daß ihre Vernichtung allen Nichtju-
den, also den Menschen, nicht als eine verbrecherische Handlungsweise erscheinen werde.

Dieser Akademiker muß dennoch ein kritischer
Kopf gewesen sein. Er sah für die Realisierung des
»Generalplans« gewisse Schwierigkeiten voraus, und
er zweifelte auch an der Richtigkeit einiger darin ent-
haltener Daten.

Der Plan entwickelt, vereinfachend gesagt, deutsche Ideen zur »Germanisierung«, jetzt »Eindeutschung« genannt, weiter Gebiete im Osten durch
Besiedlung mit Deutschen, allenfalls ergänzt durch
Angehörige »anderer germanischer Länder«. Der flei-
ßige Dr. Wetzel überschüttete seinen Auftraggeber
mit geographischen Begriffen, mit denen ein Himmler, nach Hitler der eigentlich Verantwortliche für
»Eindeutschung«, 1942 wahrscheinlich etwas anfangen konnte, um deretwillen aber bundesdeutsche
Leser, der Verfasser eingeschlossen, ostisoliert, wie
wir sind, ein spezielles Kartenstudium treiben müßten. Oder weiß jemand auf Anhieb, wo er Ingermanland, Taurien oder die Waldaihöhen zu suchen hätte?
(Auf letzteren allerdings sollte der Verfasser einmal
das Vaterland verteidigen.)

Die Neubesiedlung so riesiger Räume, wie im Plan
genannt, Räume, die ja nicht menschenleer waren,

stellte die Initiatoren einer künstlichen Völkerwanderung vor die Fragen: Wohin mit den Einheimischen? Eben damit beschäftigt sich der Plan, beschäftigt sich deshalb auch der Kommentator in der Hauptsache. Wetzel schreibt, bereits im Oktober 1941 sei ihm bekannt geworden, *daß das Reichssicherheitshauptamt an einer Generalplanung für den Osten arbeite.* [Ein Standartenführer Ehrlich] *nannte mir schon damals die im Plan erwähnte Ziffer von 31 Mill. auszusiedelnder Fremdvölkischer.*

Mittlerweile, so Wetzel, schienen die Grenzen des in Frage kommenden Siedlungsraumes noch weiter nach Osten verschoben worden zu sein, was zugleich heiße, daß weit mehr als 31 Millionen daraus zu entfernen seien. Allerdings ergebe sich aus dem Plan – er stellt es mit Erleichterung fest –, *daß es sich nicht um ein Sofortprogramm handelt,* vielmehr die Besiedlung des Raumes mit Deutschen *etwa 30 Jahre nach dem Krieg erreicht sein soll.* Glücklicherweise scheine die Absicht aufgegeben worden zu sein, *die eindeutschungsfähigen Fremdvölkischen in das Altreich abzuschieben.* Sie dürfen *im Ostraum* verbleiben. Wetzel liest das gern, *denn die Kernfrage der ganzen Ostsiedlung ist, ob es uns gelingt, im deutschen Volk den Siedlungstrieb nach dem Osten wieder zu erwecken.* Wenn Wetzel »wieder« schreibt, denkt er offenbar an den Deutschen Orden, an früheste deutsche Kolonisation im »Ostraum«. Er zweifelt an diesem Siedlungstrieb, weil *große Teile der Bevölkerung, insbesondere aus der westlichen Reichshälfte [...], die Ostgebiete wegen ihrer weiten Ebene für zu eintönig und niederdrückend oder für zu kalt oder für zu primitiv halten.*

Wie klug erkannt! »Die westliche Reichshälfte« ist die heutige Bundesrepublik Deutschland, und vielleicht sollten jene, für die Schlesien Eigentum aller Deutschen ist, sich einmal überlegen, was es heißt, wenn vielleicht nicht alle, aber doch viele Deutsche der zweiten, dritten (der wievielten?) Generation nach den tatsächlich Vertriebenen sich ernsthaft fragen, wie es mit ihrem Siedlungstrieb nach Osten am Ende des 20. Jahrhunderts bestellt ist?

Wetzel machte sich ans Rechnen. Sofortumsiedler: 840 000. Spätere Nachumsiedler: 1 110 000. Nach dreißig Jahren wird eine Gesamtumsiedlerzahl von 4 550 000 erreicht sein, die sich auf acht Millionen erhöhen könnte, *wenn man eine günstige Bevölkerungsvermehrung in Anschlag stellt,* wohingegen die zehn Millionen, von denen der Plan ausgeht, zweifellos zu hoch gegriffen seien.

Diese Zahlen, hochgerechnet, stehen sozusagen auf der deutschen Habenseite, wohingegen auf der »fremdvölkischen« Sollseite 51 Millionen auftauchen, die sich allenfalls auf 45 Millionen verringern, *wenn man davon ausgeht, daß die etwa 5–6 Millionen Juden, die in diesem Raum wohnen, schon vor der Evakuierung beseitigt sind.*

Was nun die Polen angeht, so figurieren sie im Plan als die Hauptmasse der zu evakuierenden »Fremdvölkischen«, nämlich 80 bis 85 Prozent des ganzen polnischen Volkes. Das sind nach damaliger Rechnung rund zwanzig Millionen, indes drei bis 4,8 Millionen im *deutschen Siedlungsraum verbleiben sollen* – als Sklaven für die Verrichtung niederer Arbeiten. Hier beginnt nun die Differenzierung zwischen den »rassisch unerwünschten« und den »einzudeutschenden Polen«. Doch wie man die Klassifizierung auch vornimmt, rund zwanzig Millionen, die man nicht umbringen soll, weil das dem Ansehen der Deutschen im Ausland schaden würde, müssen irgendwohin gebracht werden.

Um mit dem nun folgenden Zitat nicht Gefahr zu laufen, der Leser könne auf die Vermutung kommen, der »Generalplan Ost« sei in einem Irrenhaus, dort in der geschlossenen Abteilung, entwickelt worden, sei daran erinnert, in welcher Kriegssituation er entstanden ist: Die Polen sind in vier, die Franzosen in sechs

Wochen geschlagen worden. Norwegen ist besetzt, desgleichen Jugoslawien und Griechenland. Nordafrika ist noch in deutsch-italienischer Hand. Die deutschen Armeen stehen tief in der Sowjetunion. Als Wetzel schreibt, liegt die Winterkrise vor Moskau schon weit zurück. Niemand zweifelt daran, daß die Sowjetunion zusammenbrechen wird: *Die Winterschlacht in Rußland geht ihrem Ende zu.* [...] *Sobald Wetter- und Geländeverhältnisse die Voraussetzungen dazu bieten, muß nunmehr die Überlegenheit der deutschen Führung und Truppe das Gesetz des Handelns wieder an sich reißen, um dem Feinde ihren Willen aufzuzwingen. (Führerhauptquartier, 5. April 1942)*[49]

Im selben Monat, in dem die zitierte »Führerweisung« hinausgegangen ist, schreibt nun Wetzel: *Daß die große und weiträumige westsibirische Steppe mit ihren Schwarzerdgebieten noch weit über 20 Millionen Menschen auch in mehr oder minder geschlossenen Gebieten aufnehmen kann, möchte ich annehmen.* [...] *Wo gewisse Schwierigkeiten auftauchen könnten, wäre die technische Durchführung einer derartigen Massenumsiedlung. Wenn man für die Umsiedlung eine Zeitdauer von 30 Jahren [...] vorsieht, wird sich die Zahl der Umsiedler auf etwa 700000 bis 800000 belaufen, d. h., es würden für die Transportierung dieser Massen jährlich 700 bis 800 Eisenbahnen* [gemeint sind Züge, Anm. d. Verf.]*, für Transporte von Materialien, evtl. Vieh, noch mehrere weitere hundert Züge in Betracht kommen. Das würde an sich bedeuten, daß etwa 100 bis 120 Eisenbahnzüge nur für die Polentransporte jährlich zur Verfügung stehen müßten. Technisch dürfte dies in einigermaßen ruhigen Zeiten aber durchführbar sein.*

So weit, so gut. Aber ungefährlich wäre die Sache doch nicht: *Mehr oder minder zwanzig Millionen Polen in Westsibirien zwangsweise geschlossen anzusetzen, bedeutet zweifellos eine ständige, kompakte*

Gefahr des sibirischen Raumes, ein Herd ständigen Aufruhrs gegen die deutsche Ordnungsmacht. [...] Hierzu kommt weiter, daß wir bestrebt sein müssen, das Sibiriakentum weitgehendst zu stärken, schon um dadurch einer Erstarkung der Russen vorzubeugen.

Aber man kann das sibirische Problem auch freundlicher beurteilen: *Würde Europa ein unter seiner Hoheit befindliches Siedlungsreservat in Sibirien besitzen, brauchten die vielen Menschen nicht verlorenzugehen, die es bisher verlor, die es aber in Zukunft dringend im Hinblick auf die großasiatische Idee gebrauchen wird.*

In solchen Größenordnungen bewegte sich das Denken und Planen der deutschen Führung. Bei der Lektüre des »Generalplans« ist man an Hitlers Plan zur Eroberung Indiens mittels einer Zangenbewegung erinnert, aus der Sowjetunion heraus nach Süden, von Ägypten aus über Arabien hinweg nach Osten. In der Praxis wurden kleinere Brötchen gebacken. Nicht Sibirien konnte den Polen als neue Wohnstätte angewiesen werden – um Fortschritte in der »Eindeutschung« zu erzielen, mußten sie wenigstens über die neue Reichsgrenze im Osten ins »Generalgouvernement« abtransportiert werden.

Über die Behandlung der Bevölkerung in den eingegliederten »Reichsgauen« liegt eine Denkschrift des Rassenpolitischen Amtes vom 25. November 1939 vor, ebenfalls unterzeichnet von Dr. Wetzel. Darin heißt es:

Das Ziel der deutschen Politik [...] muß die Schaffung einer rassisch und damit geistig-seelisch wie völkisch-politisch einheitlichen deutschen Bevölkerung sein. Hieraus ergibt sich, daß alle nicht eindeutschbaren Elemente rücksichtslos beseitigt werden müssen.

[...]

Voraussichtlich wird nur ein ziffernmäßig geringer

Teil der polnischen Bevölkerung [...] eingedeutscht werden können. Eindeutschungsfähige Polen, vor allem die Kinder sollen in das Altreichsgebiet versetzt werden, wobei selbstverständlich eine geschlossene Arbeitsbetätigung oder Siedlung im Altreich völlig auszuschalten ist.

Ein erheblicher Teil der »rassisch wertvollen«, aber aus »völkischen« Gründen nicht »eindeutschbaren« Schichten des polnischen Volkes werde dagegen in das polnische Restgebiet (= »Generalgouvernement«) abgeschoben werden müssen. »Rassisch wertvolle« Kinder seien jedoch von der Umsiedlung auszunehmen, von den Familien zu trennen und *im Altreich in geeigneten Erziehungsanstalten etwa nach Art des früheren Potsdamer Militärwaisenhauses [...] zu erziehen.*

Jede Unterbringung von erbgesunden polnischen Kindern in kirchlich geleiteten Anstalten hat zu unterbleiben.

[...]

Wie bereits entwickelt, muß das Fernziel die restlose Beseitigung des Polentums [aus den »Reichsgauen«, Anm. d. Verf.] *sein.*

[...]

Die Bevölkerung Restpolens setzt sich aus Polen und Juden, dazu starken polnisch-jüdischen Misch-Schichten zusammen. Die Bevölkerung ist rassisch zum Teil als wesentlich artfremd, auf jeden Fall als unassimilierbar zu bezeichnen. Unter diesen Umständen ist grundsätzlich festzustellen, daß das Deutsche Reich keinerlei Interesse an einer völkischen oder kulturellen Hebung und Erziehung weder des polnischen noch des jüdischen Bevölkerungsteiles des polnischen Restgebietes besitzt. [...][50]

Diesem noch relativ moderat abgefaßten Text ist zwar zu entnehmen, daß die »Minderwertigkeit« der Polen maßgebend für ihr künftiges Sklavendasein sei, nicht aber, unter welchen Bedingungen es geführt werden wird. In Hitlers Diktion liest es sich schon anders, zum Beispiel in einem Protokoll, das über eine Besprechung mit Keitel vorliegt, geführt am 17. Oktober: *Die Durchführung* [der Herrschaftsausübung, Anm. d. Verf.] *bedingt einen harten Volkstumskampf, der keine gesetzlichen Bindungen gestattet. Die Methoden werden mit unseren sonstigen Prinzipien unvereinbar sein. Der Generalgouverneur soll der polnischen Nation nur geringe Lebensmöglichkeiten geben* [...] Überraschend zu lesen, daß der »Führer« auch über das stilistische Mittel der Ironie verfügte: *Die »polnische Wirtschaft« muß zur Blüte kommen. Die Führung des Gebietes muß es uns ermöglichen, auch das Reichsgebiet von Juden und Polacken zu reinigen.*[51]

Mit dem letzten Satz wird das »Generalgouvernement« zur Deponie von Juden und »Fremdvölkischen«, hier »Polacken« genannt. Es wird eine Völkerwanderung aus den »Reichsgauen« in den Herrschaftsbereich des Dr. Frank ausgelöst. Im Januar 1940 lieferte der Höhere SS- und Polizeiführer beim Reichsstatthalter in Posen auf zwölf Blatt einen ersten Erfahrungsbericht über die Umsiedlung von Polen und Juden aus dem »Reichsgau Wartheland«. Die Planungsarbeit habe am 10. November 1939 begonnen. Man sei dabei zunächst von 300 000 Abzuschiebenden ausgegangen. Sonderstäbe für die Durchführung wurden am 11. November eingerichtet. Der für die Umsiedlung vorgesehene Personenkreis setzte sich zusammen aus:
1. politisch belasteten Polen
2. Juden
3. kriminellen und asozialen Elementen.

Die Führer der Sonderdienststellen machten sich am 20. November auf die Reise zu den Regierungspräsidenten, Oberbürgermeistern und Landräten, um sich vom Stand der örtlichen Vorbereitungen zu überzeugen. Ein genauer Fahrplan wurde für die vom

»Generalgouvernement« vorgeschlagenen Zielbahnhöfe mit der Generaldirektion der Ostbahn ausgearbeitet. 48 Stunden danach standen bereits elf Transportzüge zur Verfügung. Die SS- und Polizeiführer im »Generalgouvernement« mußten der gebotenen Eile wegen telefonisch über die Ankunft der Transporte unterrichtet werden. Am 17. Dezember waren bereits achtzig Transporte mit insgesamt 87 883 Umsiedlern vom »Generalgouvernement« aufgenommen worden, obwohl die Reichsbahn infolge der Belastung mit Truppentransporten nicht in der Lage war, den Fahrplan genau einzuhalten. Über diese für deutsche Begriffe unentschuldbaren Mängel verbreitet sich der Berichterstatter beim Höheren SS- und Polizeiführer über Seiten.

Die Abschiebung der unerwünschten Elemente erforderte eine Abgrenzung von den erwünschten, die im »Reichsgau« verbleiben sollten: *Die Begriffsbestimmungen des Stammesdeutschen und Volksdeutschen wurden – da Reichsanweisungen ausblieben – so festgelegt, daß für die Stammesdeutschen die blutmäßige Zugehörigkeit und für die volksdeutschen das Bekenntnis zum Deutschtum während der letzten 20 Jahre entscheidend war. Der Begriff des Bekenntnisses zum Deutschtum wurde außerordentlich weit gefaßt.*

Nachdem minutiös die Schwierigkeiten beschrieben worden waren, die einer sicheren Auslese der nicht zu evakuierenden Bevölkerungteile entgegenstanden, listet der Bericht auf, wie man ihnen begegnete:

Schaffung einer umfassenden Kartei über die politisch belasteten Personen;

Aufbau eines deutschen Volkskatasters;

karteimäßige Erfassung der Ukrainer und Russen;

Einrichtung einer umfassenden Rückstellungskartei für wirtschaftliche Unabkömmlichkeitserklärungen;

Heranziehung volksdeutscher Kommissionen für die Überprüfung aller Zweifelsfälle.[52]

Im »Generalgouvernement« wurde einerseits mit politisch belasteten Ankömmlingen gar kein Prozeß gemacht, sie wurden einfach umgelegt; andererseits aber trafen Evakuierte dort gelegentlich auf überraschend verständnisvolle Unterbeamte, die Urlaubsscheine ausstellten mit einer Laufzeit bis zu vier Wochen. Damit kehrten evakuierte Polen umgehend in den »Reichsgau« zurück, um dort verbliebene Vermögenswerte lockerzumachen. Der Berichterstatter stellt voller Empörung fest, damit seien chaotische Verhältnisse eingerissen, zumal die Rückkehrer die inzwischen in ihre Wohnungen eingewiesenen Volksdeutschen belästigt und große Unruhe in die Öffentlichkeit getragen hätten. Dem Übelstand wurde abgeholfen!

Hinter dieser und ähnlich verlaufenden Aktionen stehen »Allgemeine Anordnungen und Richtlinien des Reichskommissars für die Festigung deutschen Volkstums« (Himmler). Das Dokument wurde in Posen gefunden, ist undatiert, muß aber seinem Inhalt nach aus dem Herbst 1939 stammen:

Der erste Zeitabschnitt unserer Tätigkeit hat sich mit folgenden Dingen zu befassen:

1. Ausweisung der rund 550 000 Juden sowie der führenden deutschfeindlichen Polen und der polnischen Intelligenz von Danzig und Posen her beginnend über die Grenze des Deutschen Reiches in das polnische Generalgouvernement. Die Juden sind hierbei in das Gebiet östlich der Weichsel [...] einzuweisen.

2. Beschlagnahme des Grund und Bodens des ehemals polnischen Staates, der ausgewiesenen polnischen Intelligenz und aller wegen Feindseligkeit erschossenen oder ausgewiesenen Polen.[53]

In einer anderen Denkschrift Himmlers vom Mai 1940 heißt es:

[...] nur dadurch, daß wir diesen ganzen Völkerbrei
des Generalgouvernements von 15 Millionen und die
8 Millionen der Ostprovinzen auflösen, wird es mög-
lich sein, die rassische Siebung durchzuführen [...].
Eine grundsätzliche Frage bei der Lösung all dieser
Probleme ist die Schulfrage [...]. Das Ziel der Volks-
schule hat lediglich zu sein: einfaches Rechnen bis
höchstens 500, Schreiben des Namens, eine Lehre,
daß es ein göttliches Gebot ist, den Deutschen gehor-
sam zu sein und ehrlich, fleißig und brav zu sein.
Lesen halte ich nicht für erforderlich.
[...]
Die Bevölkerung wird als führerloses Arbeitsvolk
zur Verfügung stehen. [...] Sie wird unter der strengen,
konsequenten und gerechten Leitung des deutschen
Volkes berufen sein, an dessen ewigen Kulturtaten
mitzuarbeiten und diese, was die Menge der groben
Arbeit anlangt, vielleicht erst ermöglichen.[54]

Die Frage, was mit den Kindern der »Fremdvölkischen« zu geschehen habe, beschäftigte viele Dienststellen in den »Reichsgauen« wie im »Generalgouvernement«. Im »Reichsgau Wartheland« wurden die
Kinder ab zwei Jahre vom Rasse- und Siedlungshauptamt der SS überprüft und, soweit als »eindeutschungsfähig« beurteilt, aus ihren Familien herausgenommen. Sie wurden fürs erste in das Gaukinderheim
Brockau verbracht, wo sie von Frau Professor Dr. Hildegard Hetzer vom Hauptamt für Volkswohlfahrt
einer psychologischen Überprüfung unterzogen wurden. Nach den bis dahin angesammelten Unterlagen
mußte der Reichsstatthalter selbst in seiner Eigenschaft als Beauftragter des Reichskommissars für die
Festigung deutschen Volkstums über den Fortgang des
»Eindeutschungsverfahrens« entscheiden. Soweit auf
»Eindeutschungsfähigkeit« erkannt worden war, wurden die Kinder zwischen zwei und sechs Jahren dem
Lebensborn e. V. überantwortet, der später ein Adop-
tionsverfahren eröffnen sollte: *Es ist besonders dar-*

auf zu achten, daß der Ausdruck »eindeutschungsfä-
hige Polenkinder« nicht zum Schaden der Polenkin-
der in die Öffentlichkeit gelangt. Die Kinder sind
vielmehr als deutsche Waisenkinder aus den wieder-
gewonnenen Ostgebieten zu bezeichnen.[55]

Während es nur eine Frage der Zeit war, wann die
dem Reich zugeschlagenen »Reichsgaue« durch
Exekutionen, Evakuierungen und sozialer Unterdrük-
kung den Vorstellungen von einem rein deutschen
Siedlungsgebiet in der Realität nahekommen würden,
konnte eine tatsächliche Annäherung des »Generalgouvernements« an irgendwelche Idealvorstellungen
ethnischer oder wirtschaftlicher Natur nicht erreicht
werden. Der »Völkerbrei«, von dem Himmler mit
Abscheu gesprochen hatte, war nun einmal unter keinen Umständen und durch keinerlei Zwangsmaßnah-
men aufzulösen. An eine so gigantische Aufgabe,
einem seiner Führung beraubten Volk – in dem keiner
wußte, ob er den nächsten Tag noch erleben würde, ob
er seine Wohnung behielte, ob nicht vielleicht die
Lastwagen schon bereitstünden, die ihn und seine
Nachbarn entweder ins Reich zur Arbeit oder ins KZ
zur raschen oder allmählichen Tötung abfahren würden – eine »deutsche Ordnung« aufzuzwingen,
konnte sich weder die »Regierung« des Dr. Frank
noch Himmler als Oberster SS- und Polizeiführer
wagen; auch deshalb nicht, weil es einen »Generalplan Generalgouvernement« nicht gab, statt dessen
aber zahlreiche widersprüchliche Erklärungen, welche Rolle dieses »Restpolen« für das Reich spielen
sollte – eine völlig andere in der Zeit seiner Siege
wie dann in den Jahren des Machtverlustes. Der
Polenhaß, diese einzige Konstante in der deutschen
Polenpolitik, war eben ein gänzlich ungeeignetes
Motiv, um daraus ein irgendwie positives Verwer-
tungsprogramm für Menschen und natürliche Reich-
tümer, die ja in Überfülle vorhanden waren, zu entwickeln.

Eine Rede, die der Generalgouverneur am 30. Mai 1940 vor den Polizeiführern hielt, spiegelt die Konfusion wider, obschon sie bezweckte, Ordnungsvorstellungen prinzipieller Art zu vermitteln. Frank nimmt mit den Eingangssätzen darauf Bezug, daß der im Westen zwanzig Tage zuvor begonnene Frankreichfeldzug nach allen Ungewißheiten des vergangenen Winters Klarheit geschaffen habe, die nun auch erlaube, das Steuer im »Generalgouvernement« herumzureißen: *Sie wissen, daß wir am Anfang hier die Meinung vertreten hörten, daß wir sie sogar teilweise selber mit vertreten haben: dieses Gebiet soll in kurzer Zeit der völligsten Ausplünderung, der Herauspressung all desjenigen dienen, was nur aus ihm herausgeholt werden kann; alles, was Wert hat, soll ins Reich gebracht werden und was derlei mehr war. Was mir damals in Berlin vorgetragen wurde, das schwand uns aber bald unter der Einwirkung der kritischen Ereignisse dahin. Schon nach kurzer Zeit entdeckten wir, daß es notwendig ist, die Möglichkeiten dieses Gebietes für das Deutsche Reich viel intensiver anzusehen, als es in dem Zeitpunkt der Fall war, in welchem man nur von Zerstörung sprach.*

Dann kam eine merkwürdige Wendung. Zwar hat mir der Führer noch Anfang Oktober gesagt, daß er dieses Gebiet als Restgebiet des polnischen Volkstums, als eine Art Reststaat, sicherstellen wolle, den wir dann dereinst der polnischen Nation wieder zurückgeben würden.

Dann aber: *Ich weiß das noch wie heute, es war Anfang November: Wir wollen das Generalgouvernement behalten, wir geben es nicht mehr her. Angesichts dieser Änderung der Sachlage war nun ein ganz neues Programm aufzustellen. Was der Führer schon wiederholt mit mir besprochen hatte, das wurde nun in steigendem Maße Gegenstand der Erörterung, daß nämlich das Gebiet des Generalgouvernements im deutschen Machtbereich bleibt, nicht in der Form*

eines Protektorats oder einer ähnlichen Form, son-
dern in der Form eines klar unter deutscher Herr-
schaft stehenden Machtgebildes des Deutschen Rei-
ches, in welchem irgendwie gegenüber der polni-
schen arbeitenden Unterschicht die absolute Füh-
rung des Deutschtums gesichert ist und in welchem
nach Abschluß der Germanisierung und Zurückfüh-
rung der Deutschen des Warthegaues, Westpreußens,
Süd-Ostpreußens und Oberschlesiens auf weite Sicht
die Germanisierung durchgesetzt werden wird. Ich
spreche ganz offen von Germanisierung, denn nicht
anders war ja das Problem für unsere Vorfahren vor
1000 Jahren, wo dasselbe fremdsprachige Volk hier
zusammengedrängt wurde.

Das wären alles ganz einfach zu lösende Probleme,
sagte Frank, wäre die »Umsiedlung« nicht, wäre das
»Generalgouvernement« nicht *das Aufnahmebecken*
aller der Elemente, die von draußen hereinströmen,
seien es nun Polen, Juden, Zigeuner usw. [...] Dazu
kommt noch die Fülle der entlassenen [polnischen]
Offiziere, die wir auch wieder ins Land bekommen
werden.

Bisher, so führte Frank aus, sei das vorherrschende
Interesse der Welt auf den Ostraum gerichtet gewesen. Und wenn ihm auch die ausländische Greuelpro-
paganda gleichgültig gewesen sei, für ihn und seine
Mitarbeiter sei es furchtbar gewesen, *immer wieder*
die Stimmen aus dem Propagandaministerium, aus
dem Auswärtigen Amt, aus dem Innenministerium,
ja sogar aus der Wehrmacht vernehmen zu müssen,
daß das ein Mordregime wäre, daß wir mit diesen
Greuel aufhören müßten, usw.

Nun aber stehe der Feldzug im Westen im Schein-
werferlicht, und diesen Augenblick beabsichtige er zu
benützen. Mit dem SS-Obergruppenführer Krüger und
anderen habe er *dieses außerordentliche Befriedungs-*
programm [besprochen, das] zum Inhalt hatte, nun-
mehr mit der Masse der in unseren Händen befindli-

chen aufrührerischen Widerstandspolitiker und sonst politisch verdächtigen Individuen in beschleunigtem Tempo Schluß zu machen. [...] Ich gestehe ganz offen, daß das einigen tausend Polen [noch einigen Tausend Polen, Anm. d. Verf.] das Leben kosten wird. [...] Wir werden diese Maßnahme durchführen, und zwar, wie ich Ihnen vertraulich sagen kann, in Ausführung eines Befehls, den mir der Führer erteilt hat. Es ist das eine rein interne Befriedungsaktion, die notwendig ist und außerhalb des normalen Verfahrens liegt.

In der anschließenden Diskussion wurde erwähnt, daß rund 2000 schon hingerichtet seien, insgesamt sei mit 3500 zu rechnen. Dazu kämen dann noch weitere 3000 Berufsverbrecher. Es habe sich nicht bewährt, Häftlinge in Konzentrationslager im Reich abzuschieben, daraus entstünden nur unnötige Scherereien. Es sei weit besser, im »Generalgouvernement« selbst die Liquidierungen vorzunehmen: Wir haben hier eine ganz andere Form der Behandlung [...] Ich mache ausdrücklich darauf aufmerksam, daß sich an dieser Behandlung nichts ändern wird durch einen allenfallsigen Friedensschluß. Dieser würde nur bedeuten, daß wir dann als Weltmacht noch viel intensiver als bisher unsere allgemeinen politischen Aktionen durchführen würden.[56]

So sprach der bayerische Rechtsanwalt Dr. Hans Frank und gab damit der öffentlichen Meinung des deutschen Volkes über die Polen den angemessenen Ausdruck. Seine Rede ließ schon die Euphorie erkennen, die mit den Siegen in Frankreich das ganze Reich erfaßte, obwohl noch ein paar Wochen lang gekämpft wurde. Schon zuvor hatte die Besetzung Norwegens die Stimmung hochgerissen: Die Erfolge dort verbreiteten befreiende Genugtuung und große Freude. [...] Die jetzt aus allen Teilen des Reiches abschließend vorliegenden Meldungen zum [51.] Geburtstag des Führers bezeugen einhellig die herzliche innere

Anteilnahme aller Bevölkerungsschichten und ihr unerschütterlich großes Vertrauen. Überall in den Städten und Dörfern, selbst auf den einsamsten Gehöften und Bauten, war reicher Flaggenschmuck angelegt. Allgemein wurde hervorgehoben, daß die Auslagen der Geschäfte und vielfach auch die Fenster der Privatwohnungen sehr geschmack- und liebevoll mit Führerbildern und -büsten und Führerworten ausgeschmückt waren. [...] Die Reden von Dr. Goebbels, Heß und Baldur von Schirach [...] fanden freudige Aufnahme und hinterließen überall einen tiefen Eindruck.[57]

Versuch, eine Gespensterwelt
anschaulich zu machen

Als der Generalgouverneur prophezeite, nach einem
»allenfallsigen« Friedensschluß würden die »allgemeinen politischen Aktionen« des Regimes noch viel
intensiver durchgeführt werden als bisher – weil dann
die Gesamtkraft des Reiches, von der Last der Kriegs-
führung befreit, auf die »Eindeutschung« der eroberten Gebiete hingelenkt werden könne –, hatte der
Krieg gegen die Sowjetunion noch nicht begonnen.
Aber ein Angehöriger des engsten Kreises der Reichsführung wie Frank wußte natürlich schon im Sommer
1940, daß der Feldzug stattfinden werde, und teilte die
allgemeine Überzeugung, daß dieser kommunistische
Koloß auf tönernen Füßen binnen drei Monaten
zusammenbrechen werde. Somit war für ihn und sei-
nesgleichen der ins Auge gefaßte Friedensschluß
nicht ein Ereignis in ferner Zukunft. Wer so dachte
und redete wie er, rechnete noch mit einem Jahr oder
mit »allenfallsigen« zwei weiteren Jahren Krieg.

Hier möchte der Verfasser die Gedanken des Lesers
noch einmal darauf hinlenken, wie sich denn dieser
Zweite Weltkrieg entwickelt hätte, wäre die Sowjetunion wirklich im Winter 1941/42 »erledigt« gewesen? Er wird gleich sehen, daß es sich um mehr als um
müßige Gedankenspielerei handelt. In diesem Falle
nämlich hätten dem Großdeutschen Reich ein
nahezu grenzenloser Raum mit unerschöpflichen
Ressourcen zur Verfügung gestanden: landwirtschaftliche Produkte und Bodenschätze, das kriegswichtige
Öl eingeschlossen. Irgendwann wären die Amerikaner in Europa gelandet, hätten die Deutschen nach
Osten zurückgetrieben, die von einem Westwall zum
anderen ausgewichen wären, vom Rhein an die Oder,
von der Oder an die Weichsel. Sie hätten ganz Westeu-

ropa, ja, das ganze Reichsgebiet preisgegeben und immer noch kämpfen können nach dem Rezept Churchills, der gesagt hat, notfalls werde er England von Amerika aus verteidigen und zurückerobern.

Die Deutschen hätten ihre Fabriken an den Ural verlegt, wie es Stalin mit den russischen getan hat; und bis die Amerikaner dort die letzten Divisionen aus deren »Festungen« herausgeholt hätten – wann wäre das gewesen? 1950 oder 1955? Mit wie vielen US-Toten? Mit vier oder fünf Millionen statt der 300 000, die dieser Krieg die Vereinigten Staaten gekostet hat?

Weil die Sowjets aber nicht zusammenbrachen, weil sie wirklich ihren Großen Vaterländischen Krieg geführt haben, einen Volkskrieg ohne Beispiel; weil es in der ganzen Sowjetunion nicht eine Familie gab, deren Existenz nicht vom Krieg zertrümmert worden wäre und die dennoch ihre letzten Rubel bei den Sammelstellen ablieferte; weil die Bäume der städtischen Parks verheizt wurden, denn sie waren das einzige Brennholz, und ihre Flächen in Kartoffeläcker verwandelt wurden, weil sonst ganze Orte den Hungertod gestorben wären, und so weiter und so fort – nur deshalb konnten die Amerikaner den Krieg mit der linken Hand führen, hatte keine amerikanische Familie, soweit nicht Angehörige zur Armee eingezogen worden sind, ihre Lebensgewohnheiten ändern müssen. Und als die Amerikaner und Engländer 1944 in der Normandie an Land stiegen mit einer Übermacht, über die das Reich relativ nur dann verfügt hatte, als es 1939 in Polen einfiel, versetzten sie einem ausgebluteten Kadaver noch den Gnadenschuß, der zur entscheidenden Siegestat stilisiert worden ist. Mit einem Wort: Es war nicht pure Spinnerei, wenn die deutsche Führung nach dem neuen »Blitzkrieg« in Frankreich wähnte, den Sieg bereits mit den Fingerspitzen zu berühren. Es lassen sich sogar aus England aus den Jahren 1940/41 von Mitgliedern der politischen und militärischen Führung – Churchill gewiß ausgeschlossen – Lagebeurteilungen beibringen, die einen Sieg der Deutschen nicht für völlig unmöglich gehalten haben.

In diese Perspektive gestellt, gibt der Hinweis Franks, es werde sich an besagter »Behandlung«, worunter Ausrottung der polnischen Oberschicht und der Juden zu verstehen ist, nach dem gewonnenen Krieg nichts ändern, Auskunft über die Vorstellungen, mit denen deutsche Kolonialpolitik im Osten betrieben werden sollte. Wir wurden dazu erzogen, in den Verbrechen der Deutschen, begangen zwischen 1933 und 1945, so etwas wie einen Vulkanausbruch zu sehen, weil uns dessen Anfang und Ende vor Augen stehen und beide ziemlich nahe beieinander liegen. Um was es sich in damaliger Sicht wirklich handelte, kann jedoch nur begriffen werden, wenn man die enorme Zukunftsgewißheit erkennt, mit der die Deutschen zum »Endsieg« aufgebrochen sind. Gewiß haben gerade in der höchsten Führung nur wenige die Phrase vom »Tausendjährigen Reich« wörtlich genommen, aber in einer kürzeren Zeitspanne als einem Jahrhundert hat sich keiner gedanklich bewegt. Es wäre beispielsweise ein völliger Fehlschluß anzunehmen, die »Endlösung« wäre derart gehetzt durchgeführt worden – sogar zu Lasten der Kriegführung –, weil man angenommen habe, nach dem Krieg sei ein »Auschwitz« nicht mehr möglich. *

Der Krieg bot hierfür allerdings die besten Voraussetzungen, die ergriffen werden wollten. Im übrigen fühlte sich der im nationalsozialistischen Sinn gute Deutsche, der Volksgenosse, von der Nähe eines Juden tatsächlich beschmutzt; er ekelte sich vor ihm, er

---

* Es gibt eine Äußerung Hitlers, die »Endlösung« sei durchzuziehen, weil sie nach dem Krieg internationale Verwicklungen hervorrufen könne. Es war eine bedeutungslose, situationsbedingte Bemerkung, keine programmatische zur Nachkriegspolitik gegen »Fremdvölkische«.

wollte ihn weghaben, und das so rasch wie möglich.

Wir haben hier einen in sich widerspruchsvollen Sachverhalt berührt. Hitler wird nur verständlich, wenn man davon ausgeht, daß er auf seinen relativ frühen Tod hin gelebt hat und daß er, was man sein Lebenswerk doch wohl nennen muß, obgleich es ausschließlich im negativen Bereich menschlichen Handelns angesiedelt war, nicht als ein Stück der realen Welt, einer Welt aus geschichtlich faßbarer Substanz, begriffen hat. Er hat etwas vom Zauberkünstler, der aus einem angeblich leeren Zylinder ein Kaninchen hervorzieht, unterscheidet sich aber darin ganz elementar von diesem, daß sein, Hitlers, Zylinder wirklich leer, das Kaninchen ursprünglich nicht vorhanden war, und er es dann doch hervorgezogen hat, zum Erstaunen der Welt, noch viel mehr aber zu seinem eigenen Erstaunen, über das er niemals hinweggekommen ist. Als er sich erschoß, hätte er in Anlehnung an sein Idol Richard Wagner sagen können: Hier, wo mein Wähnen Frieden fand, Wahnfried sei dieser Schuß genannt. Nicht nur war die ideologische Basis seines Denkens und Fühlens irreal, er selbst war verkörperte Irrealität und gerade davon nährte sich sein Charisma. Würde man tatsächlich die absurde Gleichung aufmachen: Hitler = das nationalsozialistische Reich, nur dann ließe sich die These vertreten, es sei wirklich nichts anderes gewesen als eine Eruption, mit einem von Anfang an vorherbestimmten Ende. Dann läse sich die kurze Geschichte des Dritten Reiches wie eines jener grausigen deutschen Hausmärchen.

Indes, die Vollstrecker von Hitlers Wahn, die das Chimärische an ihrem angebeteten Führer nicht erkannten, glaubten, nach seinen Weisungen solide Arbeit zu tun, ein Großreich aufzubauen, in dem noch ihre Enkel und Urenkel leben würden, glücklich, stolz, Angehörige eines Herrenvolkes, in dem sich keiner die Hände mehr schmutzig zu machen brauchte, weil die niederen Arbeiten von Sklavenvölkern getan würden (ein Zustand, der in Westdeutschland erst erreicht wurde, als aus den Sklaven »Gastarbeiter« geworden waren, die jetzt wieder in den Status von »Fremdvölkischen« herabgedrückt werden). Dennoch bleibt es letzten Endes unerklärlich, warum ein hochdekorierter Flieger aus dem Ersten Weltkrieg wie Göring, ein Münchner Lehrerssohn wie Himmler, ein halbseidener Intellektueller wie Goebbels, ein nationalistischer Rechtsanwalt wie Frank, ein großbürgerlicher Finanzjongleur wie Schacht, um nur ein paar Beispiele für das zu nennen, was gemeint ist – warum sie alle davon ausgehen konnten, mit einer rein verbrecherischen Praxis ein herrliches, die Zeiten überdauerndes Reich errichten zu können. Sie und ihr Handeln, das Maß ihrer Selbsttäuschung, ihre restlose Aufgeschlossenheit für die Wahnvorstellungen ihres Führers, ihre hemmungslose Bereitschaft zum Verbrechen sind, im Licht der Geschichte betrachtet, unergründlich, obgleich den Genannten weiß Gott nichts Geheimnisvolles anhaftet. Als dieses Gesindel im Nürnberger Gerichtssaal fast ein Jahr Zeit hatte, sich zu den eigenen Taten zu äußern und, seiner Macht verlustig, nur noch darum kämpfte, der Todesstrafe zu entkommen, wirkte es, *der düsteren Aura des bestialischen Herrenmenschen entkleidet, in seiner müden Alltäglichkeit nicht als Vollstrecker seiner Verbrechen.*

Als sie ihr Urteil entgegennahmen, verkörperten sie nicht den Schatten des düster geharnischten NS-Generalstabes. Sie glichen nicht mehr den 21 Satrapen der Finsternis gleichen Namens. Der panisch lügende Österreicher Kaltenbrunner war nicht mehr der Luzifer der Menschenvernichtung im Reichssicherheitshauptamt, der frömmelnde Hans Frank hatte nichts zu tun mit dem zynischen Belsazar in Krakau, der geschmeidige, zivile Speer ließ den

unbarmherzigen Chefingenieur des Endsieges restlos
verschwinden [...], der bissige Spötter Schacht ließ
den magischen Finanzalchimisten ebensowenig
erkennen wie der Schwadroneur Streicher den juden-
fressenden Volksvergifter. Der Nationalsozialismus
als Ensemble instinktsicher zupackender Tatmen-
schen war vor der Prozeßeröffnung, ja anscheinend,
bevor der Morgen des 8. Mai 1945 graute, entseelt in
den Staub gesunken.[58]

Heute wissen wir, was für elende Charaktere die
Rolle der höchsten Vollstrecker des deutschen Auftrages, der deutschen Mission in der Welt jahrelang spiel-
ten. Gerade weil wir es wissen, müssen wir uns davor
hüten, in ihnen Abenteurer zu sehen, die nach dem
Motto: nach uns die Sintflut! Macht ausübten und
sich dabei dachten, ob eigentlich vernünftig ist, was
wir tun, braucht uns nicht zu kümmern; es dauert ja
ohnehin nicht lange und Hauptsache, wir haben dabei
unser Spaßvergnügen gefunden. O nein, sie meinten
es in des Wortes tiefster Bedeutung todernst; und eben
deshalb klafft zwischen ihrem von ihnen als rational
angesehenen Handeln, eingebunden in die von ihnen
hierfür erfundene Gesetzlichkeit und Ordnung einerseits und den irrationalen Motiven für ihre Kolonial-
und für ihre Judenpolitik im Ostraum andererseits,
ein Abgrund, der sich durch keine psychologisch-
politische Analyse überbrücken läßt. Wir haben hinzunehmen, daß es hier nichts mehr zu erklären gibt.
Wir haben uns vor allem vor Augen zu halten – dazu
sollen diese Erwägungen dienen! –, daß wir es im
folgenden mit einem Geflecht von Handlungen zu tun
haben, die als zweckdienlich und vernünftig angesehen wurden. Weil die Kriminalisierung eines ganzen
Volkes, der Polen, und einer religiösen Großgruppe,
der Juden, als unabdingbare Voraussetzung dessen
gilt, was unter »Eindeutschung« des Ostraumes verstanden wurde, die »Eindeutschung« ihrerseits als
unverzichtbar für eine solide Fundamentierung des

Großreiches, konnte sie widerspruchslos durchgeführt werden. Führung und Volk waren sich in der Überzeugung einig: Was sein muß, muß sein!

Was zunächst sein mußte, war eine weitere Entleerung der ans Reich angeschlossenen Gebiete von Polen und Juden. Am liebsten hätte man einen riesengroßen Besen genommen und das ganze Ungeziefer in Menschengestalt aus dem Reich hinausgefegt. Aber so einfach war es eben nicht zu machen. Hinter der neuen Reichsgrenze lag bis zum Sommer 1941 nur das »Generalgouvernement«, ein ohnehin dichtbesiedeltes Gebiet. Zwar hatte der »Führer«, als es überzulaufen drohte, betont, *es sei ganz gleichgültig, wie hoch die Bevölkerungsdichte im Gouvernement sei.* Weil sein Kopf ein Archiv für unsinnige Zahlen war, konnte er aus dem Stegreif hinzusetzen: *Die Bevölkerungsdichte in Sachsen betrüge 347 Menschen auf den qkm, in den Rheinprovinzen seien es 324 und im Saarland sogar 449 Menschen je qkm. Es sei durchaus nicht einzusehen, warum die Bevölkerungsdichte im Gouvernement niedriger sein müsse.*[59]

Das hörte sich gut an, aber der »Führer« übersah – wie gut er es auch wußte –, daß es sich nicht um eine homogene Bevölkerung handelte, die in Eintracht den vorhandenen Raum bewohnte und bewirtschaftete, sondern um Polen und Juden, die in Gruppen aufgesplittert und ganz verschieden behandelt werden mußten – das galt für die Polen; oder die in überwachbaren Räumen zunächst konzentriert und isoliert werden mußten – das galt für die Juden.

Noch im Januar 1940 hatte es Frank ohne weiteres für möglich gehalten, 600 000 Juden aus den neuen Reichsteilen und weitere 400 000 aus dem Altreich aufzunehmen, aber bald wurde ihm klar, daß sein »Königreich« (Frank) die Unterbringung und Versorgung dieser Massen nicht leisten konnte. Er wurde in Berlin vorstellig und erreichte bei Göring, daß ihm künftig Evakuierungstransporte vorangemeldet werden müßten – womit er die trügerische Hoffnung verband, er könne weitere Abschiebungen von »Menschenschrott« ins »Generalgouvernement« überhaupt verbieten. Darüber entstand ein heftiger Streit zwischen dem Reichsstatthalter Greiser (»Reichsgau Wartheland«) und dem Generalgouverneur. Tatsächlich mußte Himmler sein Evakuierungsprogramm, für das er als »Reichskommissar für die Festigung deutschen Volkstums« zuständig war, zunächst einstellen. Diese Schonfrist nutzte Frank für interne Umsiedlungsaktionen; so wurde Krakau als Regierungssitz ab November 1940 von 60 000 Juden »befreit«.

In einer Situation, die immer dramatischer wurde, als das »Generalgouvernement« keine Juden (und Polen) zusätzlich aufnahm, warf Frank ein Stichwort in die Debatte, das fast schon vergessen war: »Madagaskar«. In einer Unterhaltung Ribbentrops mit dem französischen Außenminister Georges Bonnet im Dezember 1938 hatten die beiden Herren sich in die Weste geweint, sie möchten ihre Juden loswerden, aber sie wüßten nicht, wohin mit ihnen. Für die Deutschen war das Problem um so dringlicher geworden, als durch den »Anschluß« Österreichs ans Reich dessen jüdischer Bevölkerungsanteil auf 540 000 angestiegen war – das waren 25 000 mehr als 1933. In Frankreich lebten nur 10 000 Juden. Bonnet erwähnte die im französischen Besitz befindliche Insel Madagaskar, die viertgrößte der Erde, als passenden Deportationsort. Aus der Anregung wurde nichts.

Anläßlich der Feier zum Tag der Machtübernahme hielt Hitler 1939 eine Rede, in der er die Demokratien anklagte, einerseits trieften sie von Mitleid mit den armen Juden, andererseits weigerten sie sich, sie in größerer Zahl aufzunehmen. Aus einer solchen Äußerung zu schließen – was geschehen ist! –, das NS-Regime hätte eine Deportation der Juden der »Endlösung« vorgezogen und sich zu dieser nur notgedrungen entschlossen, kann nur jemandem einfallen, der weder *Mein Kampf* noch die gesamte übrige antijüdische Haßliteratur des NS-Regimes zur Kenntnis genommen hat. Daß Hitler mit der Feststellung, demokratische Staaten, vorab die USA, weigerten sich, die Juden aufzunehmen, nur allzu recht hatte, steht auf einem anderen Blatt.[60]

Frank war sich bewußt, daß über den »Madagaskar-Plan« nie ernsthaft mit Frankreich verhandelt worden war. Es kam ihm jetzt nur darauf an, seinem Verwaltungsapparat eine Beruhigungspille zu verschreiben. So verkündete er, daß er von einem Vorschlag Hitlers wisse, nach dem die Juden in eine amerikanische oder afrikanische Kolonie »bei Friedensschluß« abgeschoben würden, wahrscheinlich nach Madagaskar, eine halbe Million Quadratkilometer groß. Damit machte sich Frank insbesonders im Distrikt Lublin beliebt, der bereits übermäßig zur Aufnahme evakuierter Juden hatte herhalten müssen. »Bei Friedensschluß« war eine Datumsangabe, die an den braven Soldaten Schwejk erinnert: Wir treffen uns am Donnerstag nach dem Krieg. Die Irrealität der Madagaskar-Lösung erwies sich rasch, die Sperre des »Generalgouvernements« für Evakuierungstransporte war nicht aufrechtzuerhalten. Die Juden auf engstem Raum zusammenzupferchen bot sich als Notlösung an, so schien es; aber in Himmlers und Heydrichs Köpfen war die Ghettoisierung bereits eine notwendige und praktische Vorstufe der physischen Vernichtung. Aus den Ghettos konnten die Opfer in Gruppen von 1000 oder 2000 »abgerufen« und auf Transport gebracht werden.

Von 300 000 Polen und Juden ausgehend, die aus dem neuen Reichsteil »Warthegau« hinausgekehrt werden mußten, wurde ein erster »Nahplan« aufgestellt, nach dem binnen 14 Tagen im Dezember 1939 80 000 Polen und Juden ins »Generalgouvernement« abgeschoben wurden. Hierfür wurden achtzig Transportzüge eingesetzt. Diese 80 000 stellten eine Auswahl dar: die intellektuelle und politische polnische Elite sowie sogenannte »asoziale Elemente«.

Als man sich in Berlin nach und nach über die Größenordnung dieser Völkerwanderung klargeworden war, wurde zur Koordinierung aller Umsiedlungsaktionen im Reichssicherheitshauptamt das Referat IV D 4 mit Eichmann als Chef eingerichtet. 1941 wurde daraus IV B 4, zuletzt IV A 4. Dieses Referat hatte in Europa die Transporte in die Vernichtungslager zu organisieren. Schon aus dieser »Geschäftsverteilung« im RSHA geht hervor, daß die Umsiedlung und Ghettoisierung der Juden eine Zwischenstation auf dem Weg zu den Vernichtungslagern war, noch ehe diese existierten.

Um die Isolierung der Juden voranzutreiben, schon bevor die Mauern um die Ghettos wuchsen, wurden sie einer Kennzeichnungspflicht unterworfen. Die erste einschlägige Verordnung erließ der Generalgouverneur Ende November 1939: *Alle Juden und Jüdinnen, die sich im Generalgouvernement aufhalten und das 10. Lebensjahr überschritten haben, sind verpflichtet, vom 1. Dezember 1939 an am rechten Ärmel der Kleidung und Überkleidung einen mindestens 10 cm breiten weißen Streifen mit dem Zionstern zu tragen. Diese Armbinden haben sich die Juden und Jüdinnen selbst zu beschaffen und mit dem entsprechenden Kennzeichen zu versehen.*[61]

Im Reich war der Judenstern gelb. In den Reichsgauen hatte die Armbinde von »judengelber Farbe« zu sein und brauchte den Zionstern nicht zu zeigen. Es gab also keine einheitliche Kennzeichnung. Jüdische Geschäfte waren an der Straßenfront durch den Judenstern zu kennzeichnen. In die Pässe der Juden wurde ein großes J eingestempelt. Damit nicht genug an Diskriminierung, mußten die Juden zu ihren bisherigen Namen noch zusätzliche führen, die in arischen Ohren typisch jüdisch klangen. Die erste diesbezügliche Verordnung wurde bereits im Altreich 1938 von Ministerialrat Globke ausgearbeitet, dem nachmaligen Staatssekretär Adenauers. Hebräische Namen, die schon lange auch in nichtjüdischen Familien verwendet worden waren, wie Adam, David, Eva oder Roth, erschienen Globke ungeeignet. Hebräische Lexika konnte er nicht lesen. Also erfand er Namen, von denen er annahm, sie würden als jüdisch erkannt werden: Faleg, Feibisch, Feisel oder Feitel, für die Mädchen Schewa, Schlämche, Slowe oder Sprinzi. Globke gehörte schon im NS-Innenministerium, zuständig für die gesetzliche und formale Entrechtung der Juden, zu den besonders fähigen Hilfskräften.

Das erste große Ghetto entstand in Łódź (Litzmannstadt) im »Reichsgau Wartheland«. Die restlose »Eindeutschung« des Gaues, der ein neudeutsches Musterland im Osten werden sollte, erforderte die Evakuierung von 400 000 Juden und 3,7 Millionen Polen. Das Ghetto wurde für 250 000 Juden geplant, für deren Verpflegung und medizinische Versorgung keine ausreichende Vorsorge getroffen werden konnte. Die Errichtung lag in Händen des Regierungspräsidenten Friedrich Uebelhör. Zunächst mußten Polen und Volksdeutsche den für das Ghetto vorgesehenen Raum im Elendsviertel Baluty verlassen. Es handelte sich um eine Fläche von 4,13 Quadratkilometer, die später um ein Viertel verkleinert wurde. Innerhalb des Ghettobezirks gab es Werkstätten und kleinere Fabrikbetriebe, die weiterarbeiten sollten; einige tausend Juden wurden darin ohne Lohn beschäftigt. Zunächst wurden 144 000 Ghettoinsassen gezählt, für die es 25 000 Räume gab, was bedeutet, daß zunächst knapp sechs Personen sich einen Raum zu teilen hatten.

Am 30. April 1940 wurde die Ghettoumgrenzung geschlossen. Sie durfte von Juden nicht mehr überschritten werden. Deutschen und Polen wurde das Betreten verboten, an den Eingängen standen Wachmannschaften der Ordnungspolizei bzw. der Schutzpolizei. Diese hatte Befehl, bei Bedarf scharf zu schießen. Staatspolizei und Kriminalpolizei errichteten innerhalb des Ghettos Stützpunkte mit der Begründung, eine derartige Menge gefährlichster Staatsfeinde sei anders nicht zu überwachen.

Heydrich hatte schon zuvor befohlen, jede jüdische Gemeinde habe einen Ältestenrat, später immer »Judenrat« genannt, aus Rabbis und anderen einflußreichen Gemeindemitgliedern zu bilden, der für die Durchführung aller deutschen Anordnungen verantwortlich sei. Judenräte hatte es schon vor dem Einfall der Deutschen in den jüdischen Siedlungen Polens gegeben. Nicht selten wurden dieselben Männer jetzt in deutsche Pflicht genommen. Die 24 Personen starken Judenräte hatten einen Vorsitzenden oder Sprecher, der sich in einigen Ghettos zum Diktator über seine Schicksalsgenossen aufschwang – nicht immer nur aus egoistischen Gründen, sondern auch zur Erleichterung seiner im Grunde unlösbaren Aufgabe, innerhalb des Ghettos für Ruhe und Ordnung zu sorgen. Im Łódźer Ghetto wurde der Jude Rumkowski der Diktator über 250 000 Juden. Er ließ Briefmarken mit seinem Bild drucken und hielt Reden, in denen er von »meinen Fabriken« und »meinen Juden« sprach. In einer Verordnung vom April 1940 des »Polizeipräsidenten von Litzmannstadt« hieß es: Sie (Rumkowski) haben *die Ordnung des Wirtschaftslebens, der Ernährung, des Arbeitseinsatzes, des Gesundheitswesens und der Fürsorge sicherzustellen.*

Als Exekutive gebot der Judenrat über eine eigene Polizei, »Ordnungsdienst« genannt. Er hatte Meldestellen einzurichten, die alle Insassen in Listen zu erfassen hatten, welche *wöchentlich in 5facher Ausfertigung einzureichen waren.*[62]

Eine Unzahl deutscher Befehle, die darauf abgestellt waren, geradezu preußische Ordnungsvorstellungen im Ghetto durchzusetzen, könnten, für sich genommen, den Eindruck erwecken, daß die zusammengepferchte Masse der Ghettoinsassen, praktisch Gefangene mit Selbstverwaltung, leidlich versorgt worden sind. Im Zuge der Massendeportationen aus dem Altreich, die im Herbst 1941 begannen, befahl Himmler jedoch, das bereits überfüllte Ghetto von Łódź habe weitere 60 000 Juden aufzunehmen. Damit war der Punkt erreicht, wo die unmittelbar Verantwortlichen – außer Uebelhör war es Oberbürgermeister Ventzki –, die wußten, wie es hinter der Ghettoumzäunung aus Stacheldraht aussah und die täglich mit dem Ausbruch von Fleckfieber- oder Typhusepidemien rechnen mußten, sich zu Protesten in Gestalt von realistischen Zustandsschilderungen aufrafften. Ventzki schrieb, die wichtigen Produktionsanlagen im Ghetto lägen praktisch still, weil die Juden bei den Hungerrationen zu schwach zur Arbeit seien; sie würden überhaupt nicht mit Brennmaterial versorgt und sähen sich gezwungen, aus den Häusern und den Fabrikbauten Türen, Fenster und Fußböden herauszureißen, die sie in ihren Küchen verheizten. In den Häusern, wo inzwischen sieben Personen in einem Raum lagen, seien Neuzugänge nicht mehr unterzubringen; man werde dafür Fabrikhallen freimachen müssen.

Heydrich ging mit keinem Wort auf den Bericht ein, statt dessen gab er mit Fernschreiber durch, die Transporte aus dem Reich würden planmäßig nach Łódź abgehen. Weil in dem Protestschreiben auch erwähnt worden war, die in die Enge getriebenen Zigeuner würden als geborene Brandstifter Feuer im Ghetto legen, riet Himmler in einem Antwortschreiben, für jedes ausbrechende Feuer zehn Zigeuner umzulegen: *Sie werden damit in den Zigeunern die beste Feuerwehr für das Ghetto bekommen, die einen Eifer besitzt, wie er bisher nicht vorhanden war.*[63]

Bei einer durchschnittlichen Belegung mit 200 000 Juden und Polen starben im Ghetto Łódź 45 000.

Im Herbst 1941 waren bereits andere Ghettos entstanden, das größte im April 1941 in Warschau mit über einer halben Million Insassen. Sie machten über

120

17 Prozent der Stadtbevölkerung aus. Zur gleichen Zeit entstand in Radom aus zwei selbständigen Bezirken ein Großghetto. Das drittgrößte wurde Ende 1941 in Lemberg errichtet, nachdem diese Stadt im Rußlandkrieg eingenommen und dem »Generalgouvernement« zugeschlagen worden war. Damit war die Konzentration der Juden in teilweise ummauerten und bewachten Wohnbezirken im großen und ganzen abgeschlossen. Nun wurden die ersten Vernichtungslager geschaffen: Kulmhof/Chełmno im Dezember 1941, Auschwitz – noch ohne Birkenau – im Januar 1942, Bełżec im März, Sobibór im Mai, Treblinka und Lublin-Majdanek im Juli desselben Jahres.

Die ersten Transporte mit dem Ziel, die Juden zu töten, wurden vom Ghetto Łódź nach Kulmhof abgefertigt: im Januar 1942 rund 10000 Juden, im Februar 7000, im März 25000 und so weiter. Insgesamt kamen bis zum 15. Mai 1942 66 Transportzüge in Kulmhof an. Niemand überlebte, obwohl dieses erste Vernichtungslager noch nicht über Zyklon B verfügte, sondern der Massenmord noch mittels Gaswagen oder auch mit Motorabgasen in stationären Räumen vorgenommen wurde.

Die Firma Motoren-Heyne, Leipzig C 1, Anton-Bruckner-Straße 8, lieferte für letzteren Zweck zum Preis von 1400 RM (netto Kasse) einen gebrauchten, betriebssicheren Dieselmotor am 2. November an SS-Sonderkommando X, z. Hd. Herrn SS-Hauptsturmführer Krim.-Kom. Rothmann, Kulmhof/Post Eichstädte (Wartheland).[64]

Über das Tötungsverfahren mit Gaswagen wurde im Eichmann-Prozeß ein Dokument vorgelegt, in dem es unter anderem heißt: *Die Beschickung der Wagen beträgt normalerweise 9–10 pro qm* [gemeint ist: 9–10 Personen, die getötet werden sollen, Anm. d. Verf.]. *Bei den großräumigen Saurer-Spezialwagen ist eine Ausnutzung in dieser Form nicht möglich, weil dadurch [...] die Geländegängigkeit sehr herab-*

gemindert wird. Vorstehende Schwierigkeit ist nicht [...] dadurch abzustellen, daß man die Stückzahl bei der Beschickung vermindert. [Dadurch] wird nämlich eine längere Betriebsdauer notwendig, weil die freien Räume auch mit CO angefüllt werden müssen. Die Verbindungsschläuche zwischen Auspuff und Wagen rosten des öfteren durch, da sie im Innern durch anfallende Flüssigkeit [aus den Halbtoten und den Leichen, Anm. d. Verf.] zerfressen werden. Um dieses zu vermeiden, ist der Einfüllstutzen nunmehr so zu verlegen, daß eine Einführung von oben nach unten erfolgt [Einführung des Gases, Anm. d. Verf.]. [...] Um eine handliche Säuberung des Fahrzeuges vornehmen zu können, ist der Boden in der Mitte mit einer dicht verschließbaren Abflußöffnung zu versehen. Der Abflußdeckel mit etwa 200 bis 300 mm Durchmesser erhält einen Syphonkrümmer, so daß dünne Flüssigkeit auch während des Betriebes ablaufen kann. [...] Die bisher angebrachten Beobachtungsfenster können entfallen, da sie praktisch nie benutzt werden [...] Aus der Praxis wurde vorgeschlagen, die Lampen [im Inneren des Wagens, Anm. d. Verf.] entfallen zu lassen. Es wurde aber in Erfahrung gebracht, daß beim Schließen der hinteren Tür und somit bei eintretender Dunkelheit immer ein starkes Drängen der Ladung [sic!] nach der Tür erfolgte. Dieses ist darauf zurückzuführen, daß die Ladung bei eintretender Dunkelheit sich nach dem Licht drängt. Es erschwert das Einklinken der Tür. Ferner wurde festgestellt, daß der auftretende Lärm wohl mit Bezug auf die Unheimlichkeit des Dunkels immer dann einsetzt, wenn sich die Türen schließen. Es ist deshalb zweckmäßig, daß die Beleuchtung vor und während der ersten Minuten des Betriebes eingeschaltet bleibt. [...] Um eine schnelle und leichte Entladung des Fahrzeuges zu erreichen, ist ein ausfahrbarer Rost anzubringen [auszufahren mit den darauf liegenden Leichen. Anm. d. Verf.]. Da die Herstellerfirma betonte, daß konstruktive Abänderungen z. Zt. nicht oder nur kleinste Abänderungen möglich sind, ist bei einer anderen Firma der Versuch zu unternehmen, mindestens eines dieser 10 Fahrzeuge mit allen Neuerungen und Abänderungen, die sich bisher aus der Praxis ergaben, auszustatten.* [65]

Vom »Madagaskar-Plan« war nicht mehr die Rede. Der wendige Kronjurist der NSDAP und Generalgouverneur Dr. Frank wußte jetzt, was mit den Juden geschehen sollte: *Glauben Sie, man wird sie im Ostland* [gemeint: in den eroberten Westgebieten der UdSSR, Anm. d. Verf.] *in Siedlungsdörfern unterbringen? Man hat uns in Berlin gesagt: Weshalb macht man diese Scherereien; wir können im Ostland oder im Reichskommissariat auch nichts mit ihnen anfangen, liquidiert sie selber! Meine Herren, ich muß Sie bitten, sich gegen alle Mitleidserwägungen zu wappnen. Wir müssen die Juden vernichten, wo immer wir sie treffen und wo es irgend möglich ist, um das Gesamtgefüge des Reiches hier aufrechtzuerhalten [...] Die Juden sind auch für uns außergewöhnlich schädliche Fresser. Wir haben im Generalgouvernement schätzungsweise 2,5, vielleicht mit den jüdisch Versippten, und dem, was alles dran hängt, jetzt 3,5 Millionen Juden. Diese 3,5 Millionen Juden können wir nicht erschießen, wir können sie nicht vergiften, werden aber doch Eingriffe vornehmen können, die irgendwie zu einem Vernichtungserfolg führen, und zwar im Zusammenhang mit den vom Reich her zu besprechenden großen Maßnahmen. Das Generalgouvernement muß genauso judenfrei werden, wie es das Reich ist.* [66]

---

* Dieses Schreiben wurde in Kopie an SS-Obersturmbannführer Rauff zur Kenntnisnahme geschickt. Rauff emigrierte nach dem Krieg nach Chile, von ihm ist der Ausspruch bekannt: »Ich stehe hier unter Denkmalschutz.« Vor wenigen Jahren ist er dort hochgeehrt gestorben. Er war der Hauptverantwortliche für die Gaswagenaktion.

Bevor die »großen Maßnahmen« der »Endlösung« zur Durchführung gelangten, waren im »Generalgouvernement« schon auf traditionelle Weise eine Million Polen und Juden in Einzelaktionen erschossen oder aufgehängt worden, auf offener Straße und auf Marktplätzen. Nahm jemand daran Anstoß, der nicht direkt zu den Mordkommandos gehörte? Nicht im geringsten! Die hohen Befehlshaber der Armee hatten ihren Truppen mitgeteilt, wie sie sich zu den Morden zu stellen hätten. Am 22. Juli 1941 erließ General von Küchler, Oberkommandierender der 18. Armee, folgenden Tagesbefehl: *Ich betone die Notwendigkeit, dafür Sorge zu tragen, daß sich alle Soldaten der Armee, besonders die Offiziere, jeder Kritik an dem im Generalgouvernement durchgeführten Kampf mit der Bevölkerung, zum Beispiel die Behandlung der polnischen Minderheiten, der Juden und kirchlicher Angelegenheiten [sic], enthalten. Die völkische Endlösung dieses Volkskampfes, der an der Ostgrenze seit Jahrhunderten tobt, verlangt besonders strenge Maßnahmen.*

Gewisse Einheiten von Partei und Staat sind mit der Durchführung dieses völkischen Ringens im Osten betraut.

Der Soldat hat sich diesen Belangen [sic!] anderer Einheiten fernzuhalten. Das bedeutet, er hat jene Unternehmen auch nicht zu kritisieren.

Außerordentlich wichtig erscheint es, unverzüglich dieses Problem betreffende Anweisungen für jene Soldaten herauszugeben, die erst kürzlich aus dem Westen in den Osten verlegt wurden, da diesen andernfalls Gerüchte und falsche Auskünfte über die Bedeutung und das Ziel solchen Ringens nahegebracht werden können.[67]

Die Besorgnis des Generals, seine Soldaten könnten seelischen Schaden erleiden, wenn ihnen nicht die Gewißheit vermittelt würde, daß ihre Vorgesetzten billigten und für rechtens fanden, was an Verbrechen

124

in aller Öffentlichkeit geboten wurde, war verständlich, aber überflüssig. Die Soldaten waren Deutsche wie alle anderen Deutschen auch, das heißt, zu Hause brave Familienväter, treubesorgt um die Ihren, verärgert, ja, verbittert, weil immer wieder ein Jahr verging, ohne daß sie an den heimischen Herd zurückkehren konnten, in die Metzgerei, in die Schreinerei, zu Siemens in Berlin oder zu einer Textilfabrik am Bodensee. Was aber Juden und »Fremdvölkischen« angetan wurde, berührte sie weniger, als wenn ihnen von der Ehefrau geschrieben worden wäre, der Hund oder die Katze sei überfahren worden.

Der General gab sich unzureichenden Vorstellungen hin, wie radikal die breiten Volksschichten schon in den Jahren vor dem Krieg aus den ohnehin schwachen Bindungen an Rechtsvorstellungen und Humanität herausgerissen worden waren und wie nun erst in Feindesland, in der unmittelbaren Berührung mit diesem Untermenschentum das Herrenrassenbewußtsein wirkte – wie eine Taucherglocke! Da ging nichts mehr durch, nichts mehr unter die Haut. Gut möglich, daß der General von Küchler und einige seiner Standesgenossen, aus preußischen Traditionen stammend, noch mit Resten von Ehrenhaftigkeit zu kämpfen hatten und sie deshalb glaubten, ihren Truppen unter Verlust der Beherrschung der eigenen Sprache mitteilen zu müssen, sie sollten sich nicht darum kümmern, es sei alles in Ordnung – wenn dem aber so war, so ist in dem zitierten Befehl des Generals ein Dokument erbärmlicher Charakterlosigkeit zu sehen, das ihn tief unter jeden von seiner Mordsache überzeugten SS-Offizier stellt.

Die Ghettoisierung der Juden hatte nicht zur Folge, daß im »Generalgouvernement« eine gewisse Beruhigung eintrat. Der Aufmarsch der Armeen für den Einfall in die Sowjetunion schuf das neue Problem, wie Hunderttausende von Soldaten vorübergehend unterzubringen waren. Große Streifen entlang der »Demarkationslinie« mußten für die Bereitstellung der Divisionen frei gemacht werden. Ausnahmsweise wurden nun einmal Polen von Ost nach West »evakuiert« statt wie üblich in die Gegenrichtung.

Daß die »Einsatzgruppen« (A, B, C, D), unterteilt in kleinere »Einsatzkommandos«, in den ersten zehn Monaten nach Beginn der Kampfhandlungen in der UdSSR eine halbe Million Juden, Zigeuner und Geisteskranke ermordeten, hatte zwar eine stimulierende Wirkung auf die in Polen mit »Einzelaktionen« beschäftigten SS- und Polizeieinheiten, aber das eigentliche Problem entstand dadurch, daß die Masse der Millionen sowjetischer Kriegsgefangener nicht in Anhaltelagern auf dem neu eroberten Gebiet verblieb, sondern nach Westen transportiert wurde, die meisten nur bis ins »Generalgouvernement«, eine Minderheit in Gefangenenlager (Stalag) im Reich. Von den in den großen Kesselschlachten des Jahres 1941 gefangenen 3,9 Millionen Rotarmisten lebten im Frühjahr 1942 noch 1,1 Millionen. Insgesamt sind in deutscher Kriegsgefangenschaft 3,7 Millionen sowjetischer Soldaten umgekommen als Opfer einer Mord- und Aushungerungspolitik. Es läßt sich nur schätzen, wie viele davon bis Frühjahr 1942 im »Generalgouvernement« getötet wurden oder Hungers starben − nach entsetzlichen Vorgängen in den abgesperrten Gebieten −, aber weniger als eine halbe Million werden es kaum gewesen sein. Wenn Polen, die selbst hungerten, den Gefangenen über die Absperrung Brot oder Kartoffeln zuwarfen und dabei von deutschen Posten ertappt wurden, exekutierte man sie an Ort und Stelle.

Zu eben dieser Zeit, Anfang Januar 1942, begann, wie erwähnt, das erste Vernichtungslager Kulmhof zu arbeiten. Trotz primitiver Methoden wurden dort 150 000 Juden aus dem »Warthegau« und aus dem Reich − via Łódź − umgebracht, bis das Lager vorübergehend geschlossen wurde. Die anderen Vernichtungslager folgten. Über Auschwitz ist noch gesondert zu sprechen.

Das ist die Zeit, in der die Reichsbahn in ihre Sonderaufgabe im Rahmen der »Endlösung« hineinwuchs – ein Unternehmen, das 1942 eine halbe Million Beamte und nahezu eine Million Arbeiter beschäftigte. Die Juden wurden in Güterwagen transportiert, aber die Reichsbahn berechnete den üblichen Personentarif 3. Klasse, vier Pfennig pro gefahrenen Kilometer. Die KZ-Transporte wurden mit dem Reichssicherheitshauptamt abgerechnet. Da der einzelne Transportzug meistens an die tausend Juden ihrer Tötung entgegenführte, wurde pro Opfer fünfzig Prozent Rabatt gegeben, aber es war noch immer ein glänzendes Geschäft. Die militärische Auslastung des Wagenparks war zuweilen so hoch, daß normalerweise für die Judentransporte kein rollendes Material zur Verfügung gestanden hätte. Die Reichsbahnbeamten waren sich aber der Wichtigkeit der raschen Abfertigung der Judentransporte so bewußt, daß sie ihnen, wenn es gar nicht anders ging, die Dringlichkeit von Wehrmachtszügen verliehen. Ergaben sich unterwegs Verzögerungen, was oft vorkam, liefen die Exkremente schon unter den Schiebetüren heraus, so öffnete das Begleitkommando die Türen, und die noch Lebenden mußten die Leichen hinauswerfen und mit ihren Kleidungsstücken die angesammelten Exkremente hinauswischen. Während dieser Prozedur standen Wachen mit entsicherten Karabinern bei der Lokomotive und erschossen Häftlinge, die es in ihrer Todesnot wagten, aus dem Wagen zu springen. Die Leichen blieben manchmal tagelang an den Gleisen liegen – solche Todesspuren zogen sich schließlich kreuz und quer durch ganz Westeuropa. Im »Generalgouvernement« fand die Entleerung der Wagen von Überlebenden und Toten erst an den Rampen der Vernichtungslager statt, wo die arbeitsfähigen von den todgeweihten Häftlingen getrennt wurden.

Zu den neuerrichteten Konzentrationslagern gehörte Auschwitz, das sich von den anderen Vernichtungslagern darin unterschied, daß es nicht von vornherein als solches vorgesehen war. Das Provinzstädtchen Auschwitz liegt dreißig Kilometer von Kattowitz, fünfzig Kilometer von Krakau und zweihundert Kilometer von Breslau entfernt, verkehrstechnisch außerordentlich günstig. Vor der Ortschaft dehnt sich eine riesige Ebene, die für Siedlungszwecke denkbar ungeeignet war: Das Gelände war nicht nur feucht, sondern teilweise morastig, von Fischteichen durchsetzt. Zwei Flüßchen, die Vistula und die Sola, durchfließen träge die Ebene.

Am 4. November 1939 hatte Himmler den SS-Gruppenführer Erich von dem Bach-Zelewski zum Höheren SS- und Polizeiführer als Beauftragten des Reichskommissars für die Festigung deutschen Volkstums mit Sitz in Breslau ernannt, zuständig also für Schlesien. Bach-Zelewski wollte die »Eindeutschung« Schlesiens – also die Evakuierung der »Fremdvölkischen« und der Juden – in Rekordzeit leisten und wußte bald nicht mehr, wohin mit den Verhafteten. Von seinem nächsten Mitarbeiter, dem SS-Oberführer Arpad Wigand, wurde er darauf aufmerksam gemacht, daß außerhalb der Stadt Auschwitz leere Baracken stünden, die der polnischen Armee als Truppenunterkunft gedient hatten. Der Sachverhalt wurde Himmler gemeldet, auf dessen Veranlassung zwei Kommissionen, die erste Anfang Februar 1940, die zweite im April, das Gelände besichtigten. Zu diesem Zeitpunkt wurden die Militärbaracken bereits als kleines Konzentrationslager benutzt. Am 5. Mai 1940 wurde ein gewisser Rudolf Ferdinand Höß zum Kommandanten des Lagers bestellt, der bereits für Bach-Zelewski Gutachten ausgearbeitet hatte. Darin hatte er auf die Mängel des Geländes und die miserable Qualität des Wassers hingewiesen. Dennoch war er für das Projekt, hier ein großes Lager zu errichten, eingetreten. Bei seiner Ernennung zum Lagerkommandanten spielte vermutlich eine Rolle, daß Höß mit Martin Bormann vor der Machtergreifung im Gefängnis gesessen hatte. Vielleicht ist es auch auf eine Empfehlung Bormanns zurückzuführen, daß Himmler den kleinen SS-Offizier unter Umgehung seiner eigenen Dienstwege nach Berlin kommen ließ. Das Ergebnis der Besprechung, bei der Höß erfuhr, die physische Vernichtung der Juden sei beschlossene Sache, war der Auftrag, das Großlager Auschwitz so rasch wie möglich aufzubauen.

Höß bewährte sich großartig, nachdem in schwierigen Verhandlungen mit den verschiedenen Grundstückseigentümern ein rund vierzig Quadratkilometer großes Gebiet »Reichseigentum« geworden und die Dörfer Babice, Budy, Raisko, Brzezinka (= Birkenau), Broszkowicem Plawy und Harmeze von ihren bisherigen polnischen Bewohnern zwangsweise geräumt worden waren. Er studierte die Mordanlagen in Treblinka und kam zu dem Schluß, daß das Kohlenmonoxid aus den Abgasen von Otto- und Dieselmotoren wenig geeignet war, größere Gruppen rasch »sonderzubehandeln«. Er begann in Auschwitz mit einem blausäurehaltigen, gasförmigen Schädlingsbekämpfungsmittel, im Handel als Zyklon B bekannt, zu experimentieren.

Berufsverbrecher, die schon lange inhaftiert waren, kamen aus Sachsenhausen als erste Häftlingsgruppe am 20. Mai 1940 in Auschwitz an. Die ersten Polen wurden im Januar 1941 eingeliefert. Juden aus Oberschlesien wurden als erste vergast (nach anderen Quellen sollen es sowjetische Kriegsgefangene gewesen sein). Die Anlagen waren noch primitiv, bestanden zunächst aus zwei Bauernhäusern, die man durch Einbau luftdicht schließender Fenster und Türen für die Vergasung hergerichtet hatte. Die perfekten Anlagen wurden erst im Nebenlager Birkenau errichtet. Dort fanden am 4. Mai 1941 die ersten Selektionen statt. Im Juli des nächsten Jahres traf Himmler zum zweiten Mal in Auschwitz ein und inspizierte das bisher Geschaffene. Er brachte Gäste mit, einen Gauleiter und hohe SS-Offiziere. Nach dem Lagerdurchgang verharrten die Herren in Birkenau vor Bunker 2, um einen Tötungsvorgang, beginnend bei der Selektion, zu beobachten (vgl. S. 235 f). Zu diesem Zeitpunkt wurden die Ermordeten noch nicht verbrannt, sondern in Gruben verscharrt, in denen sich schmutzig-gelbliches Grundwasser sammelte. Die Methode erwies sich, in größerem Maßstab angewendet, als untauglich, denn die Leichen schwemmten auf, die dünne Erddecke über den Massengräbern wölbte sich, und das ganze umliegende Gebiet wurde vergiftet. Man mußte die Gräber noch einmal ausheben und die verwesten Toten auf Holzstößen verbrennen.

Es wurde eine »Zentralbauleitung der Waffen-SS und Polizei in Auschwitz« geschaffen, in der einige hundert Ingenieure mit einigen hundert SS-Männern zusammenarbeiteten. Die Zentralbauleitung unterstand dem Wirtschaftsverwaltungshauptmann (WVHA) in Berlin. 1942 waren täglich 8000 Häftlinge mit Bauarbeiten beschäftigt. 1943 hatten sie nahezu drei Millionen Arbeitstage geleistet bei einer Fluktuation durch Tod von über fünfzig Prozent. Die außerdem beschäftigten Zivilbauarbeiter brachten es auf 300 000 Arbeitstage. Die Aufnahmekapazität des Stammlagers ging nicht über 30 000 hinaus; in Birkenau waren 1943 die Baracken mit 150 000 Häftlingen belegt – bescheidene Zahlen verglichen mit der Zahl derer, die das Lager nicht betraten, sondern gleich von der Rampe weg in den Gastod geführt wurden.

In dem Jahr, in dem die Vernichtungslager ihre höchste Effizienz entwickelten, erschien in den Buchhandlungen ein Baedeker des »Generalgouvernements«. Das Büchlein sieht äußerlich aus wie jeder andere Baedeker, sagen wir über Paris oder Norditalien, das handliche Quadratformat, der flexible rote

Einband mit Golddruck: *Baedekers Generalgouvernement*, 264 Seiten. Die innere Einteilung, der Satzspiegel, die Schriften in verschiedenen Größen zwecks Hervorhebung – alles wie immer seit eh und je in diesem hochangesehenen Unternehmen. Der Fremdenführer beginnt mit »Praktischen Vorbemerkungen«. Man erfährt, es gebe eine Polizei-, Zoll- und Devisengrenze, denn das »Generalgouvernement« sei ein »Nebenland« des Reiches. Die Währungseinheit sei der Złoty, der in einem festen Wertverhältnis zur Reichsmark stehe: zwei Złoty eine Reichsmark. Auf dem Land möge man ein polnisches oder ukrainisches Taschenwörterbuch mit sich führen, in den Städten sei das überflüssig, denn fast alle Polen verstünden mehr oder weniger Deutsch. Das Hotelwesen weise gewisse Mängel auf, aber selbst in Kreisstädten seien nun schon eine ganze Reihe »Deutscher Häuser« eingerichtet, für eine Übernachtung zahle man fünf bis zwölf Złoty. Unter der Rubrik »Mensch und Wirtschaft« wird angegeben, daß die 142 000 Quadratkilometer des »Generalgouvernements« etwa 37 Prozent der ehemaligen polnischen Staatsfläche ausmachen, die 18 Millionen Einwohner seien zu 72 Prozent Polen, zu 17 Prozent Ukrainer (bzw. Ruthenen) und zu 0,7 Prozent Deutsche. Wie steht es mit den Juden? Über die Juden findet sich im ganzen Band nur eine halbe Zeile. Nachdem man sich über soviel Diskretion gewundert hat, liegt es nahe, daß man im Ortsregister nachschlägt, und tatsächlich, Auschwitz (OS) ist aufgeführt. Näheres auf S. 10. Dort liest man: *Die Bahn nach Krakau führt nordöstlich weiter über Auschwitz, eine Industriestadt von 12 000 Einwohnern, ehemals Hauptort der Piastenherzogtümer Auschwitz und Zator (Hotel Zator, 20 B.).*

Der Reisende, der mit dem Baedeker in der Hand in Auschwitz ausstieg, mußte aus dem Staunen nicht herausgekommen sein über das, was er wirklich vorfand. Eine gewisse Beunruhigung wird er bereits im

Zug aus Kattowitz oder Krakau empfunden haben, als es bereits dreißig Kilometer vor Auschwitz ganz merkwürdig roch. Dem Reisenden kam vielleicht der Gedanke: wie nach verbranntem Fleisch – aber das kann ja nicht sein! Zehntausende, die auf der vielbefahrenen Strecke im Lauf der Jahre diesen Gestank eingeatmet haben, die über einer mit Baracken zugebauten Ebene hohe Kamine emporragen sahen und die überdies an einer der größten Industrieanlagen, den Buna-Werken der I. G. Farbenindustrie, vorbeikamen – wähnten sie einer Sinnestäuschung zum Opfer zu fallen oder haben sie sich doch Gedanken gemacht? Die zwanzig Betten im »Hotel Zator« waren stets ausverkauft, der I. G. Farbenkonzern schickte reihum Direktoren und Experten nach Auschwitz.

Für den Baedeker hat Generalgouverneur Reichsminister Dr. Frank ein Geleitwort geschrieben: *Für die aus dem Osten nach dem Reich Reisenden ist das Generalgouvernement bereits ein stark heimatlich anmutendes Gebilde, für die aus dem Reich nach dem Osten Reisenden aber ist es bereits der erste Gruß einer östlichen Welt.*[68]

Der Sprung von der »Endlösung« in Lyrik, Betulichkeit, Spießbürgerei und von dort mühelos zurück ins Mordgeschäft ist ein Charakteristikum deutscher Herrschaft. Das für alle Zeiten klassische Beispiel für diese Fähigkeit, zwei Leben nebeneinander zu leben, ist das Tagebuch des Doktors der Medizin und Philosophie, Johann Paul Kremers, eines Dozenten an der Universität Münster, zur Zeit seiner Abstellung nach Auschwitz 59 Jahre alt. Das Tagebuch ist lückenlos geführt, noch über den 8. Mai 1945 hinaus. Die folgenden Zitate sind Eintragungen aus Auschwitz.

2. September 1942. Zum 1. Male draußen um 3 Uhr früh bei einer Sonderaktion zugegen [gemeint: Selektion an der Rampe, Vergasung der selektierten Häftlinge dieses Transportes, Anm. d. Verf.]. *Im Vergleich hierzu erscheint mir das Dantesche Inferno fast wie eine Komödie. Umsonst wird Auschwitz nicht das Lager der Vernichtung genannt.* [Das besagt, daß Dr. Kremer bereits vor seiner Abkommandierung nach Auschwitz den Ausdruck »Lager der Vernichtung« gekannt hatte!]

5. September 1942. Heute mittag bei einer Sonderaktion aus dem F.K.L. (»Muselmänner«): das Schrecklichste der Schrecken. Hschf. [Hauptscharführer] *Thilo (Truppenarzt) hat Recht, wenn er mir heute sagte, wir befänden uns hier am anus mundi. Abends gegen 8 Uhr wieder bei einer Sonderaktion aus Holland* [gemeint: Juden aus Holland wurden ermordet]. *Wegen der dabei abfallenden Sonderverpflegung, bestehend aus einem fünftel Liter Schnaps, 5 Cigaretten, 100 g Wurst und Brot, drängen sich die Männer zu solchen Aktionen.* [...]

6. September 1942. Heute Sonntag ausgezeichnetes Mittagessen: Tomatensuppe, ½ Huhn mit Kartoffeln u. Rotkohl (20 g Fett), Süßspeise und herrliches Vanilleeis [...] *Abends um 8 Uhr wieder zur Sonderaktion draußen.*

9. September 1942. Heute früh erhalte ich [...] *die höchst erfreuliche Mitteilung, daß ich am 1. d. M. von meiner Frau geschieden bin. Später als Arzt bei der Ausführung der Prügelstrafe an 8 Häftlingen und bei einer Erschießung durch Kleinkaliber zugegen. Seifenflocken und 2 Stück Seife erhalten.*

10. September 1942. Morgens bei einer Sonderaktion zugegen (5. Mal).

20. September 1942. Heute Sonntagnachmittag von 3–6 Uhr Konzert der Häftlingskapelle in herrlichem Sonnenschein angehört: Kapellmeister Dirigent der Warschauer Staatsoper. 80 Musiker. Mittags gab's Schweinebraten, abends gebackene Schleie.

3. Oktober 1942. Heute lebendfrisches Material von menschlicher Leber und Milz sowie vom Pankreas fixiert, dazu in absolutem Alkohol fixierte Läuse von Fleckfieberkranken.

133

10. Oktober. Lebendfrisches Material von Leber, Milz und Pankreas entnommen und fixiert. Faksimilestempel von Häftlingen anfertigen lassen.

11. Oktober 1942. Heute Sonntag gab's zu Mittag Hasenbraten – eine ganz dicke Keule – mit Mehlklößen und Rotkohl für 1,25 RM.

12. Oktober 1942. Schutzimpfung gegen Typhus; danach abends starke Allgemeinreaktion (Fieber!). Trotzdem in der Nacht noch bei einer Sonderaktion aus Holland (1600 Personen) zugegen. Schauerliche Szene vor dem letzten (Hößler!) Bunker! Das war die 10. Sonderaktion.

18. Oktober 1942. Bei naßkaltem Wetter heute Sonntagmorgen bei der 11. Sonderaktion (Holländer) zugegen. Gräßliche Szenen bei drei Frauen, die ums nackte Leben flehen.

19. Oktober 1942. Nach Kattowitz gefahren zum Einkauf von Schulterstücken für den Wettermantel.

24. Oktober 1942. 6 Frauen [...] abgeimpft [gemeint: durch Injektionen ermordet].

25. Oktober 1942. Heute, Sonntag, bei wunderschönem Herbstwetter Radtour über Raisko nach Budy.[69]

Im November ist Kremer in Prag auf Urlaub, genießt die Stadt, geht, ohnehin ein eifriger Filmbesucher, in den Willy-Forst-Film »Operette«, *welcher einen Riesenerfolg zu verzeichnen hatte. [...] Jedenfalls hat mich der Film mit seinen Makart-Szenen, seinen Straußschen Operetten und seinen raffiniert prunkvollen Revuen restlos begeistert.*

Kremer erlebte das Kriegsende als freier Mann, kehrte nach Münster zurück und bemühte sich, seine alte Stellung in der Universität wieder zu erlangen. In seiner letzten Tagebucheintragung vom 11. August 1945 beklagt er bitter, daß von seinem Eigentum, das er bei seiner Schwester ausgelagert hatte, das meiste *durchziehenden Truppen in die Hände gefallen ist. Es handelt sich um ungeheure Werte an Kostbarkeiten:*

2 goldene Uhren, 4 große goldene Ringe mit Brillanten, Edelsteinen, Lapislazuli und Perlen, der neue Feldstecher. Die Polen machten ihn ausfindig. Der Oberste Volksgerichtshof verurteilte ihn am 22. Dezember 1947 zum Tode.

Während es unter den wenigen, die sich ernsthaft mit der Geschichte des Nationalsozialismus befaßt haben, keinen geben dürfte, dem das Kremer-Tagebuch nicht bekannt ist, wird das Dokument, aus dem nachfolgend zitiert wird, um ein weiteres Mal das fugenlose Nebeneinander von Verbrechen und Idylle vorzuführen, ziemlich unbekannt sein. Der Verfasser hat vor Jahren die vor ihm liegende Fotokopie des Originals in Warschau anfertigen lassen. Es bezieht sich jedoch nicht auf ein polnisches KZ, sondern auf Theresienstadt in der Tschechoslowakei. In diesem österreichischen Festungs- und Kasernenbau wurden vorwiegend alte Juden und Kinder in Haft gehalten, die aus irgendeinem Grund als privilegiert eingestuft worden waren. Da dort niemand vergast wurde, ist dieses Lager in der Zeitgeschichte aus unerfindlichen Gründen stets so behandelt worden, als hätten dort die Insassen ein behagliches Leben geführt.

Das Dokument umfaßt 19 Seiten in Großformat, ist mit Schreibmaschine geschrieben, das Titelblatt jedoch von einem Kalligraphen mit Tusche liebevoll in Kunstschrift entworfen:

Ghetto Theresienstadt, Tätigkeitsbericht 1. IX.– 31. IX. 1942, überreicht bei der Lagerkommandantur Theresienstadt.

Abteilung für innere Verwaltung.

Auch die abgelaufene Berichtsperiode stand im Zeichen von ankommenden und abgehenden Transporten, erhielt aber ihre besondere Prägung durch die erstmalige Abfertigung von aus Teilnehmern aus dem Altreiche und der Ostmark bestehenden Altentransporten. Die Bestimmung der Teilnehmer dieser Transporte erfolgte durch die Lagerkommandantur –

nach individueller Überprüfung eines jeden einzel-
nen Falles.

[...]

Die in kürzester Frist durchzuführende Registrie-
rung vieler tausender Alter und siecher Ghettoinsas-
sen erforderte eine schlagartige Umstellung des
administrativen Apparates zur Bewältigung dieser
Aufgabe [...] Die fristgerechte Stelligmachung [sic!]
der alten und siechen Personen, von denen ein Groß-
teil kaum vernehmungsfähig war, bedurfte eines
besonderen Hilfsdienstes, welcher die Abholung,
Registrierung und rechtzeitige Vorführung der Trans-
portteilnehmer zur Lagerkommandantur veranlas-
sen mußte. Nicht minder schwierig war die techni-
sche Abfertigung der Altentransporte, welche nicht,
wie üblich aus 1000, sondern aus je 2000 Personen
bestand [das heißt, in der Berichtszeit gingen Transporte von je 2000 alten Leuten nach Auschwitz zur
Vergasung ab].

Blatt 2 gibt in graphischer Darstellung die Belegung
des Ghettos im September wieder, gegliedert nach
Altersgruppen. Die drei Gruppen addieren sich zu
60 000 Häftlingen. Das folgende Blatt stellt eine
Zeichnung unter der Überschrift »Bahnbau« dar,
muskulöse Männer schwingen Pickel und legen vor
einer weiten Landschaft ein Gleis. Es handelt sich nur
um eine illustrative Ausschmückung des Berichts, die
mit seinem Inhalt nichts zu tun hat. Das Schmuck-
blatt verrät den Eifer des in der Schreibstube tätigen
Häftlings, der den Bericht geschrieben hat.

Den Schwierigkeiten mit der Registrierung der
Ankommenden, mit der Abfertigung der auf Transport (nach Auschwitz) Gehenden sind insgesamt
zwanzig Zeilen gewidmet, und auch das nur, um ins
rechte Licht zu stellen, wie die Kommandantur und
ihre Helfershelfer damit fertig geworden sind.

Blatt 3 enthält in Tabellenform die Zahl der abgehenden Häftlinge zwischen dem 1. und 30. September

1942 (13 004 in insgesamt acht Transporten, darunter vier mit je 2000), in einer zweiten Spalte die der ankommenden (18 647). Die Herkunftsorte der neu eingelieferten Häftlinge sind angegeben: 14mal Berlin, ferner Köln, Dresden, Weimar, Nürnberg, Prag, Frankfurt usw. Die einzelnen Großtransporte gehen über 1300 Häftlinge nicht hinaus, viele sind aber auch in Gruppen zu hundert oder fünfzig angefahren worden. Erstaunlicherweise sind acht »Einzelreisende« aufgeführt; es muß sich um mehr oder weniger prominente Juden gehandelt haben, die unter Bewachung nach Theresienstadt gebracht worden sind.

Die Blätter 4 bis 14 fehlen. Blatt 15 gibt, wiederum in Tabellenform und unter dem Titel »Spedition«, eine minutiös aufgeschlüsselte Übersicht über alle in der Berichtszeit getätigten Transporte wieder, sei es mit eigenen oder fremden Pferden, mit eigenen oder fremden Zugmaschinen, mit Lastkraftwagen und mit Eisenbahnwaggons. Die jeweils bewegten Lasten sind in Kilogramm vermerkt. Es wurden auf den verschiedenen Fahrzeugen (ohne Bahntransport) 4293 Fuhren getätigt, mit ihnen 10,7 Millionen Kilogramm bewegt. Damit liegt das Septemberergebnis mit einer Million Kilogramm über dem des August.

Ins landwirtschaftliche Idyll verwandeln die Seiten 16 bis 19 das Konzentrationslager unter dem Titel: »Garten- und Feldbau, Tierhaltung«. Dem Lager war ein ansehnlicher landwirtschaftlicher Betrieb angegliedert – das Jahr 1942 lieferte besonders gute Ernten: *Der Drusch des Getreides wurde glatt bewerkstelligt. Das Getreide wird auf dem Speicher regelmäßig umgeschüttet, um dessen vollständige Austrocknung zu erzielen. Bisher wurden ungefähr 2,8 ha der Stoppel mit Spinat als Nachtragsfrucht und ungefähr 1,5 ha mit Wintergerste besät.*

In den September fiel die Haupternte an Äpfeln und Birnen mit sehr gutem Ertrag. Gegen Ende des Monats wurden Walnüsse geerntet.

Bei der Rinderzuchtherde sind die Abkalbungen nunmehr so weit fortgeschritten, daß nur noch zwei tragende Kühe vorhanden sind. Insgesamt sind jetzt 8 männliche und 12 weibliche Kälber im Stall.

Der Bestand der Schafe erhöhte sich durch Eintreffen einer Herde von 110 Schafen (50 weibliche, 59 Hammel, 1 Widder) auf 370 Stück.

Der Gesundheitszustand der erwachsenen Hühner sowie des Junggeflügels war sehr gut, hingegen verbreitete sich unter den jüngsten Küken eine Darmerkrankung, welcher eine Anzahl der zarten Tiere zum Opfer fiel.

Der Gesundheitszustand der erwachsenen Häftlinge sowie der Kinder ist gar nicht gut. Es verbreiteten sich schwere Darmerkrankungen. Insgesamt wurden 140 000 Juden – unter ihnen hochdekorierte Teilnehmer am Ersten Weltkrieg – nach Theresienstadt gebracht. Man sprach in diesem Zusammenhang nicht von »Evakuierung«, sondern von »Umsiedlung«. Von den 140 000 stammte ungefähr die Hälfte aus der Tschechoslowakei, dem »Protektorat«, 42 000 kamen aus dem Reich, die übrigen aus Österreich, Holland, Ungarn. Wer den »Tätigkeitsbericht« liest, ohne deuten zu können, was sich hinter »abgehenden Transporten« verbirgt (= Massenmord), und auch sonst über Theresienstadt nicht allzuviel weiß, könnte glauben, er erfahre Details aus einem großen Sanatoriumsbetrieb.

Röntgenbild einer »Landnahme«:
Zamość

20. Juli 1941: Siegesstimmung im ganzen Reich. Am 22. Juni waren drei deutsche Heeresgruppen zwischen 3.05 Uhr und 3.30 Uhr – es war noch nicht ganz hell – in die Sowjetunion eingefallen und dringen seither planmäßig nach Osten vor. Der Dnjepr ist bereits erreicht. Brückenköpfe konnten auf dem jenseitigen Ufer gebildet werden. Seit zwei Tagen ist der »Regierung Frank« in Krakau auch das eroberte Galizien unterstellt; es wird ein südöstliches Teilstück des »Generalgouvernements«. Der Generalgouverneur nimmt erfreut zur Kenntnis, daß die Pripjet-Sümpfe und das Gebiet von Białystok innerhalb der neuen Grenze seines Reiches liegen sollen. Doch daraus wird nichts. Der Bezirk Białystok wird dem Oberpräsidenten von Ostpreußen und Reichskommissar für die Ukraine Erich Koch unterstellt.

Außerdem ergeht in diesen Wochen (am 31. Juli) ein Befehl Görings an den Chef des Reichssicherheitshauptamtes, Heydrich, einen Gesamtplan für die Lösung der Judenfrage in ganz Europa zu entwerfen. Daß sich Göring auf einen »Führer-Erlaß« vom 24. Januar 1939 bezieht – noch war nicht Krieg –, der die Massenausweisung der Juden im Großdeutschen Reich betraf, läßt einmal mehr erkennen, mit welcher Konsequenz von Anfang an auf die »Endlösung« hingearbeitet worden ist. In Görings Befehl an Heydrich heißt es: *Ich beauftrage Sie, mir in Bälde einen Gesamtentwurf über die organisatorischen, sachlichen und materiellen Vorausmaßnahmen zur Durchführung der angestrebten Endlösung der Judenfrage vorzulegen.*[70]

Nichts mehr schien unmöglich zu sein, das germanische Großreich war mit den Erfolgen in der UdSSR seiner Verwirklichung wieder nähergekommen – wobei wir beharrlich daran zu denken haben, daß alle Machtträger tatsächlich vermeinten, sie bauten dieses Großreich auf, alle bis auf einen – Hitler! –, für den die militärischen Erfolge nur die Voraussetzung waren, seinem Vernichtungstrieb in immer größeren Dimensionen Befriedigung verschaffen zu können.

An diesem 20. Juli 1941 weilte Himmler in Lublin bei einem seiner treuesten und skrupellosesten Helfer, dem dortigen SS- und Polizeiführer Odilo Globocnik. Er unterbreitete seinem Chef den Plan, *aus einem Teilstück heraus die Deutschbesiedelung des gesamten Distrikts Lublin durchzuführen und darüber hinaus im Anschluß an die nordisch- bzw. deutschbesiedelten Länder über Distrikt Lublin einen Anschluß an das deutschbesiedelte Siebenbürgen herzustellen.*[71]

Globocnik hatte einen ersten Gehilfen, den aus der Kriminalpolizei hervorgegangenen Christian Wirth, der seinem Chef an Einfallsreichtum, Tüchtigkeit und Grausamkeit nicht nachstand. Das Gespann Globocnik–Wirth improvisierte die ersten Vernichtungslager im Bezirk Lublin. Südlich der Bezirkshauptstadt lag die Kreisstadt Zamość. In ihrer Umgebung hatte der Fachmann für Umsiedlung im Stab Globocniks, Hauptsturmführer Hans Höfle, ein Lager errichtet. Das war deshalb notwendig geworden, weil bereits große Judentransporte anrollten, noch bevor die Mordanlagen betriebsbereit waren. Höfle rühmte sich, er könne im Lager bei Zamość ohne weiteres 60 000 Juden vorübergehend unterbringen, von denen keiner mehr ins »Generalgouvernement« zurückkehren werde.

So spielte Zamość für den Lubliner Polizeiführer bereits eine Rolle, bevor er die Ehre hatte, Himmler an seinem Amtssitz begrüßen zu dürfen. In den Gesprächen der beiden hohen »Endlösungs«-Experten muß es zu einer Art Kurzschluß zwischen Globocniks und

Himmlers Deutschbesiedlungsideen einerseits sowie der Arbeit Höfles im Kreis Zamość andererseits gekommen sein. Das Ergebnis war eine Anordnung Himmlers, wonach *die Stadt Lublin und der Kreis Zamość zum ersten deutschen Großsiedlungsgebiet*[72] werden solle.

Der Befehl wurde an jenem 20. Juli 1941 ausgefertigt, ohne daß die Regierung des »Generalgouvernements« darüber informiert wurde. Für die Entscheidung Himmlers, den Kreis Zamość für dieses abenteuerliche Projekt auszuwählen, mögen, neben nicht nachvollziehbaren Imponderabilien, zwei Motive maßgebend gewesen sein: Erstens war sich der Reichsführer SS darüber klar, daß die Durchführung des Planes ungewöhnlich schwierige Probleme aufwerfen würde, sowohl was die Evakuierung der eingesessenen Bevölkerung als auch die Neubesiedlung betraf. In Globocnik sah er den Mann, der damit fertig werden würde.

Über Globocnik hat der SS-Gruppenführer von Herff anläßlich einer Dienstreise durch das »Generalgouvernement« im Mai 1943 folgendes Urteil abgegeben: *Vollnatur mit all ihren großen Licht- und Schattenseiten. Wenig auf Äußerliches gebend, fanatisch von der Aufgabe besessen, sich bis ins Letzte für sie einsetzend ohne Rücksicht auf Gesundheit oder äußerlichen Dank. Einer der besten und stärksten Pioniere im G.G. Verantwortungsbewußt, selbstbewußt, mutig, Tatsachenmensch. Sein Draufgängertum läßt ihn oft die gegebenen Grenzen sprengen und die ihm innerhalb des Ordens gezogenen Grenzen vergessen, jedoch nicht aus persönlichem Ehrgeiz, sondern vielmehr aus Besessenheit um der Sache willen. Der Erfolg spricht unbedingt für ihn.*[73]

Daß die »Vollnatur« dann doch nicht mit der ihr gestellten Aufgabe fertig geworden ist und sogar im Herbst 1943 abgelöst werden mußte, lag daran, daß seine Methoden nicht mehr als opportun angesehen

wurden, nachdem der Autoritätsverlust der deutschen Herrschaft im ganzen Osten ab Stalingrad sogar
hohe SS-Funktionäre darüber nachdenken ließ, ob es
nicht geraten sei, mit den Polen weniger brutal umzugehen (vgl. S. 268 ff). Globocnik und Wirth wurden
nach Istrien versetzt, von wo aus sie Auschwitz mit
Juden belieferten. Am 31. Mai 1945 soll Globocnik
Selbstmord begangen haben.

Das zweite starke Motiv für die Wahl von Zamość
war dessen Lage nahe der östlichen Grenze des »Generalgouvernements«. Hier sollte ein weit vorgeschobe-
ner Stützpunkt des Deutschtums entstehen. Die
»Eindeutschung« des ganzen »Hinterlandes«, das
heißt Polens, bis zur Ostgrenze des Reiches wurde als
die Aufgabe kommender Jahre angesehen. In welchen
Perspektiven gedacht wurde, mag eine Bemerkung
des Generalgouverneurs zeigen, die er in einer
Arbeitssitzung am 16. Mai 1944 (!) gemacht hat:
*Im Laufe der kommenden Jahrzehnte werde sicher-
lich eine Intensivierung der deutschen Siedlungen stattfinden. Es sei sonnenklar, daß das
Weichselland genau so deutsch werde wie das Rhein-
land.*[74]

Das Zamość-Projekt konnte nicht so prompt in
Angriff genommen werden, wie es sonst bei Himmler-
Befehlen die Regel war, weil die Vernichtungslager
Bełżec, Sobibór und Treblinka den Anlieferungen
nicht mehr gewachsen, vorübergehend geschlossen
und ausgebaut werden mußten. Das geschah zwischen Juli und September 1942. In Sobibór wurde nun
ein 200 PS starker Achtzylindermotor aus einem
Sowjetpanzer in Betrieb genommen. Er lieferte eine
Mischung aus Kohlendioxid und Kohlenmonoxid.
Jetzt wurde auch in Treblinka der neue Gasraum
gebaut; der Giebel der Außenseite zeigte einen David-
stern, am Eingang hatte Globocnik einen gestickten
Vorhang anbringen lassen, der aus einer Synagoge
gestohlen war und auf dem in hebräischer Schrift zu

lesen war: »Das ist das Tor, durch das die Gerechten schreiten.«

Um seine deutsche Großsiedlung endlich zu verwirklichen, erließ Himmler am 12. November 1942 die »Allgemeine Anordnung, Nr. 12, c«: *Auf Grund des Erlasses des Führers und Reichskanzlers vom 7. 9. 39 und der Führerweisung über die verantwortliche Führung der Bandenbekämpfung durch den Reichsführer SS und Chef der Deutschen Polizei vom 18. 8. 42 ordne ich an:*

1. *Die Kreishauptmannstadt Zamość wird zum ersten deutschen Siedlungsbereich im Generalgouvernement erklärt. [...]*
2. *Der Bereich soll die neu gesicherte Heimat werden für*
   a) *Umsiedler aus Bosnien*
   b) *gefährdete volksdeutsche Umsiedler aus den besetzten Ostgebieten* [= aus der UdSSR, Anm. d. Verf.]
   c) *Volksdeutsche und Deutschstämmige aus dem übrigen Generalgouvernement [...]*
   d) *sonstige Umsiedlergruppen, die ich für den Ansatz in diesem Bereich im einzelnen bestimme*
3. *Für dieses Jahr bis zum Sommer 1943 sind zunächst Stadt und Kreis Zamość deutsch zu besiedeln.*
4. [...]
   b) *Die notwendigen Aussiedlungen von Polen aus diesem Bereich führt mein Vertreter im Generalgouvernement in seiner Eigenschaft als Staatssekretär für das Sicherheitswesen durch.*
5. *Für den Bereich werden Landgestaltungspläne aufgestellt. Die Landgestaltung bezweckt die Festigung des deutschen Volkstums im Siedlungsbereich.*[75]

Natürlich war das Projekt Zamość zwischen Himmler und Heydrich in dem seit dem ersten Befehl im vergangenen Jahr oft besprochen worden, handelte es sich doch um eine Herzensangelegenheit des Reichsführers. Man hatte unter anderem beschlossen, vor der Evakuierung eine Klassifizierung der Einwohner vorzunehmen: Wer ins Reich als Arbeitskräfte abzuschieben, wer an Ort und Stelle weiterzuverwenden und wer ganz auszurotten sei. Und wie sollte mit Kindern verfahren werden? Dazu bedurfte es der Einteilung in »Wertungsgruppen«. Sie aufzugliedern und sich in Praxis daran zu halten wäre mittels einer Grobsichtung möglich gewesen, wäre da nicht von Globocnik schon 1941 die Aktion »Fahndung nach deutschem Blut« begonnen worden. Ihr Sinn war: *Alle wertvollen Menschen deutscher Abstammung sollen dem deutschen Volkstum zurückgewonnen werden, um*

a) dem polnischen Volk seine Führungs- und Leistungsschicht zu nehmen

b) das deutsche Volk wert- und zahlenmäßig zu stärken und so zu einem kleinen Teil die Blutverluste des Krieges auszugleichen.[76]

Das Zitat stammt aus einem fünf Seiten langen Schreiben der Volksdeutschen Mittelstelle an Himmler vom 30. Juni 1943. Darin heißt es weiter, man müsse sich allerdings darüber klar sein, daß das deutsche Bewußtsein bei den meisten Deutschstämmigen völlig verschüttet sei, so daß in der ersten Generation der Auszusondernden nur eine Herauslösung aus dem polnischen Milieu erreicht werden könne, *die Schwerkraft der Wiedereindeutschungsmaßnahmen somit bei den Kindern zu liegen* habe.

Es ging demnach nicht nur darum, die Polen hinsichtlich ihrer Funktion als Arbeitssklaven organisatorisch in den Griff eines Wertungssystems zu bekommen, sondern auch um die weit schwierigere Aufgabe, die bisherige Einwohnerschaft des künftigen deutschen Siedlungsgebietes daraufhin zu durchleuchten, ob sich darin eine Minderheit befinde, die als »eindeutschungsfähig« anzusehen sei. Sollten die Fahnder nach deutschem Blut fündig werden, so mußten anschließend jene Polen, nunmehr als potentielle »Volksdeutsche« eingestuft, in ein weiteres, nur für diese Minderheit erfundenes Bewertungssystem eingeschleust werden, genannt die »Deutsche Volksliste« mit ihren vier Abteilungen. Wir haben zu beschreiben, wie die beiden Klassifizierungssysteme, die sich nur in den Prozeduren berührten, denen »eindeutschungsfähige« Polen unterworfen wurden, in der Praxis funktionierten. Auf dem Papier erschienen sie wie aus dem Material gemacht, woraus der Code Civil Napoleons oder unser Bürgerliches Gesetzbuch seine Überzeugungskraft herleitet. In der praktischen Anwendung erwiesen sich die SS-Raster, vom Rassebegriff nicht loskommend, aus Schaumgummi, und alle sich darauf beziehenden Entscheidungen wurden nach Laune getroffen: Die theoretischen Systeme waren fiktiv.

Vom Siedlungsgebiet Zamość wurde an Hand polnischer Gemeindeunterlagen angenommen, es sei 35 000 Hektar groß. Als für die Landgestaltungspläne nachgemessen wurde, zeigte sich, daß es 45 000 Hektar umfaßte. Der sofort aufkommende Verdacht, die Polen hätten 10 000 Hektar unterschlagen, um auf dieser nicht gemeldeten Fläche landwirtschaftliche Erträge zu erwirtschaften, mit denen sie ihre eigene Versorgung verbessern und den schwarzen Markt beliefern konnten, dürfte zutreffend gewesen sein. Das Plus von 10 000 Hektar erlaubte, dreihundert Siedlerstellen mehr als vorgesehen einzuplanen.

Zwischen November 1942 und März 1943 wurden 116 Dörfer geräumt und 41 000 Polen »mittels Treck bzw. LKW« einem Sammellager zugeführt, und zwar in der Zusammensetzung, in der sie aus ihren angestammten Wohnorten herausgeholt worden waren, also noch in Familienverbänden mit Frauen, Kindern und allen sonstigen Familienangehörigen und Hausgenossen. 41 000 Polen waren damit zu Gefangenen geworden, wurden bewacht, miserabel ernährt. Die Baracken – es war Winter, polnischer Winter! – waren zum Teil nicht einmal mit Öfen ausgestattet, wo es Öfen gab, fehlte es an Brennholz. Den Polen war nicht gesagt worden, warum sie in dieses Lager eingeliefert wurden und was man mit ihnen vorhatte. Das schälte sich erst allmählich heraus. Nach den vom Rasse- und Siedlungshauptamt erarbeiteten Kriterien wurde dieser »Völkerbrei« nach und nach in verschiedene Töpfe abgefüllt.

Die Arbeitsanweisung für das Polensammellager Zamość anläßlich der Aussiedlungen im Kreise Zamość vom 21. November 1942, herausgegeben vom Chef der Sicherheitspolizei und des SD, Umwanderungszentralstelle Litzmannstadt, Zweigstelle Zamość, abgezeichnet von SS-Obersturmbannführer Krumey gibt mit aller wünschenswerten Klarheit Auskunft , nach welchen Gesichtspunkten die Polen zu verteilen waren: *Die Polen der Wertungsgruppe I und II werden zur Wiedereindeutschung über das Lager RuS-Außenstelle Litzmannstadt ins Altreich vermittelt.*

Dabei handelt es sich um jene Minderheit, bei der die Fahnder nach deutschem Blut im Chaos des Sammellagers weiß Gott auf Grund welcher Anzeichen auf »Wiedereindeutschungsfähigkeit« glaubten schließen zu dürfen. Diese Polen gingen also auf Zwangstransport in die Reichshauptstadt; dort werden wir ihnen wieder begegnen. Die Arbeitsanweisung läßt nicht erkennen, ob der Abtransport dieser »Wertungsgruppen I und II« noch die Familienstrukturen unverletzt ließ; dafür spricht, daß es ein Dokument gibt, in dem es heißt, die Polen hätten es als vorteilhaft angesehen, wenn sie in die Gruppen I und II aufgenommen wurden.

Ihnen standen an Arbeitskraft die Polen der »Wertungsgruppe III« nicht nach, ihnen fehlte nur die Qua-

146

lität der »Wiedereindeutschungsfähigkeit«: *Aus den Familien und Personen der Wertungsgruppe III werden, nachdem die für den Kreis Zamość notwendigen Arbeitskräfte herausgezogen worden sind, die* [übrigen] *Arbeitseinsatzfähigen ausgewählt – ohne arbeitsunfähigen Anhang – und in Sonderzügen zum Arbeitseinsatz nach Berlin verbracht.*

Hier begann also die Ausgliederung der arbeitsfähigen Männer und Frauen aus dem Familienverband, doch gab es noch Ausnahmen: *Familien, die als gute und beste Wirtschafter bezeichnet werden, sollen zur Besetzung von »Z«-Höfen zurückgestellt werden.*

»Z«-Höfe entstanden durch Zusammenlegung kleinerer polnischer Wirtschaften in evakuierten Dörfern des Siedlungsgebiets. Die »Z«-Höfe bildeten den Kern eines »Z«-Dorfes, in dem die Arbeitspolen, das heißt das Gesinde der deutschen Siedler, untergebracht wurden, das somit seine Arbeitskraft auf die eigene und die benachbarte deutsche Wirschaft aufzuteilen hatte. Die polnischen Familien auf den »Z«-Höfen bekamen einen garantierten Lohn und ein Arbeitsbuch. Sie hatten in mancher Hinsicht ein Glückslos gezogen, lebten unter einem Dach, wenn auch nicht mehr im Heimatdorf, so doch nahebei – und blieben bis ins Jahr 1944 hinein ziemlich ungeschoren. Die deutschen Neusiedler hielten ihre Arbeitspolen bei Laune.

Nun gab es aber in der »Wertungsgruppe III« eine große Anzahl von Arbeitseinsatzunfähigen, die entweder sehr alt oder sehr jung oder zu krank waren, um arbeiten zu können. Sie alle wurden in *Sondertransporten in sogenannte Rentendörfer verbracht.* Darunter verstand die Umwandererzentralstelle nichtevakuierte Dörfer am Rand des Siedlungsgebietes, deren Bewohner gezwungen wurden, zusammenzurücken und die Kinder, die Alten, die Kranken aufzunehmen und zu versorgen: sämtliche Kinder bis zu 14 Jahren (ab 14 galten sie als arbeitsfähig) und alle Personen über sechzig Jahre.

Es ist unklar, wie dieser noch der »Wertungsgruppe III« zugerechnete Personenkreis abgegrenzt wurde gegen die *Wertungsgruppe IV: Familien und Personen der Wertungsgruppe IV werden als Arbeitskräfte nach Birkenau überstellt.* Birkenau brauchte keine Arbeitskräfte, wer dorthin »überstellt« wurde, kam nicht ins Lager, sondern wurde sofort vergast.

Die Arbeitsanweisung enthält minutiöse Vorschriften über die karteimäßige Erfassung aller Ausgesiedelten, die im Sammellager zusammengetrieben worden waren. *Für jede Sondereinteilung* war eine eigene Kartei anzulegen und wie folgt zu kennzeichnen: *WE = Wiedereindeutschungsfähig / AA = Arbeitseinsatz Altreich / RD = Rentendörfer / KI = Kinderaktion / AG = Arbeitseinsatz Generalgouvernement / KL = Lager Birkenau.*

Waren Kinder unter sechs Monate alt, durften sie von ihren Müttern nicht getrennt werden. Waren sie älter als ein halbes Jahr, jedoch noch nicht alt genug, um mit den Großvätern in die Rentendörfer abgeschoben zu werden, so wurden sie in SS-Kinderheime eingewiesen, die sich vorwiegend im Reich befanden. *Um die Polen bei der Trennung der Kinder von den Eltern usw. zu beruhigen, muß den Polen, bevor mit der Trennung begonnen wird, die anliegende Erklärung* [liegt der Fotokopie nicht bei, Anm. d. Verf.] *mit der notwendigen Erläuterung in polnischer Sprache bekanntgegeben werden. Evtl. sind Vervielfältigungen herzustellen. Bei der Trennung der Kinder ist besonders dafür zu sorgen, daß für die Kleinkinder genügend Betten, Decken, Kinderwäsche mitgegeben werden.* [77]

* Dem Verfasser ist kein zweiter SS-Befehl bekannt, in dem die Übersetzung purer Verbrechen in eine harmlos klingende deutsche Behördensprache so perfekt gelungen wäre. Der volle Wortlaut, der sich noch auf die den Ausgesiedelten erlaubte Geldmenge (20 Złoty = 10 RM) und auf Einzelheiten der mit der Generaldirektion der Ostbahn in Krakau abgesprochenen Transportmittel bezieht, verstärkt diesen Eindruck noch.

Mitzugeben auf den mehrtägigen Bahntransport ins Reich! Die bürokratische Pedanterie, die aus dem zitierten Dokument spricht, einer Art Magna Charta der Aus- und Einsiedlung, steht im Widerspruch zu der überraschenden Tatsache, daß die Evakuierung und der Abtransport bestimmter »Wertungsgruppen« bereits vor Mitte November praktisch in Gang gesetzt worden waren. Es liegt ein Fernschreiben vom 26. Oktober 1942 an Krumey vor, an eben jenen Obersturmbannführer, der die zitierte Arbeitsanweisung vom 21. November unterschrieben hat: *Zur dort. Kenntnisnahme wird mitgeteilt, daß beim Reichsverkehrsministerium an 2. 11. d. Jrs. wöchentlich 2 Transportzüge ab Zamosc nach Berlin / mit je 1000 Polen / und wöchentlich 3 Züge ab Zamosc nach Auschwitz / mit je 1000 Polen / beantragt wurden und auch zur Verfügung gestellt werden. Ich bitte daher, die Arbeiten so einzurichten, daß die Aktion programmgemäß [...] anlaufen kann.*[78]

Der SS-Untersturmführer Heinrich Kinna hat über einen Transport nach Auschwitz und über Probleme, die sich bei der Zuordnung der Polen zu den »Wertungsgruppen« ergeben haben, am 16. Dezember 1942 wie folgt berichtet: *Der Transport von 644 Polen wurde am 10. 12. d. Js., 16.00 Uhr in Zamość auf den Weg gegeben. Die Ankunft erfolgte am 12. 12. in Auschwitz gegen 23.00 Uhr. 3 Personen* [folgen die Namen, Anm. d. Verf.] *ergriffen auf offener Strecke während einer Fahrtunterbrechung auf dem Verschiebebahnhof in Krakau mit Hilfe polnischer Bahnbeamter, die die verschlossene Wagentür öffneten, die Flucht. Die sofort eingeleitete Suchaktion blieb erfolglos. Die restlichen fehlenden 11 Personen müssen, sofern die bei der Verladung in Zamość erfolgte Zählung stimmt, aus dem fahrenden Zug und zwar aus den oberen Luken der Güterwagen gesprungen sein. Es wird deswegen vorgeschlagen, künftig die nicht mit Türen versehenen Oberluken durch Stacheldraht zu sichern. Die Übernahme in Auschwitz erfolgte am 13. 12. 42, eine namentliche Verlesung fand nicht statt* [und war auch überflüssig, denn der ganze Transport wurde sofort getötet, Anm. d. Verf.].

Der Untersturmführer macht sich Sorgen, daß sich aus der vom RSHA angeordneten familienweisen »Gesamtwertung« ergeben könnte, *daß rassisch gut aussehende Menschen grundsätzlich, aber nicht fahrlässigerweise nicht mit der Wertungsgruppe II bedacht werden.* Man möge doch in solchen Fällen, in denen der Augenschein für Zuordnung zur Gruppe II spreche, die betreffenden Familien einer zweiten Prüfung unterziehen. Ohnehin sollten jedoch nur arbeitsfähige Polen angeliefert werden, um jede unnütze Belastung des Lagers in Zamość sowie des Zubringerverkehrs zu vermeiden. *Beschränkte, Idioten, Krüppel und kranke Menschen müssen in kürzester Zeit durch Liquidation zur Entlastung des Lagers aus demselben entfernt werden. Diese Maßnahme findet aber insofern eine Erschwerung, da nach Anweisung des RSHA entgegen der bei den Juden angewendeten Maßnahmen, Polen eines natürlichen Todes sterben müssen. Es wird dieserhalb von der Lagerführung gewünscht, von der Zuweisung Nichteinsatzfähiger Abstand zu nehmen.*

Den auf Transport gehenden Polen, die nur ein Stück Handgepäck mitnehmen durften, sollte gesagt werden, *daß alle weiteren Habseligkeiten mit der Begründung einer späteren Nachsendung in Zamość zurückgehalten werden,* wovon natürlich keine Rede sein könne, vielmehr sollte das zurückgelassene Eigentum *zur anderweitigen Verwendung zuständigen Dienststellen zur Verfügung gestellt werden.*[79]

Binnen weniger Monate rief die »Aktion Zamość« in der Bevölkerung des ganzen Bezirks Lublin eine so tiefe Beunruhigung hervor, daß sich sogar Globocnik veranlaßt sah, seinen Untergebenen anzuraten, etwas

unauffälliger zu arbeiten: *Da von den verschiedensten Stellen gegen die Umsiedlung mit der Begründung Stellung genommen wird, daß eine zu große
Beunruhigung der Fremdvölkischen eintritt und
dadurch die Produktion gestört wird, sind folgende
Maßnahmen getroffen:*

1. *Die Umsiedlung wird durch Mundpropaganda
als abgestoppt propagiert.*

2. *Von dem Termin, zu dem gesiedelt werden soll,
wird von keiner Stelle etwas verlautet. Planungen
gehen geheim vor sich.*

3. *Wird der Zeitpunkt der Ansiedlung nach der
Frühjahrsbestellung gelegt, damit die Fremdvölkischen noch den Anbau vornehmen und die Neusiedler bereits in den Genuß der Ernte kommen. Dies hat
den Vorteil, daß unter vorgenannten Voraussetzungen die Fremdvölkischen in allen Gebieten ihre Felder bestellen* [bevor sie evakuiert wurden, Anm.
d. Verf.] [...]

4. *Soll die Umsiedlung der Polen so vorgenommen
werden, daß die guten Elemente in, von der Sicherheitspolizei geräumten Gebieten, möglichst freiwillig angesetzt werden und die Umsiedlung unter dem
Titel »Herstellung der Sicherheit in den Bandenge-
bieten« läuft. Die schlechten Elemente werden nach
und nach abgezogen* [nach Birkenau, Anm. d. Verf.],
sofern sie nicht als Hilfsarbeiter Verwendung finden.

5. *Die Bekanntgabe des Zeitpunktes der Ansiedlung erfolgt erst am Tage der Umsiedlung.*

6. *Alle Dörfer werden im vorhinein mit Landwacht in allen aus Siedlern gebildeten Organisa-
tionsteilen besetzt, die, vorher eingeschult, eigene SS-
Kräfte ersparen sollen.*

7. *Ist beabsichtigt, den Siedlern eine Bestätigung
zu geben, wieviel sie an Haus, Hof, Vieh und Inventar
zurückgelassen haben, ohne hierfür eine verpflich-
tende Leistung einzugehen. Ob diese Leistung dann
einstens in Brasilien oder einer* [sic!] *im fernen Osten*

erfolgen soll, bleibt der Zukunft überlassen. Es soll den Ausgesiedelten nur das Gefühl gegeben werden, daß später einmal eine Vergütung ihres zurückgelassenen Eigentums erfolgt. / [gez.] Globocnik / SS-Gruppenführer und Generalleutnant der Polizei.[80]

Punkt 7, in dem Globocnik ausführt, er werde den Siedlern eine (fiktive) Bestätigung über ihr zurückgelassenes Eigentum geben – soweit sie es nicht mitnehmen konnten –, bezieht sich auf die Anzusiedelnden, das heißt auf diejenigen, um deretwillen die ganze »Aktion Zamość« in Angriff genommen worden ist, um sozusagen einen deutschen Pfahl in ein rein slawisches Wohngebiet einzurammen. Sie bedurften demnach einer besonderen Ermunterung, damit sie dem Lockruf folgten, schöne, leere Höfe stünden für sie bereit.

Nach Himmlers Vorstellungen sollten in der ersten Phase 27 000 volksdeutsche Umsiedler in den Raum Zamość kommen, in der zweiten 70 000. Die ersten Umsiedler trafen am 24. November 1942 ein. Bis Ende des Jahres hatten sich nicht mehr als 5000 eingefunden. Im Herbst 1943 berichtet Globocnik, im Kreis Zamość seien 1900 »Herdstellen« mit 8500 Volksdeutschen besetzt worden, in Zamość-Süd 1400 »Herdstellen« mit 5800. Damit sei der ganze Kreis Zamość-Land (ein Siedlungsgebiet von insgesamt 45 000 Hektar) von 16 000 Neusiedlern bewohnt, indes die »fremdvölkische Bevölkerung« von Zamość-Land und Lublin-Stadt noch immer rund 37 000 Köpfe ausmache. Die Stadt Zamość sei noch für 10 000 deutschstämmige Neusiedler aufnahmefähig. Zamość-Land und Lublin-Stadt könnten weitere 39 000 »Fremdvölkische« als Arbeitskräfte aufnehmen.

In einer Polizeibesprechung beim Generalgouverneur faßte Staatssekretär Krüger (SS-Obergruppenführer, Chef des Sicherheitswesens im Generalgouvernement) am 25. Januar 1943 die Erfahrungen mit

»Zamość« zusammen: [...] *Wir waren vernünftig genug, diese Maßnahme nicht zu überstürzen [...] Mit der Ansiedlung der Volksdeutschen in diesem Gebiet sind wir gezwungen, den Polen zu verjagen. Andererseits haben wir ein bedingtes Interesse daran, daß ein Teil der Polen hier uns erhalten bleibt. Es sind Polen, die im Hinblick auf ihre Einstellung uns gegenüber, im Hinblick auf ihre Leistung und im Hinblick auf ihre rassischen Werte aus diesem Raum nicht herausgenommen werden dürfen. [...]*

So hat sich diese ganze erste Aktion, polnisch-pro-pagandistisch gesprochen, auch wieder ungünstig ausgewirkt. Denn der Pole hat gesagt: nachdem der Jude vernichtet worden ist, versucht man mit den gleichen Methoden, den Polen aus diesem Raum herauszubringen und ihn ebenso zu liquidieren wie den Juden. Wir sind leider nicht in der Lage – das wäre eine Aufgabe der Propaganda –, dem Polen eine gewisse Aufklärung zu geben, damit er sich beruhigt. Soweit also der Pole minderwertig ist [...] verschwindet er im KZ, soweit er für uns im Raume wertvoll erscheint, bleibt er im Gebiet des Generalgouvernements und erhält an Grund und Boden das gleiche, was der volksdeutsche Siedler auch bekommt. [...]

[...] der Reichsführer hat angeordnet, daß die arbeitsfähigen Männer und Frauen ins Reich geführt werden. Die Familien als solche, die Kinder, die Großeltern oder die nicht mehr Arbeitsfähigen bleiben zurück. [...] Diese Maßnahmen haben natürlich eine ungeheure Unruhe erregt.[81]

Solche Erkenntnisse hatten noch keine grundsätzliche Überprüfung des gesamten Siedlungsprojektes zur Folge. Dazu kam es erst, als der polnische Widerstand, nicht zuletzt unter dem Eindruck der verbrecherischen Maßnahmen Himmlers und Globocniks im Bezirk Lublin/Zamość, massive Sabotageaktionen organisierte. Darauf wird später einzugehen sein, wenn die deutsche Herrschaft über Polen im Jahre

1944 die ersten tiefen Sprünge zeigt, die ihren gänzlichen Zusammenbruch ankündigten. Jetzt befinden wir uns noch im Jahr 1942 und haben den Polen der »Wertungsgruppen I und II« nach Berlin zu folgen, wo ihre »Eindeutschungsfähigkeit« einer Feinmusterung unterzogen wird. Hierfür lieferte die erwähnte Deutsche Volksliste, in vier Abteilungen gegliedert, das Bewertungsraster.

In ihrer ersten Fassung war die Volksliste eine Improvisation Himmlers vom September 1940. Das Reichsinnenministerium zog wie in zahllosen anderen Fällen zögernd nach und gab der Volksliste im Januar 1942 den gesetzlichen Rahmen. Ihr Zweck war, die »Eindeutschungsfähigen« zu sortieren und den Status der »Nichteindeutschungsfähigen« zu bestimmen. [Sie ging] *in Anknüpfung an die frühgermanische Zeit* [von] *blutmäßig bestimmten Unterschieden zwischen den Völkern und den einzelnen Menschen* [aus]. *Ihre Ungleichheit* [ist] *in ihren naturgegebenen rassischen, geistigen und körperlichen Anlagen begründet. Dementsprechend müssen die nach ihrem Wert für den Fortbestand des Volkes auch verschiedene Rechte und Pflichten haben.*[82]

In den Abteilungen 1 und 2 der Volksliste durften nur Angehörige der deutschen Minderheit aufgenommen werden, das heißt solche Volksdeutsche, die nachweisen konnten, daß sie sich vor Kriegsbeginn aktiv für das Deutschtum eingesetzt hatten. In diesem Fall wurde ihnen rückwirkend zum Oktober 1939 die deutsche Staatsangehörigkeit verliehen. Für Polen, für wie »eindeutschungsfähig« sie auch angesehen werden mochten, gab es dieses Privileg nicht.

Wir haben es nun also mit jenen Polen zu tun, die, im Sammellager in die »Wertungsgruppe I und II« aufgenommen, als »eindeutschungsfähig« angesehen und deshalb nach Berlin verbracht worden waren. Hier konnten sie die Aufnahme in die 3. Abteilung der Volksliste beantragen und wurden daraufhin psycho-

logisch und politisch überprüft. Bei positiver Einschätzung erwarben sie die deutsche Staatsangehörigkeit auf Widerruf. Bestanden sie nicht oder wurde
ihnen, was häufig vorkam, die deutsche Staatsangehörigkeit wieder aberkannt, so waren sie weit schlimmer dran, als wenn sie im Sammellager in Polen als
nicht »eindeutschungsfähig« beurteilt worden wären.
Sie waren jetzt, aus ihren Familien herausgerissen, im
politischen Sinne gänzlich heimatlos und wurden in
das polnische Sklavenheer im Reich eingereiht.
Soweit sie den Krieg überlebten, sahen sie erst im
Sommer 1945 die Heimat wieder.

Alle übrigen polnischen Staatsbürger – sie machten
zwei Drittel der Gesamtbevölkerung aus – wurden
ohne Antrag in die Abteilung 4 der Volksliste eingetragen, wodurch sie zu »Schutzangehörigen des Deutschen Reiches« aufstiegen. Diese Qualifizierung war
in jedweder Hinsicht wertlos und bot nicht den
geringsten Schutz gegen den Terror der SS. *Schutzan-
gehörigkeit diente demzufolge nur dazu, die Masse
der »Fremdvölkischen« irgendwie hinter der Fassade
eines scheinbaren Rechtsbegriffes unbegrenzten Dis-
kriminierungen zu unterstellen* [gemeint ist: auszusetzen, Anm. d. Verf.].[83]

In die 3. Abteilung der Volksliste wurden auch polnische Kinder aufgenommen, die von ihren Eltern
getrennt worden waren und nun in Erziehungsheimen
der SS im Reich (z. B. in der Organisation Lebensborn
e. V.) zu künftigen Deutschen umerzogen werden sollten. Die Ergebnisse enttäuschten die Erwartungen. In
einem ihnen völlig fremden Milieu, mit einer ihnen
zunächst gänzlich unverständlichen Sprache kon-
frontiert, sind viele dieser bemitleidenswerten Opfer
deutscher Rassenpolitik im ersten Jahr ihrer Entwur-
zelung gestorben.

Ein Erfolg wurde allerdings mit der Um- und
Ansiedlung erreicht und stolz verkündet: *Die durchschnittliche Milchablieferung in dem bisher angesie-*

delten Teil des Kreises Zamość betrug in den letzten Jahren ca. 35 000 Liter und hat im letzten Monat vor der Umsiedlung, im November v. J. [1942] *44 648 Liter erreicht. Trotz des durch die Umsiedlung bedingten verminderten Viehbestandes wurden durch die deutschen Ansiedler bereits im Januar 1943 89 564 Liter Milch abgeliefert, was einer etwa 100%igen Steigerung entspricht.*[84]

Die überlegene Qualität der Deutschen als Landwirte am Milchertrag im Kreis Zamość zu messen, verwandelte sich nach dem Krieg in die Häme über die unfähigen polnischen Bauern in den »verwalteten Gebieten« – wofür wiederum der Milchertrag herhalten mußte, der nunmehr (im Jahr 1948!) rückläufig war. In einem Buch eines der rabiatesten Antipolenhetzer in Westdeutschland, Peter-Heinz Seraphim, mit dem Titel *Ostdeutschland und das heutige Polen* (Braunschweig 1953) finden sich 87 graphische Darstellungen, die alle das Herrenrassenbewußtsein ihres Verfassers abstützen. Im Vorwort erfährt der Leser, die *Wirtschaft Polens wurde der deutschen Kriegswirtschaft dienstbar gemacht, zu diesem Zweck allerdings zum Teil stark ausgebaut.* Auf dem 62. Kartenblatt wird dann die »Milchleistung« graphisch dargestellt: einerseits 1937/39, also in den Vorkriegsjahren, in denen das Reich noch über die inzwischen im polnischen Staat aufgegangenen Ostgebiete verfügte, andererseits 1948, als die Besiedlung der heutigen polnischen Westgebiete noch längst nicht abgeschlossen war. Die Gegenüberstellung vermittelt dem Leser, daß eine deutsche Milchkuh durchschnittlich 3000 Liter pro Jahr geliefert habe, in Ostpreußen sogar 4000 Liter, wohingegen polnische Milchkühe 1948 im selben Gebiet (ohne Ostpreußen) es über 2000 Liter nicht hinausgebracht hätten, bei einem Schwund der gesamten Milchproduktion um mindestens die Hälfte.

Über die Milchkühe der Herrenrasse anvisiert, war

die Errichtung des ersten deutschen »Großsiedlungs-gebietes« im Kreis Zamość ein völlig gelungenes Experiment. Mit allen daraus erwachsenen Folgen kostete es die Polen etwa 50 000 Tote und verbreitete namenloses Elend in Abertausenden Familien.

Dawid Rubinowicz, 1940
zwölf Jahre alt

Wir haben bis jetzt die Täter mit ihren Verordnungen
und Verlautbarungen zu Wort kommen lassen und
sind ihren Handlungen nachgegangen. Jetzt wollen
wir die Stimme eines Opfers hören. Es ist die Stimme
des Judenjungen Dawid Rubinowicz, der mit seiner
Familie und vielen Anverwandten in einigen Dörfern
des Kreises Kielce lebte. Kielce liegt an der Straße von
Krakau nach Radom, von Krakau 120 Kilometer, von
Radom 80 Kilometer entfernt. *Baedekers Generalgouvernement* von 1942 weiß von Kielce, daß es
damals 80 000 Einwohner hatte, die Hauptstraße
Bahnhofstraße hieß und daß »das Stadtbild beherr-
schende Schloß« nunmehr eine »Schulungsburg der
NSDAP« sei. Kielce gehört zum Distrikt Radom, der
24 500 Quadratkilometer umfaßte und von 2,8 Millionen Polen bewohnt war. Daß davon 360 000 Juden
waren, findet im Baedeker Erwähnung mit dem Hinweis: *Die Zentralisation im Nationalitätenstaat des
ehemaligen Polen führte in Warschau zu einer Men-
schenballung von 1¼ Millionen, wovon 0,4 Mill.
Juden waren.*[85] [Hervorhebung d. d. Verf.].

Am 21. März 1940 legte Dawid ein noch fast leeres,
hellbraun eingebundenes Schulheft mit liniierten Seiten vor sich hin und begann ein Tagebuch zu schreiben. Fünf solcher Hefte sind erhalten geblieben. Die
letzte Eintragung vom 1. Juni 1942 bricht mitten im
Satz ab. Warum der nunmehr Fünfzehnjährige nicht
weiterschrieb, weiß man nicht; er hatte noch fast vier
Monate zu leben.

Aus Dawids Aufzeichnungen geht nicht hervor, ob
Vater, Mutter oder der Lehrer ihn veranlaßt haben
aufzuschreiben, was er erlebte. Eher ist anzunehmen,
daß er einem inneren Drang folgte, sich schriftlich

Rechenschaft über das täglich neu bedrohte arme Leben der Familie und der Verwandten zu geben, denn andernfalls hätte er damit nicht zwei Jahre durchgehalten. Dawid hat mit Tinte geschrieben, zuerst in einer jeden Buchstaben sorgfältig ausführenden großen Schulschrift, sechs Worte auf einer Zeile und nur 13 Zeilen auf der Seite; im zweiten Jahr wird die Schrift flüssiger und kleiner, auf der letzten Seite stehen rund 150 Wörter. Er muß sich bereits bei der ersten Eintragung bewußt gewesen sein, daß er ein richtiges Tagebuch führen wollte, denn über die erste Seite schrieb er in feierlichen Versalien: ROK 1940 (Jahr 1940). Sofern Dawid deutsche Anordnungen oder Verbote erwähnt, die den ganzen Kreis Kielce bzw. das ganze »Generalgouvernement« betreffen, kann ihm bestätigt werden, daß er ein sorgfältiger Berichterstatter war. Die Daten in seinen Heften stimmen mit denen, die in den entsprechenden deutschen Dokumenten festgelegt sind, überein. Wir erfahren die Namen vieler Nachbardörfer, nicht aber erwähnt er den Namen des Dorfes, in dem die Familie im Frühjahr 1940 wohnte. Die erste Eintragung vom 21. März 1940 lautet: *Frühmorgens bin ich durch das Dorf gegangen, in dem wir wohnen.* (S. 5) * [86]

Hier ist bereits der Ton des Chronisten angeschlagen. Dawid schreibt nicht für sich selbst – sonst wäre es ihm nicht eingefallen zu erwähnen, daß er durch

* Der polnische Verfasser eines kurzen Vorwortes der Tagebuchveröffentlichung spricht davon, die Aufzeichnungen des kleinen Dawid hätten ein weltweites Echo gefunden. Sollte es so gewesen sein, so gehört die BRD nicht zu dieser Welt. Dabei müßten sie hierzulande Pflichtlektüre der Schulkinder sein, nicht nur, weil hier ein Kind ein zeitgeschichtliches Dokument geschaffen hat, sondern vor allem, weil es aus den Jahren der deutschen Barbarei keinen zweiten Text gibt, den man mit gleichen Empfindungen der Ehrfurcht vor solchem Mut und solcher jeden Selbstmitleids baren Wahrhaftigkeit lesen kann – in Polen geschrieben, von einem polnischen Judenjungen. Daß es das Tagebuch der Anne Frank gibt, hebt in den Augen des Verfassers diese Bewertung nicht auf.

das Dorf gegangen sei, »in dem wir wohnen«. Er will festhalten, was sich zugetragen hat, damit es andere erfahren, wann immer das sein wird. Daß ein routinierter Reporter den Namen des Dorfes hingeschrieben hätte, Dawid aber nicht, gehört zu den Besonderheiten seiner Aufzeichnungen, an denen zu erkennen ist, wer da schreibt: ein hochintelligentes Kind, aber eben doch ein Kind; es reflektiert nicht intellektuell, sondern naiv. (Das Heimatdorf der Familie hieß Krajno, die Familie war vor Jahren aus Kielce dorthin gezogen.)

Dawid ging also durch sein Dorf und sah an der Mauer des Ladens, wo schon immer, auch vor der Besetzung, öffentliche Verlautbarungen angeschlagen worden waren, eine deutsche Bekanntmachung. Sie besagte, *daß die Juden überhaupt nicht mit Fuhrwerken fahren dürfen (mit der Eisenbahn war schon lange verboten).* (S. 9) (Die Verordnung des Generalgouverneurs, wonach der jüdischen Bevölkerung verboten war, öffentliche Verkehrsmittel zu benutzen, war am 26. Januar 1940 bekanntgegeben worden. Es dauerte zwei Monate, bis sie auch in kleinen Dörfern plakatiert wurde.)

Im April geht Dawid zu Fuß in vier Stunden nach Kielce und besucht einen Onkel. Dort sitzen sie alle traurig zusammen. Dawid erfährt, *daß Juden aus verschiedenen Straßen ausgesiedelt werden, und da wurde ich auch traurig.* Im Juli erkrankt er an Grippe, nach vierzehn Tagen ist er wieder wohlauf, *Tag für Tag werde ich froher nach dieser Krankheit. Wie auch die heutigen Tage immer froher und sonniger werden.* (S. 12) Während zweier Jahre gibt es nur sehr selten einmal einen Tag oder wenigstens eine Stunde, in der er, ein gesunder, lebhafter Junge, sich seines Lebens freut. Übrigens geht er nicht zur Schule, sie ist geschlossen worden; er lernt zu Hause. Er denkt daran, wie gern er in die Schule gegangen war. Daß er sich jetzt nirgendwo mit Gleichaltrigen treffen kann,

bedrückt ihn. Am ersten Jahrestag des Kriegsaus-
bruchs notiert er, neunzig Prozent der männlichen
Dorfbewohner seien arbeitslos. *Wir hatten eine Mol-
kerei, und heute sind wir ganz arbeitslos. Da sind nur
noch ein paar Vorräte aus der Zeit vor dem Kriege,
davon nimmt man noch, aber sie gehen doch schon
zu Ende, und dann wissen wir nicht mehr, was wir
tun werden.* (S. 14) Im Jahr 1941 beginnt das Frühjahr
sehr spät. Dawid notiert am 21. März, es sei noch
Winter und die Feldarbeiten könnten nicht getan werden. Er sieht deutsches Militär durchs Dorf fahren.
*Das meiste war Kavallerie. Ich stand am Fenster und
guckte dem Militär zu [...] Es machte Spaß, das zie-
hende Militär zu sehen, wo bei uns ganz selten Militär vorbeikommt.* (S. 15)

Am 1. April kommt ein Jude aus Kielce ins Dorf und
berichtet, in der Stadt werde ein Judenviertel eingezäunt. *Am selben Tag sind sogar schon Juden, die
irgendwelche Verwandten haben, aus Kielce raus und
zu ihren Familien gefahren. Wir aber haben fast die
ganze Familie in Kielce, was werden sie jetzt bloß
anfangen. Und die Teuerung wird doch gewaltig sein,
wie in anderen Städten, wo solche Viertel sind.* (S. 16)
(Der Stadtkommandant von Kielce, Hans Drechsel,
hatte am 31. März 1941 befohlen, ein Ghetto zu schaffen. Den Juden, die nicht freiwillig dorthin umzogen,
wurde angedroht, sie würden zwangsweise aus der
Stadt ausgesiedelt und dürften nichts mitnehmen,
weder Möbel noch Kleider noch Vorräte.)

Die Familie des Onkels und andere Verwandte
flüchten aus Kielce. Trotz des Verbots, Fuhrwerke zu
benutzen, werden Möbeltransporte ins Dorf organisiert. *Heute (3. April) kamen auch viel Fuhrwerke mit
Sachen angefahren. Abends, als wir dasaßen und uns
mit dem Onkel erzählten, kam ein anderer Onkel,
ich überlegte, wo sie nur bei uns bleiben werden*
(S. 17). Einer der Onkel zieht weiter ins Dorf Beczkow;
er ist Schneider und hat dort schon gearbeitet.

Offenbar aber findet dieser Onkel mit Familie kein Unterkommen, denn er kehrt nach Kielce ins Judenviertel zurück. *Wir machten uns große Sorgen, denn wir wußten, daß er dort nichts zu essen haben würde.* (S. 17)

Endlich wird es warm, die Feldarbeiten können beginnen. Die Inflation jagt auch die Preise für die Grundnahrungsmittel in die Höhe, binnen einer Woche steigt der Preis für ein Brot, bisher fünf Złoty, ums Doppelte. *Tausende gibt es, die nicht einmal die erste Mahlzeit haben. Fast jeden Tag kommen Briefe, daß man diesem oder jenem Lebensmittel kaufen möge, dabei können wir uns selbst nicht mal was kaufen.* (S. 18)

Mitte Juni kommen Gendarmen ins Dorf und machen Hausdurchsuchungen, auch bei den Rubinowicz. Offenbar finden sie einen Sack Getreide, einen Vorrat, der in jüdischen Haushalten nicht vorhanden sein darf. Der Vater muß zur Gendarmerie und kommt nicht zurück. Alle gehen dorthin, um zu erfahren, ob dem Verhafteten zu helfen sei. *Wir Kinder sind allein geblieben nur mit der Großmutter. Abendbrot haben wir gar nicht gegessen, um 12 Uhr habe ich mich schlafen gelegt.* (S. 20) Nach zwei Tagen ist der Vater zurück.

22. Juni: Es war noch dunkel, als Vater uns alle weckte und sagte, wir sollten horchen, was für ein furchtbares Getöse von Nordosten kam. Das war so ein Getöse, daß die Erde bebte. Den ganzen Tag war das Donnern zu hören. Gegen Abend kamen Juden aus Kielce vorbei und sagten, daß Sowjetrußland mit den Deutschen Krieg führt. (S. 22)

Im September wird Dawid zur Arbeit geholt, alle Juden zwischen zwölf und sechzig Jahren haben Zwangsarbeit zu leisten. Von der Verfügung, kein Jude dürfe das Ghetto in Kielce verlassen, wer es doch tue, werde mit dem Tode bestraft, erlassen am 15. Oktober 1941, erfährt man im Dorf am 1. November: *Diese*

*Nachricht hat mich sehr traurig gemacht, nicht nur
mich, sondern jeden Juden, der das gehört hat.* (S. 33)
(In der deutschen Ausgabe heißt es: »jeden Israeliten«,
aber es ist die Frage, ob es sich dabei nicht um eine
Übersetzungsflüchtigkeit handelt, denn an keiner
anderen Stelle verwendet Dawid diesen Ausdruck für
Juden.)

*12. Dezember: Gestern nachmittag ging ich nach
Bodzentyn, weil ich mir den Zahn plombieren lasse,
und ich wollte dort übernachten. Heute frühmorgens
kam Gendarmerie.* [Was Dawid Gendarmerie nennt,
ist die Sicherheitspolizei, Anm. d. Verf.] *Als sie die
Chaussee langfuhren, trafen sie einen Juden, der aus
der Stadt rausging, und sie haben ihn gleich erschossen, ohne jeden Grund, dann sind sie weitergefahren
und haben noch eine Jüdin erschossen. Auf dem Wege
nach Hause hatte ich große Angst ausgestanden, daß
ich sie vielleicht auch zufällig treffen würde, aber ich
habe keinen getroffen.* (S. 36)

Am frühen Morgen des 26. Dezember, der Vater war
gerade beim Anziehen, kommt ein Gendarm ins Haus
und befiehlt, fünf Juden zusammenzutrommeln. *Ich
bin losgegangen, sie zu verständigen. Sie waren auch
neugierig, wozu der Gendarm sie rief.* Der Gendarm
sagt, sie seien verantwortlich dafür, daß alle Juden
ihre Pelze, ob groß, ob klein, abliefern, und wenn sich
hernach in einem Haus noch ein Pelz fände, würden
alle fünf erschossen. *Der Gendarm hat bis 4 Uhr
nachmittags Zeit gegeben, um alle Pelze abzuliefern.
Um 4 Uhr kam der Gendarm und hat dem polnischen
Polizisten befohlen, er soll eine Liste schreiben über
die Pelze, die die Juden abgeliefert haben. Dann
haben wir sie in 2 Säcke gesteckt, 2 Juden haben sie
zu einem Bauern gebracht, der sie nach Bieliny zur
Ortspolizei bringen sollte.* (S. 38) (Weil die mangelhaft
ausgerüsteten deutschen Soldaten an der Moskau-
Front im Winter 1941/42 durch schwere Erfrierungen
teils wehruntauglich wurden, teils in den Feldlazaret-

ten starben, war ein Himmler-Befehl ergangen, im ganzen »Generalgouvernement« hätten die Juden ihre Pelzsachen abzuliefern.)

Vom Sekretär des Rates der älteren Juden in Daleszyce erfährt die Familie, dort seien tatsächlich fünf Juden erschossen worden, nachdem sie angezeigt worden waren, sie hätten Pelze versteckt. *Der Gendarm hat Befehl gegeben, sie in einem Loch auf dem eigenen Hof zu vergraben, das war der Vater, 3 Söhne und die Tochter.* (S. 39 f.)

Viehkontrolleure kommen ins Dorf, auf ihrer Liste steht, Dawids Vater habe eine Kuh; doch diese Kuh ist längst verkauft, der Stall ist leer. *Vaters Entschuldigungen haben nichts genützt [...], sie haben ihn auf einen Schlitten genommen und sind weggefahren. [...] Mutter und Bruder liefen dem Schlitten nach, aber sie konnten ihn nicht einholen.* Später kommt der Bruder angelaufen und berichtet, man habe den Vater laufenlassen: [...] *am Ende haben sie gesagt, er soll schon gehen, und da haben sie ihn noch mit einem Stock geschlagen.*

12. Januar: 1942 Gleich morgens ging ich Schnee wegräumen. Als ich mich wärmen ging, kam der Hilfsschulze und sagte, daß er beim Schulzen die Bekanntmachung gelesen hat, daß alle Juden ausgesiedelt werden und daß sie nichts mitnehmen dürfen, nur das, was sie anhaben. Wir waren so verstört durch diese Nachricht, daß wir nicht wußten, was mit uns geschah. Als der Vater kam, haben wir angefangen, Bündel mit Sachen zu packen, die wir nicht so sehr brauchen, und haben sie zu Nachbarn getragen für den Fall, wenn unerwartet ausgesiedelt wird. Der Vater wollte den Schrank verkaufen und andere Haushaltsgegenstände, aber kein Käufer war da. Käufer waren schon da, aber sie wollten nur für den halben Preis kaufen, aber der Vater sagte, er läßt die Sachen lieber stehen. [...] Am Abend kam ein Bauer und wollte den Schrank kaufen, aber er wollte nur

250 Złoty dafür geben und hat nicht gekauft. So ein Schrank soll jetzt mindestens 500 Złoty kosten. (S. 43 f.)

Im Januar heißt es, die Aussiedlung sei auf Mai verschoben worden. Mitte des Monats wird die ganze Dorfbevölkerung aus den Häusern geholt zum Schneeschaufeln. *Als ich Mittag aß, sah ich, daß derselbe Gendarm, der vorhin da war, die Straße langging. Ich lief aufs Feld raus und floh, weil ich dachte, daß er uns holen kam. Auf dem Feld habe ich mir gedacht, daß ich in ein anderes Dorf gehe und dableibe, bis sie weg sind [...], dann habe ich gesehen, daß der Gendarm in dieselbe Richtung ging wie ich. Ich konnte nicht weglaufen, weil er mich schon gesehen hatte. Ich habe mir die Armbinde abgenommen* [die alle Juden tragen mußten, vgl. S. 117, Anm. d. Verf.], *daß er mich wenigstens von weitem nicht erkannte. [...] Jeder kann sich wohl vorstellen, wie angst und bange mir war.* (S. 46 f.)

Die Sicherheitspolizisten haben sich bereichert. Sie haben drei Juden eingesperrt und ihnen gesagt, *daß jeder ihnen 100 Złoty gibt, dann werden sie sie rauslassen. Der Dorfschulze hat für sie gebürgt, und sie haben sie freigelassen.* Außer Mörder waren Angehörige der SS-Elite auch Gauner und Strolche. Einen anderen Juden schleppten sie mit: *Sie hatten ihn am Schlitten angebunden, und er mußte hinterherlaufen, vielleicht werden sie ihn erschießen, was kann man wissen [...] Wie viele Feinde auf so einen wehrlosen Hasen lauern.* (S. 48)

Anderntags erfährt man im Dorf, daß der junge Jude nicht Schritt halten konnte, daß sie ihn zunächst am Seil durch den Schnee geschleift und dann erschossen haben. Abends kam der Schulze auf einen Schnaps zum Vater. *Der Schulze sagte, daß alle Juden erschossen werden müßten, weil sie Feinde seien.* (S. 49) (Die Stelle ist unklar. Hat der Dorfschulze, vermutlich kein Jude, sondern ein christlicher Pole, seine eigenen

Ansichten wiedergegeben oder gewissermaßen die Deutschen zitiert?) *Wenn ich nur einen Teil von dem aufschreiben wollte, was der alles bei uns gesagt hat, aber das kann ich einfach nicht (S. 49).* (Auch dieser Satz ist noch zweideutig, wohingegen der nächste den Verdacht verstärkt, der Schulze habe gesagt, was er selbst dachte.) *Heute haben wir auch im Schnee gear-beitet, und Aufseher über die Juden war der Gemein-dediener.* (S. 49)

Der Dorfschulze ist korrupt; er verkauft »Kontin-gentmehl« (eine behördlich zugeteilte Mehlmenge zum Ausgleich der beschlagnahmten Getreideernten) und wird verhaftet. Im Dorf entsteht deswegen große Aufregung. *Die meisten Leute sind zufrieden damit, weil er vielen Leuten unrecht getan hat, besonders den Armen [...] Am Abend erfuhr ich, daß ein neuer Schulze gewählt wurde.* (S. 53f.)

Dawid begegnet dem Gemeindediener, der eine Bekanntmachung anschlagen will. *Das war gar keine Bekanntmachung, sondern eine Karikatur auf die Juden. Da ist ein Jude gezeichnet, wie er Fleisch durchdreht und in die Hackfleischmaschine eine Ratte hineinlegt. Ein anderer gießt aus dem Eimer Wasser in die Milch. Auf dem dritten Bild steht ein Jude, der mit den Füßen den Teig knetet, und Würmer kriechen über ihn und den Teig. Darüber steht: Der Jude ist ein Betrüger, Dein einziger Feind. Die Unter-schrift war so:*

> *Lieber Leser, Du sollst sehen,*
> *wie Dich die Juden hintergehen.*
> *Sie gießen schmutziges Wasser rein,*
> *und das soll Milch dann für Dich sein.*
> *Sie werfen tote Ratten rein,*
> *für Dich soll das dann Hackfleisch sein.*
> *Brot mit Würmern ist deswegen,*
> *weil sie den Teig mit Füßen kneten.*

Als der Gemeindediener das angeschlagen hatte, gingen gerade Leute vorbei und lachten so, daß ich

166

direkt Kopfschmerzen kriegte von dieser Schande,
die die Juden erleben. (S. 56)

Es wird ernst mit der Aussiedlung. Die Juden sollten in Orten zusammengezogen werden, die an Eisen-
bahnlinien oder Überlandstraßen liegen. Die Familie
kann sich aussuchen, ob sie nach Bodzentyn, nach
Daleszyce oder nach Bieliny gehen will. Der Vater war
unschlüssig, versucht es erst in Bieliny, bekommt
aber dort mit einem Juden Streit, der ihn nicht ins
Haus lassen will, kehrt zurück und entscheidet, nach
Bodzentyn zu ziehen.

In unserem Dorf ist fast kein Mensch, der uns nicht
bedauert. Manche wollen sogar nicht zu uns kom-
men, sie sagen, sie wollen sich nicht anderer Leute
Unglück ansehen. Aber nach dem Abendessen
kamen viele Bauern zu uns, sie wollten uns besuchen,
denn bald werden wir nicht mehr da sein. Als ich
dann so dachte, daß wir von hier wegmüssen, mußte
ich auf den Hof rausgehen, ich habe so geweint, daß
ich mehr als eine halbe Stunde dagestanden und
geschluchzt habe. Als ich etwas ruhiger war, ging ich
ins Haus. Die Bauern waren schon gegangen. Nur
zwei waren geblieben, die den Kuhstall kaufen woll-
ten. Einer wurde mit dem Vater einig, und morgen
will er kommen und den Stall auseinandernehmen.
(S. 64)

Immer, wenn Dawid zum Weinen war, zieht er sich
zurück, um den anderen keinen Kummer zu machen.

Am 12. März verläßt die Familie das Heimatdorf.
Der Vater hat einen Bauern bestellt, der ein Schlitten-
gespann besitzt. Gegen 5 Uhr früh ist der Schlitten
bepackt, man fährt ab. *Ich ging voraus ohne Arm-*
binde. Als ich rausging, da konnte ich kein Wort
sagen, so schwer war mir ums Herz. Fünf Kilometer
ging ich fast ohne Besinnung. Ich wußte nicht, wieso
ich so schnell gehen konnte. Den ganzen Weg konnte
mich der Schlitten nicht einholen. (S. 66)

In Bodzentyn wird die Familie freundlich aufge-

167

nommen. *Jeder behandelt uns gut, wie Brüder, von der Tante und dem Onkel schon gar nicht zu reden* (S. 67). Im Städtchen Bodzentyn wohnten vor dem Krieg etwa tausend Juden; sie waren Schuster, Schäftemacher, Schneider und Kleinhändler. Als die Rubinowicz in Bodzentyn ankommen, drängen sich dort bereits nahezu 4000 Juden zusammen. Sie leben nicht in einem Ghetto. Die Wohnungsverhältnisse sind fürchterlich. Unter den Juden gibt es täglich Tote; sie sind verhungert. Es ist kein Wunder, daß sich Juden gegenseitig bestehlen. Der Stall, in dem der Vater und der Onkel Geflügel und kleine Vorräte eingeschlossen haben, wird eines Nachts aufgebrochen, alles wird gestohlen, aber es gelingt, eine Spur zu finden. Beim Bruder des Diebes wurde das Brot, der Roggen, das Mehl gefunden, und die inzwischen geschlachteten Gänse. *Die ganze Stadt weiß schon von diesem Diebstahl. Der Polizei haben wir nichts gemeldet, davon wollten wir keinen Gebrauch machen, nur im Judenrat haben wir es gemeldet. Aber irgend jemand war doch bei der Polizei, und zwei Polizisten kamen. Der Vater wollte kein Protokoll machen und gab obendrein noch 25 Złoty, damit nur alles ruhig blieb.* (S. 73)

Mitte April werden sämtliche jüdische Haushalte von der Polizei durchkämmt. Was sie mitgehen läßt – Fahrräder, Kleider, Vorräte, auch Möbel –, füllt fünf Fuhren. Einige Juden scheinen sich gegen die stehlende Polizei gewehrt zu haben. *Der Schneider, dem sie die Felle weggenommen haben, ist furchtbar zusammengeschlagen, hat blaue Flecke im Gesicht und das ganze Gesicht geschwollen. Er saß auf der Fuhre wie eine Mumie. Nach Bieliny haben sie nur drei mitgenommen [...] noch einen Mann und seine Frau. Im Städtchen ist jetzt eine furchtbare Stimmung, denn immerzu sind Haussuchungen bei den Juden, und immer sind bei ihnen Schwarzwaren zu finden.* (S. 80)

168

Die Polizei hat an den gestohlenen Waren nicht genug; sie verlangt und erhält ein paar tausend Złoty, dafür läßt sie die Verschleppten, unter ihnen den Schneider, wieder frei.

Fast zwei Jahre führt Dawid schon sein Tagebuch und hat noch kein Wort über sein Verhältnis zum Vater verloren. Man hätte denken können, es sei gut gewesen. Am 1. Mai kehren Vater und Sohn aus dem Heimatdorf Krajno zurück, wo sie ein paar Zentner Kartoffeln hamstern konnten. Kaum wieder in Bodzentyn angekommen, verprügelt der Vater den Sohn aus nichtigem Anlaß. *Ich fing zu weinen an, nicht so sehr vor Schmerz wie vor Wut. [...] Wenn der Krieg nicht wäre, dann wäre ich nicht zu Hause, dann wäre ich schon lange bei irgendeinem Handwerk, und so muß ich nur leiden. Der Vater hat mich überhaupt nicht lieb, und es tut ihm auch nicht leid, wenn was passiert. [...] Der Vater streitet immer mit der Mutter, warum sie sich einmischt, wenn er mich schlägt. Es ist sogar zu einem ernsten Streit gekommen. Ich denke, ein Ehepaar sollte sich nicht so streiten wie meine Eltern, aber das ist nicht nur heute so. (S. 90f.)*

Als der Vater zum x-tenmal verhaftet und im Polizeiauto weggebracht wird, bedauert Dawid seine Eintragung vom 1. Mai: *Jetzt habe ich gefühlt, daß das, was ich geschrieben habe, daß er mich nicht lieb hätte, eine gemeine Lüge war. Wenn er wiederkommt, dann werde ich nicht so zu ihm sein. (S. 94)* Was bei dieser Razzia beschlagnahmt worden ist — erstaunlich genug, daß es noch immer etwas gibt, was beschlagnahmt werden kann! —, bekommt die Mutter zurück, nachdem die Schwester couragiert zur Polizei gegangen ist. Der Vater bleibt verschwunden. (Er war nach Skarzyski verbracht worden, mit ihm 150 andere Juden aus Bodzentyn und 2000 aus Kielce, weil dort für den Leipziger Rüstungskonzern Hugo Schneider AG eine Fabrik mit Lager errichtet wurde. In diesem Lager befanden sich im September 8000 Juden. Insgesamt wurden dort etwa 15 000 Juden hingebracht, von denen 10 000 die Arbeit und die Lagerverhältnisse nicht überlebt haben.)

Am 8. Mai wird in Bodzentyn eine zweite Razzia durchgeführt, um weitere Arbeitskräfte einzufangen. *Als ich auf der Treppe stand, sah ich 3 Autos ankommen, ich erkannte sie gleich wieder, es waren dieselben wie am Mittwoch. Gleich entstand Durcheinander, alle flohen aus den Wohnungen in den Wald, die Polizei hatte schon angefangen, die Menschen zu ergreifen. Die Tante kam und sagte, daß sie solche wie mich auch ergreifen. Ich begriff sofort, daß ich mich verstecken mußte. Ich ging zur polnischen Nachbarin und blieb dort [...] Diese Nachbarin sagte, daß sie in den Wald gegangen waren, und in dem Moment, als sie das sagte, hörten wir mehrere Schüsse. [...] Als die Autos wegfuhren, waren nur zwei voll, das dritte war leer. Abends bin ich beten gegangen, es ist doch Freitag heute. Es ist doch Feiertag. Als ich aber Vaters Platz sehe und er nicht dort sitzt, zerreißen mir Leid und Trauer das Herz.* (S. 97 f.)

Der Mutter gelingt es, mit dem Lager, in dem der Vater gefangen ist, telefonisch Verbindung aufzunehmen; sie hört, gegen ein paar hundert Złoty ließe sich vielleicht etwas machen. *Aber woher nehmen... Man muß das vom Leibe verkaufen. Aber es schadet nichts, wenn nur der Vater heil nach Hause kommt.* (S. 98)

Es fehlen noch fünfzig Mann; die jüdische Polizei soll sie »besorgen«. Diese fängt an, ihre eigenen Glaubensgenossen zu verschleppen. Zu Dawid kommen sie nicht. Ein Fahrradbote überbringt einen Brief vom Vater. Er sagt, er sei Aufseher über die Juden im Lager Skarzyski und der Vater bitte, irgend etwas zu verkaufen und ihn mit dem Erlös zu retten, 500 Złoty würden wahrscheinlich genügen.

Die Mutter will ein Stück Mantelstoff verkaufen oder versetzen. Sie bringt ein kleines Paket mit

Lebensmittel zum Judenrat, der erklärt hat, er wolle für die Zustellung ins Lager sorgen. Die Mutter treibt noch zwanzig Złoty auf, die sie dem Paket beifügt. *Die jüdische Polizei fängt auch heute Menschen, fast den ganzen Tag lang habe ich bei einem polnischen Jungen gesessen, zu Hause zu bleiben hatte ich Angst* (S. 101).

Aus dem Zwangslager werden 25 Kranke zurückgeschickt, aber der Vater ist nicht dabei. Der Päckchenverkehr mit dem Lager funktioniert noch ein paarmal über den Judenrat, aber die Lage in Bodzentyn wird immer kritischer. *15. Mai: Als ich am Fenster stand, sah ich ein Fuhrwerk mit Deutschen und irgendwelchen Zivilisten, die mit Handschellen gefesselt waren. Ein zweites, ein drittes, ein viertes. Die Deutschen waren stark bewaffnet, in Stahlhelmen, sie hatten Handgranaten und Maschinengewehre bei sich.* (S. 105)

Dawid passiert nichts, aber beim Onkel – also im selben Haus – holt die jüdische Polizei den einzigen Schrank ab mit der Begründung, der Onkel habe eine Steuer an den Judenrat nicht bezahlt. Der Onkel wehrt sich, es kommt zu einer Schlägerei, auf der Straße laufen die Menschen zusammen, die deutsche Polizei schießt über die Köpfe der Menge hinweg. *Bei der Schießerei war eine große Panik entstanden, jeder dachte, daß alles drunter und drüber ging. Nachmittags fuhren die Deutschen ab. Voraus im Auto, in der Mitte auf einem Auto waren Polen, gefesselt mit Handschellen, am Ende ein Auto mit Deutschen* (S. 106).

Der Vater macht immer neue Versuche, durch den Lagerarzt einem Rückkehrertransport zugeteilt zu werden. Vergeblich!

Am 1. Juni war es dann doch soweit: *Bei der Arbeit hörte ich ein Auto kommen und Gesang, da habe ich mir gleich gedacht, daß die Juden aus Skarzyski kommen. Ich rannte raus, und richtig, sie kamen angefah-*

ren, von weitem war zu sehen, wie sie mit Händen,
Mützen winkten, ich sah auch, wie mein Vater
winkte. [...] Vater hatte sich den Arm verletzt, des-
halb haben sie ihn rausgelassen. (S. 114f.)

An diesem Tag enden Dawids Aufzeichnungen.
Über die Rückkehr des Vaters vergißt Dawid fast,
das Wichtigste und Schrecklichste aufzuschreiben.
Heute morgen waren zwei jüdische Frauen aufs Land
gegangen, Mutter und Tochter. Zum Unglück fuhren
die Deutschen von Rudki nach Bodzentyn Kartoffeln
holen und sind ihnen begegnet. Als die beiden Frauen
die Deutschen erblickten, da begannen sie zu fliehen,
wurden aber eingeholt und festgenommen. Sie woll-
ten sie gleich auf der Stelle erschießen, aber der Dorf-
schulze ließ es nicht zu. Dann sind sie in den Wald
gegangen und haben sie dort erschossen. Die jüdische
Polizei fuhr gleich hin zu begraben. Als das Fuhrwerk
zurückkam, war es voll Blut. Wer

Das ist das letzte Wort im fünften Heft.

Im September 1942 wurden die Juden des ganzen
Bezirkes, auch die aus Bodzentyn, nach Suchedniów
gebracht, einer Bahnstation. Suchedniów und Kielce
waren die beiden Sammelpunkte, von wo aus die
Transporte nach Treblinka abgingen. Am 21. und
22. September 1942 – es war die Zeit des höchsten
jüdischen Feiertags Jom Kippur – wurden die auf dem
Marktplatz von Suchedniów zusammengetriebenen
Juden, etwa 4500, in Viehwagen verladen, die mit
Kalk ausgestreut waren. Die Last der Vollzüge durfte
800 Tonnen betragen, was bedeutete, daß die »Men-
schenfracht« 200 Tonnen ausmachte. In den Fahrplä-
nen wurden die Transporte in die Vernichtungslager
»Sonderzüge für Umsiedler« genannt. Sie verließen
Suchedniów täglich um 16.18 Uhr und trafen am
nächsten Tag um 11.24 Uhr in Treblinka ein. Die
Rückleitung des Leerzuges, der noch gereinigt werden
mußte, erfolgte am selben Tag ab Treblinka um 15.59

Uhr. Die Fahrpläne liegen für die Tage vom 21. bis 29. September vor. Unter den »Besonderen Anordnungen« der Generaldirektion der Ostbahn heißt es: *Die Bf.- und Bw-Vorsteher oder Vertreter haben aus besonderen Gründen die planmäßige Durchführung der Sonderzüge und die Lokgestellung zu überwachen.* Im Bild- und Faksimileteil der deutschen Ausgabe des Tagebuches sind die Fahrpläne wiedergegeben.

Auf das letzte Heft seiner Aufzeichnungen hatte Dawid seine Anschrift mit Hilfe eines selbstgefertigten Stempels aufgedrückt: D. Rubinowicz, Bodzentyn, Kielecka-Straße 13. Seine allerletzte Adresse war die Gaskammer von Treblinka, wo er zusammen mit der Familie ermordet wurde – mit einer an Gewißheit grenzenden Wahrscheinlichkeit am 23. oder 24. September 1942. Unzweifelhaft ist, daß die Vergasung stets am selben Tag stattgefunden hat, an dem der Transport angekommen ist.

Die SS – Mord, Raub
und Sklavenhandel

Sofern im öffentlichen Bewußtsein heute überhaupt noch an die SS eine ihre geschichtliche Funktion bewahrende Erinnerung vorhanden ist, wird sie bestimmt von der Vorstellung, die SS-Divisionen hätten sich im Kampf durch besondere Einsatzfreudigkeit hervorgetan. Daß die SS die Konzentrationslager errichtet und als die Stätten des Völkermordes betrieben hat, ist demgegenüber eher zu einem Faktum zweiten Ranges geworden; und daß sie außerdem eines der großen Wirtschaftsunternehmen des Dritten Reiches gewesen ist, weiß ohnehin kaum jemand.

Mit dem Ruhm, der auf dem Schlachtfeld erworben wird durch Mut und mit einem Angriffsgeist, der nicht fragt, ob er das eigene Leben kostet, ist es eine merkwürdige Sache. Der nachträglich meist als heldenhaft charakterisierte Einsatz wird zu einem Wert an sich. Die Frage, wofür dieser Einsatz geleistet worden ist, entfällt.

Im Zweiten Weltkrieg haben deutsche Truppen vom ersten Tag an, an dem sie in Polen eingefallen sind, für verbrecherische Ziele gekämpft. Das ist keine nachträgliche Erkenntnis, für die es irgendeine Rolle spielte, daß die Macht, die diesen Krieg vom Zaun gebrochen hat, ihn verlor. Jeder deutsche Soldat, der in Polen, in Holland, in Belgien, in Frankreich, in Norwegen, in Jugoslawien, in Griechenland und in der Sowjetunion mit der Waffe in der Hand einfiel, wußte, daß die Soldaten dieser Völker, auf die er schoß, nicht die Absicht gehabt hatten, das Reich zu überfallen, wußte, daß er nicht kämpfte, um das Vaterland zu verteidigen, sondern um andere Völker zu unterjochen.

Es gab keine verpflichtenden völkerrechtlichen

174

Gesetze, nach denen jeder Angriffskrieg eine verbrecherische Handlung dargestellt hätte. (Daß sich inzwischen zum Beispiel aus dem Nürnberger Prozeß entsprechende Vorstellungen entwickelt hätten, muß sehr bezweifelt werden.) Gleichwohl waren alle militärischen Handlungen, die sich zum deutschen Anteil am Zweiten Weltkrieg summieren lassen, verbrecherischer Natur. Daraus ergibt sich logischerweise, daß die Einsatzfreudigkeit des einzelnen wie des Kampfverbandes, zu dem er gehörte, direkt proportional zum Anteil am Gesamtverbrechen deutscher Kriegführung ist: Je heldenhafter sie kämpften, desto verbrecherischer handelten die Kämpfenden objektiv.

Kampfgeist und fanatische Einsatzbereitschaft sind ganz ausschließlich als Eigenschaften zu bewerten, die den objektiven Anteil am Gesamtverbrechen der deutschen Kriegführung erhöht haben. Je tapferer, um so verbrecherischer – das gilt auch für die Zeit, in der die deutschen Armeen zurückweichen mußten, etwa im Osten vor den sowjetischen, und so aus dem Angriffskrieg ein Verteidigungskrieg wurde, der aber nicht stattgefunden hätte, wenn er nicht zuvor als Angriffskrieg geführt worden wäre.

In dieses historische Licht haben wir die SS zu stellen, die so hervorragend gekämpft hat: *Demjansk, Rshew, Abwehrkämpfe am Mius, Ladogasee, Wolchow – jeder dieser Namen signalisierte militärische Höchstleistungen einer Truppe, die hüben und drüben einen legendären Ruf genoß, angesiedelt zwischen abergläubischer Furcht und neidvoller Bewunderung. Freund und Feind waren sich einig: In der Waffen-SS kämpfte ein Kriegertum, das von keiner anderen Truppe erreicht oder gar übertroffen wurde.*[87]

Nehmen wir an, es sei gewesen, wie es hier in einem Standardwerk über die SS beschrieben wird, so ist daraus keine andere Schlußfolgerung zu ziehen als die, daß die Waffen-SS in noch höherem Maße verbrecherisch gehandelt hat als etwa die Wehrmacht. Wer ein Ritterkreuz umgebunden bekam, war viel tiefer in das Gesamtverbrechen der deutschen Kriegführung verstrickt als der Soldat, der von jeder Auszeichnung verschont geblieben ist. Nun war freilich kaum einem bewußt, daß er als kämpfender Soldat der Komplize eines Mörderregimes war – obwohl es zu dieser Erkenntnis nicht mehr gebraucht hätte als ein bißchen Gerechtigkeitsgefühl und Humanität! –, und wer im Kampf nur Handlungen begangen hat, die sich damit rechtfertigen ließen, daß da ein Feind war, der niedergerungen werden mußte, der hat zwar objektiv, nicht aber unbedingt subjektiv verbrecherisch gehandelt.

Diese Unterscheidung wird in zeitgeschichtliche Rückblicke fast ausnahmslos derart eingebracht, daß bewiesener »Heldenmut« bewundert wird und die Frage: bewiesen wofür? nicht gestellt wird. Daß Kampfgeist und Einsatzbereitschaft ausschließlich auf der Negativseite der deutschen Kriegsbilanz verbucht werden müßten und um nichts in der Welt zwecks Entschuldigung oder Entschuldung vorgebracht werden dürfen – wer hat wenigstens nach Jahrzehnten den Mut aufgebracht, der Katze diese Schelle umzuhängen? Wer hat sich gegen die Auffassung gestellt, soldatische Tugenden seien ein Wert an sich? Was veranlaßt gewisse Autoren, zu jung, um im Ungeist des Nationalsozialismus erzogen worden zu sein, die »Heldentaten« der SS herauszustreichen, statt Augenzeugen dafür sprechen zu lassen, wie die SS für des Reiches Sicherheit »gekämpft« hat, als ihre »Helden« nichts riskierten, weil ihre Opfer nicht einmal ein Messer zur eigenen Verteidigung benutzen konnten? Solche Zeugen gibt es doch in großer Zahl! Zum Beispiel den Ingenieur Hermann Friedrich Gräbe, der von September 1941 bis Januar 1944 für eine Baufirma in der Ukraine tätig war und sich im Juli 1942 auf einer Baustelle in Rowno befand. Er hat unter Eid ausgesagt:

In der Nacht vom 13. zum 14. Juli 1942 wurden in Rowno alle Insassen des Ghettos, in dem sich noch ungefähr 5000 Juden befanden, liquidiert [...]

Kurz nach 22.00 Uhr wurde das Ghetto durch ein großes SS-Aufgebot und einer etwa 3-fachen Anzahl ukrainischer Miliz umstellt und daraufhin die im und um das Ghetto errichteten elektrischen Bogenlampen eingeschaltet. SS- und Miliztrupps von je 4 bis 6 Personen drangen nun in die Häuser ein oder versuchten einzudringen. Wo die Türen und Fenster verschlossen waren und die Hauseinwohner auf Rufen und Klopfen nicht öffneten, schlugen die SS- oder Milizleute die Fenster ein, brachen die Türen mit Balken und Brecheisen auf und drangen in die Wohnungen ein. Wie die Bewohner gingen und standen, ob sie bekleidet waren oder zu Bett lagen, so wurden sie auf die Straße getrieben. [...] Das Austreiben aus den Häusern ging in einer derartigen Hast vor sich, daß die kleinen Kinder, die im Bett lagen, in einigen Fällen zurückgelassen wurden. Auf der Straße jammerten und schrien die Frauen nach ihren Kindern, Kinder nach ihren Eltern. Das hinderte die SS nicht, die Menschen nun im Laufschritt unter Schlägen über die Straßen zu jagen, bis sie zu dem bereitstehenden Güterzug gelangten. Waggon auf Waggon füllte sich, unaufhörlich ertönte das Geschrei der Frauen und Kinder, das Klatschen der Peitschen und die Gewehrschüsse. Da sich einzelne Familien oder Gruppen in besonders guten Häusern verbarrikadiert hatten und auch die Türen mittels Brecheisen und Balken nicht aufzubringen waren, sprengte man diese mit Handgranaten auf. Da das Ghetto dicht an dem Bahnkörper von Rowno lag, versuchten junge Leute über die Schienenstränge und durch einen kleinen Fluß aus dem Bereich des Ghettos zu entkommen. Da dieses Gelände außerhalb der elektrischen Beleuchtung lag, erhellte man dieses durch Leuchtraketen. Während der ganzen Nacht zogen über die erleuchteten Straßen die geprügelten, gejagten und verwundeten Menschen. Frauen trugen in ihren Armen tote Kinder, Kinder schleppten und schleiften an Armen und Beinen ihre toten Eltern über die Straßen zum Zuge. Immer wieder hallten durch das Ghettoviertel die Rufe »Aufmachen! Aufmachen!« [...] Auf den Straßen, die ich passieren mußte, sah ich Dutzende von Leichen jeden Alters und beiderlei Geschlechts. Die Türen der Häuser standen offen, Fenster waren eingeschlagen. In den Straßen lagen einzelne Kleidungsstücke, Schuhe, Strümpfe, Jacken, Mützen, Hüte, Mäntel usw. An einer Hausecke lag ein kleines Kind von weniger als einem Jahr mit zertrümmertem Schädel. Blut und Gehirnmasse klebte an der Hauswand und bedeckte die nähere Umgebung des Kindes. Das Kind hatte nur ein Hemdchen an...[88]

Nach Mai 1945 wagten wenigstens die Sieger zu fragen, wofür die SS eigentlich gekämpft habe. Im ersten Nürnberger Prozeß untersuchte das Gericht sehr sorgfältig die Entstehung der SS aus zwei Wurzeln: der SS-Verfügungstruppe mit einem vierjährigen Waffendienst einerseits, den Totenkopfverbänden andererseits, die ursprünglich mit der Bewachung der Konzentrationslager beauftragt gewesen waren, ab 1934 aber in die Gesamtorganisation der SS eingegliedert wurden. Schon im Oktober 1938 mußten die Totenkopfverbände erheblich verstärkt werden, wie einer Aufforderung des Reichsführers an das Reichsfinanzministerium um Aufstockung der Betriebsmittel zu entnehmen ist:

Betr. Betriebsmittel für die SS-Totenkopfverbände
Auf Befehl des Reichsführers-SS wurden in den letzten Tagen aus der allgemeinen SS einberufen:
1) rund 4000 Mann zur Verstärkung der Bewachung der Konzentrationslager
2) rund 10 000 Mann zur Ausbildung als Polizeiverstärkung.

*Die durch diese Maßnahme bis Ende Oktober d. Js.
anfallenden Kosten betragen*

> *zu 1)   500 000,– RM*
> *zu 2) 1 100 000,– RM*
> *zus.   1 600 000,– RM*

*Dieser Betrag wird aus den Mitteln bereitgestellt wer-
den müssen, die im März d. Js. für Ausbildungs-
zwecke der Polizeiverstärkungen im Rechnungsjahr
1938 angemeldet worden sind (19 070 000,– RM).
Der Verwaltungschef der SS / [gez.] Pohl / SS-Gruppenführer*[89]

Aus der Verfügungstruppe entwickelte sich mit
ähnlichem Riesenwachstum eine zweite Armee, die
bei Kriegsende vierzig Divisionen mit fast 600 000
Mann umfaßte. Sie ist es, der man ihren militärischen Einsatz moralisch hoch anrechnet und die
man gegen die SS-Mörderbanden, welche die »Endlösung« durchgeführt haben, abzuschirmen sich
bemüßigt fühlte.

Das Nürnberger Gericht sah sich jedoch nicht in
der Lage, sich auf eine Unterscheidung der einzelnen SS-Organisationen einzulassen, aus der sich
deren prinzipiell verschiedene Teilnahme an verbrecherischen Handlungen hätten herleiten lassen: *Es
ist unmöglich, auch nur einen Teil der SS auszuson-
dern, der nicht an diesen verbrecherischen Handlungen teilnahm. Die Allgemeine SS nahm aktiv an
der Verfolgung der Juden teil und wurde als Quelle
für die Rekrutierung von Wachmannschaften für
die Konzentrationslager benutzt. Einheiten der Waffen-SS nahmen direkt an der Tötung von Kriegsgefangenen und an Grausamkeiten in den besetzten
Gebieten teil. Sie stellten Personal für die Einsatzgruppen und hatten Befehlsgewalt über die Wachmannschaften der Konzentrationslager, nachdem
die SS-Totenkopfverbände, die diese ursprünglich
kontrollierten, von ihr aufgesogen worden waren.*

Ebenso wurden verschiedene SS-Polizeieinheiten weitgehend bei den Greueltaten in den besetzten Ländern und zur Ausrottung der dortigen Juden verwendet. [...] Der Gerichtshof kommt zu dem Ergebnis, daß die Kenntnis dieser verbrecherischen Handlungen genügend allgemein war, um die Erklärung zu rechtfertigen, daß die SS eine verbrecherische Organisation [...] war.[90]

Für die kämpfende SS war die Sowjetunion das Kriegsgebiet, wo im schweren Kampf gegen einen militärisch gleichwertigen, nach Stalingrad überlegenen Feind ihre Erziehung zum Verbrechen erst voll zur Wirkung gekommen ist. *SPIEGEL*-Redakteur Heinz Höhne in besagtem Standardwerk: *Im Glauben an ihren Führer und den Endsieg jagten die SS-Verbände durch Rußlands Steppen, Sümpfe und Wälder, Helden und Opfer eines schauerlichen Kapitels menschlicher Irrungen und Wahnideen. Schlag auf Schlag meißelten sich die Soldaten der Schutzstaffel in die Tafeln der Kriegsgeschichte ein.*[91]

Man sieht die Marmortafel vor sich, auf der steht: Gefallen für Führer, Volk und Vaterland, Kämpfer für eine bessere Welt gegen Judentum und Kommunismus! Sollten dabei nur »menschliche Irrungen und Wahnideen« zum Tragen gekommen sein, dann erübrigte es sich, darüber nachzudenken, warum diese leider irrenden Menschen Deutsche gewesen sind. Sollte aber die eigentümliche Kampfmoral wirklich gar nichts damit zu tun gehabt haben, daß Deutsche eine Sache um ihrer selbst willen tun, egal, worin sie besteht und wozu sie dient? Wie wirkten sich denn diese »Irrungen und Wahnideen« auf die Männer der Waffen-SS aus?

Es ist erwiesen, daß die Erschießung von unbewaffneten Kriegsgefangenen in einigen Waffen-SS-Divisionen allgemeine Praxis war [...] Das Rasse- und Siedlungshauptamt der SS [...] war beteiligt an

der Deportierung von Juden und anderen Auslän-
dern. Einheiten der Waffen-SS und Einsatzgruppen
[...] waren auch an den weit verbreiteten Ermor-
dungen und Mißhandlungen der Zivilbevölkerung
der besetzten Gebiete beteiligt.[92] Vor allem in Polen
und in der Sowjetunion! Dort hat beispielsweise die
Einsatzgruppe A, tausend Mann stark, in den ersten
zwei Monaten nach Beginn des Rußlandfeldzuges
250 000 Zivilisten umgebracht, vom Säugling bis
zum Greis. Das macht im Schnitt 250 Morde pro SS-
Held.

Wozu kann es nützen, sich in romantischen Phra-
sen zu ergehen und von »Irrungen und Wahnideen« zu
sprechen statt, wie es das Nürnberger Tribunal getan
hat, klar zu sagen, um welche Verbrechen es sich
gehandelt hat? Sollen psychiatrische Gutachten politische Analysen ersetzen? Sollte der Paragraph 52/2
des Strafgesetzbuches der SS zugebilligt werden?
Gehörten diese wahnbesessenen Männer in eine psy-
choanalytische Behandlung? Oder waren sie nicht
vielleicht doch ein Mordgesindel, wie es Europa noch
nie gesehen hatte? Hätten sie nicht doch zu Abertausenden vor Gericht gestellt werden müssen, was freilich nicht geschehen ist? Alt geworden, sind sie unter
uns und feiern Kameradschaftsfeste! Zwar wurden
alle Dienstgrade der SS, soweit ihre Inhaber nach dem
1. September 1939 freiwillig der SS beigetreten waren,
der Mitgliedschaft an einer verbrecherischen Vereinigung bezichtigt, aber ein solcher Beschluß der Amerikaner konnte nur beim ersten Zusammenprall der
Welt mit der deutschen KZ-Mordlandschaft gefaßt
werden. Er blieb so gut wie folgenlos. Schon im
Nürnberger Prozeß gegen Göring und Co formierte
sich eine Phalanx von über 200 deutschen Rechts-
anwälten, von denen 136 Mitglieder der NSDAP
gewesen waren. Sie wurden die ersten Propagandisten der Schutzbehauptung, die Vernichtungslager
hätten auf dem Mond gelegen und kein Deutscher

habe eine Ahnung gehabt, daß es dergleichen gegeben habe. Wenn es eine »Auschwitz-Lüge« gibt, das ist sie!

Die nachfolgenden Prozesse gegen die obersten Führungsschichten wurden in zwölf Gruppen eingeteilt, in der vierten wurden mit dem Hauptangeklagten Pohl auch seine nächsten Mitarbeiter in der Verwaltungsbürokratie der Konzentrationslager vor Gericht gestellt. Damit näherte sich das US-Gericht dem Komplex: die SS als Wirtschaftsmacht. Der amerikanische Militärgerichtshof II verurteilte von den Funktionären des SS-Wirtschafts- und Verwaltungshauptamtes (WVHA) am 3. November 1947 Oswald Pohl und drei andere zu 25 Jahren, einen zu zwanzig Jahren und sechs zu je zehn Jahren Zuchthaus.

Vom höchsten Nationalgerichtshof in Warschau wurden vom Auschwitz-Personal außer dem Lagerkommandanten Höß noch 23 Verbrecher (von insgesamt vierzig) zum Tode verurteilt. Ein Angeklagter (Hans Münch) wurde freigesprochen. Die übrigen erhielten Zuchthausstrafen von 15, fünf und drei Jahren.

Mit dem sechsten Prozeß gegen die I. G. Farbenindustrie wurde das Problem der SS als Wirtschaftsmacht von der Seite ihres großindustriellen Hauptkunden als Abnehmer von Sklavenarbeitern aufgerollt. Wir werden sehen, mit welchem Erfolg! Die deutsche Zeitgeschichtsforschung hat es im allgemeinen nicht vermocht bzw. hat darüber bewußt hinweggesehen, die SS als Wirtschaftsmacht zu durchleuchten – wie sehr es diese Thematik auch verdient hätte.[93]

Immerhin bildeten die SS-Unternehmen einen auf Verbrechen gegründeten, vielgliedrigen Konzern, dem gegenüber sich die italienische Mafia unserer Tage nach allem, was man darüber weiß, in ihrem Organisationsgerüst und ihren Gewinnen bescheiden ausnimmt. In seinem Buch widmet Heinz Höhne der SS als Wirtschaftsunternehmen nur ein paar Seiten, aus denen nicht einmal ersichtlich wird, welche Größenordnung, in Geld ausgedrückt, das Geschäft mit dem Sklavenhandel und mit dem Judenmord angenommen hatte. (Wenn in diesem Kapitel verschiedentlich der unübliche Begriff »Mordraub« statt des üblichen »Raubmord« verwendet wird, so deshalb, weil der letztere den Mord meint, der um des durch ihn erst möglichen Raubes willen begangen wird, während die SS die Juden auch dann ermordet hätte, wenn damit keinerlei Gewinn für sie und für das Reich verbunden gewesen wäre. Die Beute war nicht das Motiv der Morde, sie ergab sich als erfreuliche Konsequenz aus der »Endlösung«.) Als die Todesfabriken installiert waren und ihrem Leistungsmaximum zustrebten, war es allerdings nicht mehr leicht zu entscheiden, wofür eigentlich die Gaskammern arbeiteten: für den Tod oder unter anderem für die 33 Tonnen Gold, die allein aus Auschwitz an die Reichsbank geliefert wurden und die sich zusammensetzten aus den Ringen und in den Kleidern der Deportierten eingenähten Goldmünzen bzw. Goldbarren sowie aus den Goldplomben, die aus den Gebissen der Toten herausgebrochen wurden.

Die Organisation der SS, nach dem Führerprinzip aufgebaut, hatte im Reichsführer SS Heinrich Himmler ihre Spitze; infolgedessen war er, formal betrachtet, in Personalunion auch der Aufsichtsrats- und Vorstandsvorsitzende des SS-Wirtschaftsunternehmens. Aber niemand – auch er selbst nicht – sah den Münchener Spießbürger in der pompösen schwarzen Uniform – bei Staatsauftritten mit Orden und Schulterband geschmückt – in dieser Rolle. Er selbst hat an dem Milliardengeschäft, dem er in absoluter Machtposition vorstand, keinen Pfennig verdient. (Als er für seine Geliebte, bevor sie von ihm das zweite Kind bekam, ein Unterkommen schaffen mußte, lieh er sich von Bormann 80 000 Mark, mit denen er dem grundbürgerlichen Mädchen bei Berchtesgaden ein Häuschen bauen ließ.)

Wovon Himmler überhaupt etwas verstanden hat außer davon, worin alle hohen NS-Führer Virtuosen waren: Aufbau und Absicherung der eigenen Karriere, ist schwer zu sagen; daß er aber keine Ahnung hatte, wie ein wirtschaftliches Großunternehmen zu führen sei, ist unbestreitbar. In Oswald Pohl, 1947 von einem US-Militärgericht zum Tode verurteilt und 1951 hingerichtet, hatte er dafür einen hervorragenden Fachmann. Pohl war im Ersten Weltkrieg Marinezahlmeister gewesen und im Dritten Reich zu einem der mächtigsten Männer des Regimes geworden. Als Chef des Verwaltungsamtes der SS, wo er organisatorische und finanzielle Angelegenheiten regeln mußte, hatte er seine NS-Laufbahn 1934 begonnen. Es gelang ihm, zusätzlich das Bauwesen der SS in die Hand zu bekommen. Auf dieser Basis schuf er 1940 sein eigenes Hauptamt Haushalt und Bauten.

Daß die Häftlinge in den Konzentrationslagern wirtschaftlich ausgewertet werden konnten, war schon Theodor Eicke klargewesen, dem Kommandanten des ersten deutschen KZ in Dachau (im Krieg Kommandeur der SS-Totenkopfdivision), aber die Entwicklung der Konzentrationslager vom Einschüchterungs- zum Produktionsbetrieb vollzog sich doch erst im Krieg. Pohl war der erste Organisator von gewinnorientierten SS-Unternehmen in Konzentrations- und Arbeitslagern gewesen, die er in einem zweiten Hauptamt Verwaltung und Wirtschaft zusammenfaßte. Den letzten Schritt, der ihn gleichrangig mit Heydrich und durch Zusammenballung von Wirtschaftsmacht sogar wichtiger als diesen werden ließ, vollzog er, als er seine beiden Hauptämter am 1. Februar 1942 zum SS-Wirtschafts- und Verwaltungshauptamt (WVHA) vereinigte. Dessen Organisationsplan mit seinen fünf Amtsgruppen umriß einen

184

Zuständigkeitsbereich, der von der Truppenverwal-
tung bis hin zur Waffenbeschaffung, Bauwesen, Konzentrationslagern und SS-eigenen Firmen und Fir-
mengruppen reichte.

Mit dem Chef der Amtsgruppe C Bauwesen, dem
Gruppenführer Dr. Ing. Kammler, hatte Pohl sich
einen führenden Mitarbeiter ins WVHA geholt, der
über ähnlichen Ehrgeiz und ähnliches Durchset-
zungsvermögen verfügte. Dessen Amtsgruppe C verblieb zwar im Organisationsstatut des WVHA, aber
Kammler machte sich von der Bevormundung durch
Pohl frei und baute in eigener Regie unterirdische
Flugplätze und Fabriken bis zu den Abschußrampen
der V 2 und den Gaskammern alles, darunter sogar ein
unterirdisches Führerhauptquartier in Thüringen.
Letzteres wurde von Himmler Anfang 1944 in Auftrag
gegeben: *Es sollte in die Felsenhänge auf den Trup-
penübungsplatz Ohrdruf in Thüringen eingebaut
werden. Der Reichsführer SS hatte befohlen, daß aus
Gründen der Geheimhaltung nur Häftlinge verwendet werden sollten* [die nach Abschluß der Arbeiten
liquidiert werden konnten, Anm. d. Verf.]. *Es sollten
ungefähr 30000 zum Einsatz kommen. Die Zahl
konnte man zusammenbringen – meist aus Auschwitz die aufgestapelten Juden. Die meisten kamen
schon in einem völlig heruntergekommenen Zustand
dort an* [...] *Wenn sie wirklich einige Tage oder gar ein
paar Wochen mühsam gearbeitet hatten, starben sie.
Dieser vom Reichsführer befohlene, von ihm wiederholt besichtigte Häftlingseinsatz hat Abertausende
von Menschenleben gefordert. Die Bauvorhaben wurden nicht mehr fertig. Kammler war damit belastet.
Kammler war unverwüstlich in der Arbeit, ideen-
reich und stand mitten in der Wirklichkeit. Persönlich lebte er sehr einfach und bescheiden in guten
Familienverhältnissen.*[94]

Kammler ging schließlich vom Errichten von
Kriegs- und KZ-Bauten zur Gründung eigener Rü-

stungsbetriebe über. 1942 beschäftigte er 175 000 Häftlinge.

Pohl konnte für das WVHA noch eine zweite Kraft gewinnen, der als Amtschef von D II (zuständig für den Häftlingseinsatz) hervorragende Arbeit leistete: den SS-Standartenführer Gerhard Maurer. *In jedem Lager setzte er einen ihm verantwortlichen Arbeitseinsatzführer ein, der den wichtigen Einsatz der Häftlinge in der Rüstung durchzuführen hatte. Dieser hatte alle Häftlinge in einer Berufskartei zu erfassen und striktest dafür zu sorgen, daß jeder Häftling auch seinem Können entsprechend eingesetzt wurde. Die meisten Schutzhaftlagerführer, Rapport- und Arbeitsdienstführer versuchten die Arbeit des von Maurer eingesetzten Einsatzführers zu sabotieren, weil sie weiterhin selbstherrlich über den Arbeitseinsatz ihrer Häftlinge verfügen wollten. Aber Maurer war sehr betriebsam, wach und hellhörig und ging scharf vor. Maurer hatte ein gerüttelt Maß an Arbeit: das ewige Drängeln vom Rüstungsministerium nach neuen Häftlingen, Auschwitz' ewiger Schrei nach Abtransport der viel zu vielen.*[95]

Die Vermietung der Häftlinge war eine der Säulen in der Selbstfinanzierung der SS, an der sie das Reich partizipieren ließ. Der Tageslohn für Sklavenarbeit, von dem die Sklaven nichts zu sehen bekamen, wurde anfänglich von Pohl ziemlich niedrig angesetzt.

Er schrieb am 26. Januar 1940 an den Reichsminister der Finanzen: *Im Rechnungsjahr 1940 werden dem Reich Einnahmen zugeführt werden aus der Verwendung von Häftlingen der Konzentrationslager für gewerbliche Arbeiten. [...]*

Es kann davon ausgegangen werden, daß beim Arbeitseinsatz im allgemeinen unter 5 Häftlingen sich einer befindet, der als vollgültige Arbeitskraft bezeichnet werden kann, während 4 nur als Hilfskräfte oder für bestimmte Verrichtungen angelernte Kräfte angesprochen werden können. Für die Arbeit

eines gelernten Häftlings schlage ich eine Tagesvergü-
tung von RM 1,10, für die eines ungelernten Häftlings
eine solche von RM 0,10 vor. Das ergibt einen Durch-
schnittstagessatz von RM 0,30. [...]

Bei den besonderen Eigenarten, welche der Einsatz
von Häftlingen der KL. für Arbeitszwecke aufweist,
lassen sich genaue Zahlen für die dem Reich erwach-
senden Einnahmen nicht ohne weiteres errechnen.
Unter Zugrundelegung von 300 Arbeitstagen werden
die Einnahmen für das Rechnungsjahr 1940 auf rd.
1½ Mill. geschätzt. [...]

Der Chef des Hauptamtes Haushalt und Bauten /
[gez.] Pohl / SS-Gruppenführer[96]

Daß sich die Entlöhnung der Häftlinge in sagen-
hafte Gewinne verwandeln ließ, erkannte später der
Finanzberater der Amtsgruppe W, Dr. Hohberg. Er
schrieb an Pohl am 18. Juli 1942: *Der Vorteil des billi-*
gen Häftlingstagelohns von 0,30 RM zeigt sich bei
den W-Betrieben, die Häftlinge beschäftigen, erst in
dem Augenblick, wo alle Häftlinge geschickt bei der
Arbeit angesetzt sind.

Wenn dieser Tageslohn von dreißig Pfennigen real
in die Preiskalkulation eingesetzt werde, ergäben sich
daraus derart niedrige Angebote, daß im betreffenden
Wirtschaftszweig Unruhe entstünde, denn Betriebe
mit normalen Lohnkosten könnten dann nicht mehr
mithalten. Dr. Hohberg schlug vor, den Sondervorteil
der niedrigen Häftlingslöhne nicht mehr in den End-
preis eingehen zu lassen. Künftig sollten die Häftlinge
von der Reichsführung SS den betreffenden Betrieben,
die Häftlinge beschäftigten, zu einem wesentlich
höheren Tageslohn vermietet werden, von dem jedoch
wie bisher nur 0,30 RM an das Reich abzuführen
seien. Die Differenz sollte sich beim WVHA ansam-
meln. Damit würden zwei Fliegen mit einer Klappe
geschlagen: Der betreffende Betrieb müßte eine normale Lohnkostenkalkulation aufstellen und das
WVHA käme zu Geld. In welcher Größenordnung,

das erläuterte Dr. Hohberg durch ein *rechnerisches Beispiel* an Hand der Produkte der SS-eigenen Gesellschaft für Textil- und Lederverwertung: Setze man eine Reichsmark Tageslohn ein, so blieben bei 8000 Arbeitstagewerken, die in zwei Schichten gefahren würden, monatlich 140 000 RM übrig, wenn der Häftlingslohn vom WVHA mit zwei Reichsmark veranschlagt würde, was im Rahmen üblicher Kostenkalkulationen möglich sei, so betrüge der monatliche Überschuß bereits 340 000 Reichsmark nur aus diesem einen Unternehmen, der an das SS-Hilfswerk Lebensborn e. V. abzuführen sei. Dr. Hohberg ließ seine Phantasie weiter spielen und stellte sich vor, daß einer der umsatzstärksten Betriebe der SS, die Deutschen Ausrüstungswerke, ebenfalls veranlaßt werden könnten, einen erhöhten Häftlingslohn an das WVHA abzuführen. In diesem Falle sei der Lebensborn e. V., der derzeit ein jährliches Defizit von 1,5 bis 2 Millionen Reichsmark abdecken müsse, *aus allen finanziellen Schwierigkeiten heraus.*[97]

Die Deutschen Ausrüstungswerke GmbH, Sitz Berlin, mit einem Stammkapital von 520 000 Reichsmark, unterhielt Produktionsbetriebe in Auschwitz, Buchenwald, Dachau, Neuengamme, Lemberg, Lublin, Ravensbrück, Sachsenhausen und Stutthof. Der Geschäftsbericht dieses SS-Unternehmens liegt für 1942 vor: Das Jahr habe einerseits wegen der Ausweitung der Produktion, andererseits wegen immer größerer Schwierigkeiten bei der Beschaffung der Rohmaterialien die Betriebsleitung vor enorme Probleme gestellt. Es sei jedoch gelungen, sogar alle geplanten, der Erweiterung der Betriebsanlagen dienenden Bauvorhaben, die in der Bilanz mit 1 468 592,83 Reichsmark ausgewiesen sind, durchzuführen, ohne die laufende Produktion zu beeinträchtigen. Wie viele Häftlinge die einzelnen Betriebe beschäftigten, geht aus dem Geschäftsbericht nicht hervor. Ihm ist jedoch zu entnehmen, daß 71 Angestellte in der Hauptverwaltung, 205 für alle Produktionsbetriebe, ausgereicht hatten. Offen blieb ferner, wie zahlreich die Bewachungsmannschaft für die Zwangsarbeiter gewesen ist. Es dürften, auf alle Außenstellen verteilt, kaum weniger als tausend Mann gewesen sein.

Aus der Liste der »hauptsächlichen Produktion« von 1942 seien hier nur aufgeführt: *4000 kompl. Garnituren Siedlermöbel und Büroeinrichtungen; 14 000 Stück Fenster und Türen; 540 000 in den Schlossereien hergestellte Einzelteile wie z. B. Beschläge; 266 000 Artillerie-Patronenhülsen wurden instandgesetzt; 137 000 qm Dachpappe; Hunderte von Zimmereinrichtungen für gehobene Ansprüche für SS-Führer, Genesungsheime usw.*[98]

Der Reingewinn 1942 beläuft sich auf 1 948 441,02 Reichsmark.

Die SS hatte ihre Eier in die verschiedensten Nester gelegt: Haus- und Grundbesitz GmbH; Deutsche Heilmittel GmbH; Gesellschaft für das deutsche Buchwesen; Ostindustrie GmbH (abgekürzt Osti), eine Neugründung zur »Verwertung jüdischen Restvermögens und der jüdischen Arbeitskraft im Generalgouvernement«; Deutsche Erd- und Steinwerke GmbH; Heinrich Mattoni AG, einer der zahlreichen Mineralwasserhersteller in der Tschechoslowakei, die von der SS beschlagnahmt worden waren bei der Besetzung des Landes. Auch die Apollinaris-Betriebe in Bad Neuenahr waren ein SS-Unternehmen. Zur Durchführung von Beerensammelaktionen für eine Getränkefirma Vitaborn war in der Slowakei eine eigene Firma gegründet worden. In diesen Bereich gehört auch die Deutsche Lebensmittel GmbH, Sitz Berlin, Stammkapital 750 000 Reichsmark. Des weiteren wurden von der SS eine Selchwaren- und Konservenfabrik betrieben. In Brünn unterhielt sie ein Werk für Deutsche Edelmöbel, das über das erhebliche Grundkapital von 2,5 Millionen Reichsmark verfügte. Die Verkaufsniederlassung befand sich in Prag. Die Gesellschaft zur Förderung und Pflege deutscher Kulturdenkmäler e. V. mit Sitz in Kranichfeld/Thüringen und die Erholungsheime für naturgemäße Heil- und Lebensweise, die ihre Zentrale ebenfalls in Kranichfeld hatten, seien erwähnt. Die SS betrieb eigene Verlage (Nordlandverlag und Völkischer Kunstverlag) und unterhielt unter der Tarnbezeichnung »Anton Leibl GmbH« eine Verwertungsgesellschaft für gestohlene jüdische Patente, die laut Geschäftsbericht von 1943 *immer noch erhebliche Beträge für Ahnenerbe und Lebensborn erbringt.*

In der Tschechoslowakei lagen die SS-eigenen Keramischen Werke Bohemia, in Allach bei München gehörte ihr die Porzellan-Manufaktur. Im »Generalgouvernement« betrieb sie mit fünf Zweigwerken die Klinker-Zement GmbH, zu der die Portland-Zementwerke gehörten, und in Prag zur Erzeugung von Baumaterialien aller Art die Prager Baumaterialien-Fabriken AG. Als diese Auflistung des Gesamtkonzerns vorgenommen wurde, stand das WVHA gerade mit dem preußischen Finanzminister in Verhandlungen über die Übernahme der Fachinger-Mineralquelle, womit, wenn die SS zum Ziel gekommen wäre – 1943 war es dafür zu spät –, sie praktisch über ein Mineralwassermonopol in Mitteleuropa verfügt hätte.[99]

Mit Ausnahme von fünf Betrieben befand sich das jeweilige Kapital zu hundert Prozent in Händen der WVHA. In einer nicht ganz vollständigen Aufstellung ist der Umsatz der Betriebe im Jahre 1942 mit 76 Millionen Reichsmark angegeben. Das entspricht nach heutigem Geldwert rund einer halben Milliarde Mark.

Wenn auch in allen SS-Betrieben die eigentliche Handarbeit von Häftlingssklaven geleistet wurde, so handelt es sich im Prinzip doch noch um Unternehmen, in denen zwischen Arbeit und Produktion ein funktionaler Zusammenhang bestand. Es ist anzunehmen, wurde aber offenbar von keiner Stelle damals durchgerechnet, daß der eine oder andere SS-Großbetrieb auch dann gewinnbringend hätte produzieren können, wenn er erheblich weniger deutsche Arbeiter zu normalen Löhnen beschäftigt hätte als Häftlinge, die in ihrem erbärmlichen Ernährungszustand natürlich eine normale Tagesleistung nicht erbringen konnten.

Die SS bezog ihre Betriebsmittel – wenn man das so nennen darf – aber durchaus nicht nur auf eine Weise, die noch gewisse konventionelle Züge des Wirtschaftens aufwies. Daneben wurde der organisierte Mordraub praktiziert. Soweit er sich innerhalb der Konzentrationslager vollzog, wird noch darauf einzugehen sein. Von den unzähligen, im einzelnen nicht mehr nachweisbaren Raubzügen, die außerhalb der Lager stattgefunden haben, ist die »Aktion Reinhard« der mit Abstand lukrativste gewesen.

Reinhard war der Vorname von Heydrich, der 1942 in Prag einem Attentat zum Opfer gefallen war. Ihm zur Feier und zum Gedächtnis benannte SS-Brigadeführer und Generalleutnant der Polizei Globocnik die größte Mord- und Raubaktion, die im »Generalgouvernement« gegen Juden durchgeführt worden ist. Wie der Lubliner SS-Häuptling dabei vorgegangen war, trug zu seiner Abberufung und Versetzung nach Istrien bei; er mußte jedoch die buchmäßige Abrechnung über die Beute noch selbst vornehmen. Wiederholt drang er vergeblich darauf, daß ihm noch in Lublin »Entlastung« zuteil würde im Sinne einer Bestätigung, daß er alles korrekt abgewickelt und sich selbst nicht bereichert habe. In einem Schreiben an Himmler vom 5. Januar 1944 erwähnt er, der Reichsführer habe ihm die Durchführung der Aktion am 22. September 1943 befohlen. Dieser Befehl oder irgendein anderes Dokument, das genaueren Aufschluß über den Ablauf der Aktion gäbe, ist offenbar nicht aufgefunden worden; Globocnik erwähnt in seinem Schreiben an den Reichsführer, die *gesamte Abrechnung* müsse baldigst vom Chef des WVHA, Pohl, abgezeichnet werden, denn auch diese Unterlagen seien zu vernichten, *nachdem von allen anderen Arbeiten in dieser Sache die Unterlagen schon vernichtet sind.*[100]

Es läßt sich demnach über die Aktion selbst nur ganz allgemein sagen, daß sie in einem plötzlichen Überfall auf jüdische Lager (Ghettos) und noch bestehende jüdische Siedlungen im »Generalgouvernement«, Warschau eingeschlossen, bestanden hatte, wobei die Juden, soweit sie nicht an Ort und Stelle ermordet oder in Arbeitslager eingewiesen wurden, in die Vernichtungslager abtransportiert worden sind. In welchem Zustand und in welcher Bekleidung – dafür liefert die »Abrechnung« einen Hinweis dort, wo sie die erbeuteten Textilien aufzählt.

Hier zunächst der

Vorläufige Abschlußbericht der Kasse Aktion Reinhard Lublin per 15. Dezember 1943

Bargeld	*Einnahmen*
Barbestände	*14 470 796,66 RM*
an Reichsbank Berlin RM-Noten	
und Hartgeld	*3 979 525,50 RM*
an SS-Wirtschafter Krakau	
[= Finanzkasse beim General-	
gouverneur]	*50 416 181,37 RM*
Darlehen für	
SS-Wirtschaftsbetriebe	*8 218 878,35 RM*
Einnahmen aus Titel 21/E [?]	*650 062,40 RM*

Die Ausgaben, das heißt die Kosten der Einbringung und Grobsortierung der Beute, waren mit rund elf Millionen Reichsmark vergleichweise bescheiden.

Edelmetalle, Goldbarren, Silberbarren und Platin wurden für rund neun Millionen Reichsmark erbeutet.

Die Aufstellung der Devisen, unter denen die US-Dollars mit 1,081 Millionen (umgerechnet mit

2,50 RM je Dollar) den größten Posten ausmachen, umfassen so gut wie sämtliche konvertierbaren Währungen der Welt. Darin fehlt weder der japanische Yen noch das Rhodesische Pfund und auch nicht der Rubel mit 2,4 Millionen, umgerechnet zu zehn Pfennig pro Rubel.

Die Devisen ergeben 4,5 Millionen; für 1,7 Millionen wurden fremde Währungen in gemünztem Gold »eingenommen«. Das sind verhältnismäßig bescheidene Beträge, vergleicht man sie mit dem Posten »Juwelen und sonstige Werte«, der mit 35 Millionen zu Buch stand. In einem Begleitschreiben stellt Globocnik fest, die zugrunde gelegten Schätzungen der Preziosen stellten untere Grenzwerte dar, tatsächlich würde man beim Verkauf der Kostbarkeiten im Ausland das Doppelte einnehmen können. Es verwundert nach solchen Zahlen nicht mehr, daß 60 000 Uhren verschiedener Art, die gebrauchsfähig waren, zur Beute gehörten, ferner 103 000 »Reparaturuhren« und rund 30 000 Brillen. Daß den Juden auch 230 Fieberthermometer abgenommen wurden, sei nur als Kuriosum erwähnt. Die Gesamtsumme der erbeuteten Geldmittel und Wertsachen steht in der Abrechnung, die außer von Globocnik auch vom Leiter der Verwaltung, SS-Sturmbannführer Wippern, abgezeichnet ist, mit (abgerundet) 178 Millionen Reichsmark. An Spinnstoffen wurde eine Menge zusammengebracht, für deren Transport tausend Eisenbahnwaggons eingesetzt werden mußten. Fünfzig Prozent dieser Menge seien aber noch gar nicht erfaßt.

Für Volksdeutsche durfte auf Befehl des Reichsführers zu deren Versorgung Notwendiges entnommen werden, für SS-eigene Zwecke hat der Reichsführer jede Verwendung verboten.

Die Aktion, schrieb Globocnik, lasse sich in vier Gebiete unterteilen:

A) Die Aussiedlung selbst [darunter ist die Überstellung in Vernichtungslager zu verstehen.]

B) die Verwertung der Arbeitskraft
C) die Sachverwertung
D) die Einbringung verborgener Werte und Immobilien.

Zum Punkt A stellt er fest, er sei *erledigt und abgeschlossen* und dank *methodisch richtiger Behandlung* sei es möglich gewesen, *mit den schwachen zur Verfügung stehenden Kräften die Menschen zu erfassen und möglichst wenig wirtschaftlichen Schaden an der Kriegsproduktion anzurichten.* Nur in Warschau habe es leider Pannen gegeben.

Zu Punkt B müßten noch zusätzliche Voraussetzungen geschaffen werden, zum Beispiel die Errichtung neuer Lager und neuer Produktionseinrichtungen. Punkt C sei, wie aus den Anlagen hervorgehe, ebenfalls abgeschlossen.[101]

Natürlich blieb bei anderen SS-Dienststellen nicht unbemerkt, daß der Polizeichef jetzt aus dem vollen schöpfen konnte. Einige wollten davon profitieren. Das SS-Polizeigericht VI in Krakau legte einen ausgesprochen bescheidenen Wunschzettel vor:

betr. Überlassung von Gebrauchsgegenständen aus dem Judennachlaß, Krakau, den 10. November 1942:

80 Bettlaken / 120 Handtücher / 50 Gardinen / 50 Übergardinen / 20 Zivilanzüge [über die Größe verlautet nichts!] *8 Teppiche / 12 Bettvorleger / 330 Kerzen / 20 Kleiderbürsten / 10 Streichriemen* [für Rasiermesser] *100 Gläser alter Art.*

Von wieviel tausend jüdischen Familien die »Reinhard«-Beute stammt, ist nicht einmal annähernd abzuschätzen. Auch die Zahl der gestohlenen Uhren gibt schon deshalb keinen brauchbaren Anhaltspunkt, weil in dem zitierten Abschlußbericht »per 15. Dezember 1943«, wie erwähnt, 60 000 funktionierende Uhren verschiedener Art und rund 103 000 reparaturbedürftige Uhren aufgeführt sind, während ein Vermerk in den Akten des Persönlichen Stabes des

Reichsführers SS von 1943 (ohne nähere Datumsangabe) unter den *abgelieferten Werten aus der Aktion Reinhard* als *besonders bemerkenswert 16 000 gebrauchsfähige* und *etwa 51 000 reparaturbedürftige Uhren* nennt, *die der Truppe zur Verfügung gestellt wurden.*[102]

Die Verteilung der geraubten Uhren hat das WVHA noch mehrfach beschäftigt. Am 13. Mai 1943 meldete der SS-Gruppenführer und Generalleutnant der Waffen-SS August Frank dem Reichsführer, im WVHA seien angeliefert worden u. a.: *94 000 Uhren für Männer, 33 000 Uhren für Frauen. Für die Herrenuhren schlage ich folgenden Verteiler vor: a) jede Kampfdivision erhält sofort 1000 Stück; die U-Boot-Waffe erhält 6000 Stück; die KL erhalten für Außenkommandos, Postenführer usw. nach Entscheidung des Kommandanten je 200 Stück – das sind zusammen rd. 25 000 Uhren.*[103]

Wer erhielt die 33 000 Damen-Uhren? Was wurde den Beschenkten über deren Herkunft gesagt? Im Schreiben Franks wird die »Reinhard«-Beute bereits »jüdisches Hehler- und Diebesgut« genannt in Befolgung einer Verfügung, die vom WVHA 1943 erlassen worden war. Darin ist ein Hinweis zu sehen, daß man sich doch Gedanken darüber machte, wie die Herkunft der Beute zu erklären sei.

Es ist anzunehmen, daß weit über 100 000 Juden Opfer der »Aktion Reinhard« geworden sind. Der Großteil der geraubten Gelder und Preziosen dürfte von Warschauer Juden stammen, unter denen es eine wohlhabende Mittelschicht und auch einige Reiche gegeben hat. Daß die bettelarmen und seit Jahrhunderten benachteiligten Juden aus Provinzörtchen sich ebenfalls geheime Rücklagen für den schlimmsten Fall geschaffen hatten, von Generation zu Generation vererbt, braucht auch nicht ausgeschlossen zu werden. Man wüßte gern, wie die »Einbringung verborgener Werte« vor sich gegangen ist und was unter

»methodisch richtiger Behandlung« verstanden wurde – aber darüber liegt kein Zeugnis vor.

Hiermit sei der Bericht über die »Aktion Reinhard« abgeschlossen und nur noch hinzugefügt, daß die Namensgebung des Mord- und Raubunternehmens nicht passender hätte sein können. Man feierte den Verbrecher Heydrich mit Verbrechen.

Innerhalb der Vernichtungslager war es einfacher, die Opfer zu berauben. Nur in dem, was sie auf dem Leib trugen und als Gepäck mit auf Transport genommen hatten, brauchte nach Geld und Wertsachen gesucht zu werden. Obwohl es strenge Vorschrift war, auf dem Transport nur ein Stück Handgepäck mitzunehmen, haben es die Juden verstanden, selbst größere Gegenstände, sogar Möbel, in die Waggons einzuschmuggeln. Wenn dem Verfasser auf dem Gelände von Birkenau einige halb im Erdreich versunkene Panzerschränke gezeigt werden konnten, die von Deportierten illegal »auf Transport« mitgenommen worden waren, so geht daraus einerseits eine unglaubliche Findigkeit in der Umgehung von Kontrollen hervor, andererseits aber signalisiert dieses »Reisegepäck« in der fürchterlichsten Weise die Ahnungslosigkeit der Opfer im ersten Jahr der Massentötung. Später sickerten dann doch in ganz Westeuropa Informationen durch, die den Juden sagten, was ihnen bevorstand, auch wenn es viele noch immer nicht glauben wollten.

Daß sie außer mit ihrem Kopfhaar, hier vor allem die Frauen, mit ihren toten Körpern noch eine andere technisch verwertbare Substanz, nämlich Fett, geliefert haben, das zur Seifenherstellung hätte Verwendung finden können, war ein Gerücht, das sich im Krieg über alle besetzten Länder verbreitet hatte. Die Bevölkerung wie die Armee wurde mit sogenannter »RIF«-Seife beliefert, die auch in der Truppe »Judenseife« genannt worden ist, wie der Verfasser aus eigener Erfahrung bestätigen kann. Eine fabrikatorische

Anlage zur Seifenherstellung aus Menschenfett ist jedoch in keinem Vernichtungslager nach der Befreiung entdeckt worden. Doch auch ohne Seifenproduktion waren die Vernichtungslager der SS und für das Reich im buchstäblichen wie im übertragenen Sinne Goldgruben.

Von einer *Aufstellung über die von den Lagern Lublin und Auschwitz auf Anordnung der SS Wirtschafts-Verwaltungshauptamtes abgelieferten Menge an Textil-Altmaterial* liegt eine damals angefertigte Abschrift vor. Sie trägt den *Eingangsstempel des Persönlichen Stabes des Reichsführers SS, Geh. /181/6.* Datum nicht erkennbar. An das Reichswirtschaftsministerium wurden in der Berichtszeit geliefert:

Männer-Altbekleidung ohne Wäsche	*97 000 Garnituren*
Frauen-Altbekleidung ohne Wäsche	*76 000 Garnituren*
Frauen-Seidenwäsche	*89 000 Garnituren*
insgesamt:	*34 Waggons*

Dazu *536 Waggons Lumpen, Bettfedern, Frauenhaare und Altmaterial.*

Die Volksdeutsche Mittelstelle erhielt 211 Waggons Textilien und Schuhe, darunter 102 000 Einzelstücke von Kinderbekleidung.[104]

Aus den gleichen Beständen wurden versorgt: die Reichsjugendführung (Landdienst), die I. G. Farbenindustrie Auschwitz, die Organisation Todt in Riga, der Generalinspektor des Führers für das Kraftfahrwesen und diverse, im einzelnen nicht aufgeführte Konzentrationslager, die keine Vernichtungseinrichtungen besaßen. Diese Posten machten zusammen 44 Waggons aus, die gesamte zur Verteilung gelangte Menge benötigte zur Verschickung 825 Waggons.

Wenn eine einzige Organisation wie zum Beispiel die Volksdeutsche Mittelstelle, der im Laufe der Jahre 1942/43 immer wieder Sendungen dieser Art zugingen, fast 100000 gebrauchte Herrenmäntel und 132000 gebrauchte Hemden auspacken konnte – was haben sich die Empfänger dabei gedacht? Woher, glaubten sie, stammte diese merkwürdige Ware, an der sich zwar keine Judensterne mehr befanden, statt ihrer aber noch die eingenähten Firmenbezeichnungen der Hersteller aus vielen Ländern und unzähligen Städten? Über 100000 »Einzelstücke von Kinderbekleidung«, auch sie nicht neu, wie waren sie zusammengekommen? War sogar dafür die Erklärung ausreichend, es handle sich um »jüdisches Diebsgut«? Der jüdische Untergrund hätte eine Europa umspannende Organisation sein müssen, um aus aller Herren Länder solche Textilmassen zusammenstehlen zu können – und warum gerade alte Kleider, im Einzelstück fast ohne Wert und im ganzen nur in Güterzügen zu transportieren?!

Verräterisch ist, daß es keine überlieferten Äußerungen gibt, aus denen hervorgeht, der Verdacht sei aufgekommen, man verwende den Nachlaß der ermordeten Judenschaft. Man stößt auf eine Zone grauenhaften Schweigens, in dem sich das Wissen kundtut.

Mitte Januar 1943 war Himmler in Warschau und besuchte die Magazine, worin der Besitz der ermordeten oder im Großghetto eingesperrten Juden zwischengelagert wurde. (Der Aufstand im Ghetto brach erst am 19. April 1943 aus. Der letzte Widerstand wurde am Abend des 16. Mai gebrochen.) Was er sah, gefiel ihm nicht, weil er den Eindruck gewann, bei der Ablieferung der Waren werde schlampig gearbeitet. *SS-Obergruppenführer Pohl bitte ich erneut, für alle einzelnen Kategorien schriftliche Abmachungen mit dem Wirtschaftsminister zu pflegen, sei es, ob es sich um Uhrengläser handelt, die dort zu Hunderttausenden liegen – vielleicht sogar um Millionen –, die praktischerweise wohl den deutschen Uhrengeschäften zugewiesen werden könnten, oder ob es sich um*

Drehbänke handelt, die wir für unsere Werkstätten brauchen [...] Ich persönlich glaube nicht, daß der einzelne Höhere SS- und Polizeiführer [...] allein mit diesen Dingen fertig werden kann.[105]

Zuweilen geriet das WVHA in Verlegenheit, weil es nicht mehr wußte, wohin nützlicherweise mit dem Raubgut.

Reichsführer!

Das von verstorbenen [!] Schutzhäftlingen stammende Zahn-Bruchgold wird auf Ihren Befehl an das Sanitätsamt abgeliefert. [...] SS-Oberführer Blaschke verfügt bereits über einen Bestand von über 50 kg Gold; das ist der voraussichtliche Edelmetallbedarf für die nächsten 5 Jahre [...] Ich bitte um Bestätigung, daß das künftig aus den normalen Abgängen [!] der K. L. anfallende Zahn-Bruchgold an die Reichsbank gegen Anerkennung abgeliefert werden darf. / Heil Hitler! / Frank / SS-Brigadeführer und Generalmajor der Waffen-SS[106]

Der WVHA-Chef Pohl sagte in seinem Prozeß in Nürnberg am 15. Juli 1946 aus, er und einige Herren seines Stabes hätten 1943 die Gewölbe der Reichsbank in Berlin besucht: *Ich erinnere mich genau, daß verschiedene Koffer geöffnet wurden, die Sachen aus KL enthielten [...] Es kam klar zum Ausdruck, daß ein Teil der Wertsachen, die wir besichtigt hatten, von KL stammte.*[107]

Die Ablieferungen an die Reichsbank wurden in plombierten und versiegelten Behältern durchgefuhrt, nachdem es zu Unterschlagungen gekommen war. Devisen vereinnahmte die Reichsbank selbst. Barrengold und Silber wurden der staatlichen Münze zum Einschmelzen, Schmuckstücke, Uhren, Ringe und dergleichen über die Berliner Pfandleihanstalt der Verwertung zugeführt. Das WVHA unterhielt bei der Reichsbankfiliale Berlin-Schöneberg ein Verrechnungskonto, dem auch die Erlöse aus dem Verkauf der Alttextilien aus Auschwitz und Lublin zugewiesen wurden (1 Männerhose 3 RM, 1 Wolldecke 6 RM). Auf dem Konto befanden sich im Juli 1944 rund sechzig Millionen Reichsmark.

Während sich also das Mordraubgeschäft einigermaßen befriedigend anließ und mindestens die Hälfte der SS-eigenen Firmen ansehnliche Gewinne einfuhren, entwickelten sich die wirtschaftlichen Beziehungen zur deutschen Großindustrie nicht nach Wunsch und wären sogar ausgesprochen unbefriedigend geblieben, hätte sich nicht die I. G. Farbenindustrie, Europas größter Chemiekonzern, als Kunde gewinnen lassen. Bevor auf diese in Auschwitz geschlossene Ehe eingegangen werden kann, sollte dem heutigen Leser, von dem nicht anzunehmen ist, daß ihm in der Schule oder später durch die Medien nahegebracht wurde, wie sich die Großindustrie mit einem Verbrecherregime arrangierte, vielleicht doch gesagt werden, daß das Verhältnis zwischen politischer und ökonomischer Macht bis tief in den Krieg hinein ausgezeichnet war. Den Schlüsselsatz dazu hat der Rüstungsindustrielle Alfried Krupp gesprochen, als er vor einem US-Militärgericht stand, das ihn zu zwölf Jahren Zuchthaus und Einziehung seines Vermögens verurteilte, was eine Pro-forma-Sache war, denn weder mußte er die Strafe absitzen noch erlitt er deswegen irgendwelche finanziellen Einbußen. In der Antwort auf die Frage, warum sich die Familie für Hitler erklärt habe, sagte der Konzernherr: *Die Wirtschaft braucht eine ruhige oder aufwärtssteigende Entwicklung [...] Wir hatten den Eindruck, daß Hitler uns solch eine gesunde Entwicklung bescheren würde. Tatsächlich hat er das getan [...] Es gibt keine Ideale. Das Leben ist ein Kampf [...] In diesem harten Kampf brauchen wir eine harte und starke Führung. Hitler gab uns beides. Nach den Jahren seiner Führung fühlten wir uns viel besser.*

Alfried Krupp blieb auch vor Gericht dabei, von der Ausrottung der Juden nichts gewußt zu haben. Als er

200

daraufhin gefragt wurde, was er über den Antisemitismus Hitlers gedacht habe, sagte er jenen Satz, der das Verhältnis der Großindustrie zum »Führer« auf einzigartige Weise charakterisiert: *Wenn man ein gutes Pferd kauft, muß man ein paar Mängel hinnehmen.*[108]

Als Sprecher des Reichsstandes der Deutschen Industrie hatte der Vater von Alfried Krupp, Gustav Krupp von Bohlen und Halbach, Ehemann von Bertha Krupp, der Tochter des Firmengründers, schon am 22. August 1933 verfügt: Der Hitler-Gruß sei mit hochgestrecktem Arm oder wenigstens verbal mit »Heil Hitler« auszuführen. Dazu seien alle Betriebsangehörigen verpflichtet, der Gruß gebe der inneren Zusammengehörigkeit der Belegschaft einheitlichen Ausdruck.

Andere Großfirmen waren nicht weniger beflissen, den Forderungen des Regimes nachzukommen. Es liegt ein Protokoll der 186. Direktionssitzung bei Bayer-Leverkusen vom 16. Februar 1938 vor. Darin ist festgehalten: *Nationalsozialistische Haltung. Der Vorsitzende weist auf unsere eindeutige nationalsozialistische Ausrichtung im Verband der gesamten »Bayer«-Unternehmen hin; er bitte die auswärtigen Büroleiter, darüber hinaus sich ein gutes und verständnisvolles Zusammenarbeiten mit den Hoheitsträgern der Partei, der DAF [Deutsche Arbeitsfront] usw. zur selbstverständlichen Pflicht zu machen. [...] Die Leitung unserer ausländischen Büros soll grundsätzlich durch deutsche Herren erfolgen. Wo dies mit Rücksicht auf die bestehenden Landesgesetze nicht möglich ist, ist stets ein deutscher Herr in die betr. Vertretung zu delegieren, dessen Aufgabe es dann auch sein wird, den Verkehr mit den Auslandsstellen der Partei zu pflegen und für die nationalsozialistische Haltung der betr. Auslandsdeutschen sich ständig zu bemühen. [...] Insertion in deutschfeindlichen Blättern soll auf keinen Fall erfolgen; wirtschaftliche und propagandistische Erwägungen müssen dem*

übergeordneten politischen Gesichtspunkt gegen-
über zurückgestellt werden. [...] In unseren Vertre-
tungen müssen die wenigen noch verbliebenen Aus-
landsjuden weiter planmäßig ausgeschieden werden.
Die Herren Abteilungsdirektoren sind für beschleu-
nigte Durchführung dieser Anordnung verantwort-
lich [...][109]

Am 24. Juli 1942 schrieb Gustav Krupp von Bohlen
und Halbach (dessen Gesundheitszustand ihn davor
bewahrte, selbst vor dem US-Gericht erscheinen zu
müssen, Alfried Krupp vertrat den Vater) an Hitler:

Auf dem Hügel, den 24. Juli 1942
Mein Führer!
Das große Gerät, dessen Herstellung Ihrem persönli-
chen Befehle zu verdanken ist [es handelte sich um
das größte bis dahin gebaute Geschütz, Anm. d. Verf.]
hat nun seine Wirkung bewiesen [beim Einsatz auf die
Befestigungswerke von Sewastopol, Anm. d. Verf.]
[...] Krupp ist sich dabei dankbarst bewußt, daß nur
das Vertrauen, das ihm von allen Stellen, insbeson-
dere von Ihnen, mein Führer, gezeigt und bewiesen
wurde, es ermöglicht hat, ein derartiges Werk zum
größten Teil in der Kriegszeit zu erstellen. Getreu
einem Beispiel, das Alfred Krupp im Kriege 1870 gab,
bitten meine Frau und ich zu gestatten, daß die
Kruppschen Werke von einer Berechnung dieses
Extraexemplares absehen. / Sieg Heil![110]

»Das große Gerät« konnte dank der »Fremdarbeiter« gebaut werden. Hunderte von ihnen kamen
wöchentlich wegen ungenügender Arbeitsleistung,
die bei einer täglichen Lebensmittelzuteilung von
maximal 1700 Kalorien nicht höher sein konnte, in
das Straflager Essen-Printrop, Im Neerfeld 10. Die
bestraften Zwangsarbeiter, auch im Winter in den
gestreiften Häftlingsanzügen ohne Unterwäsche, hatten zwischen 4.30 Uhr und 5 Uhr zu dem zehn Kilometer langen Marsch ins Werk nach Essen aufzubre-
chen – eine Wegstrecke, die sie abends wieder zurück-

legen mußten. Nicht wenige von ihnen waren ohne Schuhzeug. Für den Tag bekamen sie ein paar Schnitten Brot, abends eine wäßrige Kohlsuppe.

Über diese Verhältnisse hat der ehemalige Zwangsarbeiter, der Holländer C. S. Keesmann, am 31. Juli 1947 in Haarlem einen Bericht geschrieben, in dem er zahlreiche Zeugen nennt, unter ihnen auch deutsche Vorarbeiter. Darin heißt es: *Ich klage die Leitung von Krupp dieser Unmenschlichkeit, des Mordes Unschuldiger, an. Sie haben es gewußt. Es spielte sich nicht nur in den Lagern ab, sondern auch auf dem Werkgelände von Krupp [...] Ich darf mich auf die Mitteilung beschränken, daß ich Menschen sterben und verprügeln sah, um die »Fremdarbeiter in Zucht zu halten«.* [111]

Der Industrielle und ehrenamtliche SS-Brigadeführer Kurt Freiherr v. Schröder schrieb am 18. Mai 1942 als Vorsitzender des »Freundeskreises des Reichsführers« an diesen: *Es ist mir eine große Freude, Ihnen auch in diesem Jahr wieder aus Ihrem Freundeskreis für Ihre besonderen Aufgaben einen Betrag von etwas über einer Million Reichsmark zur Verfügung stellen zu können [...] Indem ich Ihnen in diesem entscheidungsvollen Sommer alles Beste und reiche Erfolge wünsche, verbleibe ich in aufrichtiger und herzlicher Verehrung wie immer mit / Heil Hitler! / Ihr sehr ergebener / [gez.] Kurt Freiherr v. Schröder* [112]

Die I. G. Farbenindustrie war, schon Jahre bevor es zur engen Zusammenarbeit mit der SS kam, bemüht, sich beim Regime einzuschmeicheln. Der auf die Geschäftsführung einflußlose Vorstandsvorsitzende Hermann Schmitz telegrafierte am 30. September 1938 an Hitler: *Unter dem Eindruck der von Ihnen mein Führer erreichten Heimkehr Sudetendeutschlands ins Reich stellt Ihnen I. G. Farbenindustrie Aktiengesellschaft zur Verwendung für das sudetendeutsche Gebiet einen Betrag von einer halben Million Reichsmark zur Verfügung.* [113]

Um die Jahreswende 1941/42 begann man in der Reichsführung, sich Gedanken darüber zu machen, ob es angesichts der angespannten Lage auf dem Arbeitsmarkt nicht ratsam sei, mit der Vernichtung von Polen und Juden etwas kürzer zu treten oder, wie es Pohl dem Sinn nach ausgedrückt hat, die Reise der Juden in die Gaskammern vorübergehend zu unterbrechen und sie in den Rüstungsbetrieben arbeiten zu lassen.

Himmler sah eine Chance, der SS ein weiteres wirtschaftliches Standbein durch Belieferung von Rüstungsfirmen mit Häftlingen zu verschaffen. Lag auch die allgemeine Beschaffung von Arbeitskräften in den Händen von Gauleiter und Reichskommissar Fritz Sauckel (der zuletzt in den besetzten Ländern Zwangsarbeiter rekrutierte, indem er männliche Passanten von der Straße weg einfangen ließ), so war doch nur die SS im dritten Kriegsjahr jener Machtträger, der noch über beliebig große Mengen von Menschen verfügte. Diese konnten auf Zeit und Widerruf als Sklaven verwendet werden, wenn es denn das Reichsinteresse verlangte. Es gab Instanzen, sowohl in der Reichsleitung wie in der Partei, die darin ein nicht vertretbares Abgehen von den Zielen der »Endlösung« sahen. So war der Lagerkommandant von Auschwitz, Höß, ausgesprochen unzufrieden, wenn ihm beispielsweise aus Theresienstadt 5000 Juden geschickt wurden mit der Anweisung, jeden, der noch arbeitsfähig sei, nicht zu töten. Diese Anweisung berücksichtigte bereits die Errichtung der I. G. Farbenwerke in Auschwitz, die einen praktisch uferlosen Bedarf an Arbeitern hatten. Dennoch wurden von den 5000 Theresienstädtern im Januar 1942 über 4000 sofort getötet mit der Ausrede, sie seien zu gebrechlich gewesen.

Es bedurfte einer Art antiideologischer, pragmatischer Erziehung zahlreicher Dienststellen, um bei ihnen die Auffassung zu korrigieren, die Ausmerzung des Judentums sei das Kernstück nationalsozialistischer Reichspolitik. Um ein judenfreies Großreich zu schaffen, mußte eben der Krieg erst noch gewonnen werden.

Um ihn zu gewinnen, war es nötig, die Produktion von synthetischem Gummi und synthetischem Benzin – beides auf der Grundlage von Kohle – zu forcieren. Synthetischer Gummi wurde Buna genannt, für dessen Produktion die I.G. Farbenindustrie schon 1936 und 1938 im Reich zwei neue Fabriken errichtet hatte. Zu Beginn des zweiten Kriegsjahres stand die Rüstung vor der Notwendigkeit, ein drittes Buna-Werk zu errichten. Es sollte die bestehenden Werke an Produktionskapazität weit übertreffen und mußte an einem Standort gebaut werden, von dem aus es nicht weit zu Wasser, Kohle, Kalk und Salz war. Aus zahlreichen Vorschlägen schälten sich schließlich zwei heraus: Norwegen oder Auschwitz. Favorisiert vom Wirtschaftsministerium und vom Reichsministerium für Rüstung, Speer, fiel im Februar 1941 die Entscheidung für Auschwitz.

Die Direktoren des Konzerns, die ein seltsam verschachteltes System kollektiver Führungsgremien repräsentierten, haben nach dem Krieg behauptet, sie hätten, als sie sich für Auschwitz entschieden, von dem gleichnamigen Konzentrationslager keine Ahnung gehabt und demnach habe auch die Überlegung, den Lieferanten der Arbeitskräfte so bequem vor dem Fabriktor zu haben, in ihren Planungen keine Rolle spielen können. Sie alle logen. Sie lenkten die Geschicke eines Unternehmens, das 56 Fabriken betrieb. Dazu gehörte mit einem Kapitalanteil von 42,5 Prozent die Deutsche Gesellschaft für Schädlingsbekämpfung (Degesch), die mit ihrem Produkt Zyklon B fabelhafte Geschäfte machte, als die Chemikalie zum Massenmord in den Gaskammern verwendet wurde; 23 Tonnen wurden nach Auschwitz geliefert.

Als die leitenden Herren, soweit sie unmittelbar für

das Werk Auschwitz Verantwortung trugen (es waren 21), in Nürnberg vor Gericht gestellt wurden, ergab sich, daß sie zwar jahrelang in Auschwitz ihrer Arbeit nachgegangen waren, aber von der Existenz eines Vernichtungslagers nicht die geringste Ahnung gehabt hatten. Sie machten geltend, die »Endlösung« sei ja Staatsgeheimnis gewesen, und das bedeute, daß sie nichts hätten wissen können. Fünf Angeklagte kamen mit Gefängnisstrafen zwischen sechs und acht Jahren davon, keiner brauchte sie abzusitzen. Einer der höchsten Chefs des Konzerns, Dr. Georg v. Schnitzler, hatte vor Amerikanern, die ihn verhörten, einen Anfall von Bekennermut und erklärte, der Konzern habe in der Tat eine *substantielle und sogar ausschlaggebende Hilfestellung für Hitlers Außenpolitik geliefert, die zum Kriege und dem Ruin Deutschlands hinführte.* Derartiges wollte das Gericht im I. G.-Farben-Prozeß nicht hören, weil hier zu viele Querverbindungen vom deutschen Konzern zu amerikanischen Firmen und Politikern bestanden. Das Gericht befand, der arme Schnitzler habe *durch die Nöte, die Deutschland, seine Firma »Farben« und ihn persönlich befallen hatten,* einen Schock erlitten und erzähle deshalb seinen Verhörern, *was sie hören wollten.*[114]

Dr. Georg v. Schnitzler war Chef des Kaufmännischen Ausschusses gewesen und damit Leiter der Verkaufskartelle I: Stickstoff und Benzin; II: Chemikalien, Farbstoffe, Leichtmetalle, Arzneimittel (Bayer); III: Filme und Nylon. Er konnte nach dem Krieg seine Villa in Murnau am Staffelsee weiter bewohnen, als wäre nichts gewesen, und sich an seiner Beckmann-Sammlung erfreuen.

Einer der Direktoren, Dr. Otto Ambros, teilte seinen Kollegen in der Konzernleitung am 12. April 1941 von Ludwigshafen aus, wo er einen der größten I. G. Farbenindustriebetriebe leitete, mit, am 7. April habe in Kattowitz die *konstituierende Gründungssitzung* [für die Fabrik in Auschwitz] *stattgefunden, die im großen und ganzen befriedigend verlief* [...] *Unsere neue Freundschaft mit der SS wirkte sich sehr segensreich aus.*[115]

Noch während die Fabrikhallen in etwa zehn Kilometer Entfernung vom Stammlager emporwuchsen, erwarb das Unternehmen in Oberschlesien ein Kohleaufkommen und gründete die Fürstengruben GmbH, an der sie sich mit 51 Prozent beteiligte, 49 Prozent hielt der Fürst Pleß. Die Kohle hatte einen Teergehalt von zwölf Prozent, der sie besonders geeignet für die Schwelung machte. 960 000 Tonnen Kohle war der Jahresverbrauch des Werkes Auschwitz. Die Förderung der Fürstengrube reichte nicht aus, und so wurde ein zweites Bergwerk erworben. In den Schächten arbeiteten jüdische Häftlinge, von denen die meisten nach jeweils vier Wochen Schinderei unter Tag an Überanstrengung und Entkräftung starben.

Auf Himmlers Befehl wurde die Stadt Auschwitz von ihren bisherigen Bewohnern restlos geräumt, in die Häuser zog das deutsche Personal der I. G. Farbenindustrie ein. Im Schatten des Werkes wurde ein zusätzliches Häftlingslager (Monowitz) errichtet, weil der tägliche Weg vom Hauptlager und zurück doch zuviel Zeit kostete und die ohnehin geringe Arbeitskraft der Häftlinge weiter herabsetzte. Außer der üblichen Lagerverpflegung erhielten sie eine zusätzliche »Bunasuppe«, sie bestand im wesentlichen aus heißem Wasser: *Wenn man Glück hatte, bekam man morgens einen Viertelliter schwarze, ungesüßte Abkochung irgendeiner Ersatzmasse – dieses Getränk mußten sich zwei Häftlinge teilen, weil es nicht genug Schüsseln oder Becher gab. Mittags wurde auf die I. G.-Arbeitsstellen von einem Lastwagen die »Bunasuppe« gebracht, abgekochte Brennesseln oder anderes Grünzeug, zuweilen mit einem Stückchen Kartoffeln drin. Die abendliche Zuteilung bestand aus einem Viertel Laib Brot, in*

dem teilweise Holzmehl, sehr fein gemahlen, verbak-
ken war. Dazu eine Scheibe Wurst oder einen Löffel
Quark. Die Häftlinge, halb verdurstet, tranken das
Kondenswasser aus der Fernleitung. Wer dabei
ertappt wurde, bekam Prügel.

Mein Normalgewicht lag bei 96 kg. Als ich vom
Bunawerk in den Häftlingskrankenbau verlegt
wurde, wog ich 57 kg. Als Arzt konnte ich zusammen
mit einem Freund, der die Arbeit bei Buna nicht
überlebt hat, berechnen, daß der durchschnittliche
Verbrauch an eigener Körpersubstanz bei schwerer
Arbeit und dieser Ernährung pro Tag zwischen 2 und
4 kg lag, je nach Konstitution. Ein Buna-Häftling
konnte den Verbrauch an eigener Körpersubstanz
bestenfalls 3 Monate durchhalten, dann starb er an
Entkräftung.[116]

Durch das Buna-Werk gingen rund 35 000 Häftlinge,
10 000 arbeiteten jeweils in zwei Schichten, 25 000
davon sind gestorben und wurden umgebracht. Die
Lebenserwartung der I. G.-Farbenindustrie-Zwangs-
arbeiter im Werk Auschwitz betrug drei bis vier
Monate, ihr Durchschnittsgewicht lag bei 55 Kilogramm.

Die Vorarbeiter hatten das Arbeitstempo der SS,
ausgerichtet auf Menschenvernichtung, übernommen. Ein Häftling mit einem Zentner Zement auf
dem Rücken hatte sich im Laufschritt fortzubewegen.
Eines Tages mußte sich eine Gruppe neu eingetroffe-
ner Häftlinge vom Meister eine Begrüßungsrede anhö-
ren, in der ihnen gesagt wurde, sie seien nicht hier, um
zu überleben, sondern um *im Beton zu verrecken.*
Diese Bemerkung bezog sich auf die Gewohnheit, tote
Häftlinge in offene Gräben längs der Fabrikstraßen zu
werfen und mit Beton zu übergießen.[117]

Insgesamt wurden in das neue Werk mit seinen
Nebenanlagen, Wohnkolonien, Häftlingslagern, Stra-
ßenbau usw. 700 Millionen Reichsmark investiert.
Das oberste Gremium für die Produktion hielt am

23. Oktober 1941 in Huels seine 6. Sitzung ab, in der Dr. Eisfeld, zuständig für Monowitz, über den aktuellen Stand des Vorhabens referierte. Er hob hervor, das einzige große und qualitativ hochwertige Kalkvorkommen in der Umgebung von Auschwitz (vierzig Kilometer nordöstlich bei Kressendorf) sei dem Unternehmen vom »Generalgouvernement« zur Ausbeutung überlassen worden. Mit dem Kraftwerk Oberlazisk sei ein Vertrag über die Lieferung von 51 000 Kilowatt abgeschlossen worden, die Kilowattstunde zu 1,25 RM. Der Wasserbedarf werde vier bis fünf Kubikmeter pro Sekunde betragen und ließe sich teils aus der Sola, teils aus der Weichsel decken. Es sei beschlossen, große Ländereien hinzuzukaufen, das Gut Dwory weiter als landwirtschaftlichen Betrieb zu führen und in 800 Meter Entfernung vom Werkgelände 1200 bis 1500 Wohnungen zu errichten. Besondere Kosten entstünden, weil sowohl das Häftlingslager wie das gesamte Werksgelände ausbruchsicher eingezäunt und bewacht werden müsse. Derzeit seien auf der Baustelle rund 3000 Mann beschäftigt. Der Kommandant des Konzentrationslagers sei außerordentlich hilfsbereit, er habe seine gesamten Werkstätten und 1300 Häftlinge für die anfallenden Metallarbeiten zur Verfügung gestellt. Das Barackenlager beim Werk sei bereits von tausend Häftlingen bezogen, für weitere 4000 seien die Baracken bis Jahresende aufzustellen.

Über die Bezahlung der Häftlinge an das WVHA wurde ein Abkommen geschlossen, wonach für Facharbeiter sechs Reichsmark, für Hilfsarbeiter vier Reichsmark pro Tag zu bezahlen waren. Der Häftling sah davon nicht einen Pfennig. Es liegt ein Schreiben des WVHA an das Reichsfinanzministerium vom 27. Januar 1943 vor, wonach *die Einnahmen aus der Häftlingsbeschäftigung in den Konzentrationslagern im Rechnungsjahr 1942 die Summe von RM 13 265 232,– erreichen.*[118]

Die handschriftliche Notiz eines Beamten des Finanzministeriums besagt, ab Rechnungsjahr 1943 würden die Häftlingseinnahmen, die bisher im ordentlichen Haushalt ausgewiesen worden seien, künftig im außerordentlichen Haushalt erscheinen.

Direktor Otto Ambros hat in Nürnberg im April 1947 ausgesagt, es seien für die zweieinhalb Jahre, in denen Monowitz gearbeitet hat, an die SS für Häftlingslöhne zwanzig Millionen Reichsmark überwiesen worden. Er gab zu, daß er die rauchenden Kamine der Krematorien in Birkenau gesehen, jedoch angenommen habe, dort würden nur die »normalen Toten« verbrannt.

Die Baracken im Lager Monowitz waren für je 162 Häftlinge gebaut worden. In der Regel lagen 400 Häftlinge in einer Baracke, drei auf einem verfaulten Strohsack. Der Anteil der Kranken lag deshalb bei »nur« fünf Prozent aller im Werk tätigen Häftlinge, weil bis 1944 niemand länger als 14 Tage krank sein durfte. Ab 1944 wurde die Frist auf sechs Wochen verlängert – wer länger als 14 Tage bzw. sechs Wochen wegen Krankheit arbeitsunfähig war, wurde vom Lagerarzt selektiert und nach Birkenau gebracht. Die während der Arbeitszeit Verstorbenen mußten an den Gebäuden der Werksleitung vorbeigetragen werden. Dessenungeachtet erklärte Dr. Dürrfeld, neben Dr. Eisfeld einer der beiden Direktoren von Buna, nach dem Krieg, er habe niemals einen Totentransport durch die Fenster seines Büros erblickt.

Wurde von einem Häftling vermutet, er habe am Arbeitsplatz Sabotage getrieben, so wurde er sofort ins Lager zurückgebracht und an dem Galgen aufgehängt, der an der Hauptlagerstraße neben Block 4 stand und von außerhalb des Lagers gesehen werden konnte. Außer im Krankenbau fanden im Abstand von drei bis sechs Wochen in Monowitz, dort auf dem Appellplatz oder auch beim Ausrücken der Kolonnen beim Tor, Selektionen statt. Die zur Tötung ausgesuchten Häftlinge (außer Juden und Polen, Slowaken, auf freiwilliger Basis angeworbene Franzosen, die als Häftlinge behandelt wurden, schließlich Kriegsgefangene aus Jugoslawien und Griechenland) wurden auf offene Lastwagen geworfen und ohne Schuhe und Leibwäsche abtransportiert. Die Selektierten schrien, sie schrien auf dem ganzen Weg bis zur Ankunft an der Auffahrt zu den Gaskammern.

Die I. G. Farbenindustrie in Auschwitz blieb der größte mit Häftlingen arbeitende Industriebetrieb des Reiches. Dem Werk wurde auf Befehl Himmlers vor allen anderen Rüstungsindustrien Vorrang eingeräumt, das heißt, Buna wurde auch dann ungekürzt mit Häftlingen beliefert, wenn die Zuweisungen im ganzen mangels Masse kontingentiert werden mußten.

Im I. G.-Farben-Prozeß, dem fünften unter den Prozessen gegen Angehörige oberster Führungsschichten, wurden fünf Angeklagte wegen ihrer Tätigkeit im Werk Auschwitz verurteilt: Die Direktoren Dürrfeld und Ambros erhielten acht Jahre, ter Meer wurde zu sieben, Krauch und Buetefisch zu sechs Jahren verurteilt. Schadete es ihnen? Nicht im mindesten! Sie brauchten ihre Strafen nicht abzusitzen. Ihre Kollegen in der Großindustrie hielten zu ihnen. Sie bekamen wieder Sitze in den Verwaltungsräten neuer Unternehmen. Die Karriere von Ambros setzte sich am steilsten fort, er schloß auch Beraterverträge ab mit Firmen in England, in Frankreich, in der Schweiz und in den USA. *Als ein amerikanischer Korrespondent ihn 1981 nach seiner Tätigkeit während des Krieges fragte, erwiderte Ambros: »Das ist doch schon so lange her. Es hatte mit den Juden zu tun. Wir denken darüber nicht mehr nach.«*[119]

Auf dem Höhepunkt des Einsatzes Ende 1943/Anfang 1944 hatte die SS eine halbe Million Konzentrationslagerinsassen an Industriefirmen vermietet oder verliehen, wie immer man den Vorgang nennen will. Aus den zwanzig Millionen, die allein die I. G. Farbenindustrie in Auschwitz als »Lohnsumme« an das WVHA bezahlt hat, läßt sich schließen, daß es ein Geschäft in der Größenordnung von Hunderten von Millionen Reichsmark war.

Im Herbst 1942 fand eine Sitzung statt, zu der Reichsminister Speer die Herren Pohl und Kammler vom WVHA eingeladen hatte, um mit ihnen Erweiterungen der Industrieanlagen in Auschwitz zu besprechen. Es sollten weitere 300 Baracken für 132 000 Häftlinge errichtet werden. Die Herren vom WVHA erklärten, sie würden künftig nur noch Anträge auf Häftlingslieferung erfüllen, wenn das betreffende Werk mindestens 5000 Arbeiter benötige (5000, die immer wieder aufgefüllt werden konnten und mußten).

Die SS sah sich schon als den Herrn der ganzen deutschen Großindustrie. Doch aus derart ausgereiften Plänen wurde nichts mehr, und zwar erstens, weil ihr Reservoir an lieferbarer Menschenware eben auch nicht unerschöpflich war, zumal die Todesfabriken nicht stillgelegt werden durften; zweitens, weil Speers Machtstellung als ungemein erfolgreicher Rüstungsminister ihm erlaubte, Himmler in die Zügel zu fallen und laut zu äußern, daß er den Reichsführer als Industrieführer für wenig effizient ansehe. Insbesondere verlangte Speer eine Überprüfung aller Materialzuweisungen an das Bauamt des WVHA, die unvertretbar hoch seien.

Erst als im Sommer 1944 die SS aus Ungarn 425 000 Juden in mehreren Großtransporten nach Auschwitz lieferte, verfügte sie wieder über ein Arbeiterpotential, das für Speer deshalb interessant war, weil ihn der Luftkrieg dazu zwang, Flugzeugfabriken unter die Erde zu verlegen, wozu er eine Viertelmillion Bauarbeiter brauchte. Die SS konnte sich nicht weigern, einen Teil ihrer Judenbeute aus Ungarn für diesen Zweck zur Verfügung zu stellen. Doch die Gewinne, die sie sich von einer riesigen Privatkundschaft versprochen hatte, fielen dabei nicht ab.

Der neben dem Arrangement mit der I. G. Farbenindustrie zweite Prestigeerfolg der SS im Bereich der Großindustrie gelang ihr, als sie Krupp, dessen Zünderfabrik in Essen im März 1943 ausgebombt worden war, veranlassen konnte, alles, was an Fabrikanlagen noch brauchbar war, nach Auschwitz zu bringen und dort ein neues Werk zu errichten. Der Beschluß dazu wurde am 8. März in Essen in einer Sitzung gefaßt, in der Krupp von Bohlen und Halbach den Vorsitz führte.

Am 20. April 1943 kamen Vertreter Krupps zu Höß in die Kommandantur von Auschwitz. Es wurde besprochen, wie das firmeneigene Personal unterzubringen und wie die Beziehung zwischen Lager und Werk zu gestalten sei, wofür Höß seine Erfahrungen mit der I. G. Farbenindustrie einbringen konnte. Für eine dreißig Mann starke Firmenvertretung wurde in der Nähe des Bahnhofes von Auschwitz eine gutausgestattete Baracke errichtet. Im Juni begann die Montage der aus Essen herangefahrenen Maschinen und sonstigen technischen Einrichtungen, wofür nur achtzig Häftlinge eingesetzt zu werden brauchten. Während die I. G. Farbenindustrie sich außerhalb des Lagers etabliert hatte, wurde an Krupp eine Fabrikhalle auf dem Gebiet des Lagers selbst verpachtet.

Das Gastspiel des Essener Unternehmens in Auschwitz war kurz – eine in der Ukraine stationierte Zünderfabrik (Union) mußte evakuiert werden, und vorübergehend wurde erwogen, ob Krupp/Auschwitz Union übernehmen könne. Es kam umgekehrt, Krupp überließ, was bis dahin stand, der Firma Union. Bereits im Oktober 1943 verließ sein technisches Personal Auschwitz wieder und begab sich zum Bertha-Werk nach Breslau. Bei Union arbeiteten Ende 1944 rund tausend Frauen aus dem Frauenlager Auschwitz I in zwei Schichten – Höß nannte das eine Klekkerarbeit verglichen mit dem Buna-Werk.

Die SS als Wirtschaftsmacht wollte sich zwar nicht den Staat aneignen, aber einige ihrer Führer, Himmler eingeschlossen, träumten davon, sich zum Herrn über die Industrie aufwerfen zu können, nachdem es nicht gelungen war, die Wehrmacht zu usurpieren oder sie wenigstens als zweitrangig neben der SS erscheinen zu lassen, und der Versuch, in die Partei einzudringen, wohlweislich gar nicht unternommen worden ist.

Himmlers Organisation war ein Staat im Staate, mehr nicht, das aber doch, und wie jeder Staat brauchte er Geld, Geld, Geld. Nicht einmal mit ihren eigenen Firmen wurde es von der SS legal verdient, obschon die Aneignung der betreffenden Firmen im Reich und in der Tschechoslowakei mehr den Charakter von Raub als von Geschäft hatte. Mit der »Aktion Reinhard« aber hatte sie vorgeführt, was sie unter tätiger Selbstverwirklichung als Elite der Herrenrasse verstand. Die Beteiligten bezweifelten nicht im geringsten, eine ehrenvolle Aufgabe ehrenvoll gelöst zu haben. Das erlaubte dem Hauptverantwortlichen, SS-Gruppenführer Globocnik, an das Personalhauptamt der SS am 13. April 1943 zu schreiben: *Der Reichsführer-SS hat anläßlich seines Besuchs im März Einrichtungen der »Aktion Reinhard« besucht und, wie ich Ihnen bereits mündlich mitteilte, eine Beförderung für die besten Männer und Führer, die an dieser Aktion beteiligt sind, bewilligt.*[120]

Auf der von Globocnik aufgestellten Vorschlagsliste für Beförderungen sind 13 Angehörige der Allgemeinen SS aufgeführt, neun der Waffen-SS und sechs der Polizei.

Deutsche Ordnung

Heinrich Himmler, Sohn eines Münchner Schuldirektors, war die Karikatur eines preußischen Beamten. Er verwirklichte die peniblen Ordnungsvorstellungen, nach denen bei der Anordnung und Durchführung der Verbrechen äußerste Sorgfalt zu walten hatte und alles bis ins kleinste geregelt sein mußte.

Das einträglichste Geschäft, das der deutsche Staat zwischen 1933 und 1945 gemacht hat, war die Beraubung deutscher Staatsbürger jüdischer Herkunft, bevor sie zur Vernichtung in den Osten abgeschoben wurden. In diese Transaktion war der guten Ordnung halber das Reichsfinanzministerium eingeschaltet, dem es darum zu tun war, in einer entsprechenden Verordnung die Gesetzmäßigkeit seines Vorgehens nachzuweisen:

Der Reichsminister der Finanzen   *Berlin W 8,*
den 4. November 1941
Wilhelmplatz 1/2

05205 – 740 VI g
Schnellbrief
Betr.: Abschiebung von Juden
1. Allgemeines: [...] Das Vermögen *der abzuschiebenden Juden wird zugunsten des Deutschen Reiches eingezogen. Es verbleiben den Juden 100 RM und 50 kg Gepäck je Person. [...]*
2. Durchführung der Abschiebung:
Die Abschiebung der Juden wird von der Geheimen Staatspolizei *(Gestapo) durchgeführt. Die Gestapo sorgt auch für die Sicherstellung des Vermögens.*

Die Juden, deren Abschiebung bevorsteht, haben der Gestapo Vermögensverzeichnisse nach bestimmtem Vordruck einzureichen. Die Gestapostellen versiegeln die Wohnungen und hinterlegen die Wohnungsschlüssel bei den Hausverwaltern.

3. *Einziehung des Vermögens:*
Gesetzliche Grundlage für die Einziehung des Vermögens sind die folgenden Bestimmungen:
Gesetz über die Einziehung volks- und staatsfeindlichen Vermögens vom 14. Juli 1933 [...] in Verbindung mit dem Gesetz über die Einziehung kommunistischen Vermögens vom 26. Mai 1933 [...],
Verordnung über die Einziehung volks- und staatsfeindlichen Vermögens im Lande Österreich vom 18. November 1938 [...],
Verordnung über die Einziehung volks- und staatsfeindlichen Vermögens in den sudetendeutschen Gebieten vom 12. Mai 1939 [...],
Verordnung über die Einziehung von Vermögen im Protektorat Böhmen und Mähren vom 4. Oktober 1939, [...],
Erlaß des Führers und Reichskanzlers über die Verwertung des eingezogenen Vermögens von Reichsfeinden vom 29. Mai 1941 [...].
Die Bestimmungen für die Ostmark, den Sudetengau und das Protektorat sind in der Aufzählung enthalten, weil auch Vermögenswerte erfaßt werden, die sich in diesen Teilen des Reichsgebietes befinden.
Für Forderungen gegen Juden, deren Vermögen zugunsten des Reichs eingezogen ist, haftet im Altreich das Reich mit den ihm durch die Einziehung zugefallenen Sachen und Rechten (Par. 39 des Gesetzes über die Gewährung von Entschädigungen bei der Einziehung oder dem Übergang von Vermögen vom 9. Dezember 1937 [...]).
Die Einziehungsverfügungen werden von den Regierungspräsidenten erlassen. Sie werden den Juden vor ihrem Abtransport durch Gerichtsvollzieher zugestellt [...] / Im Auftrag / Schlüter[121]

Ihrer beweglichen und unbeweglichen Vermögenswerte beraubt, wurden die Juden mit hundert Reichsmark und fünfzig Kilogramm Gepäck pro Person in Viehwagen nach Polen abgeschoben. Die »Endlö-

216

sung« begann mit der Evakuierung, bei der nichts dem Zufall und der Willkür überlassen blieb. Für den Abtransport der Juden aus dem Raum Nürnberg liegt eine zehnseitige »Organisationsanweisung« vor, aus der die folgenden Zitate stammen:

Die Durchschleusung der im Sammellager eintreffenden Juden vollzieht sich jeweils für jede Evakuierungs-Gruppe gemäßig folgendermaßen:

Von den angelieferten Juden sollen im 1. Raum die Koffer, die mittlerweile durch jüd. Arbeitskommandos herangeschafft wurden (2 LKW, 6 SS-Männer als Aufsicht) [...] von dem Beamten nach den Richtlinien durchsucht werden. Unerlaubte Gegenstände (Devisen, Schmuck usw.) sind zu entnehmen, tunlichst mit Evakuierungsnummer zu versehen und beiseite zu legen. Der Koffer wird dann verschlossen und ohne daß ihn der Jude wieder in die Hände bekommt, zur Ghetto-Gepäcksammelstelle gebracht zur späteren Verladung im Güterwagen. Auch das Marschgepäck ist zu überholen.

Im nächsten Raum (Raum II) hat der Jude, der bereits bei der Abholung dem Beamten seine Vermögensliste, evtl. Wertpapiere und sonstige Papiere, übergeben hat, sämtliche bei sich tragende Ausweispapiere, Wertpapiere, unerlaubte Schmuckgegenstände usw. abzugeben. Gleichzeitig sind von den Juden außerhalb Nürnbergs die RM 52,– Transportkosten mit abzugeben und zu buchen. Für die Juden Nürnbergs erfolgt Einhebung der Transportkosten bereits vorher über die Kultusgemeinde. Belassen wird ihnen lediglich die Kennkarte, Gebrauchsuhr und Ehering.

Hierauf werden die Juden im Raum III körperlich durchsucht auf versteckte, mitgeschmuggelte Wertpapiere usw. (Entkleiden, Frauen getrennt in Sonderräumen).

Nach Wiederankleidung wird dem Juden (oder der Jüdin) im Raum IV die Einziehung und Beschlag-

nahme seines (ihres) Vermögens durch Zustellungs-urkunde (Gerichtsvollzieher) bekanntgegeben und gleichzeitig auf seiner (ihrer) Kennkarte der Stempel »evakuiert« aufgedruckt. Hierauf wird er (sie) der SS-Wache übergeben, die ihn (sie) nunmehr in das endgültige Sammellager verbringt. Ein Verlassen dieses Sammellagers oder der Verkehr mit noch nicht behandelten Juden ist unter allen Umständen zu verhindern. Seine (ihre) Marschverpflegung, Reisegepäck, usw. Eßgeschirr, darf er (sie) mitnehmen.
[...]
Für Fliegeralarm ist tunlichst für das SS-Wachkommando – soweit außer Dienst – ein Schutzgraben vorzubereiten (durch die Juden). Die Juden selbst verbleiben in den Baracken. Der Verkehr der Juden aus den einzelnen Baracken miteinander ist zu unterbinden.
[...]
Nach Abfahrt des Zuges werden die SS-Wachen entlassen. Pol. Sekr. Böhm hat mit einem Arbeitskommando zurückgebliebener Juden für die saubere Übergabe des Barackenlagers Sorge zu tragen.
[...]
Nürnberg, den 11. November 1941 / [gez.] Dr. Grafenberger / SS-Stubaf. u. Krim. Rat.[122]

Über die Marschverpflegung der Transporte liegen unterschiedliche Informationen vor. Man weiß von Zügen, die zehn Tage unterwegs waren, weil die Bahnlinien durch Polen entweder durch die Militärtransporte verstopft oder durch Sprengungen unterbrochen waren; dennoch erhielten die Häftlinge in den Güterwagen weder Nahrung noch Wasser. Andere Transporte, so beispielsweise der Zug DA 901/51, der in Paris-Dobigny am 28. Oktober 1943 um 10.30 Uhr in Richtung Auschwitz mit tausend französischen Juden und Widerstandskämpfern abgefertigt wurde*, führ-

* Zwischen dem 30. März 1942 und dem 2. Juni 1944 wurden aus Frankreich ins KZ Auschwitz 78 264 französische Häftlinge

ten Mehl, Kartoffeln, Zucker, Margarine, Trockengemüse, sogar Weintrauben und Schokolade mit sich. *In dem betreffenden Dokument heißt es: Ich bitte, die hochwertigen Lebensmittel nicht für KZ-Häftlinge zu verwenden. Falls durch das Begleitkommando die genaue Zahl der 1000 Juden nicht übergeben wird, erbitte ich vom KZ Auschwitz FS-Nachricht. / [gez.] Brunner / SS-Hauptsturmführer*[123]

Nicht weniger genau als die Transportplanungen waren die Vorschriften über die Exekutionen. Der Reichsführer SS Himmler erließ am 6. Januar 1943 eine »Durchführungsbestimmung für Exekutionen«, das heißt, für Hinrichtungen, die nicht routinemäßig in den Konzentrationslagern vorgenommen wurden, für die vielmehr in jedem einzelnen Fall eine besondere Veranlassung und eine entsprechende »Verurteilung« vorlagen (die grammatikalischen Fehler sind im Original enthalten):

Die Anordnung der Exekution erfolgt mittels Schnellbriefes oder FS an die zuständige Staatspolizei-Leitstelle bzw. den Kommandeur der Sicherheitspolizei und des SD.

Die Durchführung der Exekution erfolgt bei deutschen Häftlingen in der Regel im K.L., und zwar grundsätzlich im Lager, das dem Haftort des Delinquenten am nächsten liegt. Bei ausländischen Häftlingen werden die Exekutionen aus Abschreckungsgründen auch in der Nähe des Tatortes beizuwohnen. Die Erschießungen erfolgen an einer besonders bestimmten Stelle des Lagers und zwar im Abstand von etwa zwei Metern von dem Kugelfang. Der Delinquent ist zu befragen, ob er mit dem Gesicht oder dem Rücken gegen die Wand stehen will.

Die Erschießung wird unter dem Befehl eines SS-Untersturmführers oder SS-Oberscharführers von

eingeliefert, von denen, weil noch arbeitsfähig, 28 664 ins Lager kamen. Die übrigen wurden von der Rampe weg in die Gaskammern getrieben.

mindestens 6 SS-Männern ausgeführt, die etwa fünf Schritt von dem Verurteilten entfernt aufzustellen sind.

Erhängungen sind durch einen Schutzhäftling durchzuführen. Sie haben so zu erfolgen, daß ein Versagen der mechanischen Einrichtungen ausgeschlossen ist. Der Schutzhäftling erhält für den Vollzug drei Zigaretten.

Lichtbilder oder Filme dürfen von der Exekution nicht vorgenommen werden. Ausnahmen bedürfen meiner besonderen Genehmigung.

Eine Übermittlung des Exekutionsprotokolls ist in Zukunft nicht mehr erforderlich.

Die Aufklärung [der Exekutionskommandos über die Notwendigkeit der Exekution, Anm. d. Verf.] *ist in wirklich kameradschaftlicher Weise vorzunehmen. Sie kann von Zeit zu Zeit in Form eines kameradschaftlichen Beisammenseins* [gemeint ist bei einem Bierabend, Anm. d. Verf.] *erfolgen.*

Der verantwortliche Dienststellenleiter hat nach pflichtgemäßem Ermessen zu entscheiden, ob die Leiche dem nächsten Krematorium zur Verbrennung zu überweisen oder der nächsten Universitätsklinik (Anatomie) zur Verfügung zu stellen ist. Falls die Überführung der Leiche in das nächste Krematorium oder die nächste Anatomie nur unter großem Benzinverbrauch möglich ist, bestehen gegen die Beerdigung auf einem Judenfriedhof oder in der Selbstmörderecke eines großen Friedhofes keine Bedenken. Die entstehenden Kosten trägt die Geheime Staatspolizei.[124]

Nicht nur für Exekutionen, auch für die Durchführung von Prügelstrafen in Konzentrationslagern ließ Himmler Sonderbefehle ergehen:

An die Lagerkommandanten der Konzentrationslager Au., Rav., Herz., Lub. und Stutthof [ohne Datum]

Der Reichsführer SS und Chef der Deutschen Poli-

zei hat befohlen, daß der Strafvollzug an Russinen durch Polinnen und an Polinnen und Ukrainerinnen durch Russinen vorgenommen werden soll.

Als Belohnung können den strafvollziehenden Schutzhäftlingen einige Zigaretten gegeben werden.

Auf keinen Fall dürfen zum Strafvollzug deutsche Schutzhäftlinge herangezogen werden. Auch sonstige Schutzhäftlinge, die selbst straffällig geworden sind, dürfen hierzu nicht genommen werden. [125]

Für die SS-Offiziere in der Amtsgruppe D muß es eine genußreiche Vorstellung gewesen sein, daß Frauen verprügelt wurden, denn immer wieder fertigen sie Befehle darüber aus:

Oranienburg, den 11. August 1942

An die Lagerkommandanten der Konzentrationslager Da., Sah., Bu., Mau., Klo., Neu., Aus., Gro.-Ro., Natz., Nie., Stu., Arb. Rav. und Kriegsgefangenen-Lager Lublin

Der Reichsführer SS hat angeordnet, daß die Prügelstrafen in den Frauen-Konzentrationslager unter der befohlenen Dienstaufsicht von Häftlingen vollzogen werden.

In Angleichung dieses Befehls hat der Hauptamtschef des SS-WVHA, SS-Obergruppenführer und General der Waffen-SS Pohl, angeordnet, daß mit sorfortiger Wirkung die Prügelstrafen in den Männer-Konzentrationslagern ebenfalls von Häftlingen vollzogen werden. Es ist verboten, den Strafvollzug bei deutschen Häftlingen durch ausländische Häftlinge durchführen zu lassen. [126]

Am 31. März 1944 ging die Amtsgrupe D mit einem Verteiler, der sämtliche großen KZ aufführt, noch einmal auf das Thema Prügelstrafe ein: *Es besteht Veranlassung, nochmal darauf hinzuweisen, daß diejenigen Häftlinge, die die P.-Strafe vollzogen haben, dieses keinesfalls auf den Vordrucken unter Spalte »Ausführende« mit ihrer eigenen Unterschrift bestätigen. Die Namen und Nummern der Häftlinge sind von einem der Zeugen, zweckmäßigerweise von dem Schutzhaftlagerführer handschriftlich einzutragen.*[127]

Neben der riesigen Organisation, die für das Einfangen und den Transport der Opfer zu den Vernichtungslagern aufgebaut worden war, gab es eine zweite, die für den Abtransport und die Verteilung der Hinterlassenschaft der Ermordeten zu sorgen hatte. Es ergaben sich dabei Schwierigkeiten. Zum Beispiel schrieb die Amtsgruppe D im WVHA im Juni 1942 an die KZ-Kommandanten: *Nach Mitteilung des RSHA sind von den KL [...] Pakete mit Kleidungsstücken versandt worden, wobei in einigen Fällen festgestellt worden ist, daß diese Kleidungsstücke durchschossen und mit Blut besudelt waren. Ein Teil der Pakete ging beschädigt ein, so daß außenstehenden Personen Einblick in die Pakete möglich war. [...] Es sind ab sofort bis zur endgültigen Klärung über die Verwertung des Nachlasses Kleidungsstücke von exekutierten Häftlingen grundsätzlich von der Versendung auszuschließen.*[128]

Diese Amtsgruppe hatte auch häufig Ursache, Unordnung in der Ablieferung jüdischer Hinterlassenschaften festzustellen und auf sorgfältigere Abfertigung der Sendungen zu drängen:

Amtsgruppe D – Konzentrationslager, D II/1, 14/16 Bie./Hü. 24. 1. 1944

An die Verwaltung KL. Auschwitz

In der Anlage überreicht die hiesige Dienststelle die Abnahmebescheinigung der Sendung KL Auschwitz vom 11. 11. 43

Es wird gebeten, jeweils eine gewissenhafte Zählung der Gegenstände vornehmen zu lassen, da Differenzen in so großen Ausmaßen nicht vorkommen dürfen.

In Zukunft werden vom Amt D II nur folgende Gegenstände übernommen 1/Uhren – 2/Uhrwerke – 3/Uhrgehäuse – 4/Uhrenarmbänder – 5/Uhrenkap-

seln – 6/Füllfederhalter – 7/Drehbleistifte. Alle anderen dort anfallenden Gegenstände sind gesondert gepackt an den Chef der Verwaltung abzufertigen. Gemischte Sendungen werden nicht angenommen.

Weiters wird gebeten, die Uhren folgendermaßen zu unterteilen: 1/Taschenuhren, gelb – 2/Taschenuhren, weiß – 3/Armbanduhren, gelb – 4/Armbanduhren, weiß – 5/Taschenuhren mit Steinen – 6/Armbanduhren mit Steinen – 7/Wecker.

Diese Unterteilung wird deshalb verlangt, weil häufig Doublee-Uhren als Gold-Uhren eingesetzt werden und umgekehrt. Die Trennung nach Gold- und Doublee-Uhren führen die hiesigen Uhrmacher-Fachleute durch.

Über die vorher erfolgten Sendungen aus dem KL Auschwitz können keine weiteren Abnahmebescheinigungen, als die bereits erfolgten, ausgeschrieben werden, da bei dem seinerzeitigen Massenanfall aus allen Richtungen eine sofortige Zählung wegen Platz- und Personalmangel nicht möglich war.

Der Chef des Amtes D II / [gez.] Podnis / SS-Obersturmbannführer.[129]

Für die sorgfältige Sammlung und Verwertung des Eigentums Ermordeter wurde nicht nur innerhalb der SS und im Schriftverkehr zwischen dem WVHA und den Vernichtungslagern gesorgt, es wurden auch zivile Wirtschaftsorganisationen dazu eingeschaltet, wobei nicht ausschließlich Gewinnstreben das Motiv war; es ging eben auch um den Kampf gegen die sowjetischen »Untermenschen«.

Die Hauptgeschäftsführung der Reichsvereinigung Eisen, Berlin-Wilmersdorf, Badenschestraße 24, teilte mit Rundschreiben Nr. 89 am 16. September 1943 allen ihr angeschlossenen Firmen mit: *Erfahrungen der letzten Wochen haben gelehrt, daß unter den russischen Kriegsgefangenen* [die in diesen Firmen arbeiteten, Anm. d. Verf.] *die Kommissare häufig an Goldplomben im Gebiß zu erkennen sind, weil nur sie in*

Rußland die Möglichkeit haben, bei Zahnbehand-
lungen Goldplomben zu bekommen. Wir bitten Sie,
Ihre Werke in diesem Sinn zu unterrichten und sie zur
Meldung aufzufordern, wenn russische Kriegsgefan-
gene mit Goldplomben festgestellt werden. Solche
Meldungen sind an die zuständigen Abwehrstelle
sowie an das in Frage kommende Stammlager weiter-
zuleiten.[130]

Mit diesem Rundschreiben, das keinen Geheimver-
merk trägt und das in mehreren hundert Exemplaren
hinausgegangen ist, wurden Firmen der eisenverarbei-
tenden Industrie zur Denunziation von sowjetischen
Arbeitern aufgefordert, wobei sich die Denunzianten
darüber klar gewesen sind, daß diese »Kommissare«
exekutiert wurden.

Daß für die bürokratische Verwaltungsmaschinerie
der Todesfabriken das nötige SS-Personal ohne weiteres aufzutreiben war und unbehelligt vom Gestank
der Verbrennungsanlagen arbeitete, als stünde der
Schreibtisch im Verwaltungsbau einer Versicherungs-
gesellschaft tausend Kilometer von Auschwitz entfernt, verwundert nicht. Hingegen erscheint es im
Rückblick weniger selbstverständlich, daß es auch
keinerlei Schwierigkeiten bereitete, immer über ausreichend viele einfache Soldaten der SS, der Polizei,
der Wehrmacht zu verfügen, die sich ohne Wenn und
Aber dazu bereitfanden, in Handarbeit, mit Karabinern, Maschinenpistolen und Maschinengewehren
die Einwohner ganzer Dörfer zu ermorden, nachdem
diese ihre Massengräber selbst ausgehoben hatten.
Auch das vollzog sich, als habe es sich darum gehandelt, einen Wald zu schlagen und das Holz abzufahren
– in guter Ordnung, zweckdienlich und effizient. Die
Anordnung von Massenmorden per Telex oder Tele-
fon erforderte keinerlei emotionales Engagement; die
Himmlers, Eichmanns, Heydrichs geben keine Rätsel
auf, und doch sind sie Lieblingsstudienobjekte der
Zeitgeschichte, wurden Bücher über sie geschrieben.

Die kleinen Leute aber, die gar nichts dabei fanden, aus ein paar Meter Entfernung Mütter mit ihren Babys im Arm zu erschießen, sie, die sich oft die Uniform auszogen (und ausziehen durften), um sie vor Blutspritzern zu bewahren, und in Unterhosen ihre Mordarbeit erledigten – ihnen ist bisher wenig Aufmerksamkeit geschenkt worden –, ein schweres Versäumnis! Sie sind unter uns, soweit sie das entsprechende Alter haben, kein Haar wurde ihnen gekrümmt; sie sind in ihr bürgerliches Leben zurückgekehrt, als hätten sie es nie verlassen.

Im Archiv des Verfassers liegen nahezu hundert handgeschriebene Lebensläufe von SS-Männern, die zeitweise über Jahre in Auschwitz ihren Dienst getan haben. Hier einige Beispiele (die Namen werden nicht ausgeschrieben, könnte es doch sein, daß die Betreffenden noch leben, Kinder und Enkel haben, eine Rente beziehen und nie von Alpträumen heimgesucht worden sind dank dem guten Gewissen, daß sie nichts anderes getan haben als ihre vaterländische Pflicht):

Lebenslauf
Ich, K. R., bin als Sohn des Maurers Hermann R. zu Duingen [schwer lesbar] geboren. Vom 7. Lebensjahr besuchte ich die Volksschule und wurde mit 14 Jahren entlassen. Im April 1936 trat ich bei Herrn Dachdeckermeister Christian Schaper in die Lehre, wo ich nach 3½jähriger Lehrzeit das Handwerk erlernte.
Am 15. Juni 1940 wurde ich dann zu der Waffen SS in Radolfszell einberufen. Nach der Ausbildung kam ich zur Feldtruppe des SS-Inf. Reg. 3, 10. Kompanie, nach Frankreich. Am 2. Oktober 1940 wurde ich zum K. L. Auschwitz versetzt, wo ich am 1. Dezember 1941 zum Sturmmann, und am 1. Februar 1943 zum SS Rottf. ernannt wurde und heute als solcher noch meinen Dienst mach.
Vom 10. Lebensjahr bis 15. 6. 40 war ich Angehöriger der Hitler-Jugend.

Lebenslauf

Ich, L. Sch., bin am 15. November 1905, als einziger Sohn des im Jahre 1921 verstorbenen Schneidermeisters J. Sch. und der Karoline, geb. D., in Czernowitz (früher Österreich) geboren. Nach Beendigung von 4 Volks- und 4 Mittelschulklassen trat ich als kaufmännischer Lehrling in ein Lebensmittelwarenhaus ein. Besuchte nach Beendigung der Lehre einen einjährigen Handelskurs, um dann bis zum Jahre 1930 Angestellter in einem Sägewerksbetrieb zu sein. Im Jahre 1931 zog ich wegen Arbeitslosigkeit nach Bukarest (Rumänien) und trat dort nach einiger Zeit als Geschäftsleiter der Eisenbahnereinkaufsgenossenschaft ein. Dies war meine ausschließliche Tätigkeit bis zu meiner Umsiedlung ins Reich am 1. März 1941. Im Reich wurde ich vorerst in Umsiedlerlager untergebracht und kurze Zeit darauf bin ich bei einer Lebensmittelgroßhandlung in Offenburg (Baden) eingesetzt worden.

Am 10. Oktober 1941 wurde ich als Kriegsfreiwilliger in die Waffen-SS aufgenommen. Politisch habe ich mich, aus beruflichen Gründen und den damals dort herrschenden Verhältnissen, nicht betätigt.

Lebenslauf

Ich, R. S., bin am 5. Juni 1895 in Bielitz als Sohn des J. S., Tuchmachermeister und seiner Ehefrau J., geb. P. [fehlt: geboren]. Bin gottgl. und arischer Abstammung, verh. mit E., geb. G., habe eine Tochter. Ich besuchte die Volks- und Bürgerschule in Bielitz, erlernte die Musterweberei. Im März 1915 bin ich zur östr. Armee eingerückt, wo ich bis November 1918 gedient habe, wurde im Juni 1915 am Fuß und Hand verwundet, ging daselbe Jahr ins Feld zurück. Vom Mai 1918 bis zum November 1918 war ich in der Gendarmerieschule im Range eines Zugführers tätig.

Im Jahre 1920 bis 1927 war ich als technischer Leiter in Gummibandweberei tätig. Im Jahre 1927 bis

1929 war ich in Süd-Amerika. Im Jahre 1930 machte ich mich selbständig mit der Erzeugung von Gummibändern und mußte in Folge wirtschaftlicher Schwierigkeiten den Betrieb einstellen. Im Jahre 1933 versuchte ich es nochmals mit der Erzeugung von gewebten Gummistrümpfen, mußte aber im September 1939 wegen Mangel an Rohstoffen die Erzeugung einstellen.

Bei Kriegsbeginn meldete ich mich zum freiwilligen Hilfsdienst und war nachher in einer Holzhandlung tätig, wo ich diesen Dienst bis zu meiner Einberufung am 17. April 1940 zur Waffen-SS (K. L. Dachau) versah.

Ich spreche etwas polnisch. Bin Mitglied der N. S. V., sowie Allg. SS Nr. 40 7252

Die vorliegenden Lebensläufe von SS-Männern belegen die oft geäußerte Meinung nicht, wirtschaftliche Schwierigkeiten (Massenarbeitslosigkeit) hätten die Männer in die Arme der SS getrieben. Auch der Gummibandhersteller ist hierfür kein Beispiel, unerachtet er zweimal als Kleinunternehmer scheiterte, denn er befand sich seit Kriegsbeginn in einem festen Angestelltenverhältnis, bevor er im April 1940 in die SS eintrat. In nahezu allen ihren Lebensläufen sagen die Betreffenden, sie seien in die SS einberufen worden – das ist für die Zeit vor dem Krieg und für die ersten Kriegsjahre unglaubhaft. Noch trieb die SS Nachwuchsauslese, und wer sich nicht meldete, wurde im allgemeinen auch nicht genommen.

Formulierungen wie folgende finden sich nicht selten: *Durch den Krieg, der uns von unseren Feinden aufgezwungen wurde, habe ich mich als Freiwilliger in die Waffen-SS gemeldet.* Oder: *Bei Kriegsausbruch meldete ich mich von der Handelsschule weg zur Waffen-SS. Am 15. August 1940 wurde ich als Freiwilliger zum 15. SS-Totenkopfregiment nach Plock an der Weichsel einberufen.*

Letztere Sätze stammen aus dem handschriftlich geschriebenen Lebenslauf des F. W., 1922 in Österreich geboren. Sein SS-Totenkopfregiment war am Überfall auf die Sowjetunion beteiligt. Er wurde im September 1941 durch einen Knieschuß so schwer verwundet, daß er nicht mehr für den Fronteinsatz tauglich war. Er kam zu einer Genesungskompanie nach Holland und nach seiner Ausheilung zum KZ Dachau, wo er in der Besoldungsstelle arbeitete, bis er im September 1942 nach Auschwitz versetzt wurde. Dort wurde er in die Effektenkammer kommandiert, *wo die anfallenden jüdischen Effekten nach Durchführung der Vergasung sortiert und aufbewahrt werden. Sein Dienst bestand hauptsächlich in der Beaufsichtigung der Häftlinge. Da er in Verdacht stand, ebenfalls Effekten entwendet zu haben, wurde am 13. 11. 1943 bei ihm eine Spindrevision vorgenommen. Hierbei wurden folgende Gegenstände vorgefunden:*

1 Paar br. gef. Herrenlederhandschuhe / 2 Taschenatlasse / 1 pelzgef. Lederhaube / 10 Taschen-Fotoalben, davon 2 mit Lederumschlag / 2 Tuben Zahnpasta / 1 Dynamo-Taschenlampe / 1 Buch (Maria Stuart) / etwa 50 Zigaretten / 2 Hirschfänger.

Damit stoßen wir auf einen Sachverhalt, der überaus erhellende Einblicke in die Innenwelt der SS gewährt. Massenmord blieb straflos, wenn er nicht sogar belohnt wurde, sei es durch vorzeitige Beförderung oder materiell; aber Diebstahl von Eigentum ermordeter Juden wurde schwer geahndet. Was jener F. W. auf die Seite gebracht hatte, besaß einen Gesamtwert von etwa 30,– RM. Bei der Strafbemessung ging das Gericht von folgenden Erwägungen aus: *Strafmildernd konnte zunächst die Jugend des Angeklagten berücksichtigt werden. Er hat sich schon mit 17 Jahren freiwillig zur Waffen-SS gemeldet, hat sich an der Ostfront bewährt, ist verwundet worden. Er hat ein versteiftes Kniegelenk behalten. Er ist weder gerichtlich noch disziplinär bestraft, sein Dienstleistungszeugnis ist äußerst günstig. [...] Zu seinen Gunsten spricht auch, daß er sich nicht an wertvollen Gold- und Silbersachen vergriffen hat.*

Das Gericht hielt dem Angeklagten ferner zugute, daß er ein volles Geständnis abgelegt hat. Hingegen mußte es doch über die Mindeststrafe hinausgehen, weil der Angeklagte, der seit dem 15. August 1940 der Waffen-SS angehörte, *über das Grundgesetz betreffend die Heiligkeit des Eigentums genau unterrichtet war.*[131]

Man kann sich des Eindrucks nicht erwehren, daß mit diesen Urteilen dem SS-Personal die Rechtlichkeit seines Handelns gegen die Häftlinge vor Augen geführt werden sollte. Wo es so streng herging in Verhandlungen vor den SS-Sondergerichten, konnten die Verbrechen nicht Unrecht sein, sondern nur die andere Seite des Rechts. Ein SS-Oberscharführer P. P. wurde vom selben SS- und Polizeigericht in Kattowitz, vor dem sich auch F. W. zu verantworten gehabt hat, zu acht Monaten Gefängnis und Ausschluß aus der SS bestraft. Er hatte sich bereits 1936 gegen den Willen seines Vaters beim SS-Wachverband »Oberbayern« einschreiben lassen, aus dem die 1. SS-Totenkopfstandarte hervorgegangen ist, die an der Besetzung Österreichs und des Sudetenlandes und dort an den ersten Massenmorden an Juden beteiligt gewesen war. Alles, was P. P. gestohlen hatte, von schwarzen Damenstiefeln bis zu einem lachsfarbenen Kindermantel, hatte er seiner Frau nach Dachau geschickt oder ihr anläßlich eines Urlaubs mitgebracht. Nicht im Spind in Auschwitz, sondern in der Dachauer Wohnung waren die gestohlenen Sachen gefunden worden. Seine langjährige SS-Zugehörigkeit nützte dem P. P. nichts.

Die Verführung, sich im Klima des Konzentrationslagers am Eigentum von getöteten Häftlingen zu vergreifen, muß groß gewesen sein. Unter den knapp hundert Personalakten, die dem Verfasser vorliegen, befinden sich neun, aus denen hervorgeht, daß SS-Männer wegen Diebstahls vor Gericht gestellt worden sind. Die Strafen reichen von ein paar Wochen bis zu ein paar Jahren, zur Gefängnisstrafe konnten Geldstrafen treten (ersatzweise ein Tag Haft je 20,– RM); ab vier Monaten Gefängnis scheint der Ausschluß aus der SS obligatorisch gewesen zu sein. Die Formel vom »Grundgesetz der Heiligkeit des Eigentums« findet sich in fast allen Urteilsbegründungen.

Es gab aber noch andere Grundgesetze für SS-Männer. Diese scheinen gewissermaßen von Vorschriften und Befehlen geradezu eingezäunt gewesen zu sein. Darunter auch die folgende Verpflichtung, die nach der Aktenlage vermutlich von den meisten in den KZ tätigen SS-Männern unterschrieben werden mußte: *Mir ist bekannt, daß nur der Führer allein über Leben und Tod eines Staatsfeindes entscheidet. Ich darf keinen Staatsgegner (Häftling) körperlich schädigen oder zu Tode bringen. Jede Tötung eines Häftlings in einem Konzentrationslager bedarf der persönlichen Genehmigung des Reichsführers-SS. Ich bin mir bewußt, daß ich bei Zuwiderhandlung gegen diese Verpflichtung unnachsichtlich zur Rechenschaft gezogen werde.*
K. L. Auschwitz, den [Tag fehlt] *11. 1943 / [gez.] H. H.*

Damit sind selbstverständlich nicht die Massenmorde duch Vergasung gemeint, die nur in Wochen- bzw. Monatsberichten pauschal dem Reichsführer zu melden waren. So heißt es beispielsweise in einem Bericht der Zentralbauleitung Auschwitz an die Amtsgruppe C im WVHA vom 26. Juni 1943 über die Leistungsfähigkeit der Krematorien:

I. altes Krematorium (Auschwitz)
  3 Öfen – 2 mufflig   *– 340 Leichen*
II. neues Krematorium (Birkenau)
  5 Öfen – 3 mufflig   *– 1440 Leichen*

III. neues Krematorium (Birkenau)
    5 Öfen – 3 mufflig   *– 1440 Leichen*
IV. neues Krematorium (Birkenau)
    8 mufflig   *– 768 Leichen*
V. neues Krematorium (Birkenau)
    8 mufflig   *– 768 Leichen*

---

          zusammen   4756 Leichen[132]

Der Wortlaut der oben angeführten Verpflichtung entspricht allerdings nicht der Praxis der individuellen Morde in den verschiedenen Lagern von Auschwitz. Die Tötungen, vorwiegend durch Erschießen an der »Todeswand« im Hof von Block 11 im Stammlager vorgenommen, erfolgten ohne Rückfrage auf Befehl des Lagerkommandanten Höß oder anderer SS-Führer; auch die Block- und Rapportführer konnten selbständig (und eigenhändig) Erschießungen vornehmen, wie beispielsweise in dem Prozeß gegen den Rapportführer Oswald Kaduk (Frankfurt, im Frühjahr 1963) nachgewiesen worden ist.

Nein, der Reichsführer SS brauchte nicht gefragt zu werden, ob beispielsweise die Häftlinge Georg Zahradka und Ignacy Mrnka getötet werden durften – sie wurden am 14. Januar 1943 auf dem Hof von Block 11 erschossen, aus welchem Grund, ist nicht vermerkt. Aber ihre Ermordung ist registriert. Der Deutsche, der hinter einem Schreibtisch sitzt, schreibt auf – egal, ob er es nicht besser unterließe, weil das, was er aufschreibt, eines Tages gegen ihn verwendet werden könnte.

Der die Dienstvorschriften verwaltende Schreiber ist dem Personalsachbearbeiter behilflich. Er hat sämtliche im Konz.-Lager benötigten Vorschriften beim Amtsgruppenchef D anzufordern, laufend zu berichtigen, karteimäßig zu erfassen und auf die in Frage kommenden Abteilungen zu verteilen. [...] Ein weiterer Schreiber ist für die gesamte Registratur verantwortlich und hat hauptsächlich für richtiges,

nach Aktenzeichen geordnetes Ablegen der erledig-
ten Schreiben zu sorgen. [...] Die in der Kommandan-
turschreibstube beschäftigten Hilfskräfte erledigen
alle ihnen durch Diktat übertragenen schriftlichen
Arbeiten, fertigen Abschriften an und versehen Or-
donanzdienste.

[...]

Der allgemeine, die Häftlinge im einzelnen nicht
betreffenden Schriftverkehr [der politischen Abteilung im Lager, Anm. d. Verf.] *wird nach Aktenzeichen*
registriert, während der die Häftlinge direkt betref-
fende Schriftverkehr in den für jeden Häftling nach
Häftlingsnummer geordneten Akten/Hefter/ zusam-
mengefaßt wird. Diese Hefter werden mit Nummern,
Namen, Geburtsdaten und Häftlingsarten gut leser-
lich beschriftet. Man kann diese Hefter noch beson-
ders übersichtlich kennzeichnen, indem man farbige
Hefter in Angleichung an die von jedem Häftling zu
tragenden Farbwinkel verwendet, ohne von der lau-
fenden Nummernführung abzugehen.

Der für die laufend vorzunehmende Berichtigung
der Häftlingskartei verantwortliche Schreiber hat
insbesondere darauf zu achten, daß der Einfachheit
halber zwei Karteien geführt werden. In der einen
Kartei werden alle im Lager befindlichen und zu Ver-
nehmungen oder Verhandlungen überführten Häft-
linge phonetisch geordnet erfaßt. Bei überführten
Häftlingen werden die Karten mit einem Reiter »T«,
d. h. auf Transport befindlich, versehen. Die zweite
Kartei umfaßt, gleichfalls phonetisch geordnet, alle
verstorbenen, entlassenen und einem anderen Lager
überstellten Häftlinge. Bei verstorbenen Häftlingen
werden die Karten rot durchkreuzt.[133]

Dank einer derart sorgfältigen Vorarbeit der Lager-
verwaltung war es den Historikern im Museum
Auschwitz möglich, ein »Kalendarium der Ereignisse« im Lager aufzustellen, in dem durch die Jahre
jeder Tag festgehalten ist. Beispielsweise lautet die

Eintragung vom 20. Januar 1943 wie folgt: *RSHA-Transport aus dem Lager Westerbork, 315 jüdische Männer und Knaben, sowie 433 jüdische Frauen und Mädchen. Nach der Selektion lieferte man 10 Männer als Häftlinge ins Lager ein, sie bekamen die Nr. 90812–90821; 25 Frauen bekamen die Nr. 29600–29624. Die restlichen 305 Männer und Knaben sowie 408 Frauen und Mädchen wurden vergast.*[134]

Die Nummern wurden auf den linken Unterarm eintätowiert. Wäre nur beabsichtigt gewesen, die Häftlinge nach und nach umzubringen, so wäre die Numerierung eine irrationale Handlung gewesen, denn bei den Zählappellen im Lager wurden die Nummern nicht aufgerufen. Sie hatte eine gewisse Bedeutung für das Leihgeschäft. Es war dadurch möglich, vom Kunden eine Bestätigung zu bekommen, er habe die Häftlinge von Nr. XX bis Nr. XX zu dem und dem Preis erhalten. Als es mit der deutschen Herrschaft zu Ende ging und die sowjetische Armee sich Auschwitz näherte, haben sich einige SS-Männer x-beliebige Nummern selbst eintätowiert, um in der Rolle von Häftlingen davonzukommen. Ihr blendender Ernährungszustand machte ihnen allerdings einen Strich durch die Rechnung – auch numeriert konnten sie keine Häftlinge sein.

Für jeden Tag konnten nach dem Krieg die »Eingänge« mit den betreffenden Häftlingsnummern festgestellt werden, desgleichen die »Abgänge«, sei es durch Hunger, durch Krankheit oder Exekution. Die Gesamtzahl der numerierten Häftlinge, unterteilt in »gewöhnliche« Nummern, in jüdische Nummern A und B, in die Nummern sogenannter »Erziehungshäftlinge« (10 000 Männer, 2000 Frauen), russischer Gefangener (11 780) und Zigeuner (10 094 Männer, 10 849 Frauen) betrug 405 222. Von den numerierten Häftlingen wurden in Auschwitz und in anderen Lagern 340 000 ermordet bzw. sind gestorben. Von den zum Schluß noch lebenden, in andere, westlich gelegene Lager abtransportierten numerierten Häftlingen, es waren 142 157, sind 60 000 am Leben geblieben einschließlich der 2819 Häftlinge, die in Auschwitz von der sowjetischen Armee befreit worden sind.

Es herrschte eine mustergültige bürokratische Ordnung im Vernichtungssystem! Von innen betrachtet war die SS ein perfekt durchorganisierter Betrieb, in dem von den Verwaltungsgremien, also von oben nach unten, alles bis ins kleinste auf dem Papier geregelt wurde. *Die Deutschen wurden auf ihre sachliche Arbeit ausgerichtet* – dieser Satz bezieht sich durchaus nicht nur auf das Dritte Reich, er steht in einer Broschüre mit dem Titel *Die Wurzeln faschistischen und nationalsozialistischen Handelns.* Der Verfasser ist der ehemalige hessische Generalstaatsanwalt Dr. Fritz Bauer. Er und der Hamburger Generalstaatsanwalt Buchholz bildeten in den sechziger Jahren das liberale Element in der Höhenlage der westdeutschen Justiz. *Das Gebot der Sachlichkeit schuf ausgezeichnete Beamte, ausgezeichnete Offiziere und ausgezeichnete Handwerker und Arbeiter. Sie funktionierten besser, reibungsloser und widerstandsloser als die Beamten, Offiziere, Handwerker und Arbeiter anderer Länder.*

Bauer zitiert Hölderlin:

Handwerker siehst du, aber keine Menschen,
Denker, aber keine Menschen,
Priester, aber keine Menschen,
Herren und Knechte, aber keine Menschen.[135]

So einleuchtend sich aus deutscher Sozial- und Kulturgeschichte herleiten läßt, wie der unfreie, unsichere, geduckte Deutsche entstanden ist – wobei sich freilich die Frage aufdrängt, ob die Henne oder das Ei zuerst vorhanden war und wie die Hennen entstanden sind, die den NS-Deutschen ausgebrütet haben! –, so

234

unbegreiflich bleibt es letztlich doch, wie die braven Kleinbürger und Bürger sich in der SS in jene Kreaturen verwandeln konnten, die »Aktionen« durchführten wie diese: *200 Kinder* [aus dem Warschauer Ghetto, wo sie zuvor im Waisenhaus untergebracht gewesen waren, Anm. d. Verf.] *standen zu Tode erschrocken da. Dann geschah etwas Außergewöhnliches: Diese 200 Kinder schrien nicht, weinten nicht, keines von ihnen lief davon, keines verbarg sich. Sie schmiegten sich nur an ihren Lehrer und Erzieher, an Janusz Korcak* [mit deutschem Namen Dr. Goldschmidt, bedeutender Pädagoge und Schriftsteller, Anm. d. Verf.], *damit er sie behüte und beschütze.*

Er stand in der ersten Reihe. Er deckte die Kinder mit seinem schwachen ausgemergelten Körper. Die Hitlerbestien nahmen keine Rücksicht. Die Pistole in der einen, die Peitsche in der anderen Hand, bellten sie:

»Marsch!«

Janusz Korcak, barhäuptig, mit einem Lederriemen um den Mantel, mit hohen Stiefeln, hielt das jüngste Kind an der Hand und ging voraus.

Die Kinder waren von allen Seiten von deutschen, ukrainischen und jüdischen Polizisten umgeben. [...]

Die Steine weinten, als sie diese Prozession sahen, doch die faschistischen Mörder trieben die Kinder mit Peitschen weiter und schossen immer wieder.

Bis zum heutigen Tag fehlt jede Spur, wo Janusz Korcak mit den 200 Kindern geblieben ist.[136]

Im allgemeinen suchten die hochgestellten Schreibtischmörder die Stätten nicht auf, an denen ihre Befehle vollzogen wurden. Himmler hat in drei Jahren Auschwitz nur zweimal besichtigt. Wie es beim zweiten Mal (im Juli 1942) zugegangen ist, hat Lagerkommandant Höß berichtet: *Er fuhr mich sehr heftig an, als ich nicht mehr aufhörte, die miserablen Zustände zu erklären. »Ich will von Schwierigkeiten nichts mehr hören! Für einen SS-Führer gibt es keine*

Schwierigkeiten, seine Aufgabe ist es, sie sofort selbst zu beseitigen. Über das Wie zerbrechen Sie sich den Kopf, nicht ich!« [...] *Während Himmler tagsüber bei der Lagerbesichtigung zeitweise sehr mißgelaunt, heftig, ja sogar oft sehr abweisend war, war er am Abend wie ausgewechselt. Bester, strahlender Laune führte er die Unterhaltung.* [...] *Er sprach über Kindererziehung und neues Wohnen, über Bilder und Bücher. Er erzählte von Erlebnissen bei den Divisionen der Waffen-SS an der Front und von Frontenfahrten mit dem Führer. Er vermied geflissentlich, auch nur mit einem Wort auf das tagsüber Geschehene zurückzukommen* [...] *Alle waren im Bann seiner frischen Erzählungen und seiner Aufgeräumtheit* [...] *Beim Abschied sagte er: »Sehen Sie zu, daß Sie mit dem Ausbau von Birkenau vorwärts kommen. Die Zigeuner sind der Vernichtung zuzuführen. Ebenso rücksichtslos vernichten Sie die arbeitsunfähigen Juden.* [...] *Ich bin zufrieden mit Ihnen, ich danke Ihnen, ich befördere Sie zum Obersturmbannführer.*[137]

Der Pole Stanisław Dubiel, geboren am 13. November 1910 in Chorzow, wohnhaft in Chorzow, I. Bezirk, Ul. Powstancow Nr. 49, wurde am 6. November 1940 in Auschwitz eingeliefert und dort im Januar 1945 befreit. Er überlebte diese lange Lagerzeit, weil er bei verschiedenen Kommandanten als Gärtner und Hausgehilfe tätig war, vom 6. April 1942 an bei der Familie Höß. Vor dem Kreisuntersuchungsrichter hat Dubiel am 7. August 1946 unter anderem ausgesagt: *Da ich im Garten und in der Hauswirtschaft von Höß arbeitete, hatte ich Gelegenheit, aus unmittelbarer Nähe sowohl ihn wie auch seine Familie zu beobachten. Höß kam im Laufe des Tages sehr oft nach Hause. Er ritt dann aus oder inspizierte das Lagergebiet mit anderen Beförderungsmitteln.* [...] *Am wenigsten hielt er sich in seinem Büro auf.* [...] *In seinem Hause empfing er oft verschiedene Würdenträger der SS.*

Unter ihnen zweimal Himmler. Während des ersten Aufenthaltes Himmlers sprach dieser sehr herzlich mit Höß und seiner Frau, nahm die Kinder auf seine Knie, die Kinder nannten ihn »Onkel Heini«. Solche Szenen wurden auf Fotografien verewigt, die in Vergrößerungen an den Wänden der Wohnung hingen.[138]

Dubiels Beschreibung der Haushaltsführung des Lagerkommandanten liest sich wie eine Satire. Die Familie lebte in Saus und Braus ausschließlich aus Lagerbeständen, die sie nicht bezahlte; sie schickte an Verwandte und Freunde Pakete mit Lebensmitteln und Artikeln des täglichen Bedarfs. In einem Jahr gingen durch den Höß-Haushalt beispielsweise drei Säcke Zucker zu je 85 Kilogramm. Von »Onkel Heini« stammt der Satz, die »Endlösung« sei das Ruhmesblatt deutscher Geschichte, und, setzte er hinzu, *wir können sagen, daß wir diese schwerste Aufgabe in Liebe zu unserem Volk erfüllt haben. Wir haben keinen Schaden in unserem Innern, in unserer Seele, in unserem Charakter genommen.*[139]

Und ein Eichmann? Bruno Streckenbach, im »Generalgouvernement« Befehlshaber der Sicherheitspolizei, in der UdSSR zu 25 Jahren verurteilt und 1955 entlassen, richtete am 14. Oktober 1941, damals im SS-Personalhauptamt tätig, an den Reichsführer SS die Bitte, Eichmann *mit Wirkung vom 9. 11. 1941 zum SS-Obersturmbannführer* zu befördern: *Ich schlage diese Beförderung aufgrund der besonders guten Leistungen Eichmanns vor, der als Leiter der Zentralstelle für jüdische Auswanderung sich schon um die Entjudung der Ostmark besondere Verdienste erworben hat. Durch Eichmanns Arbeit konnten riesige Vermögenswerte für das Deutsche Reich sichergestellt werden. [...] Z. Z. bearbeitet Eichmann sämtliche Räumungs- und Umsiedlungsfragen. Beurteilung: I. Rassisches Gesamtbild: Dinarisch nordisch II. 1. Charakter: Eichmann ist in seiner Dienstlei-*

*stung zuverlässig und sehr gewissenhaft. Seine
Kameradschaft* [soll heißen: Kameradschaftlichkeit,
Anm. d. Verf.] *ist vorbildlich.*
  2. Wille: Klar und gefestigt
  *3. Gesunder Menschenverstand: überdurch-
schnittliche Auffassungsgabe*
  *4. Wissen und Bildung: gute Allgemeinbildung
Auffassungsvermögen: gut
Nationalsozialistische Weltanschauung: Eichmann ist überzeugter Nationalsozialist.
  III. Auftreten und Benehmen in und außer Dienst:
Eichmanns persönliche Lebenshaltung ist einwand-
frei, seine dienstliche Leistung sehr gut.
  Gesamtbeurteilung: sehr gut, energischer und
impulsiver Mensch, der große Fähigkeiten in der selbständigen Verwaltung seines Sachgebietes hat, insbesondere organisatorische und verhandlungstechni-
sche Aufgaben ständig und sehr gut erledigt hat. Auf
seinem Sachgebiet anerkannter Spezialist.*[140]
  Als Oswald Pohl, Chef des WVHA, Auschwitz
besuchte, wurde für ihn ein Aussichtsturm im Lager
errichtet, von dem aus er mit dem Fernglas den gesamten Komplex überschauen konnte (sogar ein provisori-
scher Telefonanschluß wurde auf dem Turm installiert). Er saß da oben wie ein Jäger auf dem Hochstand;
er hatte eine riesige, in Quadrate und Rechtecke
unterteilte Barackenlandschaft unter sich, daneben
die massiven Bauten des Stammlagers und der Verwaltung. Über den Baracken von Birkenau sah er die him-
melhohen Schornsteine der Krematorien emporragen,
aus denen der die ganze Gegend verpestende Qualm
der Leichenverbrennungen emporstieg. Er erblickte
ein Gewimmel von halbverhungerten Häftlingen in
gestreiften Anzügen, die auf den Lagerstraßen scheinbar sinnlos hin und her getrieben wurden – aber das
Ganze machte doch den Eindruck vollkommener
Rationalität. Einem hochbegabten Technokraten wie
Pohl lachte das Herz angesichts eines Unternehmens,

dessen perfekter Funktionalismus sich mit der Inschrift über dem Tor: »Arbeit macht frei« nicht vertrug. So zynisch wie romantisch war sie ein Stilbruch, paßte nicht als Motto über eine Anlage, die eine pervertierte Verwirklichung preußischer Idealvorstellung von Staatsorganisation war, der Staatsqualle. Es waren auch nicht Preußen, die in maßgebenden Stellungen das NSDAP-Regime zu einer Mord- und Zerstörungsapparatur ausbauten, sondern überwiegend Bayern und Österreicher: Hitler, Himmler, Göring, Kaltenbrunner, Streicher, Eichmann (in Solingen geboren, aber in Österreich aufgewachsen, von Österreich geprägt); Globocnik und Dirlewanger gehörten im mittleren Rang zu den bestialischsten Erscheinungen. Das Tor zu einer Anlage für Völkermord mit »Arbeit macht frei« zu dekorieren, ist vielleicht auf die besonders in Oberbayern verbreitete Vorliebe für theatralische Inszenierungseffekte zurückzuführen, der auch »Oberammergau« verdankt, daß das Spiel 350 Jahre überdauern konnte. Zahlreiche Befehle des Reichsführers SS Himmler lesen sich wie Regieanweisungen für eine Aufführung der »Endlösung«. Sie gerät damit in die Nähe jener altrömischen Volksbelustigungen, die ihren dramatischen Höhepunkt in der Tötung der Schauspieler wider Willen fanden. Hierher gehört beispielsweise auch der Einfall Globocniks, vor den Eingang zur Gaskammer einen kostbar bestickten Vorhang aus einer Synagoge zu hängen (vgl. S. 142 f.).

Höß, Eichmann, Pohl, Kammler, natürlich auch Speer und Heydrich würden heute in der Großindustrie Posten einnehmen, für die in der *Frankfurter Allgemeinen Zeitung* mit halbseitigen Anzeigen, abgefaßt in einer deutsch-amerikanischen Mischsprache, Bewerber gesucht werden. Nur Himmler würde vielleicht nicht vom Fleck weg engagiert werden, wenn er von seinem grünen Spleen zu viel Wesens machte. Nach ihrer Moral würde auch heute so wenig gefragt

239

wie bei allen jenen, die in irgendeinem Land Atomwaffen herstellen oder ihre Verwendung einüben.

Nein, es besteht wenig Anlaß, sich über die Banali-
tät der Schreibtischmörder, wie man solche Männer
heute nur dann nennt, wenn sie nicht mehr leben –
den so lange überlebenden und hochangesehenen
Speer, der auch nichts anderes war, hat niemand so
genannt! –, Gedanken zu machen; um so mehr aber
wäre es angebracht gewesen, sich mit den kleinen,
den die Verbrechen ausführenden Deutschen, von
denen nun einmal die meisten SS-Uniformen trugen,
psychoanalytisch zu beschäftigen. Ob nun gerade mit
einer Schlüsselfunktion in der »Endlösung« oder mit
irgendeiner anderen Mordaufgabe betraut, es gab
Abertausende von Deutschen, die vor dem Krieg und
nach dem Krieg kreuzbrave Mitbürger gewesen sind,
dazwischen aber Verbrecher, auf die der Begriff »Mörder« nicht anwendbar ist; denn wer am Rand eines
von Opfern selbst ausgehobenen Massengrabes Männer und Frauen jeden Alters, Kinder jeden Alters zu
Hunderten in einer halben Stunde tötet, ist kein Mörder im Sinne des Strafrechts und des allgemeinen
Sprachgebrauchs – was er wirklich ist, dafür fehlt der
Sprache jeder Begriff.

Es ist bezeugt, daß diese Menschen, die die Massengräber füllten, zur Belohnung jeweils einen Viertelliter Schnaps und ein paar Zigaretten bekommen
haben, aber es ist unmöglich anzunehmen, sie hätten
dafür unter Selbstüberwindung gemordet. Sie waren
von einem perfekten Ordnungsgefüge umschlossen,
in dem sie sich geschützt fühlen durften. Keiner
bedachte, daß er für sein Tun einmal zur Rechenschaft
gezogen werden könnte, und tatsächlich ist das auch
nicht geschehen. Wie viele von uns würden zu Mördern, wenn sie sicher wären, straflos davonzukommen, und mehr als das: wenn sie glauben dürften,
damit staatspolitisch wertvolle Arbeit zu leisten?

Nur unmittelbar nach Kriegsende hätten Untersuchungen an der Basis vermutlich Erkenntnisse erbracht, hätten Huber, Müller und Meier vielleicht mit einigem Erfolg befragt werden können, wie ihnen denn zumute war, als sie, die doch immerhin Soldaten waren, nicht kämpften, sondern Zivilisten umlegten? Hat sich niemand um sie gekümmert, um sie zu schonen? Was wäre denn dabei zutage gekommen, wenn Abertausende von Strafprozessen gegen kleine Leute, die allesamt eine verbrecherische Kriegsvergangenheit hinter sich hatten, durchgeführt worden wären? Nichts weniger als eben das: Aus jedem Mitbürger kann ein Mörder gemacht werden, sofern man ihm beibringt, Mord sei eine staatspolitisch wertvolle Handlung.

Typen wie Himmler, Eichmann und so weiter finden sich in jedem Volk. (Dieser eine und einzige Adolf Hitler ist der große Glücksfall für alle national gesinnten Weißwäscher, weil er ja wirklich eine sehr ungewöhnliche Erscheinung gewesen ist, »völkisch« nirgends unterzubringen.) Aber in keinem anderen Volk wären Kohorten von Spießbürgern in Uniform so leicht für beispiellose Verbrechen zu mobilisieren gewesen, für die Vernichtung von Menschen, die sie weder fürchteten noch haßten. Sie haßten sie so wenig wie die Wanzen, die sie in ihren Truppenunterkünften zerdrückten.

Dagegen wird eingewendet, es sei nicht leicht gewesen, schlummernde kriminelle Energien freizusetzen, vielmehr sei Befehl Befehl gewesen, gegen den es keine Auflehnung gegeben habe. Sogar im ersten NS-Prozeß gegen die höchsten Repräsentanten des NS-Systems hat dieses Argument eine eminente Rolle gespielt: Es habe das eigene Ende bedeutet, Befehle nicht auszuführen. War das so? Mußten kleine SS-Männer in der Tat um ihr Leben fürchten, falls sie, zur Mordarbeit eingeteilt, gesagt hätten, ihre Nerven hielten das nicht aus, sie möchten mit weniger blutigen Aufgaben betraut werden?

Dr. Hans-Günter Seraphim, Lehrbeauftragter an der Universität Göttingen, ist auf Veranlassung eines mit NS-Prozessen befaßten Gerichts der Frage nachgegangen, ob sich SS-Führer im Befehlsnotstand befunden hatten, die mit der Durchführung von Vernichtungsbefehlen beauftragt waren. Das engzeilig geschriebene, neun Seiten lange Gutachten vom November 1960 liegt vor. Die Schutzstaffeln, Träger der Gewaltherrschaft, das Instrument, mit dem die NSDAP den Terror durchführte, hätten, schreibt der Gutachter, nicht in der Unsicherheit und Angst gelebt wie viele Volksgenossen nach der Machtergreifung, sei seien aber nicht sorglos gewesen: *bei ihnen war die Sorge um die Bewährung, die Anerkennung als tüchtige, zuverlässige SS-Männer, das Bestreben, den Maßstäben der »Elite der NSDAP« gerecht zu werden.* Die Frage sei zu prüfen gewesen, *ob SS-Führer, die ihrerseits die Ausführung von Vernichtungsbefehlen – ganz gleich ob sie im Rahmen der Einsatzgruppen oder der Konzentrationslager erteilt wurden – verweigerten, gewaltsam oder durch gerichtliche Maßnahmen zur Befehlsausführung gezwungen wurden.* [...] *In mehr als zwölfjähriger Forschungsarbeit ist ihm* [dem Gutachter] *nicht ein einziger Fall bekannt geworden, in dem Anklage erhoben oder ein solches Verfahren durchgeführt worden wäre.*[141]

Als besonders beweiskräftig sieht es Dr. Seraphim an, daß von der Verteidigung der in Nürnberg in den Nachkriegsprozessen angeklagten SS-Angehörigen kein Fall nachgewiesen werden konnte, der die Verurteilung eines SS-Angehörigen durch ein SS- oder Polizeigericht aus dem angeführten Grunde beinhaltet hätte. Im Ulmer Einsatzgruppenprozeß sei der Fall des Majors Nikolaus Hornig behandelt worden, der nach Verweigerung eines Erschießungsbefehls in ein Konzentrationslager eingewiesen worden sei. Die Ermittlung ergab jedoch, daß Hornig bestraft worden sei, weil er nach den Massenexekutionen diese vor versammelter Mannschaft als »GPU-Methode« (GPU = sowjetische Geheimpolizei) bezeichnet habe; seine Verurteilung sei nicht wegen Befehlsverweigerung, sondern wegen Wehrkraftzersetzung erfolgt. Das Gutachten führt mit Namensnennung der Betroffenen eine Reihe von einschlägigen Befehlsverweigerungen auf, die nur zur Ursache der Versetzung der Verweigerer zu anderen Einheiten geworden waren.

Ferner geht das Gutachten auf mehreren Seiten auf die von Himmler gepredigten, auch schriftlich verbreiteten Prinzipien ein, die der SS-Mann einzuhalten habe: *Ein Grundsatz muß für den SS-Mann absolut gelten: ehrlich, anständig, treu und kameradschaftlich haben wir zu Angehörigen unseres eigenen Blutes zu sein und zu sonst niemandem.* Man könnte den Satz noch kürzer fassen: Für den SS-Mann habe die Menschheit in arische Deutsche und in »Fremdvölkische« zu zerfallen. (Die Russen nannte Himmler »Menschentiere«.)

Ganz ohne Zweifel war dem deutschen Volk in seiner übergroßen Mehrheit, durchaus nicht nur den Parteigenossen oder der SS, der Begriff »Menschheit« abhanden gekommen. (Dieser Satz läßt sich nicht hinschreiben, ohne mit gesträubten Haaren an die aktuelle Entwertung dieses Begriffes zu denken, der zum Beispiel aus der Sicht breiter Volksschichten die Türken nicht mehr umfaßt, soweit sie bei uns arbeiten und ein normales Leben führen wollen.) Durch das gesamte NS-Schrifttum ziehen sich wie ein breiter Strom immer neue, quasi analytische Bemühungen, die Rassenverschiedenheit der Völker glaubhaft zu machen. Himmler in seiner Eigenschaft als Reichskommissar für die Festigung deutschen Volkstums hat am 23. März 1942 von Berlin aus die x-te Anordnung über die *Änderung des Begriffes ›artverwandtes Blut‹* erlassen und darauf handschriftlich vermerkt: *Nur an die Hauptämter als geheim zu geben!* Darin heißt es: *Bisher wird in der Rassenpolitik und im*

Sprachgebrauch das Blut aller Völker, die geschlos-
sen in Europa siedeln, als artverwandt bezeichnet.
Damit sind z. B. auch die Polen, Russen, Madjaren
oder Portugiesen ebenso dem deutschen Blut artver-
wandt wie die germanischen Völker.

Das könne nicht so bleiben, denn es erwecke den
Eindruck, daß *für den Blutskörper des deutschen Vol-*
kes die Gefahr einer Rassenverschlechterung bei Ver-
mischung nicht gegeben sei. Eine Neuregelung *nach*
der heutigen volkspolitischen Situation unseres Vol-
kes sei notwendig, *die drei vordringlichen Erforder-*
nissen gerecht werden muß:

1. der Sonderstellung der germanischen Völker
mit dem Ziel, sich geistig in die Reichseinheit und
biologisch in einen gemeinsamen Blutskörper einzu-
fügen;

2. der Heraushebung der aus rassischen Gründen
eindeutschungsfähig einzudeutschenden Personen
[...];

3. der klaren Abgrenzung der nichtgermanischen
Völker [...]

Bis zum Erlaß eines umfassenden neuen Blut-
schutzgesetzes nach dem Krieg sollte der Begriff »artverwandt« nicht mehr ohne den Zusatz benützt werden, ob es sich dabei um *stammesgleiches (= germa-*
nisches) Blut oder um *nichtstammesgleiches Blut*
handelt.[142]

Dr. Seraphim nennt im Schlußsatz seines Gutach-
tens solche Wahnideen die *Verbiegung jeder mensch-*
lichen Moral und Ethik. Das ist eine zutreffende For-
mulierung, der freilich entgegenzuhalten ist, daß die
»Verbiegung« deshalb nicht wahrgenommen werden
konnte, weil menschliche Moral und Ethik ersetzt
worden waren durch ein politisch-ideologisches
Kunstprodukt, dessen »Verbiegung« darin bestand,
Moral und Ethik an rassistische Vorurteile zu binden.
Die den Vorteil dieser Vorurteile genossen – es waren
alle, die sich diese Vorurteile zu eigen machten, gut

neunzig Prozent der »arischen« Staatsbürger –, fühlten sich gesichert und beschützt durch den Garanten einer selbst im Kaiserreich nicht erlebten Ordnung – durch den mächtigen, allgegenwärtigen Staat. Der Vernichter konnte in die Rolle des Beschützers schlüpfen, so daß die Beschützten die Vernichtung als die unabdingbare Voraussetzung ihrer Sicherheit erkannten.

Die Überzeugung, daß diese in sich so fabelhaft geordnete SS-Welt ein geschlossenes System darstellte – das sie auch tatsächlich war! –, erlaubte jenen, die in diesem System tätig waren und zu seiner Stabilisierung beitrugen, über Verbrechen zu reden und zu schreiben, als träfen sie mit Freunden eine Verabredung für einen Kegelabend. Der Leiter der medizinischen Experimente mit Häftlingen, Dr. med. Sigmund Rascher (er soll angeblich 1945 in Dachau erschossen worden sein), machte Himmler am 17. Februar 1943 den folgenden Vorschlag und gab das Schreiben als gewöhnlichen Brief bei einem Münchner Postamt auf. Er bildet das letzte Steinchen in diesem Mosaik. Es heißt darin unter anderem:

Hochverehrter Reichsführer!

Am einfachsten wäre es, wenn ich, bald zur Waffen SS überstellt, [...] nach Auschwitz fahren würde und dort die Frage der Wiedererwärmung an Hand Erfrorener schnell in einem großen Reihenversuch klären würde. Auschwitz ist für einen derartigen Reihenversuch in jeder Beziehung besser geeignet als Dachau, da es dort kälter ist und durch die Größe des Geländes im Lager selbst weniger Aufsehen erregt wird. (Die Versuchspersonen brüllen, wenn sie sehr frieren.)

Wenn es, hochverehrter Reichsführer, in Ihrem Sinne ist, diese für das Landheer wichtigen Versuche in Auschwitz (oder Lublin oder sonst einem Lager im Osten) beschleunigt durchzuführen, so bitte ich gehorsamst mir bald einen entsprechenden Befehl zu geben, damit die letzte Winterkälte noch genutzt werden kann.

Mit gehorsamen Grüßen bin ich mit aufrichtiger Dankbarkeit / mit Heil Hitler Ihr, Ihnen stets ergebener / [gez.] S. Rascher[143]

Polen und Juden im Widerstand

Wenn im folgenden versucht wird, dem Leser vor Augen zu führen, wie sich jüdischer und polnischer Widerstand gegen die deutsche Herrschaft in Polen entwickelt und was er bewirkt hat, so ist zwischen zwei »Tatorten« zu unterscheiden: die von Mauern oder elektrisch geladenen Umzäunungen eingegrenzten Ghettos, Arbeits-, Konzentrations- und Vernichtungslagern einerseits, das ganze übrige Besatzungsgebiet andererseits. Es liegt auf der Hand, daß sich ein mit Waffen geführter Kampf gegen die Deutschen in größerem Maßstab und mit gewissen Erfolgschancen nur in letzterem entwickeln konnte; in bewachten Lagern hingegen entweder überhaupt nicht oder nur als ein verzweifeltes Aufbäumen vor der Vernichtung. Was Widerstand innerhalb der Lager sein konnte, wäre nur darzustellen, wenn auch seine Voraussetzungen und Bedingungen beschrieben würden, das heißt, es wäre nicht möglich, ohne den Leser in diese Höllenwelten hineinzuführen. Er hat erfahren, daß ihm derartiges in diesem Buch nicht zugemutet werden soll, und dabei hat es zu bleiben – freilich nicht ohne den ganz nachdrücklichen Hinweis, daß die geheime Widerstandsorganisation, wie sie sich im größten Vernichtungslager, in Auschwitz, entwickelt hat, ein unfaßliches Kapitel dessen bildet, wozu Hilfsbereitschaft und Zivilcourage, Moral und Mitleid Menschen bewegen können, die mit der kleinsten gegen den SS-Terror gerichteten Handlung ihr Leben riskierten.

Daß eine illegale Widerstandsbewegung in einem KZ – und wir sprechen jetzt vor allem von Auschwitz – überhaupt aufgebaut werden konnte, ist nur zu verstehen, wenn man weiß, daß die Innenwelt des Lagers eine verzerrte Widerspiegelung der Außenwelt gewesen ist. Waren alle Häftlinge beim Einmarsch durchs Lagertor gleich, so war davon schon ein paar Wochen später keine Rede mehr. Die einen ließen sich fallen – es war die Mehrheit, sie wurden die »Muselmänner« genannt. Dem Anschein nach liefen sie die geringste Gefahr, auf sich als Individuen aufmerksam zu machen. Sie verschwanden in der anonymen Masse, und damit hätten sie, so sollte man annehmen, die größte Chance gehabt zu überleben. Es war aber gerade umgekehrt. Sie hatten dem Terror und dem Sadismus der SS und ihrer Hilfskräfte innerlich nichts entgegenzusetzen. Viele, der Exekution und der Gaskammer noch entgangen, waren doch in der Regel nach ein paar Monaten tot. Ihre Lebensenergie verbrauchte sich am raschesten unter den unmenschlichen Existenzbedingungen.

Wir gehen, wie gesagt, auf diese nicht ein; der unvorstellbare Horror bleibe ausgespart. Der Verfasser möchte jedoch wenigstens auf ein vergleichsweise harmloses Detail dieser Existenzbedingungen hinweisen – harmlos im Vergleich etwa zum ausweglosen Ausgeliefertsein an Demütigung, Hunger, Schmutz, Ungeziefer, Kälte, Krankheit. Wer heute das Lager besucht, das Denkmal, Forschungsstätte und Museum geworden ist, kommt in einer Baracke an verglasten Räumen vorbei, in denen Berge von Schuhen, Bestecken, Kleidern (auch Kinderkleidern) und Frauenhaar aufbewahrt sind. Einer dieser Schauräume ist mit Brillen gefüllt; sie stammen von Häftlingen, die nicht bei der Ankunft sofort getötet worden sind.

Der Besucher, steht er vor diesem Gebirge aus Brillen und trägt er vielleicht selbst eine, weil er kurz- oder weitsichtig ist, sollte sich darüber klarwerden, daß dem kurz- oder weitsichtigen Häftling außer seinem gesamten sonstigen Besitz, Kleidung und Schuhe inbegriffen, auch die Brille abgenommen wurde und er hinfort, je nach seinem Augendefekt, in der Nähe oder in der Ferne nichts mehr deutlich wahrnehmen konnte. Wer unter normalen Lebensumständen in der eigenen Wohnung seine Brille verlegt, sucht sie nervös, weil er dem Fernsehen nicht folgen oder die Zeitung nicht lesen kann. Hat er sie verloren, besorgt er sich eine neue auf Kassenschein. Kann er sich vorstellen, daß er bis zu seinem Tod ohne Brille herumlaufen müßte? Er sollte es sich vorstellen vor dem Brillenberg in Auschwitz!

Millionen Ermordete kann sich niemand vorstellen. Aber es gibt für den, der seine Phantasie auch nur ein bißchen im Sinne mitmenschlicher Teilnahme anstrengen wollte, doch Zugänge zur Wirklichkeit der »Endlösung«, die nicht von Entsetzen blockiert werden; beispielsweise führte ein solcher Zugang über die »Muselmänner«, die Brillenträger waren und ohne Brillen nicht mehr klar sehen konnten. So kam eins zum andern, sie in einen Zustand zu versetzen, in dem sie nicht wußten, wozu sie leben sollten. Deshalb starben sie, hautüberzogene Skelette in gestreifter Häftlingskluft.

Wer jedoch innerlich eine Kampfstellung bezog, seine physischen und seelischen Widerstandskräfte derart mobilisierte, daß er sie nach außen wenden konnte, hatte ein Motiv, überleben zu wollen. Seine Überlebenschancen stiegen paradoxerweise im gleichen Maße, in dem das Risiko zunahm, von einem SS-Wächter als Widerständler erkannt zu werden – und dann war es selbstverständlich aus. Aber es mußte nicht dahin kommen! Bei jenen, die das allergrößte Risiko eingingen, als Widerständler liquidiert zu werden, war die Chance zu überleben am größten: Es waren diejenigen, denen es gelang, in den Führungskreis der illegalen »Lagerleitung« aufzusteigen und mit illegalen Funktionen betraut zu werden. Wer in Ausübung einer solchen Funktion entdeckt wurde, überlebte den Tag seiner Enttarnung nicht. Wer aber bis zum Schluß unentdeckt blieb – wozu außer Glück eine immense Intelligenz gehörte! –, für den wurde das KZ eine Überlebensschule ohne Beispiel. Nicht nur erwuchs ihm gerade aus der geheimen Aktivität gegen die Mörderbande in Uniform und ihre Helfershelfer die Kraft durchzuhalten; er bewegte sich als Angehöriger der illegalen Organisation auch ganz konkret in einem System gegenseitiger Hilfeleistung und Abschirmung, in einem Netz geheimer Verbindungen, das auch in Auschwitz von der SS zu keinem Zeitpunkt in seinem ganzen Umfang aufgedeckt worden ist. Er erlebte Solidarität in einer Welt, in der Haß und Sadismus Bedingungen schufen, unter denen sogar die Opfer zu unmenschlichen Handlungen fähig wurden.

Über Auschwitz wird in einer offiziösen polnischen Veröffentlichung gesagt: Es gab *eine Widerstandsbewegung, die antifaschistische und fortschrittliche Elemente aus den Reihen der Häftlinge verschiedener Nationalität, darunter auch deutsche Häftlinge, in sich vereinigte. Die auf das strengste geheimgehaltene Führung dieser Organisation unterhielt eine ständige Verbindung mit der Außenwelt. Auf diesem Wege gelangten genaue Informationen darüber, was im Lager geschah, an die Öffentlichkeit.*[144]

Die ersten einigermaßen zuverlässigen Informationen über Auschwitz, die aus dem Lager selbst zunächst vor allem Untergrundorganisationen in Krakau erreichten, stammen aus dem Sommer 1942 und sprechen noch fast ausschließlich von polnischen Häftlingen, ohne daß Juden oder Deportationen von Juden, die längst in vollem Gang waren, besonders erwähnt wurden. Der Bericht eines Amerikaners an das Auswärtige Amt in London, in dem sich erstmals konkrete Angaben über die Verschickung Frankfurter Juden »in den Osten« finden und in dem bereits beschrieben wird, wie Tausende der Deportierten von Exekutionskommandos mit Maschinengewehren niedergemäht worden seien, wurde dort nicht publiziert. Die Begründung des Foreign Office lautete:

Ich sehe nicht ein, warum es notwendig sein sollte, Rundfunksendungen über die Verfolgung der Juden nach Deutschland auszustrahlen, mit der Begründung, die Deutschen wüßten sehr wenig von dem, was vor sich geht. Die Aktionen werden gewiß von vielen toleriert, wenn nicht sogar bejaht, und sie sind sicherlich allen Deutschen bekannt – da sie gezwungen werden, sich daran zu beteiligen.[145]

Der englische Diplomat hätte sich kürzer fassen können: Wir wollen uns jeden Ärger ersparen! Hier wird das große Thema »Wer wußte was?« berührt, das endlich einmal einer unvoreingenommenen Untersuchung wert wäre. Hier sei nur gesagt, daß allein von ihrer Funktion im Rahmen der »Endlösung« mindestens eine Million Menschen unmittelbar über entsprechende Informationen und Einblicke verfügen mußte. Und da jeder mindestens einen Menschen hat, dem er sich anvertraut, sind das bereits zwei Millionen, die aus erster Hand informiert waren. Es gab keinen Polen während des Krieges, der nicht gewußt hätte, was in den Vernichtungslagern geschah, und bei allem befohlenen Abstand zu diesen »Untermenschen« war die deutsche Verwaltung und Besatzung ja nicht durch einen Eisernen Vorhang von ihnen getrennt, ganz abgesehen davon, was sie unmittelbar erfuhr. Von Franks Residenz in Krakau erreichte man Auschwitz mit dem Wagen leicht in einer knappen Stunde.

In Auschwitz mit seiner bedeutenden Industrie ging ein steter Strom von hin- und herreisenden Konzernangestellten, Ingenieuren, Bauarbeitern und anderem Personal ein und aus; sie alle waren aufs beste geeignet, Gerüchte bis in die fernsten Winkel des Reiches zu tragen. Zudem lebten in der Umgebung von Auschwitz zahlreiche Deutsche, die das Vernichtungszentrum ständig vor Augen hatten. Ein Eisenbahner bemerkte angesichts der Zäune und Wachposten von Auschwitz I auf der einen und

Auschwitz II auf der anderen Seite der Schienen, nun sei man »mitten drin«.

Ein anderer Eisenbahner bemerkte den süßlichen Geruch und die bläuliche Farbe seiner Fenster. [Er wohnte in der Nähe des Lagers, Anm. d. Verf.] *Selbst aus größeren Entfernungen wurden die Tötungen beobachtet. Aus der Richtung Kattowitz sah man das Feuer von Auschwitz noch 20 km weiter.*[146]

Der politischen Abteilung der Widerstandsbewegung kam es indes nicht in erster Linie darauf an, die Deutschen zu informieren, an deren Informiertheit sie schwerlich zweifeln konnte. Sie wollte das Ausland aufrütteln, und damit hatte sie so gut wie keinen Erfolg. Im Nachwort zu seinem Buch *Auschwitz und die Alliierten* resümiert Martin Gilbert: *Vor allem jedoch ist die Geschichte, die in diesem Buch erzählt wird, eine Geschichte vieler Versäumnisse [...] Die Versäumnisse lagen auf seiten der Alliierten, und zwar gleichermaßen aller Alliierten: Mangel an Vorstellungsvermögen, Mangel an Reaktion, Mangel an nachrichtendienstlicher Aufklärung, an Fähigkeit, das bereits Bekannte zu einem Gesamtbild zusammenzufügen und Schlüsse daraus zu ziehen, Mangel an Koordination, an Initiative und zuweilen auch an Solidarität mit den Verfolgten und Ermordeten.*[147] Das Wörtchen »zuweilen« hätte sich der Verfasser ersparen können, weil nicht anzunehmen ist, er habe sein eigenes Buch nicht gelesen, in dem es von Beweisen für mangelnde Solidarität mit den Juden geradezu wimmelt

Die Versuche der Widerstandsbewegung, die Welt aufzurütteln, wurden trotz ihrer offensichtlichen Erfolglosigkeit nicht eingestellt; vor allem aber wollte sie im Lager wirken: *Sie war bemüht, im Rahmen ihrer Möglichkeiten die Verhältnisse des Lagers einigermaßen erträglich zu gestalten und einer möglichst großen Anzahl von Häftlingen zu helfen, den Aufenthalt im Lager durchzuhalten.*[148]

*Über die Organisation der Widerstandsbewegung
kann ich nur berichten, was ich selbst merkte: in
führenden Stellungen, in Schreibstuben etc. hatte die
Widerstandsbewegung ihre Leute sitzen. Es gelang
diesen oft, Häftlinge, die für die Vergasung bestimmt
worden waren, von den Listen zu streichen. Es gelang
ihnen, Häftlinge in verschiedene Kommandos zu
bringen bzw. sie von einem zu befreien, wo ihr Leben
bedroht war. Sie organisierten Lebensmittel für
besonders Bedürftige, für Kranke. Sie veranlaßten,
daß kranke Häftlinge eine ärztliche Behandlung
erhielten. Sie hatten auch mit der Außenwelt Verbindung.*[149]

Die illegale Organisation war sich bewußt, daß es
nach der Befreiung – der, dessen war sie sich sicher,
eine möglichst vollständige Vernichtung der Akten
und der Vernichtungseinrichtungen durch die SS vor-
hergehen würde – schwer sein würde, der Welt zu
vermitteln, was das eigentlich gewesen war: dieses
Auschwitz, dieses Sobibór, dieses Treblinka und so
weiter. In Auschwitz schuf sie deshalb eine »historische Abteilung«, deren Aufgabe es war, Leben und
Tod im Lager zu dokumentieren.

Welche Risiken dafür eingegangen wurden, mag
eine Episode zeigen, der der Verfasser nachgegangen
war, als ihm in Krakau Anfang der sechziger Jahre eine
Zeitschrift in die Hände fiel, in der unmittelbar nach
der Befreiung Berichte aus dem Lager veröffentlicht
worden waren. Einer der Beiträge kommentierte ein
paar Fotografien, die, so unscharf sie waren, doch
einen riesigen Holzstoß erkennen ließen, auf dem Leichen verbrannt wurden. Offenbar waren die Fotos von
einem erhöhten Standpunkt aus aufgenommen worden und mußten aus der Zeit stammen, als die Krematorien noch nicht arbeiteten. In Gesprächen mit ehemaligen Häftlingen, die in der »historischen Abteilung« mitgewirkt hatten, ergab sich, wie diese Fotos
zustande gekommen waren.

Der Platz der Leichenverbrennung war hermetisch gegen das übrige Lager abgeschlossen gewesen. Die Häftlinge, die dort mit dem Transport der Leichen und der Unterhaltung des Feuers beschäftigt waren, wurden alle paar Wochen liquidiert; eine neue Gruppe hatte dann die gleiche Arbeit zu übernehmen. Wir brauchen ein fotografisches Dokument von der Leichenverbrennung, wurde beschlossen. Ein Fotoapparat mußte beschafft werden. In den Magazinen, im Häftlingsjargon »Kanada« genannt, war eine Unmenge Fotoapparate gelagert. Einen unbemerkt zu besorgen, erforderte eine Woche organisatorischer Vorarbeiten. Als der Apparat bei den »Historikern« ankam, war es ein Ding, wie es Porträtfotografen in den zwanziger Jahren verwendet haben: aus Holz und riesengroß, also unbrauchbar für den beabsichtigten Zweck. In weiteren zwei Wochen konnte eine Kleinbildkamera mit Film beschafft werden. Für die Aufnahmen war ein zuverlässiger Kamerad namens Szmulewski ausgesucht worden, der als Dachdecker tätig war und es einrichten konnte, daß er Befehl bekam, einen hierfür extra angerichteten Schaden an einem Barackendach zu reparieren, von dem aus der Verbrennungsplatz einzusehen war. Für den Transport des Apparats zu dieser Baracke wurde in einem Essenskübel ein doppelter Boden eingeschweißt. Das derart entstandene Fach konnte von unten mit einem Schieber geöffnet werden. Es war nun der Termin, zu dem der präparierte Kübel mit Apparat zu der betreffenden Baracke gebracht werden mußte, mit dem der Arbeit des Dachdeckers abzustimmen. Insgesamt verstrichen fünf Wochen, bis der »Fotograf« endlich auf dem Dach stand und dort in Windeseile – er hatte noch nie fotografiert – ein paar Aufnahmen machte, schief und unscharf. Es waren jene, die der Verfasser in der alten Zeitschrift gesehen hat. Wäre der Vorgang nachträglich entdeckt worden, er hätte jeden Beteiligten das Leben gekostet.

Die Widerstandsbewegung in Auschwitz voll-
brachte wahre Wunder an Hilfe und Rettung, aber sie
unterließ den Versuch, einen Massenausbruch zu
organisieren, vermutlich, weil sie ihn für aussichtslos
halten mußte. Hingegen kam es sowohl in Treblinka
wie in Sobibór, zwei kleineren Vernichtungslagern,
1943 zu Aufständen, bei denen auf die SS-Wachen
geschossen wurde. Häftlinge unter Führung von zwei
Offizieren der tschechoslowakischen Armee hatten
sich in Treblinka mit Hilfe eines Nachschlüssels aus
der Waffenkammer mit Handgranaten, Gewehren
und Revolvern versorgt. Die Wachen wurden überfallen, Baracken und Lagerhäuser angezündet. Etwa 150
bis 200 Häftlingen – die genaue Zahl läßt sich nicht
mehr ermitteln – gelang der Ausbruch. Die meisten
kamen nicht weit, sie wurden wieder eingefangen und
erschossen. Eine später veröffentlichte Liste der Überlebenden nennt rund sechzig Namen.

In Sobibór war ein junger sowjetischer Offizier der
Organisator des Aufstandes, der ungefähr so verlief
wie der in Treblinka. Es kamen dabei neun SS-Leute
um, unter ihnen der stellvertretende Lagerkommandant. Am 15. Oktober 1943 meldete das Kommando
der Ordnungspolizei für den Distrikt Lublin, der Aufstand habe am Tag zuvor gegen 17 Uhr stattgefunden.
Etwa 300 Juden seien entwichen, die übrigen erschossen. Zu den Häftlingen, die sich dem sowjetischen
Leutnant unterordneten und den Aufstand wagten,
gehörten polnische, russische, deutsche und holländi-
sche Juden. Auf der Flucht wurden sie von deutschen
Flugzeugen aus mit Maschinengewehrfeuer verfolgt.
Wer am Leben blieb, kam später im Partisanenkampf
um. Der sowjetische Leutnant überlebte.

Eine der seltsamsten und bewunderungswürdig-
sten Aktionen von ein paar Häftlingen gegen ihre
Bewacher ereignete sich Mitte November 1943 beim
»Sonderkommando 1005«. Dessen Aufgabe war die
»Spurenvertilgung«. Dem Standartenführer Blobel,

Chef des »Einsatzkommandos 4 a«, war vom Gestapo-chef Müller befohlen worden, Massengräber in den Ostgebieten unkenntlich zu machen. Dies war nur dadurch möglich, daß die Leichen, die manchmal bis zu acht Meter tief in Schichten übereinander lagen, wieder ausgegraben und verbrannt wurden. Die Knochen, soweit sie nicht mitverbrannten, wurden mit einer Maschine zermahlen. Einer der Häftlinge, Leon Weliczker, gehörte Monate diesem Kommando an und zog mit ihm von Massengrab zu Massengrab, um eine Arbeit zu verrichten, die um so grauenhafter war, je länger die Exekutionen zurücklagen, die Leichen dementsprechend stärker in Verwesung übergegangen waren. Er hat überlebt und darüber einen Bericht geschrieben, der in seiner kühlen Sachlichkeit zu den bedeutendsten Texten zu rechnen ist, die über deutsche Verbrechen im Osten geschrieben worden sind. In diesem Fall allerdings nicht über die Verbrechen selbst, sondern über den Versuch, der Nachwelt vorzumachen, sie hätten sich nicht ereignet.

Der Kommandant des Unternehmens besaß einen Plan von den Massengräbern, der aber nur zur groben Orientierung benötigt wurde. *Wenn man die Stelle, wo sich das Grab befand, etwas näher betrachtete, so bemerkte man, daß die Erde, die die Leichen bedeckte, Risse bekommen hatte und locker war. Der Rasen war nicht so dicht und geschlossen wie daneben.*

Weliczker berichtet, wie das Kommando immer geschickter darin wurde, die Leichen so auf Scheiterhaufen aufzuschichten, daß es schließlich 2000 Leichen in einem Arbeitsgang verbrennen konnte. *Wie lange so ein Scheiterhaufen brannte? Das hing davon ab, ob die Leichen in Kleidern waren oder nicht. In Kleidern brannten sie schlechter. Es hing auch davon ab, ob die Leichen verfault waren. Sofern sie verwest waren, brannten sie schlechter. Jedenfalls betrug der Zeitunterschied zwischen dem Verbrennen eines*

Scheiterhaufens mit verfaulten und einem mit fri-
schen Leichen einen Tag. Am meisten hing die Dauer
der Verbrennung von unserer Erfahrung, von der
Übung der Arbeit ab.

Als sie erfahrene Leichenverbrenner geworden
waren, verbrauchten sie nur noch den vierten Teil der
ursprünglichen Menge Benzin und die Hälfte des Hol-
zes. Was nicht so gut funktionierte, war die Knochen-
mühle. *Sie besaß eine Art großen geschlossenen Kes-*
sel, in dessen Innerem Eisenkugeln waren. Der Kessel
drehte sich (von einem kleinen Dieselmotor angetrie-
ben), und die Kugeln zermalmten die Knochen. Auf
einer Seite befand sich ein Sieb, welches das Pulver
durchsiebte, [...] das wie grauer Puder aussah. Dieses
Pulver wurde auf die Felder gestreut. Die Maschine
mahlte sehr langsam.

Sie war von 5 Uhr morgens bis 9 Uhr abends in
Betrieb, das hielt der Motor nicht aus. Oft verging ein
halber Tag, bis er wieder lief. Der Untersturmführer
wollte die Knochenreste über einen Acker verstreuen
und unterpflügen lassen. Aber auch das war keine
befriedigende Lösung, die Knochen verschwanden
nicht ganz in der Erde. Es blieb nichts übrig, *als sich in*
Geduld zu wappnen und zu warten, bis die Maschine
alles zermahlen haben würde.

Häftlinge wie Bewacher wohnten in Zelten. Für die
Verwaltung muß es eine zerlegbare kleine Baracke
gegeben haben. Weliczker beschreibt nicht den Anlaß,
sondern nur, daß am Abend des 19. November 1943
ein Kamerad – er hieß Heichcs – die kräftigsten jungen Häftlinge um sich versammelt und ihnen eine
flammende Rede gehalten habe: *Kameraden, Brüder!*
Die Stunde des Lebens oder des Todes hat geschlagen.
Morgen werden wir im Feuer oder in der Freiheit sein.
[...] Ist es denn nicht besser, von einer Kugel zu fallen,
ehrenvoll für die Freiheit zu sterben, als sich zu ent-
kleiden und fügsam zu fünfen ins Feuer zu gehen und
unseren Henkern bis zum Tode treu zu dienen?!

257

Herches entwickelte darauf einen Plan, wie die diensttuenden Wächter – Weliczker nennt sie »Schupo«, das heißt Schutzpolizei, aber vermutlich gehörten sie der Sicherheitspolizei an – umgelegt werden sollten. *Wie gewöhnlich waren die Pläne jedoch auch diesmal schöner als die Taten.*

Plötzlich sah ich, daß einer der Schupos an die Pforte herantrat, als wolle er jemandem die Tür aufmachen. Ich sah, wie die zwei von uns, die ihn unschädlich machen sollten, zu ihm hinausgingen. Einer von ihnen hatte einige Holzstücke in der Hand, der andere hielt unter der Bluse ein paar Stiefel ver-steckt. [Dem Wächter war versprochen worden, er bekäme ein paar »organisierte« Stiefel, Anm. d. Verf.] [...] *Der eine der Burschen warf das Holz hin* [die Häftlinge hatten das Feuerholz für die Baracke der SS-Männer zu besorgen, Anm. d. Verf.], *der andere dagegen begann die Stiefel hervorzuziehen. Der Schupo beugte sich vor, um sie entgegenzunehmen und schnellstens im Wachhäuschen zu verstecken.* [...] *Als sich der Schupo vorbeugte, um die Stiefel zu neh-men, warf sich derjenige von uns, der das Holz getra-gen hatte, auf ihn und begann ihn zu würgen. Leider hatte er ihn schlecht gepackt. Der Deutsche ver-mochte laut aufzuschreien. Einen weiteren Laut gab er nicht von sich.*

[Er wurde erwürgt], *unterdessen spielte die Musik in einem Zelt weiter* [das gehörte zum Plan] *einige sangen wie sonst.* [...] *Wie sich erwies, hatten auch die im Zelt befindlichen Schupos den Aufschrei gehört, sich schnell bewaffnet und waren herausge-laufen. Sie eröffneten sofort das Feuer in Richtung auf unsere Zelte. Einer der beiden, die sich mit dem an der anderen Pforte stehenden Schupo auseinander-setzen sollten, hielt gerade einen Spaten in der Hand, auf dem brennendes Holz zum Feuermachen lag. Als der Schupo die Pforte aufmachte, versetzte er ihm mit diesem Spaten einen Schlag ins Gesicht, ich warf ihn*

zu Boden und betäubte ihn mit einem Schlag meines
beschlagenen Stiefels gegen den Kopf. Er vermochte
noch aufzuschreien: Meine Herren, laßt mich leben!
(So wurden innerhalb einer Minute aus »Figuren«
Herren.) Einen zweiten Ton brachte er nicht heraus.
Er fiel direkt an der Pforte hin, und jeder der Fliehen-
den trat beim Passieren der Pforte auf ihn und zer-
malmte sein Gesicht.
Alle ergriffen die Flucht.
Es wurde aus Maschinenpistolen geschossen,
Handgranaten geworfen. Weliczker war noch keine
zehn Meter gelaufen, als er in der Dunkelheit im Sta-
cheldrahtverhau der Lagerumzäunung hängenblieb.
Er konnte sich jedoch hindurchwinden, weil er sich
auskannte, denn er selbst hatte mit Kameraden die
Umzäunung gebaut. Er entkam.[150]
Indem wir die Aufstände in Treblinka und Sobibór
sowie die Aktion des »Kommandos 1005« im Sommer
und Herbst 1943 erwähnen, bevor wir auf den Kampf
der Juden im Warschauer Ghetto eingehen, der am
19. April jenes Jahres begann und fast einen Monat
dauerte, bis auch die letzten Widerstandsnester von
der SS mit Flammenwerfern ausgeräuchert werden
konnten, haben wir die historische Zeitenfolge durch-
brochen. Diese Umstellung erscheint dadurch
gerechtfertigt, daß innerhalb der Aktionen, die von
gefangenen bzw. ghettoisierten Häftlingen, Polen
oder Juden, gewagt worden sind, der Kampf der Warschauer Ghetto-Juden – zu dem sie sich erst entschlossen hatten, nachdem bereits 300 000 von ihnen
nach Treblinka zur Vergasung abtransportiert worden
waren und nur noch 60 000 im Ghetto lebten – hier
etwas breiter behandelt werden muß.
Daß sich die noch im Warschauer Ghetto befindlichen Juden zum Kampf stellten, war nicht das Ergebnis eines plötzlichen Entschlusses, sondern einer Entwicklung, die im Frühjahr 1942 begonnen hatte. Bis
dahin hatten es die polnischen wie die in die polni-

schen Lager deportierten westeuropäischen und deutschen Juden durch eine im nachhinein auch jüdischerseits sehr kritisch beurteilte Ergebenheit in ihr Schicksal den deutschen Mördern nur allzu leicht gemacht, sie zu vernichten bzw. sie für die Vernichtung in Lager zusammenzuführen. Im Mai 1942 hatte der kurz zuvor im Warschauer Ghetto entstandene Antifaschistische Block, geleitet von polnischen Kommunisten und jüdischen Zionisten, einen Aufruf »an die jüdischen Volksmassen« gerichtet, mit der Aufforderung, sich endlich ihrer verzweifelten Lage bewußt zu werden und entsprechend zu handeln: *Die jüdischen Massen dürfen sich dem Gefühl der Hoffnungslosigkeit und Verzweiflung nicht ergeben und passiv darauf warten, was das Schicksal ihnen bringt. Sie müssen alle ihre Kräfte anstrengen und zum antifaschistischen Kampf der anderen unterjochten Völker antreten. Sie müssen genauso wie diese den blutigen Kampf mit dem Feind aufnehmen, besonders hinter seinem Rücken, hinter der Front – einen Kampf der Vernichtung und Sabotage.*[151]

Derartige Appelle, die insbesondere von der Polnischen Arbeiterpartei aus dem Untergrund an die Juden gerichtet wurden, verhallten nicht ungehört. Im November 1942 wurde im Warschauer Ghetto die Jüdische Kampforganisation gegründet, die nicht nur zum Kampf gegen die Deutschen entschlossen war, sondern auch in den eigenen Reihen gegen alle jene – es waren nicht wenige! – vorging, die als Hilfspolizisten oder in Verwaltungsfunktionen sich der SS verräterisch angedient hatten. In Aufrufen spricht die Kampforganisation von jüdischen Gestapo-Spitzeln, von käuflichen Subjekten, die unter den Juden verlogene deutsche Parolen verbreiteten, die dazu bestimmt seien, sie ruhig zu halten. *Laßt euch nicht in den Schlaf wiegen, die deutsche Taktik beruht auf Betrug und Heuchelei* – so heißt es in einem Aufruf vom Dezember 1942. Und Anfang Januar 1943:

Bereitet euch zur Tat vor! Seid wachsam!
Wir stehen auf zum Kampf!
Wir habe es uns zum Ziel gesetzt, das Volk wachzu-
rütteln!
Wir wollen unserem Volk die Losung zurufen:
Erwache und kämpfe!
Wisse, daß die Rettung nicht darin liegt, willenlos,
wie eine Herde Schafe, in den Tod zu gehen.
Fort mit dem Gerede: Wir alle sind zum Tode verur-
teilt! Das ist nicht wahr!
Fort mit unserem Sklavengeist![152]

Am 19. April 1943, als der Kampf begann, hingen an
den Ghettomauern neben den Namen derjenigen, die
als jüdische Nazi-Agenten von der Kampforganisation
zum Tode verurteilt worden waren, Plakate, die den
Beginn des Aufstandes ankündigten:

Brüder! Die Stunde des Kampfes und der Rache an
den Okkupanten hat geschlagen. Wehrfähige,
schließt euch alle den Kämpfern an! Greise und
Frauen sollen Hilfsdienst leisten. Ergreift die
Waffen![153]

So fing der Aufstand an: *Am Abend* [des 18. April
1943] *wurde der Alarmzustand erklärt. [...] Die*
Nacht war klar, wir hatten Vollmond. Ich lag auf
einem Balkon hinter vielen Kisten und Polstern in
Deckung. Es war ein Beobachtungsposten, von dem
aus man [...] den Ghettoeingang genau übersehen
konnte [...] Gegen zwei Uhr früh bog ein großer Last-
wagen in die Zamenhofstraße ein. Einige Dutzend
Letten in schwarzen Uniformen stiegen aus [...] Einer
von ihnen brachte ein Maschinengewehr in Stellung.
Ich fragte unser Kommando, was ich tun sollte, und
bekam den Befehl, liegenzubleiben und abzuwarten.
Um fünf Uhr hörte man ein lautes Rattern. Wenige
Augenblicke später sah ich mehrere Autos in das
Ghetto einfahren. [...] Ich hatte einen Feldstecher
und konnte alles gut beobachten. Tische wurden auf-
gestellt, Drähte wurden gelegt und Telefone instal-

liert. Offenbar wurde eine Befehlsstelle eingerichtet. Neue Wagen kamen angefahren. [...] Leichte Panzer waren am Ghettoeingang zu sehen. [...]

Punkt sechs Uhr traf eine Kolonne Infanterie ein. [...] Jüdische Polizei [im Dienst der Deutschen, Anm. d. Verf.] *verteilte sich auf beide Straßenseiten und begann sich in Richtung auf unser Haus zu bewegen. [...] Als die Polizisten unser Haus erreichten, fragte ich, ob ich jetzt meine Granate werfen sollte. Man ließ mir sagen, ich solle noch warten. Sicher würden die Deutschen bald folgen. [...] Tatsächlich erschien gleich darauf eine motorisierte Kolonne schwer bewaffneter Infanterie. Ich bekam Befehl, meine Granate zu werfen, sobald die Mitte der Kolonne sich unter dem Balkon befände.*

Der junge Jude Chaim Frimer, von dem dieser Bericht stammt, konnte den Befehl nicht ausführen, weil er die Zündschnur seiner »Granate« mit einem Streichholz hätte anzünden müssen; es war aber so windig, daß es ihm nicht gelang. [...] *ein anderer Kämpfer, der neben dem Fenster postiert war, wurde bestimmt, seine Granate zu werfen. Eine gewaltige Explosion gab das Signal. Von allen Stellungen [...] flogen jetzt Granaten auf die Deutschen. Durch das Getöse der Explosionen und Schüsse hörten wir das Rattern eines deutschen MGs, das von einem unserer Genossen aus der Nachbargruppe bedient wurde. Ich schoß mit meiner Mauserpistole [...] Mitten im Lärm und dem Schreien der Verwundeten hörte ich die überraschte Stimme eines Deutschen: »Die Juden haben Waffen! Die Juden haben Waffen!« Lange noch klang dieser erschreckte Ausruf in mir nach und erfüllte mich mit Freude.*

Das Gefecht dauerte eine halbe Stunde, dann zogen sich die Deutschen zunächst zurück, kamen mit zwei Panzern wieder. Es gelang der jüdischen Kampfgruppe, sie in Brand zu setzen. Der Beschuß des Ghettos mit Artillerie begann. [154]

Und so endete der Aufstand: *In dieser Nacht machten wir, nämlich Chaim P., Marek Edelstein und ich, uns auf den Weg zurück zu unserem Bunker. [...] Wir erkannten den Platz kaum wieder. Ich dachte, wir hätten uns verirrt. Keine Wache da und der Eingang verschlossen. [...] Dann fanden wir in einem nahe liegenden Hof einige unserer Kameraden, schlammbedeckt, schwach und zitternd. Wir waren von zerbrochenen Menschen umringt. Die Deutschen waren über sie hergefallen. [...]*

Beim Anruf der Deutschen hatten sich nur die Zivilisten ergeben, aber keiner unserer Kämpfer. [...] Die Deutschen kündigten an, daß jeder, der herauskäme, in den Arbeitsdienst gesteckt würde, alle übrigen würden auf der Stelle erschossen. Unsere Kameraden verschanzten sich in der Nähe des Eingangs und warteten mit schußbereiten Waffen. Da begannen die Deutschen den Bunker zu vergasen. [...] Ein furchtbarer Tod stand den hundertzwanzig Kämpfern bevor.

Ayreh Wilner war der erste, der rief: »Kommt, wir wollen uns selbst umbringen! Wir wollen nicht lebendig in ihre Hände fallen!« Nun begannen die Selbstmorde. Einzelne Pistolen versagten, die Eigentümer baten ihre Freunde, sie zu töten. Aber niemand hatte den Mut, einem Kameraden das Leben zu nehmen. Lutek Rotblatt feuerte auf seine Mutter vier Schüsse ab, aber obwohl sie verwundet war und blutete, bewegte sie sich noch immer. Dann entdeckte jemand einen verborgenen Ausgang, aber nur wenige kamen auf diese Weise davon. Die übrigen erstickten langsam durch das Gas. Unter den Toten war auch unser Kommandant, den wir alle geliebt hatten.[155]

Der Mann, der die Vernichtung des Ghettos leitete, wurde um dieses Verdienstes willen von Hitler am 9. November 1943 zum SS-Gruppenführer und Generalleutnant der Polizei befördert: Jürgen Stroop. Er hat an Ort und Stelle einen tagebuchähnlichen Bericht geschrieben und mit zahlreichen Fotos ausgestattet mit dem Titel: *Es gibt keinen jüdischen Wohnbezirk in Warschau mehr.*[156]

Über 50 000 Ghettobewohner sind während der Kämpfe, die einen Monat anhielten, ermordet oder zum Selbstmord gezwungen worden, beispielsweise dadurch, daß sie aus den Fenstern oberer Stockwerke sprangen, nachdem das Haus von den Deutschen angezündet worden war. Stroop wurde im Juni 1951 in Warschau zum Tode verurteilt und im März 1952 hingerichtet. Er war um nichts schuldiger als die anonymen Mordbrenner, über die er gebot, aber diese konnten, soweit sie den Krieg überlebten, unbehelligt ins Zivilleben zurückkehren.

Am 19. April hatte Generalgouverneur Frank in Krakau ein Konzert des Philharmonischen Orchesters besucht und war am 20. April nach einer Feierstunde aus Anlaß des Geburtstages Adolf Hitlers nach München abgereist. Zuvor hatte er einen Brief an den Chef der Reichskanzlei, Reichsminister Dr. Lammers, diktiert: *In der heutigen aus Anlaß des Führergeburtstages abgehaltenen Sitzung der Regierung des Generalgouvernements beherrscht die Entwicklung der Sicherheitslage das Bild. In der Tat entwickelt sich diese unter dem Einfluß verschiedenster Umstände in geradezu gefährlicher Weise. Seit gestern haben wir in Warschau einen bereits mit Einsatz von Geschützen zu bekämpfenden wohl organisierten Aufstand im Ghetto. Die Morde an den Deutschen nehmen in furchtbarer Weise zu; Züge werden überfallen, Transportwege völlig unsicher gemacht. Die Bandenentwicklung entwickelt sich in grassierender Weise. Ich sehe zur Zeit die Verantwortung für das Leben der Deutschen im Generalgouvernement Gott allein anvertraut.*[157] Nicht nur in Warschau, im ganzen »Generalgouvernement« stand es schon seit dem Sommer 1942 um die Sicherheit der Deutschen so schlecht, daß neben Gott der Reichsführer SS um sie besorgt sein mußte:

264

Feldkommandostelle, den 28. Juli 1942
1. Der Reichsführer-SS und Chef der Deutschen
Polizei ist im Einvernehmen mit dem Oberkom-
mando der Wehrmacht die einheitliche Führungs-
stelle für die Bekämpfung der sogenannten Partisa-
nen. [...]
2. Die Leitung dieses Kampfes gegen Banden,
Franktireurs und Verbrecher übernehme ich persön-
lich.
    [...] / [gez.] H. Himmler[158]

Die zur Verfügung stehenden Kräfte zur Bandenbekämpfung – ohne die im »Generalgouvernement«
und in den besetzten Ostgebieten stationierten, nicht
an der Front eingesetzten Wehrmachtsverbände – sind
in einer »Aktennotiz zur Bandenbekämpfung«
Himmlers vom 10. Mai 1943 aufgelistet:

Generalgouvernement:
Ordnungspolizei 11 400 Mann
Sicherheitspolizei 2200 Mann
Nichtdeutsche Polizeikräfte (polnische und ukrai-
nische) 15 000 Mann
[...]
8 Polizeibataillone bei 8 Sicherungsdivisionen des
Heeres à 400 Mann 3200 Mann
An Kräften der SS, die für den Bandenkampf
bestimmt waren, ist noch die gesamte 2. Brigade in
Kopfstärke von rund 6000 Mann beim Heer einge-
setzt.

Himmler entwickelt, was zur Bekämpfung der Banden zu geschehen habe: *Es gibt zweierlei Möglichkei-*
ten, Banden und Partisanen zu bekämpfen. Die eine
ist die rein passive, die meistens von Seiten der Wehr-
macht zur Sicherung der Bahnstrecken und Straßen
verwendet wird. Der deutsche Soldat wartet in dieser
Gegend ab, ob ein Bandit angreift. Es sind Beobach-
tungstürme errichtet und feste Stützpunkte. Die Zahl
unserer Beobachtungstürme und Wachen kann
jedoch niemals so groß sein, daß sie jeden einzelnen

aus festen Lagern im Innern der Wälder ausgesandten Banditen hindern könnte, durch unsere Postierungen durchzubrechen.

Demgegenüber die andere Möglichkeit, die von der SS und Polizei bevorzugt wird, die aktive Bekämpfung der Banden, ihr dauerndes Jagen und Beunruhigen. Die Banden werden durch Vertrauensmänner festgestellt und in einem ewig abwechselnden immer neu auszudenkenden Verfahren, das auch den taktisch sehr klug geführten Banden angepaßt wird, mit kampfkräftigen Stoßtrupps auf die Lager der Banden angegriffen. Das Bestreben ist, die Banden niemals zur Ruhe kommen zu lassen und ihnen unser Gesetz des Handelns vorzuschreiben.

Im weiteren Verlauf seiner absurden Aktennotiz wird der Reichsführer realistischer und fordert für den Partisanenkampf zusätzlich zwei SS-Infanterie-Brigaden an. Er will das in Marseille liegende Polizeiregiment Griese ins »Generalgouvernement« verlegen lassen, ferner drei in Aufstellung befindliche Polizeibataillone. Die Sicherheitspolizei im »Generalgouvernement« soll um 250 Mann verstärkt werden. Insgesamt errechnet er eine Zunahme der Sicherheitskräfte um 5850 Mann. Doch damit nicht genug: An Ersatzeinheiten der SS habe er weitere 17 000 Mann im »Generalgouvernement« stehen, die bei kürzeren Aktionen eingesetzt werden könnten.

Mit dem letzten Absatz drückt sich Himmler um die schlichte Wahrheit herum, daß es einzig und allein die polnischen Partisanenverbände sind, von der Sowjetunion, soweit es sich über die Front hinweg machen läßt, mit Waffen und Ausrüstungen versorgt, die das »Generalgouvernement« verunsichern, Straßen, Bahnen, Brücken, Stromleitungen zerstören, Fabriken anzünden, sogar über kleinere SS-Lager herfallen. Dahinter stünden, meint Himmler, diese Juden, diese waffenlosen, in Konzentrationslagern eingesperrten Juden; und alles käme in Ordnung,

wenn man den noch vorhandenen Rest endgültig aus-
merze: *Die Evakuierung der restlichen rund 300 000
Juden im Generalgouvernement werde ich nicht
abstoppen, sondern sie in größter Eile durchführen.
So sehr die Juden-Evakuierung im Augenblick ihrer
Durchführung Unruhe erzeugt, so sehr wird sie nach
ihrem Abschluß zur grundsätzlichen Befriedung des
Gebiets die Hauptvoraussetzung sein / [gez.] H.
Himmler*[159]

Im November 1942 erläßt der Chef des Oberkommandos der Wehrmacht (»gez. Jodl«) eine 42 Blatt
umfassende, in 111 Punkte gegliederte »Kampfanweisung für die Bandenbekämpfung«, mit der zwar die
diesbezüglichen Auslassungen Himmlers in ihrer
kindischen Naivität nicht zu vergleichen sind, die
aber doch insofern in das gleiche Horn stößt, als sie
davon ausgeht, durch immer mehr Gewalt und Brutalität sei die kämpferische Aktivität der Partisanenverbände auszutreten wie ein glimmendes Feuer. Über
die Motive des plötzlich aufflammenden Partisanen-
kampfes machte sich das OKW keine Gedanken.

*83. Bei der Behandlung der Banditen und ihrer
freiwilligen Helfer ist äußerste Härte geboten. Senti-
mentale Rücksichten sind in dieser entscheidenden
Frage unverantwortlich. Schon die Härte der Maßnahmen und die Furcht vor den zu erwartenden Strafen muß die Bevölkerung davon abhalten, die Banden zu unterstützen oder zu begünstigen.*

*84. Gefangene Banditen sind, soweit sie nicht aus-
nahmsweise gem. Ziff 11 in die eigene Bandenbekämpfung eingespannt werden, zu erhängen oder zu
erschießen [...] In der Regel sind Gefangene nach
kurzem Verhör an Ort und Stelle zu erschießen.*

[...]

*86. Gegen Dörfer, in denen die Banden Unterstüt-
zung irgendwelcher Art gefunden haben, werden Kol-
lektivmaßnahmen in der Regel geboten sein. Diese
Maßnahmen können je nach der Schwere der Schuld*

in vermehrter Heranziehung zu Abgaben, Wegnahme
eines Teiles oder des gesamten Viehes, Abtransport
arbeitsfähiger Männer zum Arbeitseinsatz nach
Deutschland und sogar in der Vernichtung des
gesamten Dorfes bestehen.[160]

Schon Ende 1942, als das OKW seine umständliche
»Kampfanweisung für die Bandenbekämpfung« her-
ausgab, waren die allgemeinen politischen und militärischen Voraussetzungen dafür nicht mehr gegeben.

Im November zeichnete sich ab, daß Stalingrad
nicht eingenommen werden konnte. In Afrika wurde
die Lage deutlich schlechter. Die Besetzung des bisher
nicht besetzten Teils von Frankreich begann, was eine
weitere Ausdünnung der Besatzungskräfte mit sich
brachte. Amerikanisch-englische Verbände landeten
in Französisch-Nordafrika, wodurch Italien unmittelbar bedroht war. Und just in diesem Augenblick, am
14. November, entschloß sich Hitler, nicht in das ost-
preußische Hauptquartier zurückzukehren, sondern
für eine Weile auf dem »Berghof« zu bleiben, woraus
sich ganz außerordentliche Schwierigkeiten für die
Kriegführung an allen Fronten ergaben, blieb doch der
Generalstab in der »Wolfschanze«, indes der Wehr-
machtführungsstab in einem in Salzburg abgestellten
Sonderzug arbeitete.

Zwei Monate später war die 6. Armee verloren, und
weniger denn je reichten die im Osten hinter der Front
zur Verfügung stehenden deutschen Kräfte aus, den
polnischen und nun auch von Juden außerhalb der
Lager organisierten Sabotageakten wirksam zu begegnen.

Nicht alle Nationalsozialisten in hohen Führungs-
positionen verschlossen vor dieser Entwicklung die
Augen. Wir haben bereits den Anfang des Briefes
zitiert, den Generalgouverneur Frank an Hitlers
Geburtstag, am 20. April 1943, unter dem Eindruck
des Aufstandes im Warschauer Ghetto an Reichsminister Lammers diktiert hat (vgl. S. 264). Wir kehren

jetzt zu diesem Text zurück, dessen Hellsichtigkeit erstaunlich ist, bedenkt man, daß ihn ein Mann geschrieben hat, der sich jahrelang rühmte, des »Führers« Ideen radikal durchgesetzt zu haben.

Dieser Umstand [daß die Sicherheitslage im »Generalgouvernement« gefährdet sei, Anm. d. Verf.] *zwingt mich zum ernstesten Hinweis darauf, daß die Angelegenheiten des Generalgouvernements nun grundsätzlich bereinigt werden.* [...]

In der heutigen Regierungssitzung waren sämtliche verantwortliche Ressortchefs der klaren Anschauung, daß das Verhältnis der deutschen Führung zum Polentum im Lande einer endgültigen Bereinigung und Zukunftsklärung bedarf. Insbesondere war auch der Vertreter des Staatssekretärs Krüger, der Befehlshaber der Sicherheitspolizei Dr. Schöngarth, ausdrücklich und wortwörtlich der unumwundenen Ansicht, daß der Kurs gegenüber den Polen völlig geändert werden muß, soll sich die deutsche Führung in diesem Raum auf die Dauer erfolgreich weiter entwickeln.

Zur Zeit gilt leider noch der völlig negative, ablehnende Standpunkt gegenüber dem polnischen Volkstum. Dieser Kurs wäre ohne weiteres richtig, wenn das Deutsche Reich hier im Lande über die verwaltungsmäßigen, polizeilichen oder militärischen Machtmittel verfügte, diesen Kurs wirklich durchzuhalten. Da es aber mit den wenigen Männern wirklich kampffähiger Polizei, mit der Handvoll kaum bewaffneter sonstiger Wehrträger unmöglich ist, ein Land von 140 000 qkm, das kaum Verkehrswege hat, sicherheitsmäßig zu betreuen, ist dieser negative, ablehnende, unterdrückende, vernichtende Kurs praktisch nicht mehr durchführbar.

Ich erhebe warnend meine Stimme [...]. *Ich kenne dieses Land nunmehr im vierten Jahre und weiß genauestens Bescheid.*

Ich möchte heute melden, daß [...]

1. *die gesamte Politik gegenüber den Polen einer aufhellenderen Umformung zu unterziehen ist;*
2. *den Polen irgendein Zukunftsbild im gesamteuropäischen Rahmen amtlich klargelegt werden muß, für das einzutreten den Polen irgendwie sinnvoll erscheint;*
3. *die Kulturpolitik gegenüber den Polen einer wesentlichen Auflockerung zu unterziehen ist;*
4. *die Ernährungspolitik gegenüber den Polen im Interesse des deutschen Wehrpotentials unverzüglich umzuändern ist.*

[...]

Ich bitte, diesen Brief so ernst zu nehmen, wie er gemeint ist. Es geht hier um das deutsche Schicksal im Weichselraum.

Ich sehe mit größtem Interesse Ihrer Nachricht entgegen. / Heil Hitler! / Ihr sehr ergebener [gez.] Frank[161]

Am 19. Juni 1943 wandte sich der Generalgouverneur mit einem 14 Seiten langen Brief direkt an Hitler. Er wollte ihn für eine grundsätzliche Änderung der Polenpolitik gewinnen, wobei er nicht mit Kritik an den deutschen und nicht einmal an den eigenen Maßnahmen sparte: *Auf die Masse des polnischen Volkes haben zwar die ihr nationales Empfinden beeinträchtigende öffentliche Abwertung des gesamten, vielfach nur mißleiteten polnischen Volkstums, die Eingliederung polnischer Volksteile ins Reichsgebiet, die Ausgliederung anderer Volksgruppen (z. B. Ukrainer und Weißruthenen) aus dem Herrschaftsbereich der Polen und die Absplitterung von Volksgruppen, die von den Polen als eigene Volkszugehörige betrachtet werden (z. B. die Goralen) stimmungsmäßig einen ungünstigen Einfluß ausgeübt. Auch die nicht immer taktisch geschickt ausgeführte Deutschstämmigkeitsaktion hat sich in gleicher Weise ausgewirkt.* Das alles habe aber nicht in erster Linie verursacht, daß sich die Masse des polnischen Volkes zu einem aktiven oder auch nur passiven Widerstand gegen die deutsche Verwaltung aufgerafft habe. *Zu einer sehr erheblichen S t i m m u n g s v e r s c h l e c h t e r u n g* [Hervorhebung im Original] [...] *haben dagegen* [...] *eine Reihe von Maßnahmen oder Folgen der deutschen Herrschaft geführt, die entweder einzelne Berufsschichten oder die Gesamtheit des Volkes zumeist auch – oft in vernichtender Härte – das Einzelschicksal getroffen haben.*

Hierzu gehören insbesonders

1. die völlig unzureichende Ernährung [sie sei vor dem Krieg im wesentlichen sichergestellt gewesen, schreibt Frank, Anm. d. Verf.];

2. die Beschlagnahme eines großen Teiles des polnischen Grundbesitzes, die entschädigungslose Enteignung und Aussiedlung polnischer Bauern aus Truppenübungsplätzen und deutsche Siedlungsgebiete [Frank wagt nicht, Himmlers Großprojekt »Zamość« mit Namen zu nennen, Anm. d. Verf.];

3. Eingriffe und Enteignungen auf dem industriellen Sektor [...]

4. Massenverhaftungen und -erschießungen durch die deutsche Polizei unter Anwendung des Systems der kumulativen Verantwortung;

5. die rigorosen Methoden der Arbeitererfassung;

6. die weitgehende Lahmlegung des kulturellen Lebens;

7. die Schließung der Mittel-, höheren und Hochschulen;

8. die Einschränkung, ja völlige Beseitigung des polnischen Einflusses auf sämtlichen Gebieten der staatlichen Verwaltung;

9. die Beschneidung des Einflusses der katholischen Kirche, der neben einer zweifellos notwendigen Beschränkung ihres umfassenden Einflusses vielfach Klöster, Schulen und von ihr geleitete und errichtete Wohltätigkeitsanstalten – oft in kürzester Frist – bis in die letzte Zeit stillgelegt und weggenommen wurden.

Man traut seinen Augen nicht! Der höchste Repräsentant der deutschen Herrschaft in Polen, der keine
Gelegenheit hatte vorbeigehen lassen, seine »Führer-
Unmittelbarkeit« zu betonen, stellt, für Hitler
bestimmt, einen Katalog aller Verbrechen und allen
Unfugs auf, die das Wesen dieser Herrschaft ausge-
macht haben – vollständiger, als ihn ein Zeitgeschichtler zehn Jahre später aus den Akten rekonstru-
ieren kann! In diesem Brief meditiert Frank auch über
die Möglichkeit, nach der Aufdeckung des sowjetischen Verbrechens von Katyn – der Ermordung der
militärischen Elite Polens – die Polen in *aktiven
Abwehrkampf gegen den Bolschewismus einzube-
ziehen.*

Um sich nicht dem Verdacht auszusetzen, er verrate
die große nationalsozialistische Sache, setzt Frank
Hitler auseinander, er beabsichtige nicht im mindesten, *die Fernziele, welche die deutsche Führung
nach glücklich beendetem Daseinskampf im Osten
verwirklichen wird,* in Zweifel zu ziehen, dazu
nehme sein Brief überhaupt nicht Stellung: *Oberster
Grundsatz meines Handelns in diesen äußerst
schweren Fragen wird aber stets hingebende und
unbeirrbare Treue zu Ihnen und Ihrem epochalen
Werk sein. / Heil Ihnen, mein Führer / Ihr / [gez.]
Frank*[162]

(Dieser selbe Frank gab unter dem Eindruck der
enorm zunehmenden Aktionen polnischer und jüdischer Widerstandsgruppen ein halbes Jahr später, am
15. Januar 1944, den Befehl heraus, für einen erschossenen Deutschen seien hundert Polen hinzurichten.)

Die Einsicht, die den Generalgouverneur bewog,
seinem angebeteten »Führer« im Sommer 1943 diesen Brief zu schreiben, beschränkte sich nicht auf die
Regierung in Krakau. Der Chef des WVHA, Oswald
Pohl, zuständig für die Konzentrationslager, hielt es
im Frühjahr 1943 sogar für notwendig, seine »Schütz-
linge«, daß heißt die noch arbeitsfähigen Häftlinge,

_etwas vernünftiger zu behandeln als bisher. Er erließ am 15. Mai 1943 eine »Dienstvorschrift für die Gewährung von Vergünstigungen an Häftlinge (Prämien-Vorschrift)«: *Zu der verantwortlichen Aufgabe der Verwahrung ist die bedeutungsvolle Arbeit am Siege des Großdeutschen Reiches durch den Einsatz der Häftlinge in kriegswichtigen und siegentscheidenden Fertigungen hinzugekommen. Der Umfang und die Dringlichkeit aller mit Häftlingen zur Durchführung gelangenden Arbeiten erfordern h ö c h s t e L e i s t u n g   e i n e s   j e d e n   H ä f t l i n g s* [Hervorhebung im Original, Anm. d. Verf.].

Pohl spricht hier zwar nur von Leistungssteigerung durch bessere Behandlung, aber Äußerungen, die er nach dem Krieg in seinem Prozeß gemacht hat, lassen erkennen, daß auch er damals unter dem Eindruck des Warschauer Aufstandes stand und einsah, daß mit noch mehr Terror und Mord allein die Probleme nicht mehr zu lösen waren: *Häftlinge, die sich durch Fleiß, Umsichtigkeit, gute Führung und besondere Arbeitsleistung auszeichnen, erhalten künftig Vergünstigungen. Diese bestehen in der Gewährung von 1. Hafterleichterung / 2. Verpflegungszulagen / 3. Geldprämien / 4. Tabakwarenbezug / 5. Bordellbesuch.*

Zu diesen Punkten machte Pohl auf den folgenden fünf Seiten der Dienstvorschrift detaillierte Ausführungen, in denen es unter anderem heißt: *Es wird die Mehrleistung belohnt. Die Höhe der Belohnung richtet sich nach dem Wert der Mehrleistung und darf vorläufig im Einzelfall / RM –,50 / 1,– / 2,– / 3,– oder 4,– / sowie in besonderen wenigen Ausnahmefällen bis zu RM 10,– je Woche im Höchstfalle betragen.*

Zum Punkt 5 führt der SS-General aus: *Nur den Spitzenkräften soll auf Wunsch als besondere Belohnung der Besuch des Bordells ermöglicht werden.* [...] *Der Lagerkommandant wird ermächtigt, die Erlaubnis zum Besuch des Bordells im Einzelfalle bis zu einem Mal wöchentlich zu erteilen.* [...] *Für den*

Besuch des Bordells haben die Häftlinge eine Gebühr von RM 2,– zu entrichten. Die Entrichtung erfolgt bei Abgabe eines Prämienscheines in dieser Höhe, den der Häftling an seiner Arbeitsstätte für seine dort geleistete Mehrarbeit erhalten hat [...] Von diesem Betrag erhält die Insassin des Bordells RM –,45, der aufsichtführende weibliche Häftling DM –,05, der Rest in Höhe von RM 1,50 ist vorläufig zu hinterlegen und halbjährig erstmalig zum 10. 1. 1944 für die Zeit bis zum 31. 12.1943 dem Chef der Amtsgruppe D zu melden.[163]

Es sei festgehalten, daß Generäle der Waffen-SS auch in der Rolle von Zuhältern tätig gewesen sind und von zwei Reichsmark, die der Häftling durch Mehrarbeit erworben hatte und für den Bordellbesuch bezahlen mußte, 1,50 RM vielleicht nicht für sich selbst, aber für das WVHA – das mit Beträgen von ein paar hundert Millionen zu rechnen pflegte – kassieren wollten. Die Einnahmen aus der Zuhälterei blieben indes ebenso geringfügig wie die Ausgaben für Häftlingsprämien, weil die ganze Dienstvorschrift nicht mehr zur praktischen Anwendung gekommen ist. Das KZ-System war nicht einmal mehr von dem mächtigen Oswald Pohl von der Ausrottung auf Leistung mit Mitteln umzustellen, für deren Anwendung der einzelne Lagerkommandant zuständig gewesen wäre. Mit Häftlingen über Lohnforderungen abzurechnen, paßte nicht in die Vorstellungswelt eines Höß.

Weit realistischer als diese Dienstvorschrift war eine andere Bilanz deutscher Polenpolitik. Sie wurde in Krakau im Juni 1943 geschrieben (der Tag ist nicht feststellbar, ebensowenig der Name des Verfassers). Das Diktatzeichen »Tch/JT« läßt vermuten, daß ein Beamter aus Franks Verwaltung gleich seinem Chef vor der eigenen Tür gekehrt hat, sich dabei jedoch eines Tonfalls bediente, der jenen, mit dem Frank an Hitler geschrieben hat, an Schärfe übertrifft: *Die*

Tätigkeit der Behörden scheint von vorneherein von zwei Ideen beherrscht gewesen zu sein: Vernichtung jeglichen polnischen Lebens nur darum, weil es polnisch war, und ausschlaggebender Einfluß der Polizeibehörden auf alle Maßnahmen, ohne dabei natürlich von eigentlichen polizeilichen Maßnahmen abzusehen.

Dies brachte es mit sich, daß vor allem ein unerbittlicher Kampf mit allen Bevölkerungsschichten begann, deren einzige Sünde es war, daß sie eine führende Stellung im Volk einnahmen und daß sie vor der Katastrophe vom September 1939 an das Wohl ihres Staates und Volkes dachten.

[...]

Wenn man nun noch zu dieser langen Liste größter menschlicher Leiden und Unglücke die Art hinzufügt, wie die polnische Bevölkerung von vielen Deutschen (Mitgliedern von Behörden, Angestellten u. s. w.) wegwerfend, hochmütig und demütigend, ihrerseits schuldlos, behandelt wird, so kann man sich nicht wundern, daß die bisherige vierjährige Gewaltherrschaft im Land, dessen polnischer Bevölkerung nichts anderes als Unglück, Erbitterung, Feindseligkeit und Sehnsucht nach einer Änderung seiner Lebensbedingungen gebracht hat.[164]

Wer so schreibt, ist nicht nur darauf aus, sich auf billige Weise von einer verbrecherischen Politik zu distanzieren. Er würde, könnte er es nur, tatsächlich versuchen, das Steuer fünf Minuten vor zwölf herumzureißen. Aber dafür wäre es auch dann zu spät gewesen, wenn die obersten Machthaber, Hitler eingeschlossen, auf solche Mahnungen gehört hätten. Nichts weniger war der Fall. Weder Hitler noch Himmler, noch Bormann waren bereit, auf die Vollendung dessen zu verzichten, was Frank so elegant mit den »Fernzielen« in den Ostgebieten umschrieben hat. Treblinka arbeitete weiter, desgleichen Sobibór. Das bereits stillgelegte Vernichtungslager Kulmhof mußte sogar 1944 nochmals den Betrieb aufnehmen. In Auschwitz fand eine gewaltige Verstärkung der Sonderkommandos, welche die Krematorien bedienten, von 200 auf fast 900 Mann statt, weil die Anlagen in zwei Schichten, das heißt also rund um die Uhr, gefahren wurden. Dort wurden täglich nahezu 10 000 Menschen getötet.

Die angelieferten Opfer kamen nun fast ausschließlich aus Ungarn. Etwa 450 000 ungarische Juden wurden deportiert und vergast. Es hatte einer einjährigen Bearbeitung der ungarischen Regierung unter dem Reichsverweser Horthy bedurft, um sie zu gewissen Zugeständnissen zum Schaden der Juden zu veranlassen. Zuletzt bemächtigten sich die Deutschen mit Gewalt ihrer Opfer. Horthy wurde am 16. Oktober 1944 zum Rücktritt gezwungen. Im Mai 1944 begannen die Transporte in die Vernichtungslager zu rollen. Es kam aber dennoch zu jenen merkwürdigen Verhandlungen, in denen sich die SS aus einer Mörderbande noch mehr als bisher in eine Gangsterbande verwandelte, indem sie eine gewisse Bereitschaft zeigte, gegen Geld und seltene Waren Juden zu verkaufen, was deren Rettung bedeutet hätte.

Das ursprünglich in der Größenordnung von 30 000 freizukaufenden Juden angelegte Geschäft wurde aber nur zum Teil realisiert. Zur Lieferung von 10 000 Lastwagen, über die verhandelt worden war, kam es nicht. Nicht Himmler trat vom Angebot zurück – er hätte zu diesem Zeitpunkt noch viel weitergehende Angebote angenommen. Doch die Geschäftspartner in Ungarn und in der Schweiz konnten oder wollten nicht so viel liefern, in Devisen und Waren (zu letzteren gehörten auch 15 Tonnen Kaffee), wie Eichmann auf Himmlers Weisung hin verlangt hatte. In sechs Transporten wurden schließlich 18 000 ungarische Juden statt nach Auschwitz und Treblinka nach Wien gefahren, aber auch dort waren sie entgegen allen Versprechungen der SS nicht in Sicherheit.

Es änderte sich also nichts, abgesehen davon, daß die Deutschen an der Ostfront nur noch hinhaltenden Widerstand leisten konnten und immer weiter zurückweichen mußten. Es lassen sich nur Mutmaßungen darüber anstellen, wie sich die Lage in Polen gestaltet hätte, wären zwei Jahre früher Vorschläge, wie sie Franks Brief an Hitler enthält, verwirklicht worden. Man wird zu dem Schluß kommen, daß es auch in diesem Falle keineswegs nur bei einer Verschärfung der antideutschen Stimmung im Lande geblieben wäre, sondern sich auch dann polnische Partisaneneinheiten formiert und den Kampf aus dem Untergrund aufgenommen hätten.

Es ist daran zu erinnern, daß die polnische Geschichte über Jahrhunderte hinweg eine Geschichte nicht abreißender Freiheitskämpfe war und das polnische Volk sich gerade darin unverwechselbar verwirklicht hat. Da ihm jedoch bis 1945 ein dauernder Erfolg versagt geblieben ist und Fremdherrschaft und Unterdrückung, also Leidenshinnahme und Leidensfähigkeit es gleichermaßen geprägt haben, beschäftigt sich die Darstellung deutscher Herrschaft in Polen aus polnischer Sicht zentral mit der Thematik, die in diesem Buch nur am Rande berührt wird: Polen und Juden im Kampf. Im Widerstand gegen die Deutschen ist etwas geschehen, was in früheren Freiheitskämpfen nicht stattgefunden hatte: die Solidarisierung des polnischen Volkes mit seiner jüdischen Minderheit (und umgekehrt) gegen die Unterdrücker. Eine deutsche Kolonialpolitik, deren Ziel nicht die Auslöschung der polnischen Staatsnation gewesen wäre, hätte die Polen im gleichen Maße zum Aufstand, zum Kampf und zur Sabotage mobilisiert. Nur eines hätten sich die Deutschen ersparen können: die Solidarisierung des polnischen Widerstandes mit dem jüdischen Element, die ab Mitte 1942 nachzuweisen ist.

Antisemitismus war den Polen nicht fremd. Sie hatten die Juden auf ihrem Staatsgebiet nie als gleichberechtigte Bürger angesehen. Es fehlt nicht an Beweisen dafür, daß die deutschen Maßnahmen, die auf die »Endlösung« hinzielten, von den Polen lange Zeit betrachtet wurden, als ginge sie das Schicksal der Juden nichts an. Darin unterschieden sie sich allerdings nicht von den Völkern, die die Macht und die Möglichkeit gehabt hätten, durch Öffnung ihrer Grenzen ein paar Millionen Juden zu retten.*

Innerhalb der Konzentrationslager war die internationale Zusammenarbeit in den Widerstandsbewegungen eine Selbstverständlichkeit. Neu war, daß der polnische Untergrund nun mit den noch außerhalb der Lager in Verstecken lebenden Juden – den »Waldjuden«, sogenannt, weil sie in den Wäldern Zuflucht gesucht hatten – zusammenarbeitete. Plötzlich gab es auch jüdische Partisanengruppen, die in ihrer Verwegenheit den polnischen nicht nachstanden.

Himmler sah sich veranlaßt, am 11. Januar 1943 (in einem seltsam fehlerhaften Deutsch, das nur wenigen Himmler-Befehlen eigen ist) anzuordnen: *Die Sabotage- und Bandentätigkeit im GG. nimmt in einem derartigen Umfang zu, daß wir uns Gedanken machen müssen, wie wir dem abhelfen können. Ich weiß, daß die Hauptursache die große Teuerung und die Erschwerung des Lebens im GG. ist. Darüber hinaus aber ist es selbstverständlich das Proletariat einer Riesenstadt wie Warschau mit 1,2 Mill. Menschen, unter denen nach meiner Schätzung ohnedies*

---

* Dr. Zalman Grinberg, Vorsitzender der befreiten Juden in der US-Besatzungszone, sagte auf der dritten Sitzung der American Jewish Conference im Februar 1946 in New York: *Ich bin mir bewußt, daß wir in einer zynischen Welt leben. Ich begreife durchaus, daß die Menschheit an Brutalität gewöhnt ist. [Aber] ich selber hätte nie geglaubt, daß die zivilisierte Welt des 20. Jahrhunderts der Dezimierung des jüdischen Volkes in Europa so ungerührt zuschauen könnte. Ich sehe mich zu der Annahme genötigt, daß dem nur so war, weil diese Dinge dem jüdischen und nicht einem anderen Volk widerfuhren.*[165]

nur 800 000 arbeiten oder als kinderarbeitenden Familien angehören, der Hauptträger für alle derartigen Bandeüberfälle sowie für den Schleichhandel. Genau so verhält es sich auf dem Lande mit dem Landproletariat, das 1–2 Hektar mit Familien von 5–8 Köpfen bewirtschaftet, damit einigermaßen etwas zum Leben vor allen aber die Grundlage für Schleichhandel und Bandentätigkeit ist. Ich ordne daher an, daß nun laufend alle bewohnverdächtigen proletarischen Elemente männlichen und weiblichen Geschlechtes festgenommen und den K. L. in Lublin, Auschwitz und im Reich zugeführt werden. Die Festnahme muß eine so große sein, daß im GG. in den nicht durch die Arbeit erfaßten Kreisen eine fühlbare Verminderung und damit für die Bandenlage eine spürbare Erleichterung eintritt. Eine Überführung der Verhafteten in Auferhaltslager oder Zwangsarbeitlager außer den von mir befohlenen K. L. verbiete ich. Die Aktion ist mit größter Beschleunigung durchzuführen.[166]

Im Bezirk Białystok war einigen hundert Juden die Flucht in die Wälder gelungen, als ihrer 3000 an einem Tag exekutiert werden sollten. Sie spezialisierten sich auf die immer erneute Unterbrechung der Bahnstrecke, auf der der Nachschub in Richtung Leningrad rollen sollte. Ferner gelang es ihnen wiederholt, die aus dem »Generalgouvernement« herausführende Bahntrasse in Richtung Moskau zu zerstören. In Kiew gingen Juden gemeinsam mit sowjetischen Kriegsgefangenen gegen die SS vor (29. September 1943). Über 300 Aufständische wurden dabei getötet, 14 konnten fliehen. Eine Karte im Atlas zur Endlösung[167] zeigt auf polnischem Gebiet zwischen der (neuen) Reichsgrenze und Minsk 35 Städte und Dörfer, aus denen Juden ebenfalls in die Wälder flohen, von wo aus sie dank ihrer genauen Ortskenntnisse Sabotageaktionen organisieren konnten.

Auf das Gemeindeamt in Parczew, ein Städtchen

im Distrikt Lublin, unternahm eine Partisanengruppe am späten Abend des 16. April 1944 einen Überfall. Vom Gemeindeamt, das angezündet wurde, blieben nur die Wände stehen. Zusammen mit allen Vorräten wurde auch der Gemeindediener verschleppt. Die Gruppe soll fünfzig Mann stark und außer mit Handfeuerwaffen auch mit Maschinengewehren und Handgranaten ausgerüstet gewesen sein.

Was den Vorgang, es ist nur einer von ungezählten ähnlichen, bemerkenswert macht, ist, daß bei der Aktion Polen, Juden und Russen zusammengearbeitet haben. Die Deutschen hatten es jetzt mit einem allgegenwärtigen, jedoch nicht zu fassenden Gegner zu tun. Himmler sah sich veranlaßt, einen seiner mörderischsten Bluthunde, den SS-Obergruppenführer Erich von dem Bach-Zelewski mit der Bandenbekämpfung zu beauftragen, der sich bemühte, alle beteiligten Instanzen – vom Generalgouverneur über die Polizei bis zu den Sonderkommandos – in ein übergreifendes strategisches Konzept einzubinden. Er wußte jedoch, daß die »deutsche Ordnung« nicht mehr aufrechtzuerhalten war.

Auf einer Sitzung beim Generalgouverneur in Krakau hatte von dem Bach ausgeführt: *Ich bin, ehrlich gesagt, davon überzeugt, daß kein Gebiet nur durch die Polizei und die Armee verwaltet werden kann. Das gibt es in keinem Land der Welt – weder in Kroatien, noch in Serbien, noch in Frankreich. Das Gebiet muß in erster Linie durch die politischen Kräfte befriedet werden, und die Streitkräfte oder die Polizei können die politischen Maßnahmen nur unterstützen.*[168]

In derselben Sitzung, in der es vorwiegend um Sicherheitsprobleme ging, hatte von dem Bach ferner ausgeführt: *In der gesamten Bandenbekämpfung Europas führe ich die Zentrale, bei der alle Meldungen über sämtliche Banden in Europa eingehen. Ich nehme für mich in Anspruch, vielleicht das klarste*

Bild sowohl über die Bandentätigkeit als auch über unsere eigenen Kräfte zu haben.[169]

Von dem Bach betonte, das »Generalgouvernement« mache ihm die wenigsten Sorgen, ihm wie auch dem Führer und dem Reichsführer SS. Hier seien Männer am Ruder, die auch die Nerven hätten, schwere Zeiten durchzustehen. Diese Beurteilung der Lage stand im schroffen Gegensatz zur Realität. Die Verschärfung aller terroristischen Maßnahmen, zu denen die Geiselerschießungen im Verhältnis 1 : 100 an erster Stelle zu nennen sind, vermochten nicht zu verhindern, daß die Aktionen der Partisanen eine ganz erhebliche Störung des Nachschubs für die näher rückende Front verursachten; und erst recht nicht, daß General Bor-Komorowski seine »Armia Krajowa« (die Armee im Lande) organisierte und derart aufrüstete, daß er es wagen konnte, in Warschau am 1. August 1944 einen Aufstand zu entfesseln, der eigentlich ein Krieg im Kriege genannt werden muß.

Es entstand jene Situation, die in keinem deutschen Geschichtsbuch, soweit es sich überhaupt auf Polen einläßt, unerwähnt bleibt: Die Weißrussische Front unter Marschall Rokossowskij hatte sich bereits dem Ostufer der Weichsel bei Warschau genähert, kam aber nicht über den Strom und half den Polen auch dann nicht, als deren Lage nach einigen Wochen hoffnungslos geworden war. Für die kommunistische Führung war der reaktionäre Patriot Bor-Komorowski kein Verbündeter gegen die Deutschen, sondern ein Klassenfeind.

In einem Fernschreiben vom 5. August 1944 teilte der Generalgouverneur dem Reichsminister Dr. Lammers mit: *Die Stadt Warschau steht zum größten Teil in Flammen.* [...] *In der Stadt mit ihrer Millionenbevölkerung herrscht ein unvorstellbares Elend. Nach diesem Aufstand und seiner Niederschlagung* [am 2. Oktober ergaben sich die letzten »Armia Krajowa«-Einheiten, Anm. d. Verf.] *wird Warschau dem*

*verdienten Schicksal seiner völligen Vernichtung mit
Recht anheimgefallen sein oder unterzogen werden.
Die Stimmung der Deutschen ist ausgezeichnet.*[170]

So ausgezeichnet war sie am 5. August durchaus
nicht. Als der polnische General seinen Truppen
befahl, den Kampf zu beginnen, befand sich von dem
Bach in Zoppot bei Danzig, wo er Befestigungswerke
an der Weichsel inspizierte. Als Himmler die ersten
Nachrichten von dem Aufstand erreichten, kam er am
2. August im Flugzeug nach Posen. Er befahl, daß alle
verfügbaren Polizeieinheiten unter dem Kommando
des SS-Gruppenführers Heinz Reinefarth unverzüglich nach Warschau zu bringen seien. Eine Reserve-
einheit unter einem Oberst Schmidt wurde desgleichen nach Warschau dirigiert und ferner die Sturmbri-
gade »RONA« (Russkaya Oswoboditielnaya Narodnaye Armya), eine Formation russischer Kollabora-
teure unter dem SS-Brigadeführer Kaminski. Der für
die Zivilbevölkerung verhängnisvollste Himmler-
Befehl beorderte die SS-Brigade »Dirlewanger« ebenfalls nach Warschau, eine kaum noch zum Militär zu
zählende Einheit von Mördern unter dem Befehl eines
Sadisten. In Warschau ermordete dieses Gesindel
50 000 Zivilisten, die Hälfte waren Frauen und Kinder. Als sich in den ersten Tagen abzeichnete, daß die
polnischen Einheiten fanatisch kämpften, spielte
Himmler die Karte aus, die er für seine beste hielt: Er
schickte von dem Bach nach Warschau mit Vollmachten, die ihn zwar nicht eindeutig zum Oberbefehlshaber machten, dem ein Reinefarth und ein Dirlewanger
zu gehorchen hatten, die ihn aber doch auch diesen
gegenüber weisungsbefugt erscheinen ließen. Es ist
nicht zu bezweifeln, daß von dem Bach versuchte,
dem Morden der Dirlewanger-Bande Einhalt zu gebieten und alle Kräfte zusammenzufassen, um die
»Armia Krajowa« aufzureiben.

Am 2. Oktober 1944 waren die Deutschen in Warschau wieder Herr der Lage. Von der Stadt war nicht

mehr viel übriggeblieben außer Mauern mit leeren Fensterhöhlen. Der Aufstand endete mit Kapitulationsverhandlungen und der Gefangennahme von General Bor-Komorowski. Die »Armia Krajowa« und die Zivilbevölkerung hatten weit über 100 000 Tote zu beklagen.

Der Zusammenbruch des Aufstandes hatte auf die Partisanentätigkeit im gesamten »Generalgouvernement« eher eine anstachelnde als eine entmutigende Wirkung. Das geht beispielsweise aus einer »Übersicht über die erfolgten Eisenbahnanschläge im Generalgouvernement im Monat Oktober 1944« hervor. Die Liste nennt auf sieben Blatt 110 Aktionen, im Durchschnitt nahezu vier alle 24 Stunden. Von der ersten und der letzten Seite des Dokuments folgen hier fünf Beispiele:

(12) Am 3. 10. Gleissprengung auf der Strecke Radomsko–Petrikau bei Milejow durch Banditen.

(13) fuhr ein Personenzug auf der Strecke Radomsko–Petrikau bei Dobryszice auf eine Mine. Der Lokführer und Heizer wurden leicht verletzt.

(98) Am 27. 10. Minenanschlag auf die Bahnstrecke Nou–Sandez–Piwniczna bei Wierchoula, wobei 1 Lok und 7 Wagen entgleisten und der Packwagen von den Banditen beschossen wurde.

(105) Am 29. 10. lief ein Güterzug in Juszczyn auf eine Mine. Erheblicher Sachschaden.

(110) Am 31. 10. wurde die Eisenbahnbrücke zwischen Zaclinica und Hlbeka von Banditen gesprengt.[171]

Finale in Polen

Mit zwei ausführlichen Schreiben, die der Generalgouverneur am 7. und am 18. August 1944 an Goebbels richtete, warf er in kaum noch verklausulierter Form das Handtuch. Das »Generalgouvernement« war bereits auf ein Fünftel seines ursprünglichen Territoriums geschrumpft. Die Partei, als deren Sprecher der Oberdienstleiter Tießler gegen Frank antrat, machte dem Generalgouverneur den Vorwurf, er habe seine eigene Verwaltung nicht mehr in der Hand und seine Beamten interessierten sich weit mehr für die Jagd als für ihre Dienstgeschäfte. Statt um seine Position zu kämpfen, schlug Frank Goebbels als dem Verantwortlichen für die »totale« Kriegführung vor, der Partei das wenige, was an deutscher Macht in Polen östlich der Reichsgrenze von 1939 und westlich der von Woche zu Woche zurückweichenden deutsch-russischen Front noch vorhanden war, zu überantworten.

Die Parteizentrale in München nahm in einem Schreiben vom 1. September 1944 an Reichsleiter Bormann im Führerhauptquartier zu Franks Vorschlägen Stellung: *Die Unterstellung des Restgebietes des Generalgouvernements unter die Nachbargauleiter [...] entspricht der gegenwärtigen Lage und der hierdurch bedingten tatsächlichen Notwendigkeit.*

In einem so wichtigen Dokument aus der Zentrale der NSDAP den Begriff »tatsächliche Notwendigkeiten« verwendet zu sehen, kann geradezu als Ausdruck eines revolutionären Stimmungsumschwungs gewertet werden, hatten doch ein »Jahrtausend« lang weder Tatsachen noch Notwendigkeiten ideologisch motivierte Wahnideen zu entwerten vermocht. Um sich von ihnen endlich ganz zu befreien, fehlte es jedoch nach wie vor an der Einsicht, daß der Krieg verloren war: die Lösung, die Regierung Frank aufzuheben, *käme praktisch einer Aufgabe des Generalgouvernements gleich. Nach außen hin würde dadurch der Eindruck entstehen, als habe das Reich dieses Gebiet endgültig abgeschrieben [...] [Wir] glauben nicht, daß er* [Hitler] *z. Zt. geneigt ist, das Generalgouvernement zu liquidieren, da unsere Feinde eine solche Maßnahme in der ganzen Welt sicherlich mit Erfolg in größtem Ausmaß propagandistisch auswerten würden. Wir bitten daher zu erwägen, ob nicht folgender Weg richtig wäre:*

1. Das Generalgouvernement bleibt de jure gewissermaßen als Fiktion bestehen.

2. Die Regierung wird auf ein kleines Büro dezimiert.

3. Der Generalgouverneur bekommt intern die Auflage, sich jeder Regierungstätigkeit zu enthalten. Er tritt nur noch repräsentativ in Erscheinung.[172]

Dieser Zustand war bereits erreicht. Im Dezember 1944 kam dem Generalgouverneur zu Ohren, es seien über ihn bestimmte Ausdrücke gefallen. Darüber entbrannte eine Diskussion mit dem Parteigenossen Masur, der an der Überleitung des Restgebietes des »Generalgouvernements« in die Verwaltung durch die Partei (Kreisleitungen) beteiligt war.

Frank: Welche Ausdrücke?

Masur: [...] daß der Generalgouverneur abtreten wird, daß er fallen gelassen worden ist; und zweitens ist auch in einem Zusammenhang der Ausdruck »Popanz« gefallen.

Frank: Ich sei ein Popanz? – Was bedeutet das?

Masur: Ich stelle mir darunter vor, daß ein Mann da oben sitzt, der nichts zu sagen hat.

Frank: Was noch?

Masur: Das ist das Wesentlichste [...].[173]

Frank ließ untersuchen, ob ihn wirklich jemand einen Popanz genannt habe. Aus der Stellungnahme der Parteizentrale zum Problem »Generalgouvernement« gegenüber Bormann hätte Frank erfahren konnen, daß er parteioffiziös eben hierzu gemacht werden sollte. Außerdem schlugen die Herren in München Bormann vor, die nunmehr arbeitslos in Krakau herumsitzenden Beamten des »Generalgouvernements« den Gauleitern der angrenzenden Reichsgaue für den Grenzwallbau zur Verfügung zu stellen. Auch sollte dem Wunsch des Herrn Generalgouverneurs, ihn ab sofort als schlichten Offizier in der Wehrmacht zu verwenden, stattgegeben werden.

Die polnische Widerstandsbewegung, die bestorganisierte in Europa, nahm immer offener den Kampf auf. Sie hatte von Anfang an zwei Funktionen: die Deutschen schädigen, wo, wie und wann immer es möglich war, und dem eigenen Volk zu helfen, den Terror physisch und psychisch zu überleben. Die letztere Aufgabe verlor 1944/45 an Bedeutung. Jeder Pole, jede Polin sah mit eigenen Augen, daß die deutsche Macht zerbrach und erkannte das Licht am Ende des finsteren Tunnels. Um so wichtiger wurde der bewaffnete Kampf gegen die Unterdrücker und Mörder. Polen wurde zu einem Nebenschauplatz militärischer Kriegführung. Auf beiden Seiten vervielfachten sich die Verluste. Der Höhere SS- und Polizeiführer im »Generalgouvernement«, Wilhelm Koppe, erklärte in einer der letzten Arbeitssitzungen, die Frank in Krakau abhalten konnte: Sich gegen die Widerstandsbewegung durchzusetzen erfordere, möglichst viele Angehörige der Kämpfer zu erschießen. Die Sippenhaftung sei generell einzuführen, und in Krakau sollten jeden Tag fünfzig Polen auf offener Straße umgelegt werden.

Das waren letzte Zuckungen deutscher Herrschaft in Polen. Mitte Januar 1945 verließen Frank und sein Stab in pompösen Wagenkolonnen Krakau in Richtung Breslau. Unterwegs besuchte der flüchtende Generalgouverneur mit zweien seiner Begleiter in Agnetendorf den greisen Gerhart Hauptmann. Es war

286

der 21. Januar. An diesem Tag wurde auch der größte Teil der mitgeschleppten Akten auf einem Dorfplatz verbrannt. Drei Tage später wurde die Flucht fortgesetzt, eine bequeme, gefahrlose Flucht. Wie anders wurde sie von Ostpreußen und Schlesiern erlebt! Sich dieses 21. Januar 1945 erinnernd, schreibt ein Ostpreuße, Hermann Fischer aus Horn im Kreis Mohrungen, Ende November 1946 in einem Brief: *Es ist Sonntag, der 21. Januar. Alles ist in großer Unruhe. Befehl: Alles Eissperren bauen auf dem See! Am Nachmittag Gasmasken holen. [...] Von Osten, Richtung Locken bis Osterode rechts, Allenstein links; Aufblitzen, dumpfes Rollen. Trotzdem kein Bescheid. Der Ortsgruppenleiter schweigt, weiß nichts. Endlich abends heißt es: Alles zur Flucht, Bauern im Treck, Familien ohne Pferde eben mitnehmen! Abfahrt Sonntag früh 5 Uhr! Leider war es viel zu spät. Die Straßen waren schon einige Tage von Trecks aus dem Osten vollkommen gesperrt [...] Am 24.1. kam der Russe. [...]*[174]

Solche Erfahrungen blieben der hochgestellten Verbrecherbande aus dem »Generalgouvernement« erspart. Es ging nach Oberbayern, in und bei Bad Aibling errichtete Frank seine neue Dienststelle und berief einen kommissarischen Leiter. Die Komödie einer Exilregierung des »Generalgouvernements« in Oberbayern wurde noch bis in den April 1945 fortgesetzt. Von den Amerikanern gefangengenommen, händigte Frank erhebliche Teile seines Diensttagebuchs aus. In der Zelle schrieb er *Im Angesicht des Galgens*, die larmoyanten Bekenntnisse einer schmutzigen Seele. Sie wurden 1953 veröffentlicht. Am 16. Oktober 1946 wurde Frank in Nürnberg hingerichtet.

Weit früher als die Gau-, Kreis- und Ortsgruppenleiter der NSDAP in den Ostgebieten des Reiches der Bevölkerung erlaubten, sich gen Westen auf und davon zu machen – soweit es zu einer solchen Erlaubnis überhaupt noch kam –, war die SS darangegangen, die Stätten zu räumen, an denen sie für Deutschlands Ruhm und Ehre ihre unvergeßlichen Leistungen vollbracht hatten: die Konzentrationslager und die Ghettos, deren Anzahl ohnehin infolge der Vernichtung ihrer Insassen schon zurückgegangen war. Bereits im Herbst 1943 waren die Vernichtungsfabriken Treblinka, Sobibór und Bełżec geräumt, ein Kommando eigens zu dem Zweck aufgestellt worden, Spuren zu vernichten. Aus dem Lager Treblinka wurde ein Gutshof, auf dem Gelände von Bełżec wurde ein Kiefernwäldchen angelegt. Nach Abzug der Deutschen rissen die ortsansässigen Polen die kleinen Bäume wieder aus und wühlten die Erde um auf der Suche nach Schätzen, die vielleicht mit den Ermordeten eingegraben worden waren. In Lublin begann die Räumung zu spät. Ende Juli 1944 waren die Sowjets plötzlich da und konnten sich dank der noch bis unters Dach mit Raubgut aus der »Aktion Reinhardt« gefüllten Magazine ein Bild davon machen, was die Deutschen unter Kolonialpolitik verstanden hatten. Berichte über diese Entdeckung gingen binnen weniger Wochen um die nichtdeutsche Welt.

Das benachbarte Konzentrationslager Majdanek wurde der gebotenen Eile wegen unter dramatischen Umständen »evakuiert« – nämlich durch die Ermordung der meisten Häftlinge. Soweit sie Deutsche waren, wurde ihnen die Gnade der Verbringung nach Auschwitz zuteil; den Weg dorthin mußten sie in Fußmärschen zurücklegen.

Ungebrochene Mordlust und auch Stolz, die sie für dieses Juwel ihres staatsmännischen Wirkens empfanden, machten es Hitler, Himmler und den beteiligten SS-Organisationen schwer, Auschwitz aufzugeben. Außerdem gab es mancherorts, vor allem in Ungarn, noch zu viele lebende Juden. Erst im November 1944 gewann Himmler die Überzeugung, nun sei ganze Arbeit geleistet worden, die jüdische Weltgefahr für immer gebannt. Am 25. November befahl er, auch die Liquidation von Auschwitz einzuleiten. Der ehemalige Kommandant, Sturmbannführer Baer, arbeitete zusammen mit dem Höheren SS- und Polizeiführer von Schlesien, SS-Obergruppenführer Schmauser, die Evakuierungspläne aus, womit sie bereits vor Himmlers grundsätzlichem Befehl begonnen hatten.

Auch die Widerstandsgruppe im Lager selbst blieb mit ihren Verbindungen nach draußen nicht müßig. Unter dem Eindruck der Massenerschießungen von Majdanek formierte sich eine Kampfgruppe, die sich darauf vorbereitete, aktiven Widerstand zu leisten, falls die SS sich in Auschwitz zu einem ähnlichen Vorgehen entschließen sollte. Die Geschichte dieser Kampfgruppe, ein ständiges Aufschieben oder Verwerfen kurz zuvor getroffener Beschlüsse, macht deutlich, daß es in dieser Endphase im Lager zu einer Aufspaltung zwischen den jüdischen und den nichtjüdischen Häftlingen gekommen war. Diese scheuten vor einem Aufstand zurück, dessen Erfolg in der Tat mehr als zweifelhaft gewesen wäre; jene hatten die Krematorien unmittelbar vor sich, nichts mehr zu verlieren außer ihrem Leben, das sie mit größerer Wahrscheinlichkeit verloren, wenn sie sich nicht wehrten, so wie sich die Millionen Ermordeter nicht gewehrt hatten in den Jahren zuvor. Anfang Oktober 1944 entschloß sich eine kleine jüdische Gruppe, die sich Dynamit und Handgranaten hatte verschaffen können, zur Tat. Sie versuchte den Zaun zu durchbrechen und legte Feuer am Krematorium III. Über 400 Häftlinge und drei SS-Männer kamen dabei um.

Nun war Auschwitz nicht nur ein Lager und eine Menschenvernichtungsanlage, sondern auch ein industrieller Großbetrieb der I. G. Farbenindustrie. Die Alliierten halfen allzu spät ein wenig nach, das Werk so zu demolieren, daß es später von den Sowjets nicht mehr betrieben werden konnte: Von mittelmee-

rischen Flugplätzen aus startend, bombardierten sie
Monowitz im August und September je einmal, im
Dezember zweimal.

Die letzte öffentliche Exekution in Auschwitz fand
am vorletzten Tag des Jahres 1944 statt: Drei österreichische und zwei polnische Kommunisten wurden
um 5 Uhr nachmittags gehenkt. 1500 Häftlinge waren
als Publikum aufgeboten. Die Polen, den Strick schon
um den Hals, riefen: Es lebe Polen, es lebe die Freiheit.
In den Kleidern eines der Österreicher – er war 24
Jahre alt – fanden die Leichenträger einen Zettel:

*Lieber Freund, der du mir meine Klamotten aus-
ziehst, drücke mir noch die Augen zu und nimm zum
Dank dafür dieses Hemd, das ich aus Anlaß dieses
Tages angezogen habe. Es ist von der Frau, die mich
liebt.*[175]

Die Sowjets, die fast zwei Monate ihre Offensive
nicht fortgesetzt hatten, stießen vom 12. Januar 1945
an mit Panzereinheiten aus dem Brückenkopf von
Baranów vor und eröffneten damit den Angriff, mit
dem sie die Reichsgrenzen überschritten. Als am 17.
Januar in Auschwitz der letzte Lagerappell stattfand,
war das Geschützfeuer bereits zu hören. In Auschwitz
und Birkenau wurden rund 32 000 Häftlinge gezählt,
in Monowitz einschließlich kleinerer Außenlager
rund 35 000. Bei eisiger Kälte begann der Abmarsch
von 58 000 Häftlingen in Stroh- und Holzschuhen.
Zurück blieben die Kranken und die aus allgemeiner
Schwäche nicht Marschfähigen. Sie erwarteten ihre
Liquidierung, aber es gab nur noch den Befehl, 200
jüdische Frauen zu erschießen. Die Krematorien I und
II wurden in die Luft gejagt. Die nächste Zerstörungs-
aktion der SS galt den Magazinen. Von 35 gingen 29 in
Flammen auf. In der Nacht vom 26. auf den 27. Januar
wurde auch das letzte Krematorium in einen Trüm-
merhaufen verwandelt.

Ein Arzt, Dr. Max Benjamin, Häftling in Birkenau,
hat überlebt und über das Ende einen Bericht geschrie-

ben. Mitte Januar lag er im F-Lager, *das nur aus einem großen Krankenbau bestand, mit vielen hundert jüdischen und nichtjüdischen Patienten und mit einem großen Stab von jüdischen und nichtjüdischen Ärzten.*

Alle Krankengeschichten und -karteien wurden vernichtet; vierzig Ärzte ausgesondert und abtransportiert – wohin, erfuhr Dr. Benjamin nicht. *Selbst in diesen Tagen gab es noch SS-Leute, die so taten, als ob nichts wäre. Ich erinnere mich lebhaft eines Appells, der stundenlang dauerte, weil die Zahl nicht stimmen wollte. Schließlich erschien sogar ein SS-Offizier, um höchst selbst zu zählen. Schreiend, fluchend, mit der Reitgerte auf Kranke einschlagend, die nicht genau auf Vordermann standen, tobte er durch den Block.*[176]

Am Nachmittag des 27. Januar übernahmen sowjetische Truppen das Lager. Wer von den Überlebenden noch die Kraft dazu hatte, schlich zum Tor. Die Befreier zogen durch ein Spalier von Halbtoten ein.

Die Sowjets machten eine genaue Bestandsaufnahme dessen, was sie in den Magazinen vorfanden: *368 820 Herrenanzüge, 836 255 Damenmäntel und -kleider, 5525 Paar Damenschuhe, 13 964 Teppiche, große Mengen Kinderkleidung, Zahnbürsten, Zahnprothesen. In der Gerberei lagen 7 Tonnen Frauenhaar.*

Wie erwähnt, sind heute in Auschwitz »Musterkollektionen« aus diesen Beständen hinter Glaswänden zu besichtigen. Die Brillen nicht zu vergessen! In den Besucherbüchern – das erste ist 1950 ausgelegt worden – haben sich zahlreiche ehemalige Häftlinge mit ihrer Häftlingsnummer eingetragen. In diesem ersten Buch, das bis 1954 reicht, findet sich kaum ein deutscher Name, die allermeisten sind polnische. Den Eintragungen – Name, Wohnort, Besuchsdatum – sind kaum kommentierende Texte beigefügt. Das ändert sich mit dem zweiten Band:

Man kann nach all dem Gesehenen nicht mehr viel sagen. Man muß sich schämen, der gleichen Nation anzugehören, die solche Verbrecher geboren hat. Andererseits verpflichtet uns das Gesehene, alles zu tun, der Menschheit in Zukunft solch furchtbare Greueltaten zu ersparen: 17. 3. 54 Delegation deutscher Bergleute (DDR).

Les femmes de la délégation française venue en Pologne à l'occasion de la Journée Internationale des Femmes, font ici le serment de lutter toute leur vie et de toutes leurs forces pour que plus jamais ne se reproduisent de tels crimes. Jamais d'armes aux nazis!

   Désarmement général!
   Paix et amitié entre tous les peuples du monde!

Als Deutscher weiß ich nicht, wie das wiedergutzumachen ist. Und doch müssen wir es tun. In Erschütterung! 8. 10. 55.
[Vier Unterschriften]

Polens Kriegsverluste in Zahlen

1985 ist eine in Teilen ungewöhnlich faire und deshalb von der Kritik gescholtene Buchveröffentlichung[177] zum Thema der Vertreibung Deutscher aus den Ostgebieten des Reiches, aus Danzig und aus dem Sudetenland erschienen. Die »Germanisierungspolitik des NS-Regimes in den besetzten Ostgebieten 1939–1945« wird darin auf zehn von 250 Seiten abgehandelt, auf denen nichts steht, was vom historischen Material nicht gedeckt wäre, dennoch nichts, womit dem Leser konkret vor Augen geführt würde, was das polnische Volk fünf Jahre lang erlitten und wie die Bilanz deutscher Herrschaft in Polen, in Zahlen ausgedrückt, schließlich ausgesehen hat. Das besagt, daß sogar eine leidlich objektive Behandlung der Vertreibung sich nicht angemessen auf deren Motivation einläßt und damit einer revisionistischen Argumentation Tür und Tor öffnet.

Hier sei diese Bilanz mit einigen wenigen Daten umrissen: Im Feldzug vom Herbst 1939 sind 70 000 polnische Soldaten gefallen. Die Verluste der Zivilbevölkerung durch Kriegshandlungen festzustellen waren die Deutschen nicht interessiert, die Polen unter den gegebenen Umständen nicht in der Lage. Ob es 5000 oder 10 000 gewesen sind, wissen die Akten nicht, als sicher hat zu gelten, daß ihre Zahl erheblich niedriger war als die der Zivilisten, darunter Frauen, Greise, Kinder, die hinter der Front schon im September 1939 von den »Einsatzgruppen« exekutiert worden sind.

Von den 18 am Krieg gegen das Reich beteiligten Ländern sind die Menschenverluste Polens, bezogen auf die Gesamtbevölkerung, die höchsten: 220 von 1000 Einwohnern. Auf Polen folgt Jugoslawien, wo »nur« 108 von 1000 Einwohnern umkamen, auch dort die meisten durch Mord. (Die USA wurden mit 1,4 Toten je 1000 Einwohner nur noch von der Südafrikanischen Union mit 0,6 unterboten.)

Die Sowjetunion erlitt mit sieben Millionen die höchsten Verluste an Zivilisten und verlor insgesamt 20 Millionen Menschen, die aber, bezogen auf eine Gesamtbevölkerung von damals rund 200 Millionen (heute über 250 Millionen), doch »nur« zehn Prozent ausmachen; wohingegen die Polen mit über sechs Millionen Toten ein Fünftel ihrer Bevölkerung einbüßten – nahezu alle durch verbrecherische Handlungen Deutscher und ihrer Aushilfsmörder und -folterer, vorwiegend Ukrainer.

Die materiellen Schäden pro Kopf sind für Polen mit 626 Dollar berechnet worden, ein Betrag, der mit dreißig Millionen multipliziert werden muß. Damit rangiert Polen an zweiter Stelle hinter der UdSSR, deren materielle Einbußen um ein Vielfaches größer sind; auch hier machen die durch Kampfhandlungen entstandenen wiederum nur einen Bruchteil aus. Die zum Rückzug gezwungenen deutschen Armeen hinterließen verbrannte Erde und Leichenberge.

Von 30 000 polnischen Industriebetrieben jeder Größe waren rund 20 000 völlig oder teilweise zerstört. Die schwersten Schäden hatten die Metallindustrie, die elektrochemische und chemische Industrie erlitten. Die industrielle Ausrüstung der Westgebiete war zu über siebzig Prozent vernichtet. Von 5000 Lokomotiven waren 1945 noch 1000, von 160 000 Güterwagen noch 25 000 brauchbar. Von den Raubzügen, mit denen polnische Kulturgüter abgeschleppt wurden – hierzu muß auch die Zerstörung aller an die polnische Geschichte erinnernden Denkmäler gezählt werden –, ist der Abtransport des Veit-Stoß-Altares aus der Krakauer Marienkirche der prominenteste Fall. Nicht unterschlagen sei ferner, daß im Reisegepäck des Generalgouverneurs Frank, als er am 4. Mai in seinem oberbayerischen Domizil verhaftet

wurde, ein Leonardo da Vinci und ein Rembrandt entdeckt wurden, die der höchste Repräsentant des Reiches in Polen aus dem Czatoryski-Museum hatte mitgehen lassen.

Für den Zustand, in dem sich Polen befand, nachdem die Sowjets deutscher Herrschaft ein Ende
gemacht hatten, ist das zerstörte Warschau der Sym-
bolfall. 1939 hatte Polens Hauptstadt 1 300 000 Einwohner. Sie bestand aus 25 000 Wohnhäusern und
öffentlichen Gebäuden. Ihre Zerstörung ging in mehreren Etappen vor sich, beginnend mit den Bombardie-
rungen zwischen dem 17. und 26. September 1939.
Nach der Niederwerfung des Aufstandes von 1944
wurde befohlen, die Stadt gänzlich dem Erdboden
gleichzumachen. General Lüttwitz, Oberbefehlshaber der 9. Armee, sah sich veranlaßt, nach Beendigung
der Straßenkämpfe einen Räumungsstab zu bilden,
um das wilde Plündern durch organisiertes zu ersetzen. Er meldete am 9. Oktober dem Befehlshaber der
Heeresgruppe Mitte: *SS-Obergruppenführer von dem
Bach teilt mit [...], daß er vom Reichsführer SS den
Führerauftrag erhalten hat, die totale Zerstörung
Warschaus durchzuführen. [...] Für die Zerstörung
der Stadt soll technische Nothilfe aus dem Reich
eingesetzt werden.*[178]

Die Reichshilfe kam zu spät, der Führerbefehl ließ
sich nur noch zu achtzig Prozent verwirklichen. Am
Tag der Befreiung (15. Januar 1945) waren nur noch
800 Polen in der Stadt, denen es gelungen war, sich vor
den SS-Streifen in den Ruinen zu verstecken. Zehn-
tausend Gebäude konnten überhaupt nicht mehr aufgebaut werden, von tausend historischen Baudenk-
mälern waren rund 400 vollständig zerstört, 450
schwer beschädigt. Von Warschau als Kultur- und
Wirtschaftszentrum, vom »Paris des Ostens«, war
nichts übriggeblieben.

Ob die Zerstörung deutscher Städte im Luftkrieg
eine militärisch sinnvolle Maßnahme gewesen ist,

darüber läßt sich streiten, nicht aber darüber, daß es sich um eine kriegerische gehandelt hat. Hingegen wurde mit der Zerstörung Warschaus kein militärischer Zweck verfolgt.

In summa: sechs Millionen Tote; 38 Prozent des Volksvermögens waren vernichtet. Durch die mit dem Hitler-Stalin-Pakt eingeleitete »Westverschiebung« verlor Polen 200 000 Quadratkilometer seines Staatsgebietes im Osten und gewann 1945 durch die Potsdamer Beschlüsse im Westen 102 800 Quadratkilometer. Gegenüber dem Vorkriegsstand ist Polen demnach an Bodenfläche um rund 100 000 Quadratkilometer kleiner, wirtschaftlich jedoch stärker geworden.

»Verwaltete Gebiete«

Als die deutschen Eroberer im Winter 1941 bis Moskau vorgedrungen waren und am Stadtrand jenen Punkt erreicht hatten, der später und für immer durch eine museale Panzersperre aus verschweißten Schienen gekennzeichnet wurde, führte der damalige englische Außenminister Eden mit Stalin im Kreml Verhandlungen über die hinfort gemeinsame Kriegführung gegen die Achsenmächte. Die Herren konnten den Lärm der Geschütze hören, während sie sich an demselben Tisch gegenübersaßen, an dem im August 1939 Molotow einen Vertrag mit eben jener Macht unterzeichnet hatte, der es vermutlich gelungen wäre, die sowjetische Hauptstadt einzunehmen, hätte Sommerwetter geherrscht statt jener dreißig Grad Kälte, die nicht nur die deutschen Truppen lähmte und dezimierte – die für einen Winterfeldzug nicht ausgerüstet waren –, sondern auch die meisten Maschinengewehre und viele Panzer ausfallen ließ. Gleichwohl entsprach die militärische Lage, in der sich Moskau im Dezember 1941 befand, in etwa jener Berlins im Februar 1945. Nichts hätte Eden für selbstverständlicher halten können, als einen Stalin vor sich zu haben, der um das Schicksal der Hauptstadt bangte.

Der georgische Autokrat verbreitete sich statt dessen über Probleme, wie sie nach dem Sieg entstehen würden. Mit besonderem Nachdruck hob er sein Interesse an einer für die Sowjetunion günstigen Vereinbarung über Polen hervor, das unter gar keinen Umständen noch einmal zum Aufmarschgebiet deutscher Armeen werden dürfe. Mit anderen Worten: Zwar hatte der Gesprächspartner gewechselt, statt Ribbentrop nun Eden, aber das Zentrum, um das sowjetische Zukunftsvorstellungen kreisten, war dasselbe geblieben: Polen.

In dem erwähnten Buch über *Die Vertreibung der Deutschen aus dem Osten* finden sich Sätze wie diese: *Die radikalste Bevölkerungsumsetzung der modernen Geschichte, die schon begann, noch ehe die Waffen schwiegen, ist in den politischen Verhandlungen während des Krieges zumeist eine Frage zweiten Ranges gewesen. Insbesondere die Umsiedlung der Deutschen ist von den Führungsmächten der Anti-Hitler-Koalition allenfalls als unvermeidlicher Folgeschaden von Großmachtentscheidungen betrachtet worden, den die deutschen Friedensstörer im übrigen ihrem fehlgeschlagenen Versuch zuzuschreiben hatten, dem Kontinent ein rassistisches Hegemonialkonzept aufzuzwingen.*[179]

Diese Stelle verdient es, unter die Lupe genommen zu werden. Aus dem Holocaust ist ein »rassistisches Hegemonialkonzept« geworden – also ein »Konzept« Auschwitz! Die allerverräterischsten Wörtchen in dieser Geschichtsklitterung sind: »im übrigen«. Sie besagen, die Schuld an der »Vertreibung der Deutschen aus dem Osten« sei nur teilweise und unter anderem deutsche Schuld, müsse aber auch als »unvermeidlicher Folgeschaden« der Entscheidungen der Großmächte angesehen werden.

In dieser aktuellen Stellungnahme zur »Vertreibung« wird zudem gesagt, die Alliierten hätten die Frage der Regelung des Problems Polen während des Krieges als eine »Frage zweiten Ranges« behandelt. Diese vielfach geäußerte, dennoch unhaltbare Meinung erlaubt die Schlußfolgerung, diese Regelung sei eine schlampige Improvisation gewesen! Mögen auch die Amerikaner nicht von vornherein in der Wiederherstellung eines lebensfähigen Polen ein zentrales Nachkriegsproblem gesehen haben (hingegen in einer Vierteilung des Reiches!), so trifft das bereits für die Engländer nicht zu, die sich vor allem von ihrer Garantieerklärung für Polen veranlaßt gesehen hatten, dem Reich den Krieg zu erklären. Schlicht unsinnig aber wird die These, wenn sie auch die Sowjetunion einbezieht, für die Polen sogar in jenem Augenblick ein Nachkriegsproblem allererster Ordnung war, als die Moskauer aus oberen Wohnblocketagen den Feind mit bloßem Auge sehen konnten. Man liest zwar in dem erwähnten Buch, Stalin habe nie einen Zweifel daran gelassen, daß er an der mit Hitler ausgehandelten Ostgrenze Polens auch festhalten wolle, nachdem aus dem Verbündeten auf Zeit und Widerruf der Feind geworden war, aber das hebt die grundfalsche Behauptung nicht auf, die Polenfrage sei in den »politischen Verhandlungen während des Krieges zumeist zweiten Ranges gewesen«.

Die in London etablierte polnische Exilregierung unter General Sikorski wurde im April 1943 das Ziel massiver sowjetischer Angriffe und Verleumdungen, als sie nach der Aufdeckung der Ermordung Tausender polnischer Offiziere im Wald von Katyn bei Smolensk sich der deutschen Behauptung anschloß, es handle sich um ein sowjetisches Verbrechen. Obschon sehr rasch alle Zweifel an der Wahrheit dieser Feststellung ausgeräumt wurden, liegt bis heute aus der Sowjetunion und aus den anderen Ostblockstaaten ein klares Bekenntnis zu der Untat nicht vor. Die Inschrift eines jüngst in Warschau gewissermaßen bei Nacht und Nebel aufgestellten Gedenksteins an Katyn drückt sich ebenfalls um die historische Wahrheit herum; und dabei wird es bleiben, bis ein erlösendes Wort aus Moskau kommt. Obwohl es bei der Generalabrechnung mit Stalins Verbrechen, die Chruschtschow auf dem XX. Parteitag wagen mußte, weil ein weiteres Verschweigen die ganze Union selbst mit Gewaltmitteln unregierbar gemacht hätte, nicht mehr darauf angekommen wäre, auch Katyn zu nennen, geschah das nicht, damals nicht und bis heute nicht, weil Moskau die Wirkung auf die Polen fürchtete und fürchtet. Daß diese psychologische Milchmädchenrechnung, die Polen würden Katyn einfach vergessen, nicht aufgehen kann, scheint in der sowjetischen Führung bisher niemand begriffen zu haben, jedenfalls niemand, der die Macht gehabt hätte, den Fehler zu korrigieren.

Damals, im Frühjahr 1943, reagierte Stalin auf den Katyn-Vorwurf der Exilregierung mit Schaum vor dem Mund. Er brach die diplomatischen Beziehungen zu ihr ab und schrieb an Churchill am 21. April und an Roosevelt am 29. April 1943 wütende Briefe, in denen er den Abbruch zu rechtfertigen versuchte. Sie stehen am Anfang einer dunklen Episode: General Sikorski wollte den Bruch heilen und zu diesem Zweck nach Moskau fliegen. Seine Maschine stürzte unterwegs ab, der General überlebte den Unfall nicht, sofern es ein Unfall war. Die Exilregierung bekam mit Mikołajczyk einen neuen Ministerpräsidenten. Der zeigte in seiner Antrittsrede ein hohes Maß von Konzilianz gegenüber jeglichen politischen Richtungen im Lager der Exilpolen, machte aber in Richtung Moskau keinerlei konstruktive Vorschläge.

Hier begann organisatorisch die Aufspaltung in der polnischen Emigration in den bereits bestehenden, in London etablierten Flügel, der kein kommunistisches Nachkriegspolen wollte, und einen »Bund polnischer Patrioten in der Sowjetunion«, der sich jetzt in Moskau formierte und der die Erlaubnis – und die nötigen Waffen – erhielt, eine Division »Tadeusz Kościuszko« aufzustellen, die mit den Sowjets gegen die Deutschen kämpfte.

Die Alliierten hatten es von nun an mit den Repräsentanten einer prowestlichen und einer prosowjetischen polnischen Emigrationsgruppe zu tun, und schon allein deshalb kam das Polenproblem in den diplomatischen Verhandlungen bis Potsdam nicht mehr vom Verhandlungstisch.

Als die »Großen Drei« sich zum erstenmal zusammensetzten, in Teheran zwischen dem 28. November und dem 1. Dezember 1943, kam der amerikanische

Präsident bereits in seiner Eröffnungsrede auf Polen zu sprechen. Er stellte sich, als gäbe es nur die polnische Exilregierung in London, was formal zutraf, und sagte, es sei für die Koalition wichtig, daß Moskau die Beziehungen zu ihr wiederaufnehme. Stalin fuhr ihm sofort in die Parade mit der Frage, mit welcher polnischen Regierung er denn verhandeln solle, und ließ keinen Zweifel daran, daß es die Londoner nicht sein könne, die mit den Deutschen Kontakte unterhielt.

Churchill ging auf diesen Vorwurf nicht ein, gab aber zu erkennen, daß ihm alles daran gelegen sei, Stalin nicht zu verärgern. Er war es, nicht Stalin, der das Problem einer sicheren russischen Westgrenze als erster ansprach und sich dabei erinnerte, Stalin habe einmal die Oder als Westgrenze Polens erwähnt.

Wenn Stalin von der Oder als neuer polnischer Westgrenze sprach und ihm der englische Premier und der amerikanische Präsident vorbehaltlos zustimmten, so bedeutete das automatisch, daß alle drei auch darin übereinstimmten, die zwischen Stalin und Hitler ausgehandelte Demarkationslinie als künftige Ostgrenze Polens anzuerkennen. Es stand ja nicht zur Debatte, das Polen von 1921 um rund 100 000 Quadratkilometer zu vergrößern, sondern ihm im Westen wertvollsten Ersatz für die von der Sowjetunion besetzten polnischen Ostgebiete zu bieten (aus denen Stalin 1939/40 anderthalb Millionen Polen ausgesiedelt hatte).

Stalin hatte sich im Juli 1941, unter dem Eindruck der deutschen Invasion, äußerst widerwillig bereit gefunden, den polnischen Repräsentanten im Londoner Exil das Zugeständnis zu machen, die sowjetisch-deutschen Verträge von 1939 bezüglich der territorialen Veränderungen in Polen hätten ihre Geltung verloren. Aber schon in der erwähnten Zusammenkunft mit Eden im Dezember hatte er erkennen lassen, daß er gar nicht daran denke, auf die alte polnisch-russische Grenze zurückzugehen.

Im Laufe des Jahres 1942 hatte er den Polen gegenüber die Katze mehrfach aus dem Sack gelassen und sie wissen lassen, sie fänden seine volle Unterstützung bei allen gegen Deutschland gerichteten Gebietsansprüchen. Damit wollte er sie dafür gewinnen, die Beschneidung ihres Staatsgebiets im Osten hinzunehmen. Wenn Churchill die Oder als Westgrenze in Teheran schon bei der Eröffnung der Verhandlungen nannte, so hat er sich dabei auf diese inoffiziellen Kontakte zwischen der sowjetischen Führung und den Exilpolen bezogen. Mit äußerster Beharrlichkeit versuchte Moskau, den nationalpolnischen Widerstand gegen eine Gebietskompensation aufzuweichen, über dessen Härte Stalin sich keine Illusionen machen konnte, nachdem ihm schon Sikorski zu verstehen gegeben hatte, die Exilregierung betrachte die Grenzen Polens als unverletzlich und er, Sikorski, weigere sich, mit Stalin über Grenzfragen zu diskutieren: Es ginge nicht nur um die Sache, es ginge auch um das Prinzip.

Durchaus nicht alle Polen teilten diesen Standpunkt. Es gab schon 1941 Polen, die gegen ein von der Sowjetunion beschütztes Polen nichts einzuwenden hatten, weil sie selbst Kommunisten waren, und die sehr wohl die enormen Vorteile erkannten, die ein polnisches Schlesien und ein polnisches Breslau für die Wirtschaftskraft des Staates bedeuten würden. Ein polnischer Journalist veröffentlichte in einer Exilzeitung am 4. Oktober 1942 einen Grundsatzartikel über die Beziehung des künftigen polnischen Staates zur Sowjetunion. Er führte darin aus, ein polnischer Politiker, der die Westverschiebung des Staates durchzusetzen vermöge, müsse das Format Peters des Großen haben, denn die Polen seien keine Realisten. Ihre Historiker hätten aus der vaterländischen Geschichte eine ungenießbare dicke Brühe gemacht. Wie leicht es Polen auch falle, ein gefühlvolles Herz zu zeigen, so wenig seien sie in der Lage, politisch zu denken. Von der dicken Brühe ließe sich auch hinsichtlich heutiger westdeutscher Polenpublizistik sprechen, sofern sie in der Entscheidung Polens für das Bündnis mit der Sowjetunion nichts anderes sieht als das Ergebnis brutaler Machtanwendung und überdies Stalin zum Alleinverantwortlichen für die Verlagerung Polens nach Westen macht.

In Teheran wurde sie von den westlichen Alliierten in die Verhandlung eingeführt. In seinen Memoiren schreibt Churchill: *Die Versammlung zerfiel in Gruppen und studierte eingehend die Oderlinie. Anschließend erklärte ich, daß mir das Projekt gefalle und ich den Polen klarmachen würde* [Churchill meint natürlich die Londoner Exilregierung, Anm. d. Verf.], *sie wären töricht, nicht darauf einzugehen. Ich würde sie auch daran erinnern, daß sie ohne die Rote Armee dem völligen Untergang anheimgefallen wären. Es sei ihnen ein schönes Gebiet in einer Länge von über 500 Kilometern nach jeder Richtung als Heimstätte zugewiesen.*

Polen werde, meinte Stalin, in der Tat ein großer Industriestaat werden.

Und ein mit Rußland befreundeter, fügte ich hinzu.

Stalin entgegnete, Rußland wünsche ein freundschaftlich gesinntes Polen.

Laut Protokoll sagte ich dann mit einigem Nachdruck zu Eden, daß mir weder die Abtretung dieser deutschen Gebiete an Polen noch die Abtretung Lembergs [an die Sowjetunion, Anm. d. Verf.] *das Herz brechen würde.*

[...]

Mich zu Marschall Stalin wendend, meinte ich, grundsätzlich seien wir nicht weit auseinander. Roosevelt fragte Stalin, ob eine Bevölkerungsumsiedlung auf freiwilliger Basis im Bereich der Möglichkeit liege. Stalin meinte, das werde vermutlich gehen.[180]

Bei so viel Übereinstimmung, in welchen Grenzen

das künftige Polen liegen solle, hätten die Großen Drei in die Landkarten, die ohnehin vor ihnen lagen, diese Grenzen noch in Teheran eintragen können; das Ergebnis hätte sich nur minimal von jenem unterschieden, das eineinhalb Jahre später in Potsdam festgeschrieben worden ist. Aber so einfach machten es sich die Siegermächte nicht. In der Schlußdeklaration von Teheran kommt Polen nicht vor. Es ist ein Dokument, das von Pathos trieft: *Wir sind uns der hohen Verantwortung voll bewußt, die auf uns und allen Vereinten Nationen liegt, einen Frieden zu schließen, der die Zustimmung der unterdrückten Volksmassen der Erde findet und der die Geißel und die Schrecken des Krieges für viele Generationen bannt.*[181]

Als die Vorausabteilungen der Roten Armee jene Grenze Polens kämpfend überschritten, die zwischen 1921 und 1939 die Westgrenze der Sowjetunion gebildet hatte, erklärte die Londoner Exilregierung am 5. Januar 1944 erneut, sie sei nicht bereit, die Demarkationslinie, wie sie im Hitler-Stalin-Pakt von 1939 festgelegt worden war, als Polens künftige Ostgrenze anzuerkennen; vielmehr bestehe sie darauf, daß die alte Grenze wieder gültig sei. Das zwischen dieser und der Demarkationslinie liegende Territorium sei ein Teil Polens.

Von diesen 200 000 Quadratkilometern hatte Stalin in Teheran gesagt, sie seien auch vor 1939 weißrussisches und ukrainisches Gebiet gewesen und die Vereinbarung mit Hitler habe nichts anderes bewirkt als die Rückgabe ethnisch zu Rußland gehörender Provinzen, deren Einverleibung in den polnischen Staat 1921 ein Willkürakt der damaligen Siegermächte gewesen sei. Die Westgrenze Polens erwähnte diese Erklärung verständlicherweise nicht. Von ihr war die Rote Armee noch um etliche hundert Kilometer und fast ein Jahr entfernt. In London aber lag die Exilregierung nun auch mit der englischen im Streit über die Westverschiebung, für die sich Churchill nach wie vor so stark machte, wie er es in Teheran getan hatte. Sein Standpunkt in dieser Frage entbehrte der politischen Konsequenz, weil er es doch gewesen war, der am frühesten begriffen hatte, daß dieser Zweite Weltkrieg die von ihm mit äußerstem Mißtrauen betrachtete Chance für die Sowjetunion sei, ihr Einflußgebiet weit nach Westen auszudehnen. Dennoch verlange eben die militärische Situation, das Bündnis mit dem ungeliebten Partner zu hegen und zu pflegen, der als einziger der Alliierten wirklich mit einem Opfermut ohnegleichen kämpfte.

Noch war es nicht soweit, ihm zuliebe die Londoner Exilregierung fallenzulassen, aber schon war unmißverständlich klar, daß sie auf Biegen und Brechen dazu veranlaßt werden mußte, sich mit der Demarkationslinie von 1939 als endgültiger polnischer Ostgrenze abzufinden. Ganz gelang es nie bis zur Potsdamer Konferenz. Wären die von den westlichen Alliierten ausgehaltenen Exilpolen die einzigen Sprecher für ein wiedererstehendes Polen geblieben, so wären freilich auch sie von jeder Vernunft verlassen gewesen, falls sie sich weiterhin der Westverschiebung widersetzt hätten. Der Probe auf ihren Realitätssinn brauchten sie sich indes nicht zu unterziehen, denn ihr politischer Einfluß schmolz mit jedem Quadratkilometer dahin, von dem die Rote Armee die Deutschen aus Polen hinauswarf. Ab Juli 1944 gab es außer der Londoner Exilregierung eine prosowjetische zweite, das aus dem »Bund polnischer Patrioten« unter Moskaus Patronat hervorgegangene »Polnische Komitee der Nationalen Befreiung«, nach seinem Sitz das »Lubliner Komitee« genannt. Am 31. Dezember 1944 proklamierte es sich als provisorische polnische Regierung und zog Anfang Januar 1945 nach Warschau um, behielt aber noch bis zur Installierung einer endgültigen Regierung den ursprünglichen Namen. Es veröffentlichte am 22. Juli 1944 ein Manifest, dessen erste Sätze eine klare Aussage zugunsten der Sowjetunion als künftiger Schutzmacht sind: *Die polnische Armee hat gemeinsam mit der Roten Armee den Bug überschritten. Der polnische Soldat kämpft auf unserer Heimaterde. Über dem gequälten Polen wehen wieder die weiß-roten Fahnen.*

Das polnische Volk grüßt den Soldaten der Volksarmee zusammen mit dem Soldaten der Polnischen Armee in der UdSSR. Ein gemeinsamer Feind, ein gemeinsamer Kampf und gemeinsame Banner.

[...]

Die Emigranten-»Regierung« in London und ihre Vertretung im Lande ist ein usurpatorisches illegales Regime, das sich auf die rechtswidrige faschistische Verfassung vom April 1935 stützt.

Die Verfasser dieses Manifestes, die einen Nationalrat als vorläufiges Parlament schufen, figurieren aus westdeutscher Sicht als »Marionettenregierung«[182], während der Londoner Emigrantenklüngel, der einzig und allein unter englischem Patronat über Jahre »Regierung« spielen konnte, als die von keiner ausländischen Macht abhängige, urpolnische, legitime Volksrepräsentanz durchgeht.

Als das Lubliner Manifest vorlag, wurde an der »Zweiten Front« in Frankreich gekämpft, und Eisenhower konnte sich sagen, daß er notfalls auch ohne die Sowjets den Krieg siegreich beenden werde. Diese grundsätzliche Veränderung der militärischen Lage gegenüber 1943 bewirkte jedoch – und das verdient hervorgehoben zu werden, um an den entscheidenden Anteil der westlichen Alliierten an der angeblich von den Sowjets diktierten Nachkriegsregelung zu erinnern – keine Änderung in der ab Teheran proklamierten Haltung des englischen Premiers und des amerikanischen Präsidenten in der polnischen Frage. Im Gegenteil, in einer großen Rede vor dem Unterhaus verbreitete sich Churchill am 15. Dezember 1944, also noch vor der Konferenz von Jalta, über die Zukunft Polens auf eine Weise, daß man glauben konnte, einen Agenten des Lubliner Komitees vor sich zu haben. Er versprach den Polen den Himmel auf Erden, weil es *im Norden ganz Ostpreußen, westlich und südlich der Festung Königsberg, gewinnt, einschließlich der großen Stadt Danzig mit ihrem Hafen – eine der schönsten Städte und einer der schönsten Häfen in der Welt* [Ende 1944 allerdings eine Trümmerwüste, Anm. d. Verf.] –, *die seit Jahrhunderten als großer Sammelplatz des Handels an der Ostsee und sogar in der Welt bekannt sind. Alles das wird Polen gehören.* [...][183]

Stimmen wurden laut, sowohl seitens der noch immer formal existierenden polnischen Regierung in London wie auch im englischen Parlament selbst (sie verstummten auch nach der Potsdamer Konferenz nicht), die sich kritisch zu der Westverschiebung Polens äußerten und der Befürchtung Ausdruck gaben, dieses Polen in neuen Grenzen werde von zwei mächtigen Feinden bedroht sein: von Deutschland und von der Sowjetunion. Daß die Sowjetunion dieses bis zur Oder reichende Polen wollte, nur dieses, und die Nachkriegspläne der Sieger sich noch intensiver als mit der polnischen Frage mit der Zerschlagung des Deutschen Reiches beschäftigten – kurz, die sich bereits abzeichnende Realität Europas nach dem Krieg ging in diese tendenziöse Argumentation nicht ein, infolgedessen blieb sie folgenlos.

Die polnische Zukunft war praktisch schon seit Teheran entschieden, wenn auch noch nicht kodifiziert. Das geschah auch noch nicht, als sich die »Großen Drei« zum zweiten Mal während des Krieges trafen, diesmal auf der Krim. Diese Konferenz begann am 4. Februar 1945. Neun Tage zuvor hatten sowjetische Einheiten Auschwitz erreicht. Die politischen Führer und ihre Stäbe, die sich in Jalta zusammensetzten, verfügten über brandneue Informationen über die Praxis der »Endlösung«, von der sie zwar gewußt hatten und von der sie längst viel mehr hätten wissen können, wäre es ihnen darum zu tun gewesen. Nun aber lagen die Aufnahmen sowjetischer Kriegsreporter aus Auschwitz und Birkenau vor ihnen und ganze Konvolute mit Häftlingsberichten, die nicht mehr als Gerüchte abgetan werden konnten. Außerdem hatten Roosevelt und Churchill Eindrücke von den Zerstörungen auf der Krim gewinnen können, von denen ihnen die Russen sagten, sie seien, verglichen mit den Zerstörungen in der Ukraine, geringfügig. Es kam ferner hinzu, daß die sowjetischen Truppen in 18 Tagen 500 Kilometer in Richtung Berlin zurückgelegt hatten und nun auf dem Ostufer der Oder bei Küstrin standen, wo sie auf Stalins Befehl eine sinnlose, seinen Generälen unbegreifliche Pause einlegen mußten.

Unter solchen Voraussetzungen sollte am zweiten Konferenztag vor allem über Deutschland gesprochen werden, aber es erwies sich immer wieder, daß über die Zerstückelung des Reiches keine konkreten Beschlüsse gefaßt werden konnten, solange nicht geklärt war, was die Polen bekommen sollten. In einem erst 1947 von Washington veröffentlichten Absatz der Abmachungen von Jalta heißt es nur allgemein, die drei Mächte würden in Ausübung ihrer Oberhoheit, die ihnen durch die bedingungslose Kapitulation des Reiches zugefallen sei, alle Schritte, einschließlich der völligen Entwaffnung, Entmilitarisierung und Aufteilung Deutschlands unternehmen, die für den zukünftigen Frieden und die Sicherheit erforderlich erscheinen. Man vertagte sich bis nach der Kapitulation.

Die Lubliner Regierung brauchte die Potsdamer Konferenz nicht abzuwarten, um sicher sein zu können, daß sie für die Gebietsverluste im Osten mit Gebietsgewinnen im Westen bis zur Oder hin entschädigt werden würde – zu eindeutig war die Übereinstimmung der drei Siegermächte in diesem wichtigen Punkt zum Ausdruck gekommen. Der Präsident der Lubliner Regierung, Bolesław Bierut, gab noch während der Konferenz von Jalta am 5. Februar 1945 bekannt, Polen werde unverzüglich mit der Eingliederung ehemals deutscher Territorien beginnen. Nachdem er am 27. Februar den Bericht Churchills über Jalta gehört hatte, den dieser dem Unterhaus erstattete, durfte er sich sagen, er habe nicht voreilig gehandelt. Der englische Premier fand viele Gründe, welche nicht nur in seinen Augen die polnische Kompensation rechtfertigen; am ausführlichsten ging er in seiner Motivationsanalyse auf die deutsche Polenpolitik und die »Endlösung« ein: *Nicht nur Polen als Staat und Nation, sondern auch die Polen selbst als Volk waren von Hitler dazu verurteilt, vernichtet oder in den Sklavenstand versetzt zu werden. Dreieinhalb Millionen polnischer Juden sollen hingemordet worden sein. Es steht fest, daß eine ungeheure Anzahl durch einen der entsetzlichsten Akte der Grausamkeit umgekommen sind, wahrscheinlich den entsetzlichsten Akt der Grausamkeit, der jemals die Geschichte der Menschheit auf Erden verdunkelt hat.*

[...]

Wenn ich den russischen Anspruch auf die Curzon-Linie unterstütze [das ist in etwa die Demarkationslinie von 1939, Anm. d. Verf.], *weise ich mit Entschiedenheit jede Unterstellung zurück, daß wir einen fragwürdigen Kompromiß schließen oder der Gewalt oder Furcht nachgeben; und ich versichere, daß ich völlig von der Gerechtigkeit der Politik überzeugt bin, zu der sich alle drei großen Verbündeten jetzt entschlossen haben.*

[...]

Tatsächlich ist der Teil, der östlich der Curzon-Linie liegen wird [und also seit September 1939 weiterhin zur UdSSR gehören wird, Anm. d. Verf.], *keinesfalls nach seiner Größe zu bewerten. Er schließt das ungeheure öde Gebiet der Pripjetsümpfe ein, das Polen zwischen den beiden Kriegen gehörte. Es tauscht dafür das weit fruchtbarere und höher ent-*

wickelte Land im Westen ein, das ein sehr großer Teil
der deutschen Bevölkerung bereits verlassen hat. Wir
brauchen nicht zu befürchten, daß es für Polen zu
schwer sein wird, diese neuen Linien zu halten, oder
daß dadurch eine neue deutsche Revanche hervorge-
rufen oder, um eine übliche Wendung zu gebrauchen,
die Saat künftiger Kriege ausgestreut wird. Wir beab-
sichtigen sehr viel drastischere und wirkungsvollere
Schritte zu unternehmen, als nach dem letzten Krieg,
weil wir heute viel mehr von diesem Geschäft verstehen, um jede Angriffsaktion Deutschlands auf Generationen hinaus völlig unmöglich zu machen.[184]

Die Stellungnahme Roosevelts zu Jalta, die er vor
dem Kongreß am 1. März abgab, unterschied sich in
ihrer Euphorie nicht von der Churchills: *Ein hervorra-*
gendes Beispiel gemeinsamen Vorgehens der drei gro-
ßen Alliierten war die Lösung, die in bezug auf Polen
erreicht wurde. Die gesamte polnische Frage war ein
potentieller Unruheherd im Nachkriegseuropa [Roo-
sevelt meint das Europa nach dem Ersten Weltkrieg,
der Zweite wird noch ausgekämpft, Anm. d. Verf.],
und wir kamen zu der Konferenz mit der festen
Absicht, eine gemeinsame Grundlage für ihre Lösung
zu finden. Das ist uns gelungen – obwohl wir natür-
lich wissen, daß nicht jeder unserer Meinung ist.
Unser Ziel war es, bei der Schaffung einer starken,
unabhängigen und glücklichen Nation zu helfen. An
diese Worte müssen wir uns immer erinnern, die Ruß-
land, Großbritannien und ich gemeinsam festgelegt
hatten. Das Ziel war, Polen zu einer starken, unab-
hängigen und glücklichen Nation zu machen mit
einer Regierung, die das polnische Volk selbst wählen
soll.
[...]
Die Westgrenze [Polens] *wird endgültig bei der Frie-*
denskonferenz festgelegt werden. I m g r o ß e n u n d
g a n z e n w i r d s i e d e m n e u e n, s t a r k e n
P o l e n e i n g a n z e s S t ü c k v o n d e m g e b e n,

w a s j e t z t D e u t s c h l a n d h e i ß t. [Hervorhebung d. d. Verf.][185]

Derartige Ausführungen zur Polenfrage waren noch ganz in Stalins Sinn. Unmittelbar nach Beendigung der Kriegshandlungen kippte nicht Roosevelts, wohl aber Churchills Einschätzung der sowjetischen Politik drastisch um. In einem am 12. Mai 1945 an Roosevelt abgesandten Telegramm sagte er, die Lage in Europa beunruhige ihn zutiefst. Er listet plötzlich Punkt um Punkt auf, was ihm an Stalins Vorgehen mißfalle, und prägte hier den Begriff vom Eisernen Vorhang, der vor der sowjetischen Front, das will sagen: vor den von der sowjetischen Armee eingenommenen westlichsten Positionen, niedergegangen sei. Dieses Telegramm kündigte einen Sinneswandel gegenüber jenem Bündnispartner an, ohne den die Deutschen ohne Einsatz der Atombombe über dem Reichsgebiet nicht hätten geschlagen werden können. Aber noch zerschellte die Kriegskoalition nicht, denn die Ernte mußte noch eingebracht werden.

Am 5. Juni unterschrieben die Siegermächte ein Papier, mit dem sie die Aufteilung des Reiches in vier Besatzungszonen festlegten – den Franzosen wurde nun auch gnädig ein Stück von dem Kuchen überlassen; mit diesem Programm gingen die Alliierten in die Potsdamer Konferenz, die am 17. Juli im ehemaligen Landschloß des deutschen Kronprinzen, Cecilienhof, begann.

Roosevelt erlebte sie nicht mehr, die Vereinigten Staaten wurden jetzt von Truman geführt und auf der Konferenz vertreten. Ihm war nichts fremder als der Idealismus des Mannes, dessen Macht ihm zugefallen war. Auch sonst gab es gegenüber Teheran und Jalta starke klimatische Veränderungen. Churchill war seltsam still; flotte Sprüche, wie sie in Teheran von ihm zu hören gewesen waren, zum Beispiel, daß ihm das, was den Deutschen schade, nicht das Herz brechen würde, lagen ihm jetzt fern, ohne daß er aufgehört hätte, in den Deutschen eine verbrecherische Nation zu sehen. Ihm blieben nur ein paar Tage, in Cecilienhof mitzumischen. In Großbritannien fanden allgemeine Wahlen statt, und mit einem für Deutsche geradezu unvorstellbaren politischen Fingerspitzengefühl stellte die Mehrheit dem Mann, dessen Anteil am Sieg riesig war, den Stuhl vor die Tür: Jetzt war Frieden, ein Diktator Churchill überflüssig. Mit Attlee als Premier und seinem Außenminister Bevin nahmen nach Truman zwei weitere neue Männer am runden Tisch Platz, die in Teheran und Jalta nicht dabeigewesen waren und die Last des Krieges nicht in verantwortlicher Stellung hatten mittragen müssen.

Im Zusammenhang mit unserer Thematik braucht uns nur zu interessieren, wie die prinzipiell beschlossene Abtretung deutscher Ostgebiete an Polen ihren Niederschlag in der schriftlichen Vereinbarung gefunden hat, wobei aber doch der Hinweis nicht unterlassen sei, daß die Konferenz das große Problem ganz vorwiegend aus polnischer Sicht aufgerollt hat, nicht aus deutscher, unerachtet sie sich wiederholt mit der Frage beschäftigte, was eigentlich mit jenen Deutschen geschehen solle, die aus den abzutretenden Gebieten zu verschwinden hätten, und wie viele es eigentlich seien.

Über den Dissens zwischen der Behauptung Stalins, alle Deutschen seien bereits geflohen, und der sicheren Überzeugung Churchills, dem sei nicht so (Truman wußte von Europa soviel wie von Uganda, nämlich nichts), scheiterte um ein Haar die Konferenz an der polnischen Frage. Der Vorschlag wurde gemacht, sie einer späteren Außenministerkonferenz zu überlassen. Doch dann siegte die Einsicht, daß man vor noch viel unlösbareren Problemen stünde, falls diese, wie anzunehmen, gleichfalls zu keiner Einigung gelangen würde.

An diesem Zahlenspiel hat sich in künftigen Jahrzehnten immer wieder die antipolnische Polemik in

312

der BRD festgebissen. Alles spricht dafür, daß im Hochsommer 1945 noch etwa fünf Millionen Deutsche auf dem nunmehr polnischen Territorium vorhanden waren. Das heißt, wenn Stalin mit seiner Behauptung, alle Deutschen seien schon fort, derart untertrieb, daß man ihn glatter Lüge zeihen kann, so gilt spiegelbildlich das gleiche hinsichtlich der maßlos übertriebenen, sich bei zwölf Millionen Vertriebenen (ohne Flüchtlinge) bewegenden Angaben, deren sich die nationalistischen, antipolnischen Kreise in der BRD bedienen.

Kein Zweifel, daß allen Beteiligten, auch den Polen, das Problem des Bevölkerungstransfers zu schaffen machte, den Polen besonders, denn sie hatten es außer mit der Ausweisung auch noch mit einer eigenen Völkerwanderung zu tun. Die 1,5 Millionen Polen, die Stalin 1939/40 ins Innere Rußlands ausgesiedelt hatte, waren in die neuen polnischen Westgebiete zu bringen, reichten aber nicht aus, das Vakuum zu füllen, so daß auch aus Zentralpolen aus- und umgesiedelt werden mußte. Wie der von den Deutschen ruinierte Staat mit diesen Problemen in ein paar Jahren fertig geworden ist, verdient ebensoviel Bewunderung wie die Integrierung der Flüchtlinge und Vertriebenen in die Gebiete, die von Deutschland übriggeblieben waren.

Während die Potsdamer Konferenz tagte, war die Bevölkerungsbewegung bereits voll in Gang gekommen bzw. mit Zwangsmitteln in Gang gesetzt worden. Wir aber haben uns jenen Teil des Potsdamer Abkommens vom 2. August 1945 zuzuwenden, der eine völkerrechtliche Festschreibung der Westgrenze Polens durch die Signatarmächte darstellt: *In Übereinstimmung mit dem bei der Krimkonferenz erzielten Abkommen haben die Häupter der drei Regierungen die Meinung der Polnischen Provisorischen Regierung der Nationalen Einheit hinsichtlich des Territoriums im Norden und Westen geprüft, das*

Polen erhalten soll. [...] *Die Häupter der drei Regierungen bekräftigen ihre Auffassung, daß die endgültige Festlegung der Westgrenze Polens bis zu der Friedenskonferenz zurückgestellt werden soll.*

Die Häupter der drei Regierungen stimmen darin überein, daß bis zur endgültigen Festlegung der Westgrenze Polens die früheren deutschen Gebiete [folgt eine detaillierte Beschreibung, um welche Gebiete es sich handelt, Anm. d. Verf.] *unter die Verwaltung des polnischen Staates kommen und in dieser Hinsicht nicht als Teil der sowjetischen Besatzungszone in Deutschland betrachtet werden sollen.*

[...]

Die drei Regierungen haben die Frage unter allen Gesichtspunkten beraten und erkennen an, daß die Überführung der deutschen Bevölkerung oder Bestandteile derselben, die in Polen, Tschechoslowakei und Ungarn zurückgeblieben sind, nach Deutschland durchgeführt werden muß. Sie stimmen damit überein, daß jede derartige Überführung, die stattfinden wird, in ordnungsgemäßer und humaner Weise erfolgen soll.[186]

Der Ausdruck »verwaltete Gebiete« ist demnach keine deutsche Erfindung. Er ist aus den einschlägigen Stellen im Potsdamer Abkommen ohne Wenn und Aber herzuleiten. Für den Beweis, daß es sich somit um eine provisorische, im Friedensvertrag wieder rückgängig zu machende Maßnahme handelt; wie für den Gegenbeweis, *daß territoriale Veränderungen zugunsten der Sowjetunion und Polens* [...] *trotz ihres vorläufigen Charakters die Richtlinien für die Friedenssregelung in einer Weise bestimmen, daß es schwierig wäre, sie wieder umzustoßen* haben in allen unmittelbar und mittelbar vom Potsdamer Abkommen betroffenen Ländern Hunderte von Kommentatoren und Politiker, je nach ihrer Interessenlage, sich geäußert. Mit jenen muß um des Friedens und der Wohlfahrt der Deutschen willen die Auseinandersetzung ohne Wenn und Aber geführt werden, die unterstellen, die Führer der Signatarmächte seien tatsächlich davon ausgegangen, in absehbarer Zeit würden aus Wrocław und Gdańsk wieder die deutschen Städte Breslau und Danzig. In Potsdam sind hinsichtlich Polens Fakten geschaffen worden, die so unveränderlich sind, wie überhaupt etwas im geschichtlichen Ablauf als unveränderlich angesehen werden kann. Hier seien nur einige Stellungnahmen zitiert, die schon sehr frühzeitig die Endgültigkeit der Grenzziehung betonen. Das folgende Zitat ist in einer Erklärung Roosevelts an die polnische Adresse vom 17. November 1944 enthalten: *Wenn die polnische Regierung und das Volk im Zusammenhang mit den neuen Grenzen des polnischen Staates* [demnach lange vor Potsdam ausgehandelt, Anm. d. Verf.] *eine Überführung nationaler Minderheiten in das Territorium Polens oder aus diesem hinaus wünscht, wird die Regierung der Vereinigten Staaten keine Einwände erheben und so weit wie durchführbar eine solche Überführung erleichtern.*[187]

Und noch einmal Roosevelt vor dem Kongreß am 1. März 1945: *Die Westgrenze [...] wird dem neuen starken Polen ein ganzes Stück von dem geben, was jetzt Deutschland heißt. Wir kamen ferner überein, daß das neue Polen eine breite und lange Küste und viele neue Häfen haben wird; ferner, daß Ostpreußen – der größte Teil davon – an Polen fällt. Eine Ecke fällt an Rußland; schließlich – wie soll ich es nennen – diese Anomalie der Freien Stadt Danzig – ich denke, Danzig wäre viel besser, wenn es polnisch wäre.*
[...]
Ich bin überzeugt, daß unter den gegenwärtigen Umständen diese Abmachung über Polen die hoffnungsvollste Abmachung ist, die für einen freien, unabhängigen und glücklichen polnischen Staat möglich ist.[188]
Die kritische Beurteilung der einschlägigen Formu-

lierungen im Potsdamer Abkommen hat sich seit eh und je mit den Worten beschäftigt, die in der deutschen Fassung lauten: »unter die Verwaltung des polnischen Staates«, in der englischen: »under the administration of the Polish State«. Wenn damit eine Art Besatzungsrecht der Polen gemeint gewesen wäre auf Zeit und Widerruf, so hätten die Signatarmächte definiert, was sie unter »administration« bzw. »Verwaltung« verstanden haben wollten, das heißt, sie hätten die praktische Durchführung eines solchen Rechtes eingeschränkt. Davon war aber weder in der Theorie noch in der Praxis je die Rede. Vielmehr ist dem polnischen Staat ohne Widerspruch von irgendeiner der alliierten Mächte erlaubt worden, seine Rechtsordnung und Staatsorganisation bis in jede Einzelheit hinein auf die Westgebiete auszudehnen. Wäre es nicht der Sinn dieser Grenzregelung gewesen, dem polnischen Staat die volle Autorität einzuräumen, so hätte der Ausdruck: »the former German territories«, »die ehemaligen deutschen Gebiete«, nicht verwendet werden dürfen.

Es trifft jedoch zu, daß im Nachtarock zu Potsdam keine bündige Erklärung dafür zu finden ist, warum die drei Mächte sich bei der territorialen Regelung des neuen polnischen Staates nicht ebenso klar ausgedrückt haben wie bezüglich der Errichtung der Besatzungszonen. Das auf der Konferenz vorgebrachte Argument, endgültige Grenzveränderungen könnten nur in einem Friedensvertrag festgelegt werden (während die Besatzungszonen als Provisorien anzusehen waren), ist eine politisch ganz unzureichende Begründung. Es ist anzunehmen, daß Truman und Churchill bzw. Attlee und ihren Beratern klar war, daß die Regelung des Polenproblems sehr kritisch beurteilt werden würde und daß sie sich die Hintertür offen lassen wollten, um sagen zu können: Wir haben nichts Endgültiges beschlossen. Wenn dem so war, handelten sie nicht mit der Zuweisung der Ostgebiete an Polen verantwortungslos, sondern mit der formalen Zwielichtigkeit ihrer staatsrechtlichen Qualität. Sie hätten sich nachträglich, als erkennbar geworden war, daß ein Friedensvertrag auf den Sankt-Nimmerleins-Tag verschoben war, zusammensetzen und erklären können: Was sich aus Potsdam für Polen real ergeben hat, ist als endgültig anzusehen, denn da war das Kriegsbündnis längst zerbrochen. Das hat jedoch die weltweite Überzeugung nicht durchlöchert, daß es ein Deutsches Reich in den Grenzen von 1937 nicht mehr geben dürfe. Daß wir beiden Großmächten als Hilfswillige ihrer Sicherheitsmaßnahmen willkommen waren, widerspricht dieser Feststellung nicht, sondern bestätigt sie.

Wer darauf beharrt, die Siegermächte seien tatsächlich von der Vorstellung ausgegangen, es könne der Tag kommen, an dem die Polen die »verwalteten Gebiete« wieder aufgrund eines Friedensvertrages (Mit wem? Mit den zwei neuen deutschen Staaten?) zu räumen hätten und die Deutschen zurückkehren dürften, dem ist mit dem Vertragstext allein nicht beizukommen. Er muß sich nachsagen lassen, daß er eine dubiose Rechtslage gegen die Wirklichkeit ausspielt. Vierzig Jahre später mit dem Ausdruck »verwaltete Gebiete« seitens Westdeutschlands noch das Ergebnis des Zweiten Weltkriegs in Frage stellen zu wollen, unterscheidet sich in seiner gefährlichen Verblendung in nichts von Hitlers Wort: Wir gewinnen den Krieg, weil wir den Krieg gewinnen müssen.

Anhang

Anmerkungen

Wie im Vorwort erwähnt, wurden viele der Dokumente, aus denen hier zitiert worden ist, Anfang der
sechziger Jahre in Polen (Warschau, Krakau, Auschwitz) gesammelt. Damals befanden sich Teile des in
die Hände der Polen gefallenen Materials noch in
einem wenig geordneten Zustand. Der großen Hilfsbereitschaft des polnischen Generalanklägers, Professor Jan Sehn, hatten wir es zu verdanken, auch den
Inhalt von Kisten sichten zu dürfen, die zuvor noch
niemand geöffnet hatte. Die Auswahl, die wir für
unser damaliges Projekt getroffen hatten, erfolgte u. a.
nach der unbezweifelbaren Echtheit der Dokumente.

Wenn in den folgenden Quellenangaben zwischen
»Fotokopie« und »Abschrift« unterschieden werden
muß, so ist der Grund dafür, daß die technischen
Möglichkeiten, an Ort und Stelle Kopien herzustellen
(weiße Schrift auf schwarzem Grund), noch mangelhaft waren, so daß teilweise auf Abschriften ausgewichen werden mußte, die seinerzeit von meiner Mitarbeiterin buchstabengetreu erstellt worden sind.
Soweit die Vorlagen bereits Kopien bzw. Abschriften
waren, trugen sie den Beglaubigungsstempel und die
Unterschrift von Professor Sehn.

25 Jahre später muß angenommen werden, daß viele
der Dokumente, die seinerzeit nur in Polen vorhanden waren, mittlerweile den Weg auch in westdeutsche Archive gefunden haben – die meisten vermutlich in das Archiv des Münchner Instituts für Zeitgeschichte, das dem Polenproblem immer besondere
Aufmerksamkeit geschenkt hat. Für das vorliegende
Buch wurden die seinerzeit gesammelten Dokumente
ausgewertet.

Alle Zitate, für deren Authentizität sich der Verfasser
verbürgt, sind im Druck durch *kursive Schrift* kennt-
lich gemacht. Wenn aus bereits publizierten Quellen

zitiert wird, so werden diese nur einmal vollständig erwähnt; wird die Quelle wiederholt angeführt, so wird sie nachfolgend nur mit dem Namen des Verfassers bzw. Herausgebers genannt. Dem Buch einen »Apparat« mitzugeben, der strengen Maßstäben einer wissenschaftlichen Publikation standhielte, lag nicht in der Absicht des Verfassers, dem es mehr um Aufklärung als um die akribische Bestandsaufnahme historischer Sachverhalte gegangen ist.

1 Hermann Ahlwardt *Der Verzweiflungskampf der arischen Völker mit dem Judentum.* Berlin 1890, S. 239 f.
2 William W. Hagen *Germans, Poles and Jews. The Nationality Conflict in the Prussian East 1772–1914.* Chicago, London o. J., S. 124. Zitate sind aus dem Englischen rückübersetzt.
3 Ebd., S. 125.
4 Ebd., S. 132.
5 Ebd., S. 179.
6 Houston Stewart Chamberlain *Briefwechsel mit Kaiser Wilhelm II.* 1928.
7 Hagen, a.a.O., S. 190 f.
8 Hermann Rauschning *Gespräche mit Hitler.* Nachkriegsausgabe: Zürich, New York 1950, S. 136 (vom selben Verfasser: *Die Revolution des Nihilismus.* Zürich, New York 1938).
9a Ebd., S. 113.
9b Max Domarus *Hitler. Reden und Proklamationen 1932–1945.* Würzburg 1962, Bd. 1, S. 802.
10 Dokumente 2357-PS und 029-TC aus dem ersten Nürnberger Prozeß.
11 Aus den Archiven der Polnischen Kommunistischen Partei (KPP), zitiert bei Rudi Goguel *Polen, Deutschland und die Oder-Neiße-Grenze.* Hg. v. Deutschen Institut für Zeitgeschichte in Verbindung mit der Deutsch-Polnischen Historiker-Kommission. Berlin (Ost) 1959, S. 51.
12 Aus einem Gelbbuch der franz. Regierung, deutsche Ausgabe: Basel 1940, S. 150; zitiert bei Goguel, a.a.O., S. 50.
13 Dok. 416-EC, zitiert nach: *Der Nürnberger Prozeß.* Berlin (Ost), 4. Aufl. 1960, Bd. II, S. 59.
14 Goguel, a.a.O., S. 109.
15 Im Nürnberger Prozeß als Dokument 137-C vorgelegt; hier zitiert nach: Goguel, a.a.O., S. 57.
16 Im Nürnberger Prozeß als Dokument 100-R vorgelegt; hier zitiert nach: Goguel, a.a.O., S. 64.

17 *Der Prozeß gegen die Hauptkriegsverbrecher vor dem Internationalen Militärgerichtshof.* Nürnberg 1947 (im folgenden: *IMT*, Bd. XXIV, S. 338 ff., Dok. 798-PS.

18 Ebd., Bd. XXVI, S. 523 f., Dok. 1014-PS.

19 Zitiert nach: Jörg Friedrich *Die kalte Amnestie. NS-Täter in der Bundesrepublik.* Frankfurt a. M. 1984, S. 62.

20 Im sog. »Kleinen Schmundt-Bericht« über eine Besprechung mit der Generalität in der Reichskanzlei, in: *IMT*, a.a.O., Dok. 079-L (23. 5. 1939).

21 *IMT*, a.a.O., Dok. 1014-PS.

22 Ebd., Bd. XXXI, S. 90 ff., Dok. 275L-PS.

23 Das Material wurde von der Zachodnia Agencja Prasowa, Warschau, 1958 publiziert; vgl. a. Goguel, a.a.O., S. 113 f.

24 Domarus, a. a. O., Bd. 2, S. 1255.

25 Ebd., S. 1313.

26 Aus einer Anordnung des Wehrwirtschaftsstabes des OKW vom 25. 8. 1939; in: *Hitlers Weisungen für die Kriegführung 1939–1945.* Hg. v. Walther Hubatsch. München 1965, S. 28.

27 Ebd., S. 19.

28 Ebd., S. 30.

29 Gerhard Schoenberner (Hg.) *Wir haben es gesehen. Augenzeugenberichte über Terror und Judenverfolgung im Dritten Reich.* Hamburg 1962, S. 84 f.

30 Reinhard Henkys *Die nationalsozialistischen Gewaltverbrechen. Geschichte und Gericht.* Stuttgart, Berlin 1964, S. 82.

31 Der Bericht der nicht genannten Engländerin ist bei Goguel, a.a.O., S. 117 f., zitiert nach *The German Fifth Column in Poland*, S. 50 ff.

32 *IMT*, a.a.O., Bd. VII, S. 242 f. (ohne Dok.-Nr.).

33 *Kriegstagebuch des Oberkommandos der Wehrmacht (Wehrmachtsführungsstab) 1940–1945.* 5 Bde. und 2 Nachtr. Geführt von Helmuth Greiner und Percy Ernst Schramm. Im Auftrag des Arbeitskreises für Wehrforschung, Stuttgart, hg. v. Percy Ernst Schramm. In Zusammenarbeit mit Andreas Hillgruber, Walther Hubatsch, Hans-Adolf Jacobsen. Frankfurt a. M. 1961–1964. Bd. 1, S. 45 E, dort Verweis auf: *Vierteljahreshefte für Zeitgeschichte*, München 1963, S. 196 ff.

34 Martin Broszat, *Nationalsozialistische Polenpolitik 1939–1945.* Stuttgart 1961, S. 14.

35 Domarus, a.a.O., Bd. I, S. 52, dort zitiert nach: A. Zoller *Hitler privat.* Düsseldorf 1949, S. 29.

36 Domarus, a.a.O., Bd. II, S. 1377.

37 Ebd., S. 1398.

38 *Kriegstagebuch*, a.a.O., Bd. I, S. 55 E.

39 Eine minutiöse Darstellung einiger dieser Verbrechen mit

Nennung der Opfer, der Zeugen, der Örtlichkeiten findet sich u. a. in: Janusz Gumkowski, Kazimierz Leszczynski, *L'occupation hitlérienne en Pologne*. Warschau 1961, S. 52 ff., mit zahlreichen weithin unbekannten Fotos und Reproduktionen deutscher Dokumente.

40 Broszat, a.a.O., S. 29. Zu allen Details des Konflikts zwischen Wehrmacht und den ersten Instanzen einer von Improvisation zu Improvisation fortschreitenden Zivilverwaltung vgl. S. 26 ff.

41 *Hitlers Weisungen*, a.a.O., S. 34.

42 Broszat, a.a.O., S. 30.

43 Ebd., S. 31.

44 Fotokopie d. Originalausfertigung i. Archiv d. Verf.

45 Der Text des Abkommens ist vielfach publiziert; hier zitiert nach: Walther Hofer (Hg.) *Der Nationalsozialismus. Dokumente 1933–1945.* Frankfurt a. M. 1957, S. 234.

46 Rauschning, a.a.O., S. 223 (zu dieser Quelle vgl. die Fußnoten S. 34 f.).

47 Vorgelegt im ersten Nürnberger Prozeß, Dok. USSR 172, ferner *Documenta Occupationis teutonicae*. Poznań, Instytut Zachodni, 1958, Bd. VI, S. 31–35, hier zitiert nach Goguel, a.a.O., S. 144 ff.

48 Alle auf den »Generalplan Ost« bezüglichen Zitate nach: Goguel, a.a.O., S. 147–154.

49 *Hitlers Weisungen*, a.a.O., S. 213.

50 Goguel, a.a.O., S. 139 ff., dort zitiert nach: *Documenta Occupationis*, a.a.O., Bd. V, S. 14 ff.

51 *IMT*, a.a.O., Dok. 864-PS.

52 Fotokopie d. Originals i. Archiv d. Verf.

53 Fotokopie d. Originalausfertigung i. Archiv d. Verf.

54 Goguel, a.a.O., S. 142 f., dort zitiert nach: *Vierteljahreshefte für Zeitgeschichte*. München 1957, H. 2, S. 196 ff.

55 Das Dokument, dessen erste Blätter mit der Datumsangabe fehlen, entstammt dem Archiv des persönlichen Stabes des Reichsführers SS. Fotokopie d. Originals i. Archiv d. Verf.

Auf zahlreichen Dokumenten, die durch Himmlers persönlichen Stab gelaufen sind, findet sich der Name des SS-Generals Karl Wolff, im Führerhauptquartier, auch von Hitler selbst, »Wölfchen« genannt. Er leitete diesen Stab, war Himmlers Vertrauter und wollte nach 1945 dennoch nichts von der »Endlösung« gewußt haben.

56 *Diensttagebuch des deutschen Generalgouverneurs in Polen 1939–1945.* Hg. v. Werner Präg und Wolfgang Jacobmeyer. Stuttgart 1975, S. 209–220. Der 1. Absatz zitiert nach *Kriegstagebuch*, a.a.O., Bd. 1, S. 46 E.

57 *Meldungen aus dem Reich. Die geheimen Lageberichte des Sicherheitsdienstes der SS aus dem Reichssicherheits-*

hauptamt 1938–1944. Hg. v. Heinz Boberach, 16 Bde., Herrsching 1984.

58 Friedrich, a.a.O., S. 65.

59 *IMT*, a.a.O., Dok. USSR-172.

60 Hingewiesen sei auf: Martin Gilbert *Auschwitz und die Alliierten.* München 1982; David S. Wyman *Das unerwünschte Volk. Amerika und die Vernichtung der europäischen Juden.* Ismaning bei München 1986.

61 *Faschismus–Getto–Massenmord.* Berlin (Ost) 1960, S. 68. Dort ist auch die entsprechende Verordnung faksimiliert, datiert: »Lodsch, 14. 11. 1939«.

62 Ebd., S. 83 ff.

63 Schreiben Himmlers an Uebelhör vom 18. 10. 1941, zitiert nach: Raul Hilberg *Die Vernichtung der europäischen Juden. Die Gesamtgeschichte des Holocaust.* Berlin 1982, S. 155.

64 Die Rechnung ist faksimiliert wiedergegeben in: *Faschismus*, a.a.O., S. 282.

65 Dok. 1443 in den Eichmann-Prozeßakten.

66 *Diensttagebuch*, a.a.O., S. 457 f., vom 16. 12. 1941.

67 *Faschismus*, a.a.O., S. 88 f.

68 *Baedekers Generalgouvernement.* Leipzig 1943, S. 10 und S. IV.

69 Fotografie d. handschriftlichen Originals i. Archiv d. Verf.

70 *Faschismus*, a.a.O., S. 246, Dok. 185 (außerdem Nürnb.-Dok. PS 710).

71 Broszat, a.a.O., S. 165. Broszat zitiert aus dem Brief eines Mitarbeiters Globocniks, des SS-Hauptsturmführers Hellmut Müller, an den Chef des Rasse- und Siedlungshauptamtes der SS. Müller entwickelt darin in aller Breite das phantastische Programm des Polizeiführers.

72 Broszat, a.a.O., S. 165.

73 Fotokopie d. Originals i. Archiv d. Verf.

74 *Diensttagebuch*, a.a.O., S. 856.

75 Abschrift d. Originals i. Archiv d. Verf. Die Übereinstimmung der Abschrift mit dem Original ist auf diesem wie auf allen aus Warschau bzw. Auschwitz stammenden Dokumenten mit Stempel und Unterschrift des polnischen Generalanklägers Professor Sehn bestätigt.

76 Fotokopie d. Originals i. Archiv d. Verf.

77 Fotokopie d. beglaubigten Abschrift i. Archiv d. Verf.

78 Beglaubigte Fotokopie d. Originals i. Archiv d. Verf., Absendender: RSHA, IV B 4 (= Abteilung Eichmann) in Berlin.

79 Dok. 288 der Eichmann-Prozeßakten.

80 Fotokopie d. undatierten Originals i. Archiv d. Verf.; Punkt 3 läßt den Schluß zu, daß das Dokument aus dem Winter 1942 stammt.

81 *Diensttagebuch*, a.a.O., S. 603f.
82 Diemut Majer »*Fremdvölkische*« *im Dritten Reich. Ein Beitrag zur nationalsozialistischen Rechtssetzung und Rechtspraxis in Verwaltung und Justiz unter besonderer Berücksichtigung der eingegliederten Ostgebiete und des Generalgouvernements*. Boppard am Rhein 1981 (Schriften des Bundesarchivs Bd. 28), S. 420 (FN), dort zitiert nach: H. von Rosen und von Hoevel *Das Polenstatut*. 1942, S. 109ff.
83 Ebd., S. 431.
84 Das von Globocnik unterzeichnete, undatierte, nach dem Inhalt vermutlich im Februar angefertigte Dokument mit dem Titel: »Feststellungen, die sich aus der Umsiedlung ergeben« befindet sich in Fotokopie d. beglaubigten Abschrift i. Archiv d. Verf.
85 Baedeker, a.a.O., S. XXIX.
86 *Das Tagebuch des Dawid Rubinowicz*. Berlin (Ost) 1961 (*Pamiętnik Dawida Rubinowicza*. Warschau: Książka i Wiedza 1960). Hinter jedem Zitat ist in Klammer die entsprechende Seitenzahl der deutschen Ausgabe vermerkt.
87 Heinz Höhne *Der Orden unter dem Totenkopf. Die Geschichte der SS*. Sonderausgabe: München 1976, S. 433.
88 Hofer, a.a.O., S. 300f.
89 Fotokopie d. Originals, Eingangsstempel des Reichsfinanzministeriums: 12. Oktober 1938, i. Archiv d. Verf.
90 *Der Nürnberger Prozeß*, a.a.O., S. 223f.
91 Höhne, a.a.O., S. 432.
92 *Der Nürnberger Prozeß*, a.a.O., S. 222.
93 Das großartige Werk von Raul Hilberg, a.a.O., bildet auch hierin die Ausnahme mit dem Schlußkapitel »Folgen« (S. 710–803).
94 Aussage Höß in seinem Prozeß, beglaubigte Protokollabschrift i. Archiv d. Verf.
95 Ebd.
96 Fotokopie d. Originals i. Archiv d. Verf.
97 Fotokopie d. Originals i. Archiv d. Verf.
98 Fotokopie d. Originals, datiert Berlin im März 1943, i. Archiv d. Verf.
99 »Die Wirtschaftsunternehmen der Schutzstaffel«, Stand vom 30. September 1943, 6 Blatt, Fotokopie d. Originals i. Archiv d. Verf.
100 Abschrift d. Originals i. Archiv d. Verf.
101 Fotokopien d. Originale, von Globocnik unterschrieben, i. Archiv d. Verf.
102 Abschrift d. Originals i. Archiv d. Verf.
103 Abschrift d. Originals i. Archiv d. Verf.
104 Fotokopie d. Abschrift von 1943 i. Archiv d. Verf.
105 Fotokopie d. Originals i. Archiv d. Verf.

106 Fotokopie d. Originals, Tgb.-Nr. 892/42 geh., vom 8. 10. 1942 i. Archiv d. Verf.

107 Abschrift aus d. Pohl-Prozeßprotokoll, Dok. PS 4045, i. Archiv d. Verf.

108 Zitiert bei Léon Poliakov, Josef Wulf *Das Dritte Reich und die Juden*. 2. Aufl., 1955 (Nachdruck: München 1978), S. 35f.

109 Vorgelegt im Prozeß gegen Gerhard Maurer, der in der Amtsgruppe D des WVHA (Konzentrationslager) für die Zuweisung von Arbeitskräften zuständig war (im folgenden: Maurer-Prozeß), Abschrift aus d. Prozeßakten, Bd. II, S. 263, i. Archiv d. Verf.

110 Ebd., Bd. I, S. 27.

111 Der Bericht wurde im Krupp-Prozeß vorgelegt und findet sich in den Prozeßakten, Bd. 100, S. 152–155, Dok. NIK 12621. Hier zitiert nach: Goguel, a.a.O., S. 186.

112 Maurer-Prozeß, a.a.O., Bd. IV, S. 223, der Brief ist beim Reichsführer am 20. 5. 1942 eingegangen und unter Tgb.-Nr. AR/22/4/42 mit dem Zusatz »an RF« eingetragen worden.

113 Ebd., Bd. II, S. 60.

114 Friedrich, a.a.O., S. 105.

115 Poliakov/Wulf, a.a.O., S. 67.

116 Aussage des überlebenden Häftlings Rudolf Vitek am 3. 3. 1947 in Prag; beglaubigte Abschrift i. Archiv d. Verf.

117 Vgl. Hilberg, a.a.O., S. 628. Der Verfasser gibt eine umfassende Darstellung des Werkes Monowitz und der Innenstruktur des Konzerns auf den Seiten 622–632.

118 Fotokopie d. Originals i. Archiv d. Verf.

119 Hilberg, a.a.O., S. 739.

120 *Faschismus*, a.a.O., S. 301f.

121 Hofer, a.a.O., S. 298f.

122 Fotokopie d. Originals i. Archiv d. Verf.

123 Abschrift d. Originals, im Eichmann-Prozeß als Dokument 1220 vorgelegt, i. Archiv d. Verf.

124 Abschrift d. Originals i. Archiv d. Verf.

125 Fotokopie d. Originals i. Archiv d. Verf.

126 Maurer-Prozeß, a.a.O., Bd. X, S. 92; Abschrift i. Archiv d. Verf.

127 Fotokopie d. Originals i. Archiv d. Verf.

128 Abschrift d. Originals i. Archiv d. Verf.

129 Beglaubigte Fotokopie d. Originals i. Archiv d. Verf.

130 Maurer-Prozeß, a.a.O., Bd. VII, S. 181; Abschrift d. Originals i. Archiv d. Verf.

131 Die zitierten Lebensläufe liegen in Fotokopie vor. Desgleichen das Protokoll der Gerichtsverhandlung, die vor dem SS- und Polizeigericht XV, Zweigstelle Kattowitz, am 11. 8. 1944 gegen F. W. stattgefunden hat.

132 *Hefte von Auschwitz.* Museum Auschwitz, Heft 4, 1961, S. 110.
133 Zitiert aus einer 23 Blatt umfassenden, undatierten grundsätzlichen Lagerordnung, abgezeichnet von einem SS-Hauptscharführer Jung; beglaubigte Fotokopie i. Archiv d. Verf.
134 *Hefte von Auschwitz*, a.a.O., Heft 4, S. 67.
135 Fritz Bauer *Die Wurzeln faschistischen und nationalsozialistischen Handelns*, Frankfurt a. M. 1965, S. 26.
136 Aussage des Schriftstellers Jehoszua Perle von Ende 1942, zitiert in *Faschismus*, a.a.O., S. 313 f.
137 Aussage Höß in seinem Prozeß; beglaubigte Protokollabschrift i. Archiv d. Verf. Vgl. a. Rudolf Höß *Kommandant in Auschwitz. Autobiographische Aufzeichnungen.* München 1963, S. 182 f. (mit geringfügigen Textabweichungen).
138 Die beglaubigte Übersetzung des Protokolls der Aussagen Dubiels (sieben engbeschriebene maschinenschriftliche Seiten) i. Archiv d. Verf.
139 Aus der Rede Himmlers auf der SS-Gruppenführertagung in Posen am 4. 10. 1943; hier zitiert nach *Documenty i Materialy z czasów okupacji niemieckiej w Polsce. Łódź 1946.*
140 Abschrift d. Originals i. Archiv d. Verf.
141 Das Gutachten von Dr. Seraphim befindet sich als maschinenschriftlicher Durchschlag d. Originals i. Archiv d. Verf.
142 Abschrift d. Originals i. Archiv d. Verf.
143 Beglaubigte Abschrift d. Originals i. Archiv d. Verf.
144 Jan Sehn *Konzentrationslager Oświęcim-Brzezinka. Auschwitz-Birkenau.* Warschau 1957, S. 7.
145 Gilbert, a.a.O., S. 60.
146 Hilberg, a.a.O., S. 653.
147 Gilbert, a.a.O., S. 400; vgl. a. Wyman, a.a.O.
148 Sehn, a.a.O., S. 7.
149 Aussage von Simon Umschweif in Wien (Häftlings-Nr. 85075) vor dem Internationalen Auschwitz-Komitee, Datum nicht erkennbar (1947?); Fotokopie des Protokolls im Archiv d. Verf.
Umschweif verdankte seine eigene Rettung der Widerstandsbewegung, die ihn beim relativ ungefährlichen »Kommando an der Rampe« unterbrachte, wo er mit der Entleerung und Säuberung der Transportwaggons beschäftigt war.
150 Leon Weliczker »Die Todesbrigade«, in: Rachela Auerbach (Hg.) *Im Feuer vergangen. Tagebücher aus dem Ghetto.* Mit einem Vorwort von Arnold Zweig. Berlin 1960; hier zitiert nach dem Abdruck in: Schoenberner, a.a.O., S. 355–366.

151 *Faschismus*, a.a.O., S. 478, dort zitiert aus der jiddischen Untergrundzeitschrift *Der Ruf* Nr. 1 vom 15. 5. 1942.

152 Ebd., S. 495.

153 Ebd., S. 506.

154 Chaim (Hayim) Frimer »In Würde sterben. Beginn des Warschauer Ghettoaufstands«, in: Schoenberner, a.a.O., S. 332f.; Schoenberner zitiert Frimer nach Aaron Meirovitch (Hg.) *With the Rebels of the Warsaw Ghetto (Extermination and Resistance. Historical Records and Source Material.* Vol. I Ghetto Fighter House, Kibbutz Lohamei Haghettaot, Israel 1958). Ferner sei hingewiesen auf: Ziwia Lubetkin *Die letzten Tage des Warschauer Ghettos.* Berlin–Potsdam 1949, und auf eine zusammenfassende Darstellung: Bernhard Mark *Der Aufstand im Warschauer Ghetto.* Berlin (Ost) 1959.

155 Ziwia Lubetkin »Flucht aus dem Feuer. Ende des Warschauer Ghettoaufstandes«, zitiert nach: Schoenberner, a.a.O., S. 342ff.

156 *Es gibt keinen jüdischen Wohnbezirk in Warschau mehr. Stroop Bericht.* Darmstadt 1976.

157 *Faschismus*, a.a.O., S. 514.

158 Fotokopie d. Originals i. Archiv d. Verf.

159 Fotokopie d. Originals i. Archiv d. Verf.

160 Fotokopie d. Originals i. Archiv d. Verf.

161 *Faschismus*, a.a.O., S. 514.

162 Fotokopie d. beglaubigten Abschrift i. Archiv d. Verf.

163 Beglaubigte Abschrift (außer von Pohl durch einen SS-Brigadeführer und Generalmajor der Waffen-SS [Unterschrift unleserlich] abgezeichnet) i. Archiv d. Verf.

164 Von der Abschrift d. Originals i. Archiv d. Verf. fehlen die Seiten 1 und 2.

165 Hilberg, a.a.O., S. 711.

166 Beglaubigte Abschrift d. Originals i. Archiv d. Verf.

167 Martin Gilbert *Endlösung. Die Vertreibung und Vernichtung der Juden. Ein Atlas.* Reinbek bei Hamburg 1982, Karte 224.

168 Wladislaw Bartoszewski *Erich von dem Bach.* Warschau 1961 (frz. Ausgabe: Ders. *Crimes de guerre en Pologne. Erich von dem Bach.* Warschau 1961), S. 34.

169 *Diensttagebuch,* a.a.O., S. 732.

170 Ebd., S. 898.

171 Fotokopie d. Originals i. Archiv d. Verf.

172 Fotokopie d. Originals i. Archiv d. Verf.

173 Fotokopie d. Originals i. Archiv d. Verf.

174 Zitiert nach: Wolfgang Benz (Hg.) *Die Vertreibung der Deutschen aus dem Osten. Ursachen, Ereignisse, Folgen.* Frankfurt a. M. 1985, S. 96f.

175 Abschrift einer Aufzeichnung, die am 3. Februar 1945 in

Auschwitz von einem Häftling geschrieben wurde, i. Archiv d. Verf.

176 Abschrift d. Berichts von Dr. Max Benjamin, Amsterdam, i. Archiv d. Verf.

177 Benz, a.a.O.

178 FS Nr. 5760/44 im Archiv der Hauptkommission zur Untersuchung der Hitlerverbrechen (Glowna Komisja Badania Zbrdni Hitlerwskich), Warschau.

179 Benz, a.a.O., S. 49.

180 Winston S. Churchill *Memoiren – Der Zweite Weltkrieg.* München 1948–1954, Bd. 5, Tl. 2: »Von Teheran bis Rom« (1952), S. 87 ff.

181 Zitiert nach: Goguel, a.a.O., S. 271.

182 Benz, a.a.O., S. 53.

183 *Parliamentary Debates, House of Commons, Official Report.* Bd. 406, S. 1480–1489.

184 Ebd., Bd. 408, S. 1275–1280.

185 *Congressional Record,* 79. Congress. I. Session, Bd. 91, S. 2, S. 1621–1622.

186 *Amtsblatt des Kontrollrates in Deutschland 1945.* Ergänzungsheft Nr. 1.

187 Goguel, a.a.O., S. 311, dort zitiert nach: *Die Konferenzen von Malta und Jalta.* Düsseldorf 1957, S. 194 f.

188 *Congressional Record,* a.a.O., Bd. 9, Teil 2, S. 1621 f., zitiert nach Goguel, a.a.O., S. 343.

Register

Abs, Hermann Josef 54
»Abtretungsgebiete« 32
Achsenmächte 297
Adenauer, Konrad 23, 69, 118
Afrika 268
Agnetendorf 286
Ägypten 97
»Aktion Reinhard« 191 f,
  194 ff, 214, 288
Allach b. München 190
Alldeutscher Verband 21
Allenstein 287
Alliierte 252, 289, 298, 300,
  303, 305 f, 310 f, 316
Ambros, Otto 206, 210 f
American Jewish Conference
  (AJCf) 278
Annaberg 28
Antifaschistischer Block 260
Anti-Hitler-Koalition 298
Antikominternpakt 45
Antisemitismus 13 f, 21, 277
Anton Leibl GmbH 190
Apollinaris-Betriebe, Bad
  Neuenahr 189
Arabien 97
»Armia Krajowa« (Armee im
  Lande) 281 ff
Atlantikwall 48
Attlee, Clement Richard 312,
  316
Attolico, Bernardo 52
Auerswald, Rudolf von 15
Auschwitz (s. a. Birkenau) 10,
  13, 110, 121, 127–133, 136,
  142, 149 f, 182 f, 185 f, 188,
  197, 199, 200, 204–209,
  211 ff, 218–225, 228–236,
  238, 245, 247, 249–253, 255,
  276, 279, 288–291, 298,
  307 f, 321
»Auschwitz-Lüge« 182

Babice 129
Bach, Johann Sebastian 59

Bach-Zelewski, Erich von
  dem 128, 280 ff, 295
Bad Aibling 287
Bad Neuenahr 189
Baedekers Generalgouverne-
  ment 130 ff, 158
Baer, Richard 289
Banken 54
Baranów 290
Bauer, Fritz 234
Bayer-Leverkusen 201, 206
Bayern 239, 287, 294
Bayreuth 21, 22, 35
Beck, Ludwig 30, 42, 46
Beckmann, Max 206
Beczkow 161
Beethoven, Ludwig van 59
Belgien 40, 174
Bełżec 121, 142, 288
Benjamin, Max 290 f
Berchtesgaden 184
Berlin 11, 16, 22, 27 ff, 31, 49,
  52, 59, 73 f, 90 f, 104, 114,
  123, 125, 129 f, 137, 146 f,
  149, 154, 188 f, 199, 215,
  223, 243, 297, 308
Bertha-Werk, Breslau 213
Bevin, Ernest 312
Białystok 139, 279
Bieliny 163, 167 f
Bielitz 226
Bierut, Bolesław 308
Birkenau (s. a. Ausch-
  witz) 129 f, 148, 151, 196,
  210, 230 f, 236, 238, 290, 308
Bismarck, Otto von 11,
  15–24, 29
Blaschke, SS-Oberführer 199
Blaskowitz, Johannes 69 f, 81
Blobel, Paul 255
Blomberg, Werner von 39
Bock, Fedor von 70
Bodzentyn 163, 167–173
Böhm 218

331

Böhmen 66
Bonnet, Georges 115
Bór-Komorowski, Tadeusz 281, 283
Bormann, Martin 74, 91, 129, 184, 275, 284, 286
Bosnien 143
Brasilien 151
Brauchitsch, Walther von 81 f
Breslau (Wrocław) 42, 128, 213, 286, 302, 315
Brockau 102
Bromberg (Bydgoszcz) 64 f
Broszkowicem Plawy 129
Brünn 189
Brunner, SS-Hauptsturmführer 219
Buchenwald 188, 221
Buchholz, Ernst 234
Budy 129, 134
Buetefisch 211
Bukarest 226
Bülow, Bernhard von 23 f
Buna-Werke s. I. G. Farbenindustrie
Bund der Landwirte 22
Bundeswehr 69
»Bund polnischer Patrioten [in der Sowjetunion]« 300, 305
Bürgerliches Gesetzbuch 145

Caprivi, Leo von 22
Chamberlain, Arthur Neville 41, 75, 80
Chamberlain, Houston Stewart 23
Chełmno s. Kulmhof
Chile 123
Chorzow 236
Chruschtschow, Nikita S. 299
Churchill, Winston Spencer 75, 109 f, 300–304, 306, 308–312, 316
Ciano, Galeazzo 52
Code Civil Napoleon 145
Curzon-Linie (s. a. Demarkationslinie) 309
Czatoryski-Museum 295

Czernowitz 226

Dachau 33, 184, 188, 221, 227 ff, 245
Daleszyce 164, 167
Dänemark 18
Dante Alighieri 132
Danzig (Gdańsk) 12, 27 ff, 34, 44–47, 50, 59, 73 f, 79 f, 101, 282, 293, 307, 315
»Danzig-Westpreußen« s. »Reichsgau Danzig-Westpreußen«
Demarkationslinie 12, 62, 72, 86, 125 f, 301, 304 f, 309
Demjansk 175
Deutsche Arbeitsfront (DAF) 201
Deutsche Ausrüstungswerke GmbH, Berlin 188
Deutsche Demokratische Republik (DDR) 292
Deutsche Erd- und Steinwerke GmbH 189
Deutsche Gesellschaft für Schädlingsbekämpfung (Degesch) 205
»Deutsche Häuser« 131
Deutsche Heilmittel GmbH 189
Deutsche Lebensmittel GmbH, Berlin 189
»Deutsche Ordnung« 76 f, 83, 103, 280
»Deutsche Volksliste« 145, 154 f
Deutscher Kulturbund 59
Deutscher Ritterorden 11 f, 15, 22, 94
Deutscher Volksbund 43
Deutsches Volkstum 76, 82, 101 f, 115, 128, 143 f, 243
Deutschnationale Volkspartei (DNVP) 21
Deutsch-sowjetisches Abkommen, zweites (s. a. Hitler-Stalin-Pakt) 86

332

Dirlewanger, Oskar 239, 282
Dobryszice 283
Drechsel, Hans 161
Dresden 137
Drohobycz 78
Drzymała, Michał 25
Dubiel, Stanisław 236 f
Duingen 225
Dürrfeld, Walter 210 f

Edelstein, Marek 263
Eden, Robert Anthony 297,
  301, 303
Ehrlich, Standartenführer 94
Eichmann, Adolf 83, 117, 121,
  224, 237 ff, 241, 276
Eichmann-Prozeß 121
Eicke, Theodor 184
»Eindeutschung« (s. a. »Germanisierung«) 14, 17, 93,
  97 f, 102 f, 108, 113, 118,
  128, 142, 144–148, 154 f,
  244
»Einigungskriege« 18
»Einsatzgruppen« 29, 62, 65 f,
  69, 126, 179, 181, 242, 256,
  293
Eisenhower, Dwight D. 306
Eisfeld, Walter 209 f
Elsaß-Lothringen 12
»Endlösung« (s. a. Massenmord) 7, 10, 13 ff, 33, 38, 47,
  56, 67 f, 83, 88, 92 f, 110,
  115, 124, 127, 132, 139 f,
  179, 183, 200, 204, 206,
  215 ff, 237, 239 f, 249, 251,
  278 f, 307, 309
England s. Großbritannien
»Entjudung« (s. a. »Endlösung«) 237
Erholungsheime für naturgemäße Heil- und Lebens-
  weise 190
Erster Weltkrieg 11, 20, 22,
  24, 26, 29 f, 54, 59, 138, 184,
  310
Essen 202, 213
Essen-Printop 202

Fachinger-Mineralquelle 190
»Fall Weiß« 51, 60
»Feuerstättengesetz« 25
Finanziers 54
Fischer, Hermann 287
Foreign Office 250
Forst, Willy 134
Forster, Albert 74, 77, 79
Franco, Francisco 53
Frank, Anne 159
Frank, August 195
Frank, Hans 18, 29, 69, 74, 77,
  81–85, 91, 99, 103–106, 108,
  110, 112, 114 ff, 123, 132,
  139, 199, 251, 264, 268,
  270 ff, 274 f, 277, 284–287,
  294
Frankfurt a. M. 137, 231, 250
Frankfurter Allgemeine Zei-
  tung 239
Frankreich 11 f, 15, 33 f, 37 f,
  40 ff, 47, 53 f, 71, 75 f, 90,
  104, 106, 109, 115 f, 174,
  211, 218, 225, 268, 280, 306,
  311
Französisch-Nordafrika 268
Freimaurer 66
Freisler, Roland 39
»Fremdarbeiter« 202 f
»Fremdvölkische« 80, 83,
  86–90, 92, 94 f, 99, 102, 110,
  112, 125, 128, 151 f, 155, 243
Freud, Sigmund 34
»Freundeskreis des Reichsfüh-
  rers« 203
Frick, Wilhelm 81
Friedrich Wilhelm IV. 15
Frimer, Chaim 262
»Führerprinzip« 183
»Fünfte Kolonne« 43
Fünfte Teilung Polens 12, 71
Fürstengruben GmbH 207
Fuschl 44, 52

Galizien 16, 26, 86, 139
»Gastarbeiter« 112
Gaswagenaktion 121 ff
Geheime Staatspolizei (Gesta-

po) 58, 64, 215, 220, 256, 260

Geisteskranke 126

»Generalgouvernement« (s. a. *Baedekers Generalgouvernement*) 26, 62, 71, 79, 83, 85 f, 97–106, 114–117, 121, 123–127, 130 ff, 139 ff, 142 f, 148, 152 f, 159, 164, 189–192, 209, 237, 264–267, 269, 278 f, 281, 283–287

»Generalplan Ost« 29, 92–95, 97

Genf 32, 43

Georgien 297

»Germanisierung« (s. a. »Eindeutschung«) 17 ff, 93, 105, 293

Gesellschaft für das deutsche Buchwesen 189

Gesellschaft für Förderung und Pflege deutscher Kulturdenkmäler e. V. 190

»Gesetz zum Schutz des deutschen Blutes und der deutschen Ehre« (15. Sept. 1935) 89

Ghetto (s. a. Lemberger Ghetto, Łódźer Ghetto, Radower Ghetto, Theresienstadt, Warschauer Ghetto) 116–120, 125, 135 f, 161 f, 168, 177 f, 192, 198, 217, 247, 259, 261–264, 288

Gilbert, Martin 252

Gleiwitz 57 f

Globke, Hans 117 f

Globocnik, Odilo 140 ff, 144, 150, 152 f, 191, 193, 214, 239

Gnesen[-Posen] 17, 20

Goebbels, Joseph 74, 107, 112, 284

Goralen 270

Göring, Hermann 39, 64, 74, 77, 81, 112, 114, 139, 181, 239

Göttingen 242

Gräbe, Hermann Friedrich 176

Grafenberger, SS-Sturmabteilungsführer 218

Greiser, Arthur 29, 74, 77, 115

Griechenland 96, 174, 211

Grinberg, Zalman 278

Großbritannien 11, 31, 34, 37 f, 41, 48 ff, 53 f, 71, 74 ff, 109, 211, 251, 268, 297 f, 304, 306 f, 309 f, 312, 316

Großindustrie 54, 200, 211 ff, 239

Groß Rosen 221

Gut Dwory 209

Haager Landkriegsordnung 61

Haarlem 203

»Hakatisten« 21

Halder, Franz 53

Hamburg 234

Hansemann, Ferdinand von 21

Harmeze 129

Harriman, William Averell 31

Hauptmann, Gerhart 286

Haus- und Grundbesitz GmbH 189

Herches 257 f

Herff, Maximilian von 141

Herrenrassenideologie 13, 51, 54, 71, 86, 89, 125, 156, 214, 244

Heß, Rudolf 74, 81, 107

Hessen 234

Hetzer, Hildegard 102

Heydrich, Reinhard 56 f, 59, 66 f, 116, 119 f, 139, 143, 184, 191, 196, 224, 239

Himmler, Heinrich 18, 29, 49, 57, 67, 69, 74, 82 f, 85, 92 f, 101, 103, 112, 115 f, 120, 128 ff, 140–144, 152 ff, 164, 183 ff, 191, 198, 204, 207, 211 f, 214 f, 219 f, 224, 235 ff, 239, 241, 243, 245, 265 ff, 271, 275 f, 278, 280, 282, 288 f

Hindenburg, Paul von Beneckendorff u. von 54

»Historische Abteilung« (s. a. Widerstandsbewegung) 253 f
Hitler, Adolf 13 f, 18, 21, 26, 31, 33–42, 44, 46–56, 60 ff, 67 ff, 70–89, 91 ff, 97, 99, 110 f, 115 f, 140, 199–203, 206, 235, 239, 241, 246, 263 f, 268, 270, 272, 274 f, 277, 285, 288, 298 f, 301, 304, 309, 317
Hitler-Jugend 225
Hitler-Putsch 28
Hitler-Stalin-Pakt 12, 73, 296, 304
Hlbeka 283
Höfle, Hans 140 f
Hohberg 187 f
Hohenlinden 58
Hohensalza 64
Höhne, Heinz 180, 183
Hölderlin, Friedrich 234
Holland 90, 133 f, 138, 174, 203, 228, 255
Horn 287
Hornig, Nikolaus 242
Horthy, Miklós 276
Höß, Rudolf 128 f, 134, 182, 204, 213, 231, 235 ff, 239, 274
Huels 209
Hugenberg, Alfred 21
Hugo Schneider AG 169

I. G. Farbenindustrie 68, 132, 182, 197, 200, 203–208, 210–213, 289
I. G.-Farben-Prozeß 206, 211
Indien 97
Ingermanland 93
Institut für Zeitgeschichte, München 92, 321
Internationaler Gerichtshof 54, 56 f
Istrien 142, 191
Italien 11, 33, 41, 45, 51 f, 96, 268

»Januaraufstand« 16
Japan 45

Jodl, Alfred 267
Journée Internationale des Femmes 292
Juden 7, 14, 20, 33, 63, 65 f, 69 f, 86, 88 ff, 92 f, 95, 98 f, 101, 105, 110, 113–121, 123–129, 131, 133, 135, 137–140, 142, 150, 153, 158, 160–172, 177, 179 ff, 191–196, 198, 202, 204 f, 207, 211 f, 215–220, 229, 233, 235 ff, 247, 250 ff, 255, 259–262, 266 ff, 272, 276–280, 288–291, 309
Juden, Vernichtung d. s. »Endlösung«
Judenrat 164, 168, 171
Judenstern 117, 198
Judentransporte (s. a. Massendeportationen) 127, 140
Jüdische Kampforganisation 260 ff
Jüdische Partisanengruppen 278
Jugoslawien 96, 174, 211, 293
Jungblut, Lily 64
Jungdeutsche Partei 42 f, 59
Juszczyn 283

Kaduk, Oswald 231
Kaltenbrunner, Ernst 67, 112, 239
Kaminski, SS-Brigadeführer 282
Kammler, Heinz 185, 212, 239
Kapp-Putsch 28
Katholische Kirche 271
Kattowitz 59, 128, 132, 134, 206, 229, 252
Katyn 272, 299 f
Keesmann, C. S. 203
Keitel, Wilhelm 45, 81, 99
Kennemann, Hermann 21
Kennzeichnungspflicht 117
Keramische Werke Bohemia 190
Kessler, Harry 27
Kielce 158–162, 169, 172

Kiew 279
Kinna, Heinrich 149
Klinker-Zement GmbH 190
Koch, Erich 29, 91
Köln 137
Konferenz von Jalta 73,
  306–313
Konferenz von Potsdam 73
Konferenz von Teheran 73,
  300, 302–307, 311 f
Kongreßpolen 16, 24, 27, 80
Königreich Polen s. Kongreß-
  polen
Königsberg 307
Konzentrationslager (s. a. Ver-
  nichtungslager) 33, 67 f,
  103, 106, 127 f, 135, 137,
  153, 174, 178 f, 181 f,
  184–187, 191, 195, 197, 199,
  209, 211, 218–222, 225,
  227–231, 242, 247, 250, 266,
  272, 274, 278 f, 288
Koppe, Wilhelm 286
Korcak, Janusz (= Gold-
  schmidt) 235
»Korridor« 12, 29, 45, 47
Krajno 160, 169
Krakau 26, 69, 85, 112, 115,
  128, 131 f, 139, 148 f, 158,
  192, 194, 250 f, 253, 264,
  272, 274, 280, 286, 294, 321
Kranichfeld 190
Krauch, Carl 211
Kremer, Johann Paul 132–135
Kressendorf 209
»Kriegsschuldlüge« 11
Krim 308
Krim-Konferenz s. Konferenz
  von Jalta
Kroatien 280
Krosigk, Graf Schwerin
  von 39, 82
Krüger, Friedrich-Wil-
  helm 105, 152, 269
Krumey, SS-Obersturmbann-
  führer 146, 149
Krupp, Alfred 202
Krupp, Alfried 200 ff

Krupp, Bertha 201
Krupp von Bohlen und Hal-
  bach, Gustav 201 ff, 213
Küchler, Georg von 124 f
Kulm 20
Kulmhof (Chełmno) 121, 126,
  275
Kulturkampf 20
Küstrin 308

Lahousen, Erwin von 57
Lammers, Hans-Heinrich 82,
  264, 268, 281
Landwacht 151
Lebensborn e. V. 102, 155,
  188
Leeb, Wilhelm Ritter von 76
»Leibstandarte Adolf
  Hitler« 68
Lemberg 26, 188, 303
Lemberger Ghetto 121
Lenin, Wladimir Iljitsch 27
Leningrad 279
Leonardo da Vinci 295
Letten 261
Lipski, Josef 44 ff
Litauen 73
Litzmannstadt s. Łódź
Locken 287
Lodomerien 16
Łódź (Litzmannstadt) 16, 63,
  118 f, 126, 146
Łódźer Ghetto 118–121
London 250, 299, 300 f, 304,
  306
Lublin (s. a. Majdanek) 30,
  116, 121, 139, 141, 150,
  152 f, 188, 191 f, 197, 199,
  220 f, 245, 255, 279 f, 288
Lubliner Komitee (Polnisches
  Komitee der Nationalen Be-
  freiung) 305, 307 f
Lubliner Manifest 306
Ludendorff, Erich 61
Ludwigshafen 206
Lüttwitz, General 295
Luxemburg 40
Luxemburg, Rosa 25

»Madagaskar-Plan« 115 f, 123
Magdeburg 27
Magdeburger Zeitung 16
Mähren 66
Majdanek (s. a. Lublin) 121,
220 f, 279, 288 f
Marek, Jan 78
Marseille 266
Massendeportationen (s. a. Ju-
dentransporte) 120
Massenmord (s. a. »Endlö-
sung«) 77, 91, 121, 138, 196,
205, 224, 228 ff, 239
Masur 285
Masuren 27
Mattoni, Heinrich, AG 189
Maurer, Gerhard 186
Mauthausen 221
ter Meer, Fritz 211
Mikołajczyk, Stanisław 300
Milch, Erhard 77 f
Milejow 283
Minsk 279
Miquel, Johannes 22
Mittelmächte 16, 27
Mohrungen 287
Molotow, Wjatscheslaw Mi-
chailowitsch 12, 71, 297
Moltke, Helmuth Graf von 61
Monowitz (s. a. I. G. Farbenin-
dustrie) 207, 209 f, 290
Mościcki, Ignacy 46
Moskau, 41, 71, 96, 163, 279,
297, 299 f
Motoren-Heyne 121
Mrnka, Ignacy 231
Müller, Heinrich 256
Münch, Hans 182
München 28, 47, 69, 215, 245,
264, 284, 286
Münchner Abkommen 36, 41
Münster 132, 134
Murnau 206
»Muselmänner« 248 f
Mussolini, Benito 36, 41, 52 f,
60

Napoleon 92

Nationalgerichtshof War-
schau 182
Nationalliberale Partei 22
Nationalsozialistische Deut-
sche Arbeiter-Partei
(NSDAP) 123, 158, 181,
239, 242, 284, 287
Natzweiler 221
Naujocks, Alfred 56–59
Neger 90
Neuengamme 188, 221
New York 278
Noël, Léon 37 f
Nordafrika 96
Norditalien 130
Nordlandverlag 190
Normandie 109
Norwegen 90, 96, 106, 174,
205
Nou 283
NS-Prozesse (s. a. Nürnberger
Prozeß) 241 f
NS-Rassenpolitik (s. a. Herren-
rassenideologie) 17
Nürnberg 45, 56 f, 88, 137,
210, 217, 242, 287
Nürnberger Prozeß (s. a. NS-
Prozesse) 77, 112, 175,
178–181, 199, 206, 242

Oberammergau 239
Oberkommando der Wehr-
macht (OKW) 45, 51, 57, 72,
76, 79, 82, 265, 267
Oberkommando des Heeres
(OKH) 76 f, 81 f
Oberlazisk 209
Obersalzberg 44, 46, 52 f, 74,
78
»Obersten-Regierung« 30
Oberster Volksgerichtshof 135
Oder-Neiße-Grenze 8 f, 32
Ohrdruf 185
Oktoberrevolution 12
Olsa 41
Olympische Spiele 90
Oppeln 58
Oranienburg 221

Ordnungsdienst, jüdischer 119
Organisation Todt 197
Osterode 287
Österreich 12, 15 f, 18, 20, 43,
    58, 115, 138, 216, 226, 228 f,
    239, 290
Ostgebiete, ehemalige deut-
    sche s. »verwaltete Gebiete«
Ostindustrie GmbH (Osti) 189
»Ostmark« 66, 135, 216, 237
Ostmarkenverein 21
Ostpreußen (s. a. Preu-
    ßen) 27 ff, 45 f, 61, 74, 80,
    105, 268, 287, 307, 315
Owens, Jesse 90

P., Chaim 263
Parczew 279
Paris 24, 34, 42, 130
Paris-Dobigny 218
Peter der Große 302
Petersburg 20, 27
Petrikau 283
Piłsudski, Józef 26 ff, 30, 32 ff,
    36 f
Piwniczna 283
Pleß, Fürst 207
Plock 227
Podnis, SS-Obersturmbann-
    führer 223
Pogrome 89
Pohl, Oswald 67, 179, 182,
    184, 186 f, 192, 198 f, 204,
    212, 221, 238 f, 272 ff
Polenfeldzug 37
Polnische Arbeiterpartei 260
Polnische Exilregierung 299 ff,
    303–307
Polnische Militärorganisation
    (POW) 28
Polnische Provisorische Regie-
    rung der Nationalen Ein-
    heit 313
Polnisches Komitee der Natio-
    nalen Befreiung s. Lubliner
    Komitee
Polnisches Nationalko-
    mitee 26

Polska Partia Socjalistyczana
    (PPS) 24 f
Pommern 27
Portland-Zementwerke 190
Portugal 244
Porzellan-Manufaktur 190
Posen (Poznań) 15, 17 f, 20 ff,
    25, 27 f, 30, 99, 101, 282
Potsdam 84, 98, 300, 304, 315
Potsdamer Konferenz 8, 296,
    305, 307 f, 311, 313 f, 316
Prag 41, 134, 137, 190 f
Prager Baumaterialien-Fabri-
    ken AG 190
Preußen (s. a. Ostpreußen,
    Westpreußen) 12, 14 f,
    17–20, 24 f, 43, 71, 215, 239
»Protektorat Böhmen und
    Mähren« (s. a. Tschecho-
    slowakei) 138, 216
Prußen (s. a. Preußen) 12
Przemyśl 78

Radolfszell 225
Radom 158
Radomer Ghetto 121
Radomsko 283
Raisko 129, 134
Rascher, Sigmund 245 f
Rassistisches Hegemonialkon-
    zept 298
Rastenburg s. »Wolfsschanze«
Rauff, Walter 123
Rauschning, Hermann 34 f, 89
Ravensbrück 188, 220 f
Reichsbahn 14, 100, 127
Reichsbank 183, 192, 199
»Reichsgau Danzig-Westpreu-
    ßen« 74, 79 f
»Reichsgau Wartheland« 79 f,
    99, 102, 105, 115 f, 118, 121,
    126
Reichsgründung 11, 16
Reichsjugendführung 197
Reichssicherheitshauptamt
    (RSHA) 56, 58 ff, 67, 92, 94,
    112, 117, 127, 150, 222, 233
Reichstag 60

Reichswehr 54
Reinefarth, Heinz 282
Rembrandt, Harmensz van Rijn 295
Rentendörfer 147 f
»Restpolen« 71 f, 80, 86, 103
Revisionistische Tendenzen in der BRD 9
Ribbentrop, Joachim von 12, 44, 46, 49, 52, 71 f, 82, 115, 297
Riga 197
Ritterorden s. Deutscher Ritterorden
Rokossowskij, Konstantin 281
Rom 52
Roosevelt, Franklin Delano 300, 303, 308, 310 f, 315
Rosenberg, Alfred 18, 74, 87
Rotblatt, Lutek 263
Rote Armee 46, 49, 62, 126, 303–306
Rothmann, SS-Hauptsturmführer 121
Rowno 176 f
Rshew 175
Rubinowicz, Dawid 158–173
Rudki 172
Rumänien 226
Rumkowski, Chaim 119
Rundstedt, Gerd von 81
Russische Revolution (1905) 24
Russkaya Oswoboditielnaya Narodnaye Armya (RONA) 282
Rußland (s. a. Sowjetunion) 12, 16, 18, 20, 23 f
Rydz-Śmigły, Edward 30, 46

Sachsen 28
Sachsenhausen 129, 188, 221
Salzburg 44, 52, 268
Sandez 283
Sauckel, Fritz 204
Schacht, Hjalmar 39, 54, 112 f
Schiller, Friedrich 35
Schirach, Baldur von 91, 107

Schlacht an der Bzura 62
Schlesien 27 f, 31, 43, 94, 105, 128 f, 207, 287, 289, 302
Schlüter 216
Schmauser, Ernst Heinrich 289
Schmidt, Oberst 282
Schmitz, Hermann 203
Schnitzler, Georg von 205
Schöngarth, Karl 269
Schröder, Kurt von 203
»Schutzstaffel« (SS) 19, 21, 49, 56–60, 62, 65–70, 82, 86, 99 f, 102 f, 105, 121, 123, 125 f, 128 ff, 140–143, 145 f, 148 f, 151 f, 155, 165, 174–184, 187–195, 197–200, 203 f, 207 f, 210–214, 217–221, 223–231, 233–237, 239–243, 245, 247–250, 253, 255, 258 ff, 263–266, 273 f, 276, 279–282, 286, 288–291, 295
Schwager, Legationsrat 43
Schweden 90
Schweiz 35, 211, 276
Seeckt, Hans von 54
Sehn, Jan 321
Sejm 30
Seraphim, Hans-Günter 242, 244
Seraphim, Peter-Heinz 156
Serbien 280
Sewastopol 202
Sibirien 96 f
Sicherheitsdienst (SD) 56 ff, 146, 219
Siebenbürgen 140
Siemens 125
Sikorski, Władysław 299 f, 302
Sippenhaftung 286
Skarzyski 169 ff
Slawen 13
Slowakei 61, 189, 211
Smolensk 299
Sobibór 121, 142, 253, 255, 259, 275, 288

»Solidarität« 9
Solingen 239
»Sonderbehandlung« 129
»Sonderkommando
  1005« 255, 259
Sowjetische Armee s. Rote
  Armee
Sowjetische Geheimpolizei
  (GPU) 243
Sowjetunion (UdSSR, s. a. Ruß-
  land) 12, 27 f, 33, 37–40,
  45 f, 48 f, 67, 72 f, 86, 96 f,
  108 f, 123, 125 f, 129, 139,
  143, 162, 174 f, 180 f, 223 f,
  228, 233 f, 237, 255, 266,
  272, 279 f, 282, 284,
  287–291, 294 f, 297,
  299–309, 313 ff
Spanien 53
Speer, Albert 112, 205, 212,
  239 f
SPIEGEL 180
SS-Totenkopfregiment (s. a.
  »Schutzstaffel«) 227 ff
Stabshauptamt des Reichs-
  kommissars für die Festi-
  gung des deutschen Volks-
  tums 67
Stahlpakt 51 f
Stalag 126
Stalin, Josef W. 71 ff, 109, 297,
  299–304, 308, 311 ff
Stalingrad 142, 180, 268
Stammesdeutsche 100
Stieff, Oberstleutnant 70
Strauß, Johann 134
Streckenbach, Bruno 237
Streicher, Julius 88, 113, 239
Stresemann, Gustav 32
Stroop, Jürgen 263 f
»Sturmabteilung« (SA) 67
Stürmer 88
Stutthof 188, 220 f
Suchedniów 172
Südafrikanische Union 294
Südamerika 227
»Sudetenland« 41, 43, 47, 66,
  203, 216, 229, 293

Südtirol 44, 84
Szmulewski 254

»Tadeusz Kościuszko« 300
Taurien 93
Theresienstadt 135, 137 f, 204
Thilo, Hauptscharführer 133
Thüringen 185, 190
Tiedemann, Heinrich von 21
Tießler 284
Treblinka 121, 129, 142, 172 f,
  253, 255, 259, 275 f, 288
Trotzki, Leo 27
Truman, Harry S. 311 f, 316
Tschechoslowakei 41, 47, 58,
  89, 135, 138, 189 f, 214, 255,
  314
Türkei 243

Uebelhör, Friedrich 118, 120
Ukraine 26, 72, 100, 131,
  176 f, 213, 221, 235, 265,
  270, 294, 304, 308
Ulmer Einsatzgruppen-
  prozeß 242
Ungarn 138, 212, 244, 276,
  288, 314
Union (Zünderfabrik) 213
»Untermensch« (s. a. Herren-
  rassenideologie) 223, 251
Ural 109
Urycz 78

Varzin 22
Vatikan 17
Ventzki, Bürgermeister von
  Łódź 120
Vereinigte Staaten von Amerika 20, 31, 40, 48, 108 f, 116,
  181, 200, 202, 206, 211, 239,
  250, 268, 278, 287, 294, 298,
  300, 306, 311, 315
Vernichtung der Juden s. »Endlösung«
Vernichtung der Polen 204
Vernichtungslager (s. a. Konzentrationslager) 14, 39,
  117, 121, 126 f, 130, 133,

140, 142, 172, 181, 192 f,
196 f, 206, 222 f, 247, 251,
255, 276, 288 f
Versailles 19, 28, 31, 33
Vertreibung Deutscher aus den
Ostgebieten 293, 298
Vertriebene 32
»verwaltete Gebiete« 7, 18,
20, 32, 73, 156, 314, 317
»Verwertung jüdischen Rest-
vermögens und der jüdi-
schen Arbeitskraft im Gene-
ralgouvernement« 189
Vierte Teilung [Polens] 16
Vitaborn 189
Völkerbund 42 f
Völkischer Kunstverlag 190
Volksdeutsche 32, 43 f, 59 f,
64 f, 80, 100, 118, 143, 145,
152 ff, 193
Volkstum, deutsches s. Deut-
sches Volkstum
»Volkstumskampf« 21, 26, 34,
77, 88, 99

Wagner, Richard 23, 111
Wagner-Vereine 21
Waldaihöhen 93
Waldjuden 278
Wannsee-Konferenz 92
Warschau 16, 26 ff, 33, 36 f,
42, 46, 49, 61, 78, 85, 133,
135, 158, 182, 192, 194 f,
198, 264, 278, 281 f, 295 f,
299, 305, 321
Warschauer Aufstand 273
Warschauer Ghetto 120, 235,
259 ff, 268
»Warthegau« s. »Reichsgau
Wartheland«
Wawel-Burg 69, 85
Weimar 137
Weimarer Republik 21, 28,
31 f
Weißrußland 281, 304
Weißruthenien 270
Weliczker, Leon 256–260
Weltwirtschaftskrise 31

Werk für Deutsche Edel-
möbel 189
»Wertungsgruppen« 144–150,
154
Westerbork 233
Westpreußen (s. a. Preu-
ßen) 22, 27 f, 79, 105
Wetzel, Erhard 92–97
Widerstandsbewegung, polni-
sche 272, 278, 286
Widerstandsgruppe (im KZ
Auschwitz) 247, 252 f, 255,
289
Widerstandsgruppen, jüdi-
sche 272, 278
Wien 11, 26, 276
Wiener Kongreß 12, 16
Wierchoula 283
Wigand, Arpad 128
Wilhelm I. 16
Wilhelm II. 22, 29
Wilna 24
Wilner, Ayreh 263
Wilson, Thomas Woodrow 27
Wippern, SS-Sturmbann-
führer 193
Wirth, Christian 140, 142
Wirtschafts- und Verwaltungs-
hauptamt (WVHA) 67, 130,
182, 184–188, 190, 192, 195,
197, 199, 209, 211, 221 ff,
230, 238, 272, 274
Wolchow 175
»Wolfsschanze« 74, 268

Zaclinica 283
Zahradka, Georg 231
Zamość 140–143, 145 ff, 149 f,
152 f, 156 f, 271
»Z«-Höfe 147
Zigeuner 90, 105, 120, 126,
233, 236
Zionisten 260
Zoppot 282
Zweiter Weltkrieg 17, 28, 31,
38, 56 f, 108, 174 f, 305, 310,
317
Zyklon B 121, 129, 205

David S. Wyman
Das unerwünschte Volk
Amerika und die Vernichtung der europäischen Juden

Aus dem Amerikanischen von Karl Heinz Siber
588 Seiten, Lin.

Obwohl Amerikaner und Briten über die Vernichtung der europäischen Juden informiert waren, haben sie kaum etwas zu deren Rettung unternommen. Weder wurden die US-Einwanderungsquoten ausgeschöpft noch die Gleisanlagen, die Gaskammern und die Krematorien in Auschwitz bombardiert. Wyman deckt die Gründe für das Versagen der Regierung, der Presse und der Öffentlichkeit in den USA auf.

Pressestimmen zur amerikanischen Originalausgabe:

»Kaum ein Sachbuch hat in dieser Saison so viel Aufsehen in den amerikanischen Medien erregt wie David S. Wymans ›The Abandonment of the Jews‹ ... Wyman ... hat in zehnjähriger Arbeit eine überwältigende Fülle von Material gesammelt und die Rolle der Vereinigten Staaten zur Zeit der nationalsozialistischen Judenverfolgung schonungslos bloßgestellt.« *Frankfurter Allgemeine Zeitung*

»David S. Wyman hat ein so vorzügliches Quellenstudium betrieben, daß man von einem maßgeblichen Standardwerk sprechen kann.« *Neue Zürcher Zeitung*

»Niemals zuvor wurden die Beweise so sorgfältig, so akribisch genau und mit einem solchen Ergebnis zusammengetragen.« *The Washington Post Book World*

»Schrecklich, beunruhigend und unauslöschbar . . . Wyman unterzieht die amerikanische Vergangenheit während des Holocaust der bislang strengsten Untersuchung.« *New York Times*

»Ein beeindruckendes Buch: umfassend, überwältigend und von bleibender Bedeutung ... eine vernichtende Anklage.« *The Wall Street Journal*

VERLAG MAX HUEBER

Johannes Lehmann (Hg.)
Die unruhigen Sechziger
Ein Jahrzehnt in Rückblenden

200 Seiten mit 90 Schwarzweiß-Abb., Lin.

Ein Jahrzehnt des Umbruchs und des Aufbruchs in rund 90 reportageartigen, bebilderten Rückblenden. Etwa:

■ Kolonialafrika wird unabhängig ■ Kubas Anlehnung an die UdSSR beschwört die Gefahr eines dritten Weltkriegs herauf ■ Das kriegerische Engagement der Vereinigten Staaten in Vietnam findet weltweite Kritik ■ Der Bau der Berliner Mauer zementiert die Teilung der alten Reichshauptstadt ■ Die *Spiegel*-Affäre weckt die Furcht vor neuer polizeistaatlicher Willkür ■ Die von Mao Tse-tung ausgerufene Kulturrevolution führt zu einer zerstörerischen Generalabrechnung mit den Traditionen im einstigen »Reich der Mitte« ■ Menschen fliegen durch das All, betreten den Mond ■ Rassenunruhen und eine erstarkende Bürgerrechtsbewegung in den USA, Martin Luther King wird ermordet ■ John F. Kennedy, erster katholischer US-Präsident, fällt einem Attentat zum Opfer ■ Eine »Große Koalition« von CDU/CSU und SPD setzt neue Akzente in der Innenpolitik der Bundesrepublik; eine kleine Koalition, von SPD und FDP, bringt eine Politik der Verständigung mit den Staaten Osteuropas in Gang ■ Israel setzt sich im Sechstagekrieg gegen die arabischen Staaten durch ■ Der Auschwitz-Prozeß in Frankfurt, der Eichmann-Prozeß in Jerusalem suchen das Unfaßliche der »Endlösung der Judenfrage« wenigstens gerichtlich faßbar zu machen ■ An der Verabschiedung der Notstandsgesetze und dem Deutschland-Besuch des Schahs von Iran entzündet sich in der Bundesrepublik der Unmut der Studentenschaft; der Tod von Benno Ohnesorg verstärkt die Erbitterung ■ Neue Töne erobern die Welt: die Rock-Musik der Beatles und der Rolling Stones

VERLAG MAX HUEBER

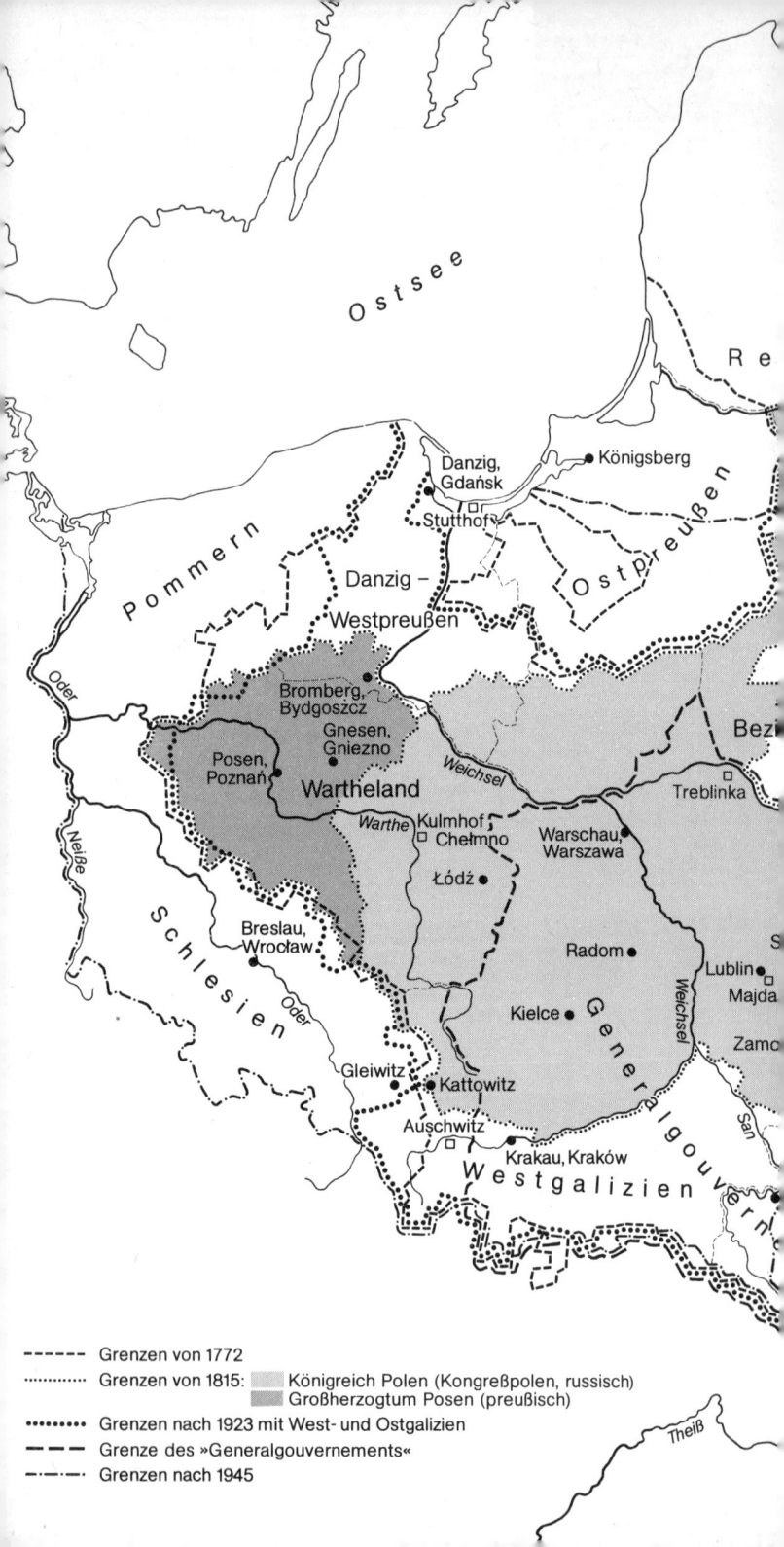

Grenzen von 1772

Grenzen von 1815:   Königreich Polen (Kongreßpolen, russisch)
                     Großherzogtum Posen (preußisch)

Grenzen nach 1923 mit West- und Ostgalizien

Grenze des »Generalgouvernements«

Grenzen nach 1945